U0813915

广西壮族自治区国土空间生态修复研究

GUANGXI ZHUANGZU ZIZHIQU GUOTU KONGJIAN SHENGTAI XIUFU YANJIU

主　编　叶宗达
副主编　高振何　黄飞波　卢　远

中国地质大学出版社
ZHONGGUO DIZHI DAXUE CHUBANSHE

图书在版编目(CIP)数据

广西壮族自治区国土空间生态修复研究/叶宗达主编.—武汉:中国地质大学出版社,2024.11.—ISBN 978-7-5625-5948-1

Ⅰ.F129.967;X171.4

中国国家版本馆 CIP 数据核字第 2024K3K773 号

广西壮族自治区国土空间生态修复研究

叶宗达 **主　编**

高振何　黄飞波　卢　远 **副主编**

责任编辑:韩　骑　　选题策划:韩　骑　　责任校对:徐蕾蕾

出版发行:中国地质大学出版社(武汉市洪山区鲁磨路 388 号)　　邮编:430074

电　　话:(027)67883511　　传　　真:(027)67883580　　E-mail:cbb@cug.edu.cn

经　　销:全国新华书店　　http://cugp.cug.edu.cn

开本:787mm×1092mm　1/16　　字数:368 千字　　印张:14.75

版次:2024 年 11 月第 1 版　　印次:2024 年 11 月第 1 次印刷

印刷:武汉中远印务有限公司

ISBN 978-7-5625-5948-1　　定价:168.00 元

如有印装质量问题请与印刷厂联系调换

《广西壮族自治区国土空间生态修复研究》编委会

主编单位：广西壮族自治区自然资源生态修复中心

主　　编：叶宗达

副 主 编：高振何　黄飞波　卢　远

编　　委：何彦谚　农何茵　韩振锋　林志强　邓颖林
汤传勇　陈丽锋　黄　瑜　韦华周　胡　凤
史莎娜　农慧华　贺　斐　黄玉莉　韦燕飞
曹庆先　杨　杨　何添杰　李　霞　谢余初
何雪梅　马巧红　曾兰清　麦启帆　谭　燕
方　彦　刘美文　农红萍　梁　杏　郑振连
邓树林　农文龙　赵小丽　蒙文璐　梁晓青
肖子安　邹雄宇　黄汝韵　肖　漫　单　斌
陈裕龙　任新宇　邓　霖　刘敬涛　梁家悦
谢易明　覃　瑞　陈文燚　覃家毅　陈雨彤
初爱萍　陆　赛

序

PREFACE

国土空间是人类社会经济活动与自然资源发展的空间载体，国土空间生态修复是基于自然地理格局，遵循生态系统演替规律和内在机理，对生态功能退化、生态系统受损、空间格局失衡、自然资源开发利用不合理的生态、农业、城镇国土空间，统筹和科学开展山水林田湖草沙一体化保护修复的活动，是维护国家与区域生态安全、强化农田生态功能、提升城市生态品质的重要举措，是提升生态系统质量和稳定性、增强生态系统固碳能力、助力国土空间格局优化、提供优良生态产品的重要途径，是生态文明建设、加快人与自然和谐共生的现代化建设的重要支撑。

广西壮族自治区既沿海又沿边，是我国5个少数民族自治区、9个边境省和9个沿海省之一，是我国西部陆海新通道、粤港澳大湾区建设等重大战略实施的重点支撑区。广西地处国家重点生态功能区——南岭山地森林及生物多样性生态功能区，是我国南方重要的生态安全屏障。2021年4月，习近平总书记在考察广西时强调，要坚持山水林田湖草沙系统治理，坚持正确的生态观、发展观，敬畏自然、顺应自然、保护自然。2022年，习近平总书记在参加党的二十大广西代表团讨论时对广西提出了“五个更大”要求。

广西生态环境质量总体向好、生态资源丰富，但自然生态系统十分脆弱，水土流失、石漠化等生态问题对生态系统的稳定性造成威胁。本书从国土空间生态修复理论出发，分析广西国土空间生态特征，诊断生态问题，从生态系统生产能力、生态系统稳定性、生态系统胁迫性等多方面构建生态系统质量综合评价模型；综合评估广西生态质量，从水源涵养、土壤保持、碳固定和生物多样性等方面深挖广西生态系统服务功能，从水土流失、石漠化、盐渍化、生境等方面研究广西生态敏感性，以及当地生态、农业和城镇国土空间的生态问题。在生态空间，围绕生态服务功能，针对各种生态退化和破坏问题，科学确定生态修复目标和措施，维护生态安全，提升生态功能；在农业空间，突出耕地的生态功能，保护乡村自然山水，开展全域土地综合整治，恢复退化土地生态功能，助力生态宜居的乡村建设；在城镇国土空间，统筹城镇内外，连通河湖水系，重塑健康自然的河岸、湖岸、海岸，促进水利、市政工程生态化，完善蓝绿交织、亲近自然的生态网络，减少城市内涝、热岛效应等，提高城市韧性和通透力，提升城市人居生态品质。最后，本书以自然地理格局为基础，以生态系统服务功能为依据，以生态问题为靶向，以建设新时代壮美广西为目标突出生态系统完整性，详细介绍了“1216”(即“一屏两核一带六区”）国土空间生态修复格局，让读者朋友了解素有“八山一水一田一片海”之称的广西的生态修复方向。

《广西壮族自治区国土空间生态修复研究》为统筹推进山水林田湖草沙系统保护修复，提升广西生态空间、农业空间、城镇空间生态质量，防范生态风险，筑牢我国南方重要生态安全屏障提供全面的科学参考，广西“山江海边”多元独特的生态系统修复研究也是对国土空间生态修复学术研究的重要补充。

胡宝清

2024 年 3 月 20 日

前言

PREFACE

习近平总书记在党的二十大报告和参加广西代表团讨论时指出，我们要推进美丽中国建设，坚持山水林田湖草沙一体化保护和系统治理，加快实施重要生态系统保护和修复重大工程，提升生态系统多样性、稳定性、持续性，在推动边疆民族地区高质量发展上展现更大作为，在服务和融入新发展格局上取得更大突破，在推动绿色发展上实现更大进展，在维护国家安全上作出更大贡献，在推进全面从严治党上取得更大成效，奋力开创新时代壮美广西建设新局面。

本书深入分析了国土空间生态修复基本内涵、理论基础、修复方法，依托《广西壮族自治区国土空间生态修复规划（2021—2035 年）》成果，践行绿水青山就是金山银山的理念，坚持节约资源和保护环境的基本国策，坚持节约优先、保护优先、自然恢复为主的方针，遵循生态系统演替规律和内在机理，按照保证生态安全、突出生态功能、兼顾生态景观的次序，以全国和省级国土空间规划确定的生态、农业、城镇空间为对象，统筹山水林田湖草沙一体化保护修复，提升生态系统质量和稳定性，筑牢生态安全屏障，提供优质生态产品，助力国土空间格局优化，服务生态文明建设和高质量发展。

本书由广西壮族自治区自然资源生态修复中心牵头，南宁师范大学、广西壮族自治区城乡规划设计院、广西壮族自治区地质环境监测站、中国地质科学院岩溶地质研究所和广西壮族自治区海洋研究院等多个单位共同合作编写。全书共分为 11 个章节。第 1 章是国土空间生态修复理论，主要介绍了国土空间生态修复的基本内涵、理论基础；第 2 章是广西概况，主要介绍了广西自然和社会经济概况；第 3 章是广西国土空间生态分析与诊断，主要研究了广西陆域生态系统格局，评价了生态质量、生态系统服务功能和敏感脆弱性，以及生物多样性；第 4 章是广西生态空间生态修复研究，详细分析了广西生态空间各要素和重要生态空间的生态状况，识别了主要生态问题，划定了生态修复重点区域，提出了修复策略；第 5 章是广西农业空间生态修复研究，分析了广西全域土地综合整治概况及存在的问题，分析了乡村农用地整理、建设用地整理、乡村保护修复与发展等情况，识别了土地整治重点区域，提出了广西土地综合整治实施路径、方向与建议；第 6 章是广西城镇空间生态修复研究，分析了广西城镇空间问题和风险，从空间地理特征、空间韧性敏感度、空间品质重要性以及外部支撑方向开展了广西城镇空间特征评价，提出了广西城镇空间生态保护与修复分区思路、方法和修复指引措施;第7章是广西矿山生态修复策略研究,介绍了广西矿山生态现状及主要问题,划定了重点区域,提出了矿山生态修复方式和策略;第8章是广西水资源平衡和优化配置研究,分析了广西水土资源匹配情况,研究了水生态问题,提出了修复措施与策略;第9章是广西海洋生态系统修复策略研究,介绍了广西典型海洋生态系统现状,分析了存在的主要问题,划定了重点区域,提出了修复策略与建议;第10章是广西国土空间生态修复总体布局,划定了广西国土空间生态修复空间格局,明确了广西国土空间生态修复重点任务和重点工程,确定了修复目标;第11章是广西国土空间生态修复保障措施,介绍了工程实施的保障内容。

本书在编写过程中参考了国内外专家和学者的相关生态修复研究成果,在此表示衷心的感谢!希望各位读者朋友对书中的不足之处提出宝贵的修改意见。

笔　者

2024年5月

目录
CONTENTS

第1章　国土空间生态修复理论

受持续增长的人口压力、高强度的国土开发建设活动、自然资源大范围开发利用等因素影响，部分地区生态系统退化成为影响和制约社会经济发展的主要因素。党中央、国务院高度重视生态环境保护，党的十八大首次把生态文明建设纳入中国特色社会主义事业“五位一体”总体布局，良好生态环境是最普惠的民生福祉这一理念逐步被人们认同。党的十九大提出“建设生态文明是中华民族永续发展的千年大计”“统一行使所有国土空间用途管制和生态保护修复职责”“统筹山水林田湖草系统治理”的国家战略，使得国土空间用途管制和生态保护修复密不可分，而山水林田湖草的统一治理必然要在生态修复的基础上建立国土生态空间的概念，从更大空间尺度上统筹自然资源管理，做到“整体保护、系统修复、综合治理”，构建区域生态安全格局。国内学者逐渐在系统性、整体性、综合性等方面优化完善国土空间生态修复的基本内涵和逻辑框架。

1.1　国土空间生态修复基本内涵

国土空间生态修复是对目标、对象、途径和区位的科学认知与设定。目标是修复工作的引领性指南，对象是修复工作的基本指向，途径和区位则提供了修复的基本路径及重点地域。目标决定了对象与途径，修复目标不同，修复对象及途径必然相应改变；鉴于国土空间生态修复的复杂性，区位识别可以更精准地锁定重点修复区域。因此，修复目标揭示国土空间生态修复的因果关联，修复对象指示国土空间生态修复的工作内容，修复途径与区位则凸显国土空间生态修复的布局路径，分别从为什么做、做什么、在哪儿做、如何做等方面揭示了国土空间生态修复的基本逻辑（图1.1）。

1.1.1　修复目标

国土空间生态修复按照山水林田湖草沙是一个生命共同体的理念，遵循生态系统演替规律和内在机理，基于自然地理格局，适应气候变化趋势，对生态功能退化、生态系统受损、空间格局失衡、自然资源开发利用不合理的生态、农业、城镇国土空间，统筹和科学开展山水林田湖草沙一体化保护修复，维护国家和区域生态安全、强化农田生态功能、提升城市生态品质，提升生态系统质量和稳定性、增强生态系统固碳能力、助力国土空间格局优化、提供优良生态产品，为生态文明建设和加快建设人与自然和谐共生的现代化提供重要支撑。

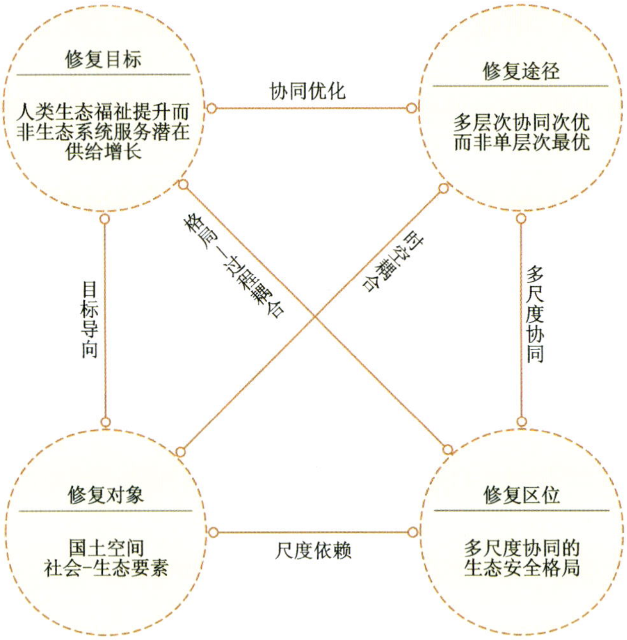

图 1.1　国土空间生态修复基本逻辑(彭建等,2020)

1.1.2　修复对象

国土空间是人与自然生命活动共存的空间载体,其系统内部或系统之间的相互作用维持着人地关系的动态平衡。生态修复强调对受污染、被破坏的生态系统进行综合整治,从而实现生态系统结构与功能的恢复、更新乃至提升。在自然环境变化及人类活动的驱动下,区域国土空间要素之间及不同区域之间相互耦合,形成"人-山水林田湖草沙生命共同体",在国土空间"要素-格局-过程-服务"联合框架下成为国土空间修复的对象。

"人-山水林田湖草沙生命共同体"视角下的国土空间要素格局,不仅仅是山水林田湖草沙等自然生态要素的空间分布,还包括人口、产业、交通等社会经济要素的空间格局,更强调自然生态要素与社会经济要素在国土空间中的耦合。

1.1.3　修复区位

生态安全格局对维系区域生态过程及安全具有重要意义,包括对生态源地、廊道、战略点、整体网络等关键生态要素进行空间位置和范围识别、人类活动管控、生境恢复及提升,能够有效地识别国土空间生态修复重点地域,是统一生态保护修复的有效空间途径。自然生态系统的空间连续性、时间动态性及生态系统服务的空间流动性则决定了生态安全格局的构建不应拘泥于特定空间或时间尺度,需要强化动态视角、突破行政边界束缚,构建多尺度协同的生态安全格局才能更有效地服务国土空间生态修复的长期性、全域性战略需求(图 1.2)。

不同尺度下,国土空间生态修复的核心目标不同,生态安全格局构建要点相应有异(图 1.3)。国家尺度国土空间生态修复,需要按照生态环境本底与社会经济发展需求整合特征

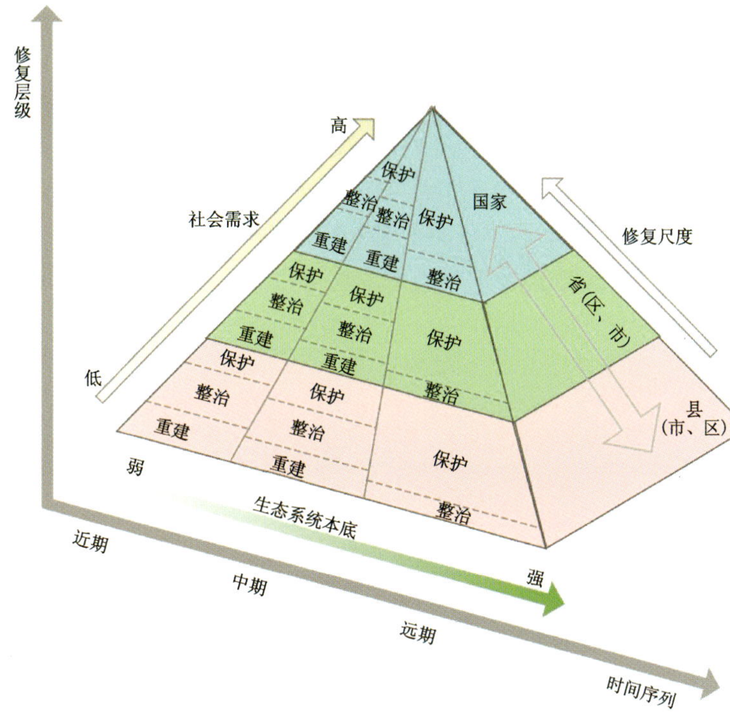

图 1.2 国土空间生态修复区位(彭建等,2020)

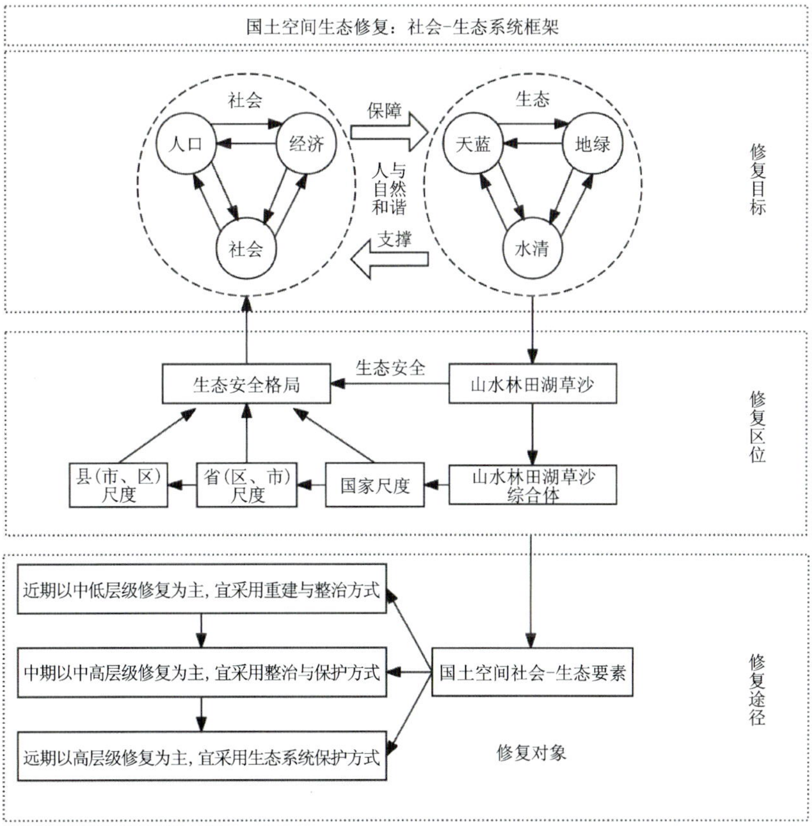

图 1.3 国土空间生态修复逻辑内涵(修改自彭建等,2020)

差异，明晰国土空间生态修复重点区域、关键环节。省（区、市）尺度国土空间生态修复，在要素层面强调“人-山水林田湖草沙生命共同体”协同提升，空间层面则关注生态功能网络连通，在于生态廊道的网络化体系重构。县（市、区）尺度国土空间生态修复，则强化生态系统服务提升的工程措施及其重点区段识别，强调区域生态源地、连通廊道及战略节点的识别。国家、省（区、市）、县（市、区）3个尺度的生态安全格局互为依托、彼此协同，有效提升国土空间生态修复的系统性。此外，特定尺度生态安全格局的构建不仅要考虑研究区的本底特征，还要考虑研究区周边一定范围缓冲区域对本地生态系统服务供给、需求的影响，即生态系统服务的域外效应。

1.2　国土空间生态修复理论基础

1866年，德国的博物学家海克尔首次为生态学下了定义：生态学是研究有机体与其周围环境，包括非生物环境和生物环境相互关系的科学。之后，不同学者都对生态学的定义进行了探索，但总体上都认为生态学是研究有机体与环境之间相互关系及其作用机理的科学。生态系统是指在一定的时间和空间内，生物组分与非生物组分环境之间通过不断的物质循环和能量流动而相互联系、相互作用、互相依存并具有一定功能的统一整体。强调生态系统结构与功能之间的相互联系和相互作用以及自我调节机制，成为普遍接受的生态系统分析理论。生态系统的范围可大可小，相互交错，最大的生态系统是生物圈，最为复杂的生态系统是热带雨林生态系统，人类主要生活在以城市和农田为主的人工生态系统中。生态修复是指帮助那些功能退化、受损或毁坏的生态系统恢复的过程。与国土空间生态修复关系密切的生态学的基础理论主要有以下内容。

1.2.1　生物群落演替理论

生物群落的演替是指在生物群落发展变化过程中，由低级到高级，由简单到复杂，一个阶段接着一个阶段、一个群落代替另一个群落的自然演变现象。在自然情况下，开始是先锋植物侵入遭到破坏的地段并定居和繁殖。随后先锋植物改善被破坏地段的生态系统，其他更适宜物种在此生存和繁衍，比如更能忍受有限的资源或具有更大的竞争优势的物种，先锋植物逐步被取代。在遭到破坏的群落地点所发生的这一系列变化就是演替。演替有原生演替和次生演替两种基本类型，发生哪一种类型的演替由开始时的土地条件所决定。无论是原生演替还是次生演替，都可通过人为手段加以调控，从而改变演替速度或方向（Fu et al.，2019）。国土空间生态修复需要在生物群落演替理论的指导下，通过物理、化学、生物或工程等技术手段，调控待修复生态系统的演替过程和发展方向，恢复或重建生态系统的结构和功能。

1.2.2　生态系统结构理论

生态系统就是在一定空间区域内，由生物群体与无机环境组成的结构有序的复合系统。或者说，任何生态系统都具有特定的结构，不同的结构决定了生态系统的不同功能。所谓生态系统结构，是生态系统中的组成成分及其在时间、空间上的分布，以及各组分间的能量、物质、信息流的方式和特点。通常认为，生态系统的结构包括物种结构、时空结构和营养结构3个方面。按照生态系统结构理论，国土空间生态修复在物种结构方面，应当保障物种的多样性，由此才能有利于系统的稳定和持续发展；在时空结构方面，要充分利用光、热、水、气、地资源，提高光能的利用率；在营养结构方面，要实现生物物质和能量的多级利用、转化，形成一个高效的、无废物的系统。维护生态系统的结构平衡是国土空间生态修复需要优先考虑的问题。

1.2.3　生物多样性理论

生物多样性通常指生命形式的多样化，主要包括遗传多样性、物种多样性和生态系统多样性。

遗传多样性即生物遗传基因的多样性。一个物种所包含的基因越丰富，它对环境的适应能力就越强。它可以表现在多个层次上，如分子、细胞、个体等。在自然界中，对于绝大多数有性生殖的物种而言，种群内的个体之间往往没有完全一致的基因型，而种群就是由这些具有不同遗传结构的多个个体组成的。

物种是生物分类的基本单位，物种多样性是指地球上动物、植物、微生物等生物种类的丰富程度。它包括两个方面：一是指一定区域内的物种丰富程度，可称为区域物种多样性；二是指生态学方面的物种分布的均匀程度，可称为生态多样性或群落物种多样性。物种多样性是衡量特定地区生物资源丰富程度的一个客观指标（Primack 等，2014）。在阐述一个国家或地区生物多样性丰富程度时，最常用的指标是区域物种多样性。区域物种多样性的量化有以下3个指标：一是物种总数，即特定区域内所拥有的特定类群的物种数目；二是物种密度，指单位面积内的特定类群的物种数目；三是特有种比例，指在一定区域内某个特定类群特有种占该地区物种总数的比例。

生态系统多样性是指地球上生态系统组成、功能的多样性以及各种生态过程的多样性，包括生境的多样性、生物群落的多样化和生态过程的多样化等多个方面。其中，生境的多样性是生态系统多样性形成的基础，生物群落的多样化可以反映生态系统类型的多样性。生物多样性的恢复在国土空间生态修复中具有突出的作用。在遗传多样性方面，国土空间生态修复要重视选择那些适应当地气候和土壤条件以及抗干扰能力强的品种；在物种多样性方面，国土空间生态修复应根据生态系统的退化程度，充分考虑物种与生境的复杂关系，选择阳生性、中生性或阴生性种类并合理搭配；在生态系统多样性方面，国土空间生态修复应尽可能地恢复生态系统结构和功能，加快恢复与地带性生态系统相近的生态系统。

1.2.4　恢复生态学理论

人口剧增、全球变化、生物多样性丧失、地下水枯竭和生态环境退化使人类陷于难以摆脱的生态困境中，并威胁到人类社会的可持续发展。如何保护现有的自然生态系统，综合整治和恢复已经退化的生态系统，以及重建可持续的人工生态系统，成为人类亟待解决的重大课题。在这种背景之下，恢复生态学在20世纪80年代应运而生。按照国际恢复生态学会的定义：生态恢复是帮助研究生态整合性恢复和管理的科学，生态整合性包括生物多样性、生态过程和结构、区域及历史情况、可持续的社会实践等较多的领域。恢复生态学在发展过程中充分吸收了生态学已有的理论，如竞争、生态位、耐性定律、演替、定居限制、护理效应、互利共生等，并在自身发展过程中产生了一些特有的理论。与国土空间生态修复关系最为密切的特有理论主要有以下几个方面。

（1）自我设计和人为设计理论。自我设计理论认为，只要有足够的时间，随着时间的推移，退化生态系统将会根据环境条件合理地组织自己，并最终改变其组分结构。人为设计理论则认为，通过工程方法和植物重建可直接恢复退化生态系统，但恢复的类型可能是多样的。在国土空间生态修复过程中，需要因地制宜地将两种理论相结合。如果生态系统退化比较严重，种子库已经丧失，自我设计的结果只能是由环境决定的群落。而人为设计理论把恢复放在个体或种群层次上考虑，恢复的可能是多样性的结果。是否采取自我设计手段取决于周边景观状况、历史、地区物种池中本土物种或者外来物种的共享、损失生境的快速补偿的必要性，以及有关的生态系统服务（如侵蚀控制）等。一般来说，国土空间生态修复应尽量采用自我设计，可以提高恢复场地生物多样性和自我维持能力。

（2）适应性恢复理论。研究表明，即使有一定年限的恢复，相对于原生生态系统，也只有23%～26%的生物结构（主要由植物集合驱动）和生物地球化学功能（主要由土壤碳库驱动）被恢复。可见，生态系统是很难完全恢复的，因为它有太多的组分，而且组分间存在非常复杂的相互作用。此外，在生态系统恢复过程中，由于物理、生态环境及社会经济因素发生变化，对生态系统的认识也要发生变化，在恢复过程中要考虑恢复目标与措施进行适应性生态恢复。也就是说，恢复目标要根据生态、经济和社会来确定，不是重建原有的系统状态，而是帮助系统获得自我发展和维持的能力（任海等，2014）。

（3）集合规则理论。该理论认为，一个植物群落的物种组成是按照环境和生物因子对区域物种库中植物种的选择与过滤组合的，在一定条件下生物群落中的种类组成是可以解释和预测的。已有研究表明，物种库通常包括区域、地方和群落物种库3个层次。集合规则显示种与种之间的组合受环境过滤的影响，而某些种与种之间是不相关的，这主要与生态位相关，物种是平等的中性过程，与特化和扩散过程有关。生物间相互作用的集合规则主要基于物种和功能群等生物组分的频率；而生物间及生物与非生物环境因子间相互作用的集合规则强调基于确定性、随机性及多稳态模型的生态系统结构和动态响应（任海等，2014）。国土空间生态修复过程中，在进行生物多样性恢复时，需要充分考虑集合规则的影响。

（4）恢复力理论。生态恢复的核心不仅是治理被破坏的植被或者退化的土壤，而且还应建立生态系统恢复力。恢复力理论并不是恢复生态学所特有的，但恢复生态学的恢复力理论有了创新发展。该理论认为，重建有恢复力的系统需要了解这个系统的自然演替、相互作用以及动态过程。恢复力应包括两种能力：一是在当下扰动中的恢复能力；二是在未来扰动中的恢复能力。因此，按照恢复力理论，生态恢复需要重新建立与地形、土壤相匹配的树种多样性，用表土物质来促进多样的、自然的植物群落的演替，还可以使用定植技术来提高抗压能力（张绍良等，2018）。也就是说，生态系统恢复不仅要强调动态平衡、多样性与稳定性的关系，还要考虑冗余性和生态网络的恢复，考虑它在景观背景下与其他生态系统的边界、连接性、能量与物质流动态、物理环境等问题。重建有持久恢复力的系统，建设生态功能再生场所，是国土空间生态修复的重大任务。明确恢复力建设的目标，提高土壤恢复力、植被群落恢复力、景观恢复力等的机理和路径，是一个需要持续探索的重大理论和实践课题。

1.2.5 生态适宜性理论

生态适宜性，是指在一个具体的地域空间范围内，环境中的要素为生物群落所提供的生存空间的大小及对其正向演替的适合程度。温度、湿度、食料、氧气、二氧化碳和其他相关生物等生态因子，都会对生物生长、发育、生殖、行为和分布产生直接或间接的影响。任何一种生态因子只要不能满足生物的需要，或者超越生物的耐受范围，它就会成为这种生物的限制因子。这种影响生物生存发展的生态因素，存在着强度“阈限”的现象，即“因素限制律”。早在1840年，德国化学家李比西就提出了“最低因素限制律”的理论。该理论认为：在各种植物生长因素中，如有一个生长因素强度低于植物的最小需求量，则将使植物减产或抑制其生长发育。国土空间生态修复，应重视寻找生态修复的限制因子，重视生态适宜性评价，根据当地的气候、地形、土壤、水文、地质等来选择适合当地生长的生物种类，找出与当地环境相适宜的物种，使生物种类与环境因子相适宜。在干旱地区的荒漠化治理过程中，水是最重要的限制因素。如果植被选用杏仁桉树，该树种每年每棵能蒸发175t的水，这不仅不能治理荒漠化，反而加剧了地下水的干涸。

1.2.6 景观生态学理论

景观生态学的研究起源于20世纪50年代的德国、荷兰等欧洲国家。20世纪80年代以来，景观生态学理论在全球范围内迅速发展。景观生态学中的景观，既不是地理学意义上的景观，也不是人们日常生活中所说的景观，而是从生态系统组合的意义上来理解的。它强调景观是由生态系统所组成的异质性区域，是一种具有异质性或缀块性的空间单元。景观生态学主要研究景观结构、景观功能和景观动态及其相互作用的过程。从国土空间生态修复的角度看，下述景观生态学的基本原理，具有重要的指导意义。

(1)景观结构。景观是由斑块、廊道和基质等要素组成的异质性区域，各要素的数量、大小、类型、形状及在空间上的组合形式构成了景观的空间结构。国土空间生态修复的重要目标之一，就是要对受损景观结构进行生态修复，如对景观中的栖息地进行生态修复，以保证生物的栖息、觅食、繁衍等基本生物过程的延续。

(2)景观功能。它包括景观构成要素(廊道、斑块、基质)和网络结构等所形成的各种功能，如廊道的传输作用、斑块形成的源和汇、网络连接形成的景观整体结构所体现出来的景观整体性功能。具体来说，景观的功能主要有4个方面：一是植被的第一性生产力功能；二是景观生态系统的服务功能；三是自然景观的美学功能；四是景观的生态功能。修复和提升景观功能，是国土空间生态修复的重要使命和核心内容。我国公元前256年耗费4年建成的都江堰，天旱时能够放水灌溉，雨季时可堵塞闸门蓄水。洪水季节大部分水泄入外江，使内江免遭水灾，枯水季节大部分水则流入内江，保证灌溉用水。都江堰水利工程有效地利用了景观内的廊道，科学合理地输送水流，有效提升了景观的生态功能，确保了当地的生态稳定性。

(3)景观过程。景观的结构和功能会随着时间的推移而发生变化，这是一个动态的过程。

景观破碎化过程是现代景观最重要的过程，它不仅极大地降低了生物多样性，而且还加速了荒漠化等许多其他负面影响。连通过程是景观破碎化的反过程，通过连通不仅改变了原有的斑块，还会引起景观机制的改变，有利于维护和促进生物的多样性。土地转换是另外一种重大的现代景观过程，它总体上是有害于自然群落，对生物多样性的保护不利。较大规模的土地转换，加大了景观破碎化程度，因而也影响了该地的生物多样性，并导致了湿地面积持续下降。通常情况下，狼群要避开某些特定的土地利用类型，例如耕地、园地、草地和落叶林地，它们喜欢至少有一些针叶树的森林。同时，狼群出现的前提是公路密度在 0.23km/km^2 以下，在被重要高速路分割的地区不会有任何狼群出现。美国密歇根州北部狼种群数量远高于威斯康星州，原因就是后者的景观很破碎，且缺少高的空间连接性。

(4)复合种群理论。在现实的国土空间环境中，绝大多数种群都生存在充满缀块性的或破碎化的生境中。复合种群就是用来表示“由经常局部性绝灭，但又重新定居而再生的种群所组成的种群”，即复合种群是由空间上彼此隔离而功能上又相互联系的两个或两个以上的亚种群或局部种群组成的种群缀块系统。亚种群之间的功能联系主要指生境缀块间的繁殖体(如植物种子、孢子)或生物个体的交流。亚种群出现在生境缀块中，而复合种群的生境则对应于景观缀块镶嵌体。复合种群理论就是研究这种空间复合体特征和规律的一种学说。复合种群的类型主要有 5 种：①经典型或 Levins 复合种群，由许多大小和生态特征相似的生境缀块组成；②大陆-岛屿型复合种群或核心-卫星复合种群，它们由少数很大的和许多很小的生境缀块组成；③缀块性复合种群，指由许多相互之间有频繁个体或繁殖体交流的生境缀块组成的种群系统；④非平衡态复合种群，它在生境的空间结构上可能与经典型或缀块性复合种群相似，但它的再定居过程不明显或全然没有，使系统处于不稳定状态；⑤中间型或混合型复合种群，即在不同空间范围内这些复合种群表现不同结构的特征(邬建国，2000)。这 5 类复合种群反映了自然界中种群空间结构的多样性和复杂性，不同结构的复合种群具有不同的动态特征。在国土空间生态修复时，应以复杂种群理论为指导，深入研究区域的复合种群类型，提供更好的保护用地，以利于各种复合种群的发育与成长，促进国土空间的生物多样性发展。

(5)岛屿生物地理学理论。1967 年，Mac Arthur 等提出了岛屿生物地理学理论，该理论主要包括两个核心论点：①物种-面积关系理论，即岛屿面积越大，物种数量越多。例如，古巴拥有比牙买加更多鸟类、爬行动物等，牙买加拥有比安提瓜更多种类。②平衡理论，物种迁入岛屿的初始速度较快，随着物种数量增加，灭绝率增加。当新物种迁入与原来占据岛屿的物种灭绝在同一速率进行时，岛屿物种数量达到平衡密度。平衡密度与岛屿面积相关，面积较大可容纳较多物种，平衡密度较高，即岛屿的面积效应。岛屿达到平衡密度时间取决于岛屿与大陆的距离，即岛屿的距离效应：距离较近，迁入速度较快，达到平衡密度时间较短，岛屿物种数量较多；距离较远，迁入速度较慢，达到平衡密度时间较长，岛屿物种数量较少(刘小明，2012)。在国土空间生态修复过程中，要防止出现“生物孤岛”现象。例如，划定生态保护红线，如果没有充分考虑连通过程，很容易破坏景观的网络格局，影响结点的可接近性，物种流不能迅速从源达到汇，增加了路途过程中能量的消耗，提升了捕食者袭扰的概率，从而形成“生物孤岛”，影响生物多样性。

第2章　广西概况

2.1　广西自然概况

2.1.1　自然地理状况

2.1.1.1　地理位置

广西壮族自治区地处祖国南疆，位于北纬 20°54′09″—26°23′19″、东经 104°26′48″—112°03′24″之间，东接广东，南邻北部湾并与海南隔海相望，西与云南毗邻，东北接湖南，西北靠贵州，西南与越南接壤。截至 2022 年底，广西辖 41 个市辖区、10 个县级市、48 个县、12 个自治县，共计 111 个县级单位。广西行政区域土地面积 23.76 万 km^2，管辖北部湾海域面积约7 万 km^2。广西海域区位优越，东邻粤、琼，西接越南，南出西太平洋，北靠大西南，面向东南亚，是我国西部唯一既沿海又沿边的省区，是我国南方重要的生态安全屏障，还是我国西南区域最便捷的出海通道，拥有我国古代“海上丝绸之路”始发港之一（曹庆先等，2018），长期发挥着我国开放合作、与世界对接的重要门户作用（郑泽民，2022）。

2.1.1.2　地形地貌

广西总体呈现山地丘陵性盆地地貌，大小不同盆地相间，山系多呈弧形展布，丘陵错综，喀斯特地貌广布。广西在全国地貌单元上属中国地势第二级阶梯的云贵高原至东南沿海丘陵山地的过渡带，属“两广”丘陵山地的一部分。整个地势为四周多山地，而中部与南部较低且多为平地，地势自西北向东南倾斜，山岭连绵、岭谷相间，西北与东南之间呈盆地状，素有“广西盆地”之称，喀斯特峰林广布。地貌类型多样，山地、丘陵、台地、平原（含盆地）和河流水库分别占广西土地总面积的 53.7％、21.9％、8.3％、14.6％、1.5％，山地丘陵多，平原盆地少，三面环山，一面向海，素有“八山一水一田一片海”之称。广西的山地主要包括东南部的云开大山，东部的猫儿山、越城岭、海洋山、都庞山和萌渚岭等山地，北部的凤凰山、九万大山、大苗山、大南山和越城岭等山地，西部的金钟山、岑王老山等山地，西南部的十万大山等山地。由于印度洋板块和亚欧板块的碰撞挤压，广西山脉多呈弧形脉状分布，走向上以东北-西南向和西北-东南向为主。广西地貌主要分为喀斯特地貌和非喀斯特地貌两种，因地处云贵高原向丘陵过渡地带，广西是世界上最重要的喀斯特地区之一。广西喀斯特地貌主要分布在桂中、桂东北和桂西南。桂西零星分布有独特的包容式喀斯特地貌，点缀在桂西北的高峰丛洼地。喀斯特区域面积高达 9.87 万 km^2，占广西土地总面积的 41.54%。典型的喀斯特区域包括百色西南部—崇左北部喀斯特山地、都阳山喀斯特山地和阳朔喀斯特区域等。

2.1.1.3 气候

广西地处北热带、中亚、南亚热带三大气候区，气候温暖、热量丰富、降水丰沛，全年干湿分明、日照适中，但旱涝、霜冻等自然灾害频繁，沿海、山地风能资源丰富。年平均气温 16.0～23.0℃，年日照时数 1169～2219h，各地多年平均降水量在 1 282.4～2 265.6mm 之间。

2.1.1.4 水文

广西河流大多沿地势从西北流向东南，形成了以红水河—西江为主干流的横贯广西中部以及支流分布于两侧的树枝状水系，其中集雨面积在 50km^2 以上的河流有 986 条，总长度达 3.4 万 km，河网密度 0.144km/km^2，分属珠江、长江、沿海诸河、红河四大流域。珠江流域的西江水系是广西最大水系，西江流域面积占广西土地总面积的 85.2%，其中集雨面积在 50km^2 以上的河流有 833 条，主干流南盘江—红水河—黔江—浔江—西江自西北折向东横贯全区，全长 1239km，出梧州经广东入南海。长江水系分布于桂东北，流域面积占广西土地总面积的 3.5%，其中集雨面积在 50km^2 以上的河流有 30 条，主要河段有湘江、资江，属洞庭湖水系上游，经湖南汇入长江（李都安，2014）。其中湘江在兴安县附近经过秦代开凿的灵渠，连接了长江和珠江两大水系。独流入海水系主要分布于桂南，流域面积占广西土地总面积的 10.7%，较大河流有南流江、钦江、防城江、茅岭江、北仑河等，均注入北部湾海域。经越南入北部湾的百都河流域面积占广西土地总面积的 0.6%。喀斯特地下河众多，有 433 条，其中长度超过 10km 的有 248 条，坡心河、地苏河等均独自形成地下河水系（关则兴，2010）。

2.1.1.5 植被

广西约有 1020 个植被类型（群系），从植被的构成来看，天然植被 722 个类型、人工植被 298 个类型（温远光等，2014）。广西植被分布存在明显的纬向地带性，以东部区域最典型，由南到北，热量递减，植被从热带类型经由南亚热带类型过渡到中亚热带类型。广西植被的经向地带性变化仅出现在南亚热带区域，以草黄岭、岑王老山一线为界，由东到西，雨量递减，植被从湿润向半湿润类型过渡。植被的垂直带性变化比较明显，且因地理位置不同而异。位于北热带的十万大山，海拔 400m 以下气候湿热，局部沟谷出现的雨林，属非地带性的类型；海拔 700～900m 为季雨林地带，属地带性植被；海拔 900～1100m 地带，气候温凉，为山地常绿阔叶林，至山顶地带为山顶矮林或竹林。大明山是桂中地区最高的山地，最高峰龙头山海拔 1706m，基带为季风常绿阔叶林，海拔 800m 进入山地常绿阔叶林，1300～1500m 为山顶矮林。2019 年，广西森林面积 1 483.92 万 hm^2（$1hm^2=10\ 000m^2$），森林覆盖率 62.45%，森林蓄积量 8.07 亿 m^3，人工林面积 904 万 hm^2 居全国第一。

2.1.2 自然资源分布概况

2.1.2.1 陆域自然资源

(1)土地资源。广西土地总面积为23.76万km^2,占全国土地总面积的2.47%。耕地330.76万hm^2,南宁、崇左、百色、河池等4个设区市耕地面积较大,占广西耕地面积的47.91%。位于2°以下(含2°)坡度的耕地面积176.18万hm^2,占广西耕地面积的53.27%;位于2°~6°(含6°)坡度的耕地面积69.76万hm^2,占21.09%;位于6°~15°(含15°)坡度的耕地面积52.47万hm^2,占15.86%;位于15°~25°(含25°)坡度的耕地面积16.66万hm^2,占5.04%;位于25°以上坡度的耕地面积15.69万hm^2,占4.74%(杨丹亚等,2023)。园地面积167.03万hm^2,桂林、百色园地面积较大,占广西园地面积的37.93%。林地面积1 609.53万hm^2,百色、河池、桂林、柳州、南宁等5个设区市林地面积较大,占广西林地面积的61.40%。草地面积27.62万hm^2(414.30万亩,1亩≈666.67m^2),主要分布在河池、桂林、百色、崇左、柳州等5个设区市,占广西草地面积的68.18%。湿地12.72万hm^2,主要分布在北海、防城港、钦州等3个设区市,占广西湿地面积的84.28%。城镇村及工矿用地面积97.99万hm^2。交通运输用地面积35.23万hm^2。水域及水利设施用地面积74.9万hm^2。

(2)水资源。广西主要河流分属珠江流域西江水系、长江流域洞庭湖水系、桂南直流入海流域与百都河红河水系。广西地表水资源量居全国第四位。

西江水系:西江流域主要河流有南盘江、红水河、黔浔江、郁江、柳江、桂江、贺江,总面积为30.49万km^2,其中广西集水面积约20.24万km^2,占全流域集水面积的85.7%,水资源总量约占广西水资源总量的85.5%。南盘江为红水河主源,是珠江流域西江水系干流的源头,河长936km,多年平均水资源总量为19.43亿m^3。红水河,自蔗香起经广西乐业、天峨、南丹、来宾等县,至象州县石龙镇与柳江汇合,全长659km,多年平均水资源总量为324.99亿m^3。黔浔江,自象州县石龙镇三江口,流经武宣、桂平至梧州与桂江汇合,全长172km,多年平均水资源总量为147.3亿m^3。郁江发源于云南广南县内杨梅山,是西江流域的最大支流,水资源总量为371亿m^3。柳江发源于贵州省独山县南部里纳九十九滩,上游称都柳江,是珠江流域西江水系第二大支流,河流跨越黔湘桂3省区,水资源总量为373.92亿m^3,河流入广西水量为87.4亿m^3,是广西水资源较丰富的河流。桂江和贺江位于广西东部地区,水资源总量为274.7亿m^3,其中,桂江为182.7亿m^3,贺江为92亿m^3,是广西水资源丰富的区域之一,且降水比其他区域来得早。

长江水系:湘江和夫夷水地处广西东北部,流入湖南省的洞庭湖,最后汇入长江。广西集水面积为8.28km^2,占广西土地总面积的3.5%,水资源总量为93.06亿m^3。

桂南沿海诸河:桂南沿海主要河流有南流江、大风江、钦江、防城河、茅岭江和北仑河。其中最大的河流为南流江,其次为钦江、防城河,北仑河为国际河流。沿海诸河直流入北部湾海域共计集水面积为23 230km^2,占广西土地总面积的10.2%。多年平均水资源量为273.6亿m^3(含百都河和粤西河源)。区域降水时空分布很不均匀,一般年份集中在5—9月,占全年降水量的80%左右,到冬春季节,一些小河流枯竭,致使沿海地区工业、生活供水紧张,经济发展受到制约。

(3)矿产资源。广西成矿地质条件优越,矿产资源相对丰富,矿产资源种类多,储量大。截至2020年底,已发现矿产172种,其中已查明资源储量矿产132种,88种矿产保有资源储量居全国前十位,稀土、锑、锰、钛、铢、铬、铳、高岭土、膨润土、方解石、溶剂用灰岩、化肥用灰岩、建筑用大理岩等矿产资源储量居全国前三位。铝、锡、锰、锑等重要矿产在国家资源安全保障中处于重要地位,查明资源储量中,锰、锑分别占全国查明总量的23.79%、14.05%,居全国第二位;铝土、锡分别占全国查明总量的17.37%、14.19%,居全国第四位。广西矿产资源分布集中度高,具有明显的地域差异,14个地市均有分布,但主要集中于河池、百色、崇左等地。矿产地规模普遍较小,以中小型为主,大型、特大型较少。广西矿产资源分布地域差异明显,有色金属矿产优势突出,素称"有色金属之乡",是我国10个重点有色金属产区之一。

(4)动植物资源。广西南北跨6个纬度,地处热带和亚热带,热量丰富、雨量充沛,生物多样性丰富,系统再生能力强,而且特有成分突出,形成了特殊的地带性岩溶植物区系,岩溶生物独特,已知洞穴生物350种,特有生物150种,洞穴鱼类举世闻名。据统计,天然植被有5个植被型组(即阔叶林、针叶林、竹林、灌丛、草丛),14个植被型,301个群系,其中暖性针叶林由常绿阔叶林被破坏后演变而来,是目前广西面积较大的森林类型。

广西生境类型多样,孕育了极为丰富的生物多样性,特别是植物多样性,丰富的石灰岩植物是广西植物区系的重要特色。广西已知野生维管束植物8562种,隶属于297科1820属,仅次于云南、四川,居全国第三位,其中蕨类植物832种,裸子植物62种,被子植物7668种。广西特有现象显著,桂西南地区属中国3个特有类群分布中心之一的"滇东南—桂西南"地区,维管束植物中广西特有种880种。珍稀濒危植物丰富,列入《国家重点保护野生植物名录(第一批)》的野生维管束植物共84种及2类,包括桫椤科7种和苏铁属10种(按这两类目前认同的分类地位统计),共101种,其中,国家Ⅰ级重点保护31种,国家Ⅱ级重点保护70种。列入世界自然保护联盟(International Union for Conservation of Nature,IUCN)红色名录极危等级物种有115种;列入《濒危野生动植物种国际贸易公约》(*the Convention on International Trade in Endangered Species of Wild Fauna and Flora*,CITES)附录的有13种及苏铁科植物和兰科植物两大类,共410余种,其中附录Ⅰ有兜兰属18种。列入《广西壮族自治区第一批重点保护野生植物名录》的有82种及金花茶组、兰科两大类,约500种。此外,还有众多未列入名录的珍稀濒危植物,如兰科植物388种,其中特别珍贵的兜兰属植物18种,以及被誉为"茶族皇后"的金花茶组植物。广西区内记录的极小种群野生植物种数达32种,在全国占有举足轻重的地位。广西已知野生脊椎动物1906种,昆虫5876种,特有陆生野生脊椎动物有白头叶猴和弄岗穗鹛等10余种。其中陆生脊椎动物东黑冠长臂猿、白头叶猴、黑叶猴等26种列入国家Ⅰ级重点保护动物,猕猴、冠斑犀鸟等147种列入国家Ⅱ级重点保护动物;属国家Ⅰ级重点保护昆虫1种,国家Ⅱ级重点保护昆虫2种。作物遗传资源总库存量、水稻品种数和野生稻种质资源均居全国之首,已建成7个国家级及部级、5个自治区级的农业种质资源圃(库)。

2.1.2.2 海洋自然资源

广西海洋生物资源丰富，有浮游植物190种、浮游动物114种，且二者的生物量均较高。北部湾是我国四大渔场之一，栖息鱼类402种，虾类35种，蟹类191种，贝类321种，头足类17种，是南海具有高度物种多样性的代表性海域之一，是儒艮、中华白海豚、玳瑁和大珠母贝等珍稀濒危动物的栖息地，是马氏珠母贝、近江巨牡蛎、二长棘犁齿鲷、长毛明对虾等重要经济动物的种质资源分布区。

浮游生物和底栖动物资源：广西北部湾沿海海域（20m等深线以内）有浮游植物190种，平均密度1.813×10^7个/m^3，以硅藻和甲藻为主；浮游动物114种，生物量137.26mg/m^3，以桡足类为主；软体动物有单壳类40科143种，双壳类31科178种，头足类4科17种；甲壳动物有虾类5科35种，蟹类17科191种，口足类1科12种。海洋鱼类及其他资源：北部湾鱼类402种，隶属2纲22目115科247属，主要经济鱼类有20多种，虾类约10种，经济蟹类3种，经济贝类10多种。海产珍稀动物有海马、儒艮、中国鲎、中华白海豚等，其中珍珠、海参、锯缘青蟹、海马、近江牡蛎、日月贝、对虾为北部湾海域著名的特产。

广西红树林总面积9406hm^2（2019年统计数据），涉及3个市8个县（市、区）36个乡镇，集中连片面积较大的红树林主要分布在英罗港湾、铁山港湾、丹兜海、廉州湾、大风江口、钦州湾、茅尾海、防城港湾、珍珠港湾等一带，尤以茅尾海、丹兜海和铁山港湾的红树林发育最好。最新的统计资料表明，广西海岸生长着真红树植物12种（含外来种2种），半红树植物8种，分别占全国种类的44%和67%。主要红树植物种类为秋茄（*Kandelia obovata*）、白骨壤（*Avicennia marina*）、桐花树（*Aegiceras corniculatum*）、木榄（*Bruguiera gymnorrhiza*）、红海榄（*Rhizophora stylosa*）、卤蕨（*Acrostichum aureum*）、海漆（*Excoecaria agallocha*）等（潘良浩等，2018）。广西红树林群落可分为11个群系，其中白骨壤群系是广西红树林群落类型中占比最高的群落类型，桐花树次之，此两种群系的面积占广西红树林面积的一半以上。广西红树林群落类型面积居前三位的是白骨壤群落（占39.66%）、桐花树群落（占29.92%）、白骨壤＋桐花树群落（占5.10%）。

根据广西壮族自治区海洋局2014年组织的专项调查，广西海草分布点共20处（Shi et al.，2013），总面积为777.13hm^2，相对于2008年调查面积减少165.07hm^2，海草分布点减少39处。在广西沿海三市中，北海市的海草占绝对优势，面积共674.65hm^2，占海草总面积的86.82%；防城港市的海草面积为102.43hm^2，占13.17%；钦州市的海草面积最小，仅0.05hm^2，占0.01%（李梦，2019）。广西沿海生长的海草种类主要为喜盐草、矮大叶藻、贝克喜盐草等。喜盐草群落为广西分布面积最广的海草群落，面积高达597.14hm^2，占广西海草总面积的76.84%，主要分布在东海岸的北海市铁山港区。矮大叶藻群落总面积为104.37hm^2，仅次于喜盐草群落的面积，占广西海草总面积的13.43%，主要集中在防城港市珍珠湾。矮大叶藻＋贝克喜盐草群落只有1处，面积为49.72hm^2，占广西海草总面积的6.40%，位于北海市竹林的虾塘公用水域内。贝克喜盐草群落分布总面积为11.24hm^2，仅占1.45%，常出现于红树林林缘或潮沟边缘。

广西的珊瑚礁主要分布于北海市涠洲岛、斜阳岛沿岸。此外，在防城港市江山半岛的白龙尾沿岸浅海有活珊瑚零星分布，但没有形成珊瑚岸礁。

2.2 广西社会经济概况

2.2.1 社会发展

广西是我国唯一具有沿海、沿江、沿边优势的少数民族自治区，是我国东、中、西 3 个地带的交会点，是华南经济圈、西南经济圈与东盟经济圈的接合部，是西南乃至西北地区最便捷的出海口，也是连接粤港澳与西部地区的重要通道。截至 2023 年，广西壮族自治区行政区划为 14 个设区市，10 个县级市，60 个县(含 12 个民族自治县)，41 个市辖区，806 个镇，312 个乡(含 59 个民族乡)，133 个街道。首府为南宁市。2022 年广西粮食播种面积 4 243.95 万亩，主要种植水稻、甘蔗、玉米、油料、蔬菜等。截至 2022 年底，广西常住人口 5047 万人，比上年末增加 10 万人。全年出生人口 43 万人，出生率为 8.51‰；死亡人口 36 万人，死亡率为 7.08‰。从城乡结构看，城镇常住人口 2809 万人，占 55.65%；乡村常住人口 2238 万人，占 44.35%；广西是一个多民族聚居的自治区，区内世居有汉、壮、瑶、苗、侗、仫佬、毛南、回、京、彝、水、仡佬 12 个民族，除壮族外，绝大多数的少数民族都居住在桂西、桂西南、桂西北和桂东北等边缘山区。2022 年全年广西总用水量 264.01 亿 m^3，比上年下降 1.72%。其中，生活用水减少 0.35 亿 m^3，工业用水增加 4.92 亿 m^3，农业用水减少 0.03 亿 m^3。人均用水量 524m^3，比上年下降 10m^3。

2.2.2 经济发展

2022 年广西生产总值 26 300.87 亿元，比上年增长 2.9%。2022 年，广西产业在持续向前发展。一是农业生产形势较好。全年广西粮食总产量 1 391.1 万 t，比上年增加 6.6 万 t，增长 0.5%。水果和蚕茧产量分别达到 3 080.07 万 t、43.71 万 t，稳居全国首位；蔬菜、茶叶、水产品等主要农产品产量分别达到 4 236.52 万 t、10.77 万 t、363.77 万 t，继续保持稳定发展。累计获批 13 个中国特色农产品优势区，数量排全国首位。规模以上农产品加工企业达 1900 多家，形成农业品牌 199 个，农产品电商销售额增长 30%。二是工业增速持续回升。全年广西全部工业增加值 6 775.89 亿元，比上年增长 3.1%。规模以上工业增加值增长 4.2%。工业先行指标走势良好，实物量指标表现活跃。三是服务业持续快速发展。规模以上服务业企业营业收入比上年增长 8.8%，但营业利润下降 21.0%。

第3章　广西国土空间生态分析与诊断

3.1　广西陆域生态系统格局研究

3.1.1　广西陆域生态系统格局特征分析

3.1.1.1　陆域生态系统现状分析

1)陆域生态系统类型构成及变化分析

广西陆域生态系统主要分为森林、农田、灌丛、草地、聚落、水体与湿地、裸地等生态系统类型,以森林分布为主,约占广西陆域生态系统面积的一半,其次为农田,其他如灌丛、聚落、水体与湿地所占面积次之,所占面积较少的主要有裸地、草地等。

从不同区域来看,森林生态系统面积排名前三的分别是桂北地区、郁江流域、桂南沿海地区,面积分别为31 380.95km^2、24 814.32km^2、16 894.52km^2,占全区森林生态系统面积的比例分别为24.91%、19.70%和13.41%。农田生态系统面积排名前三的分别是郁江流域、左右江流域、桂南沿海地区,面积分别为10 422.82km^2、8 772.80km^{2}和6 834.82km^2,占全区农田生态系统面积的比例分别为19.71%、16.59%和12.92%。灌丛生态系统面积排名前三的分别是红水河流域、左右江流域、桂北地区,面积分别为10 066.87km^2、8 091.33km^{2}和5 960.38km^2,占全区灌丛生态系统面积的比例分别为27.53%、22.13%和16.30%。草地生态系统面积排名前三的分别是桂北地区、左右江流域、桂南沿海地区,面积分别为815.14km^2、384.42km^{2}和323.31km^2,占全区草地生态系统面积的比例分别为28.93%、13.64%和11.47%。聚落生态系统面积排名前三的分别是郁江流域、桂南沿海地区、左右江流域,面积分别为2 914.56km^2、2 178.06km^{2}和1 369.84km^2,占全区聚落生态系统面积的比例分别为25.29%、18.90%和11.89%。水体与湿地生态系统面积排名前三的分别是郁江流域、桂南沿海地区、北部湾地区,面积分别为1 691.79km^2、1 401.37km^{2}和944.97km^2,占全区水体和湿地生态系统面积的比例分别为21.79%、18.05%和12.17%。裸地生态系统面积排名前三的分别是桂北地区、红水河流域、桂东北地区,面积分别为43.61km^2、17.78km^{2}和17.23km^2,占全区裸地生态系统面积的比例分别为33.89%、13.82%和13.39%。以上数据为2020年各区域陆域生态系统构成面积及所占比例。数据统计及空间分布见表3.1~表3.3,图3.1~图3.3。

表 3.1　广西陆域生态系统构成

类型	2010 年		2020 年		类型变化	
	面积/km²	比例/%	面积/km²	比例/%	面积/km²	比例/%
草地生态系统	11 171.26	4.70	2 818.09	1.19	−8 353.17	−3.51
灌丛生态系统	25 179.60	10.59	36 566.69	15.39	11 387.09	4.79
聚落生态系统	10 168.47	4.28	11 522.41	4.85	1 353.94	0.57
裸地生态系统	14 759.93	6.21	128.68	0.05	−14 631.25	−6.16
农田生态系统	59 874.33	25.19	52 885.85	22.25	−6 988.48	−2.94
森林生态系统	108 702.60	45.74	125 981.87	53.00	17 279.27	7.27
水体与湿地生态系统	7 813.23	3.29	7 765.83	3.27	−47.40	−0.02

表 3.2　2010 年各区域陆域生态系统构成面积　　单位：km²

区域	草地生态系统	灌丛生态系统	聚落生态系统	裸地生态系统	农田生态系统	森林生态系统	水体与湿地生态系统
北部湾地区	1.35	1.15	33.53	7.91	21.31	44.88	980.51
大瑶山地区	282.12	353.45	167.35	69.01	874.09	7 265.99	143.29
桂北地区	2 850.27	6 021.70	667.72	2 188.49	6 569.06	27 051.07	699.04
桂东北地区	1 128.87	2 422.27	1 113.60	588.33	5 873.60	13 679.62	648.49
桂南沿海地区	1 456.67	554.00	2 172.94	116.24	8 235.87	14 233.00	1 332.24
桂西南地区	321.26	2 383.19	283.74	992.71	3 353.07	1 514.32	215.28
红水河流域	987.47	4 964.03	895.00	5 776.85	6 581.50	5 251.28	653.07
柳江流域	1 253.93	3 062.54	993.65	1 261.15	6 025.11	7 182.13	657.70
郁江流域	959.59	862.79	2 750.70	267.24	12 311.30	22 141.34	1 715.06
左右江流域	1 929.73	4 554.48	1 090.24	3 492.00	10 029.42	10 338.97	768.55

表 3.3　2020 年各区域陆域生态系统构成面积　　单位：km²

区域	草地生态系统	灌丛生态系统	聚落生态系统	裸地生态系统	农田生态系统	森林生态系统	水体与湿地生态系统
北部湾地区	14.71	1.48	34.60	4.22	16.09	74.53	944.98
大瑶山地区	78.01	335.75	202.30	0.62	1 093.83	7 281.80	162.96
桂北地区	815.14	5 960.38	971.46	43.61	6 138.61	31 380.95	737.21
桂东北地区	255.71	3 311.28	1 250.06	17.23	5 472.66	14 501.65	646.21
桂南沿海地区	323.31	463.15	2 178.06	5.74	6 834.82	16 894.52	1 401.37
桂西南地区	114.18	3 339.07	394.87	1.86	3 109.45	1 895.16	208.96

续表 3.3

区域	草地生态系统	灌丛生态系统	聚落生态系统	裸地生态系统	农田生态系统	森林生态系统	水体与湿地生态系统
红水河流域	252.15	10 066.87	1 078.52	17.78	5 535.63	7 553.15	605.11
柳江流域	280.65	4 145.79	1 128.14	7.64	5 489.14	8 749.92	634.93
郁江流域	299.81	851.59	2 914.56	13.14	10 422.82	24 814.32	1 691.79
左右江流域	384.42	8 091.33	1 369.84	16.84	8 772.80	12 835.87	732.31

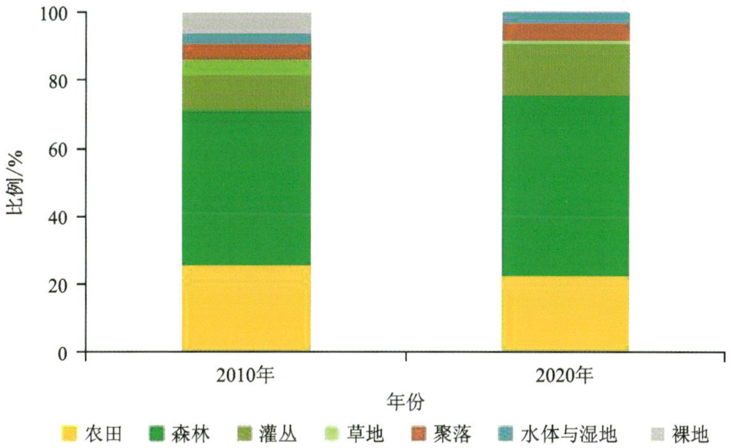

图 3.1 广西陆域生态系统构成特征

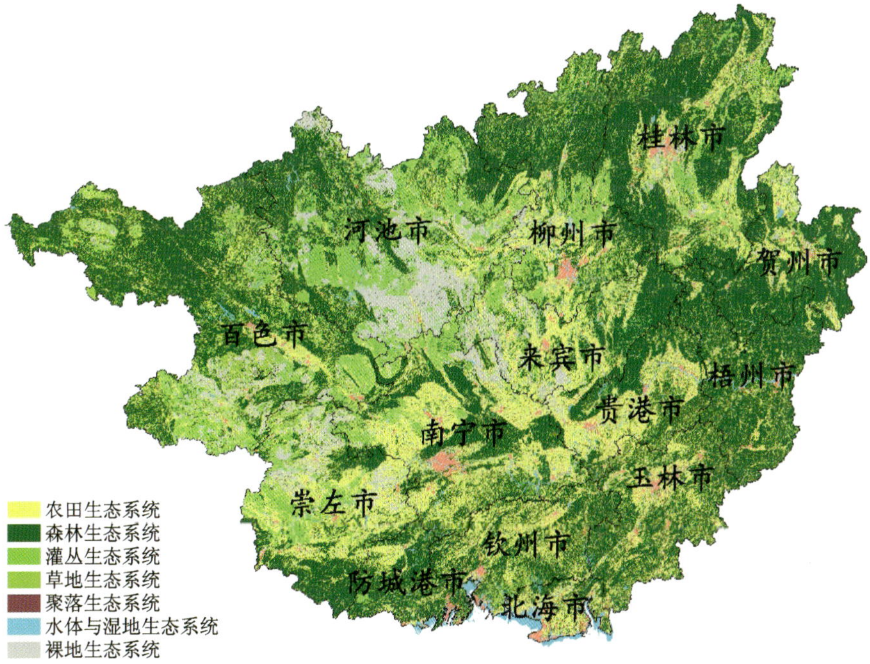

图 3.2 2010 年广西陆域生态系统类型分布图

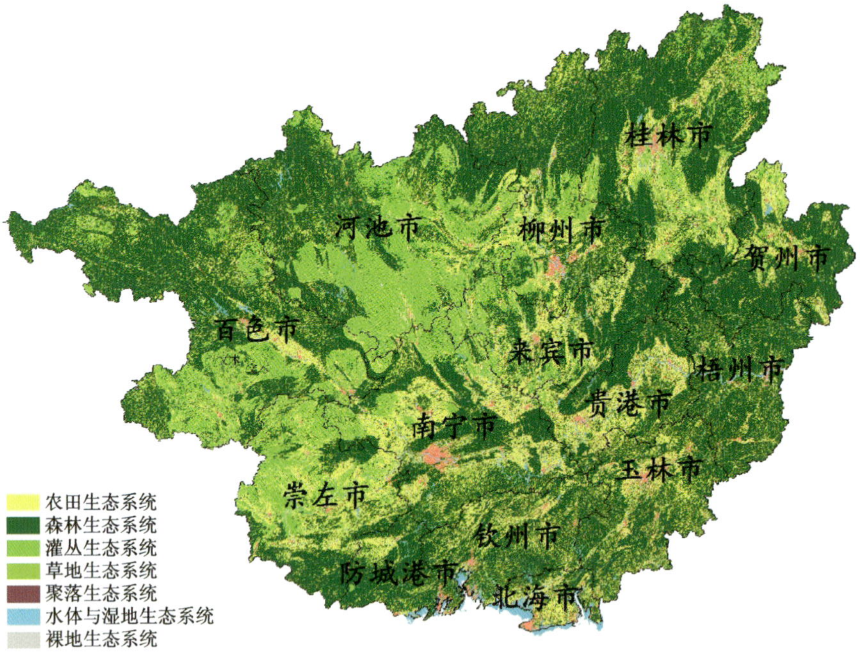

图 3.3　2020 年广西陆域生态系统类型分布图

(1)森林生态系统。森林生态系统是广西陆地生态系统总面积最大、生物总量最高、最重要的自然生态系统,是众多野生动植物的重要生境,对广西的生物多样性及生态环境保护有决定性的意义和影响,具有重要保护价值的植被类型主要有亚热带中山针阔混交林(主要分布在广西东北部等地区)、亚热带中山常绿阔叶混交林(主要分布在海拔 1200～1300m 的山地)、亚热带季风常绿阔叶林(主要分布在广西中部)、亚热带典型常绿阔叶林(主要分布在广西北部)、低山丘陵常绿季雨林(主要分布在广西南部)、沟谷雨林(主要分布在广西南部)等。2010—2020 年广西陆域森林生态系统面积呈增加趋势,森林生态系统面积净增加17 279.27km^2,面积变化率总体上升 7.27%。2011—2019 年,森林覆盖率和活立木蓄积量总体呈增长趋势,森林覆盖率由 2010 年的 58%增长到 2019 年的 62.45%,活立木蓄积量由 2010 年的 58 960 万 m^3 增长到 2019 年的 81 000 万 m^3。但乔木林单位面积蓄积量仅为64.52m^3/hm^2,是当前全国平均水平(94.83m^3/hm^2)的 68%,是当前世界平均水平(130m^3/hm^2)的 50%,森林质量提升潜力较大。从森林资源分布来看,桂南沿海地区以纯林为主,桂西、桂西北以石山灌木林居多,质量好的林地主要分布在桂北、桂南、桂东南。

(2)农田生态系统。2010—2020 年,广西陆域农田生态系统面积呈减少趋势,农田生态系统面积净减少 6 988.48km^2,面积变化率总体下降 2.94%。造成农田生态系统面积减少的主要原因是农业经营主体根据市场经济变化调整农业经营结构,主要表现为侵占农田发展桉树等人工速生丰产用材林。此外,广西耕地非粮化形势严峻,农业结构调整现象普遍,耕地保护压力大。将广西第三次国土调查数据与永久基本农田划定成果进行叠加分析,123.94 万 hm^2 永久基本农田在“三调”中为非耕地,其中即可恢复面积 8.41 万 hm^2(河池市面积最大,防城港市、贵港市和北海市面积最小),工程恢复面积 85.82 万 hm^2(桂林市和南宁市面积最大,北海市和防城港市面积最小),未标注种植属性面积 29.71 万 hm^2(百色市面积最大)。

(3)灌丛生态系统。2010—2020年,广西陆域灌丛生态系统面积呈增加趋势,灌丛生态系统面积由2010年的25 179.60km^2增加到2020年的36 566.69km^2,净增加面积11 387.09km^2,面积变化率总体上升4.79%。从地理分布来看,广西灌丛生态系统主要分布在广西中部及中部以北区域,大部分分布在广西喀斯特石漠化地区。灌丛生态系统面积的大幅增长从侧面说明广西石漠化治理成效明显,植被覆盖度稳步提高。根据广西石漠化监测成果,广西第三次石漠化监测顺向演替面积比逆向演替面积多446 025hm^2,而第二次石漠化监测顺向演替面积比逆向演替面积多704 659hm^2,连续两期顺向演替面积远大于逆向演替面积,说明广西石漠化土地植被状况和生态恢复趋势良好。

(4)草地生态系统。广西草地资源主要分布于桂西北、桂北、桂西南中低山地及丘陵区内,台地及平原相对较少。近30年来,随着广西经济发展,制糖业、淀粉业和林浆纸业的崛起,耕作条件的改善,速生丰产林的扩大,原来为天然草地的草山草坡多数被开垦占用。2010—2020年,陆域草地生态系统面积呈减少趋势,草地生态系统面积净减少8 353.17km^2,面积变化率总体下降3.51%。随着生态文明建设的推动,广西草原综合植被盖度连年提高,2020年草原综合植被盖度达到80%以上。

(5)聚落生态系统。2010—2020年,广西陆域聚落生态系统面积呈增加趋势,聚落生态系统面积净增加1 353.94km^2,面积变化率总体上升0.57%。2010—2020年,广西建设用地面积持续增长,但建设用地节约集约化利用水平总体不高。2020年城镇低效用地面积约1.25万hm^2,就地级市分布来看,南宁、柳州、桂林三市城镇低效用地面积最大,三市低效用地面积约占广西低效用地总面积的56%。2020年农村宅基地面积45万hm^2,人均农村居民点面积165m^2/人,远超广西最高的宅基地户均标准即150m^2/户,据统计,广西约有11 000hm^2农村宅基地闲置废弃,主要分布在桂东南钦州、玉林、贺州等地。广西国土绿化较好,但人均绿地面积分布不均,2020年人均绿地面积47m^2/人,是全国人均绿地面积的2倍。但各市市辖区人均绿地面积分布不均,南宁市人均绿地面积最高为91m^2/人,贵港、贺州、河池、来宾等4个市人均绿地面积低于全国平均水平,其中河池市最小。

(6)水体与湿地生态系统。2010—2020年,广西陆域水体与湿地生态系统面积呈减少趋势,水体与湿地生态系统面积净减少47.40km^2,面积变化率总体减小0.02%。受污染、围垦、基建占用、过度放牧、过度捕捞和采集、外来物种入侵等影响,广西湿地生态功能退化,湿地物种种群数量明显减少,尤其是滨海湿地存在退化现象,主要表现为湿地面积下降、湿地物种多样性下降、湿地生态系统结构发生变化,水质下降,呈逆向演替的趋势。"十三五"期间,广西主要河流水环境质量总体上良好。2015—2020年,区控以上地表水水质监测断面水质优良比例(Ⅰ～Ⅲ类水质),水质总体优,辖广西珠江水系与长江水系水质状况总体均为优,独流入海水系水质状况总体为轻度污染。

(7)裸地生态系统。广西独特的地形地貌与不恰当的人为干扰,造成地表裸露,加上喀斯特石质山区土层薄,基岩出露,暴雨冲刷力强,大量的水土流失后岩石逐渐凸现裸露,从而出现石漠化现象。2010—2020年,广西陆域裸地生态系统面积呈减少趋势,裸地生态系统面积净减少14 631.25km^2,面积变化率总体下降6.16%。2010—2020年,裸地生态系统大量转化为灌丛生态系统,体现广西石漠化治理成效显著,石漠化土地植被覆盖度和生态功能稳步上升。

2)陆域生态系统类型转换特征

2010—2020年广西陆域生态系统转化情况见表3.4和表3.5,图3.4和图3.5。农田生态系统主要向森林生态系统转化,转化面积为12 866.80km²,主要由于桉树等人工速生丰产用材林的快速扩张挤占农业空间;森林生态系统主要向农田和灌丛生态系统转化,转化面积为6 030.18km²,一方面耕作条件优良区域的农田生态系统转化为森林生态系统,另一方面土地贫瘠、耕作条件恶劣的区域毁林开垦,导致森林生态系统向农田生态系统转化。此外,由于私砍滥伐等,导致森林生态系统质量降低进而转化为灌丛生态系统;灌丛生态系统主要转为森林生态系统,转化面积为7 082.73km²,说明广西封山育林、植树造林行动取得明显成效;草地生态系统主要转化为森林、灌丛和农田生态系统,转化面积分别为5 586.63km²、2 517.60km²、1 480.54km²,其原因主要为人工速生丰产经济林的利益驱使导致森林生态系统挤占草地生态系统、过度载牧导致草地灌丛化、垦植开荒导致草地生态系统转化为农田生态系统等;聚落生态系统主要向农田生态系统、森林生态系统转化,转化面积分别为1 460.83km²、1 415.98km²,主要是由于城乡建设用地增减挂钩政策的推广实施,聚落生态系统向农田和森林生态系统转化;水体与湿地生态系统整体变化较小,变化较明显的是转化为农田生态系统,转化面积为859.72km²,说明仍存在部分围湖造田、沿堤造田等湿地开垦行为,但总体水体与湿地生态系统面积变化不大,说明广西湿地保护成效初显;裸地生态系统主要向灌丛生态系统转化,转化面积为11 527.49km²,说明广西石漠化治理成效显著。

表3.4 广西陆域生态系统构成转移矩阵面积 单位:km²

年份	类型	草地	灌丛	聚落	裸地	农田	森林	水体与湿地
2010—2020年	草地	1 480.54	2 517.60	216.42	6.74	1 245.41	5 586.63	117.92
	灌丛	123.10	16 352.18	264.15	9.46	1 276.23	7 082.73	71.76
	聚落	211.67	279.11	6 569.37	10.50	1 460.83	1 415.98	221.00
	裸地	480.51	11 527.49	211.83	77.98	593.55	1 829.42	39.15
	农田	193.42	1 796.40	2 646.06	6.63	41 420	12 866.80	945.11
	森林	252.89	3 969.31	1 342.13	12.03	6 030.18	96 495.22	600.83
	水体与湿地	75.97	124.60	272.45	5.34	859.72	705.09	5 770.07

表3.5 广西陆域生态系统构成转移矩阵面积占比 单位:%

年份	类型	草地	灌丛	聚落	裸地	农田	森林	水体与湿地
2010—2020年	草地	0.62	1.06	0.09	0.00	0.52	2.35	0.05
	灌丛	0.05	6.88	0.11	0.00	0.54	2.98	0.03
	聚落	0.09	0.12	2.76	0.00	0.61	0.60	0.09
	裸地	0.20	4.85	0.09	0.03	0.25	0.77	0.02
	农田	0.08	0.76	1.11	0.00	17.43	5.41	0.40
	森林	0.11	1.67	0.56	0.01	2.54	40.60	0.25
	水体与湿地	0.03	0.05	0.11	0.00	0.36	0.30	2.43

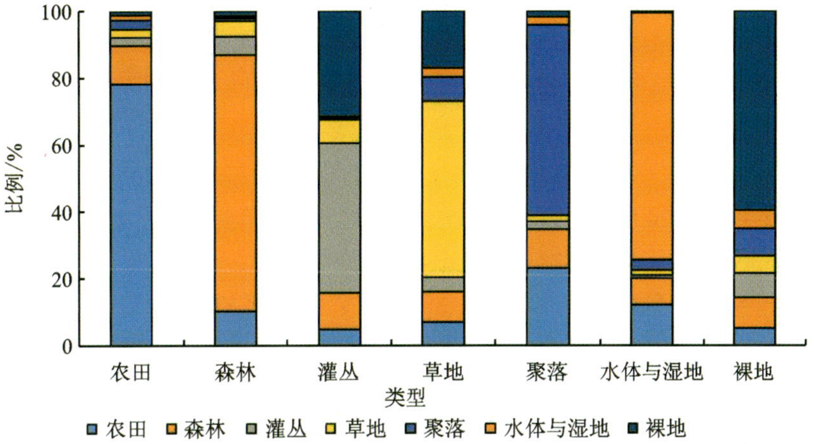

图 3.4 生态系统类型转出图

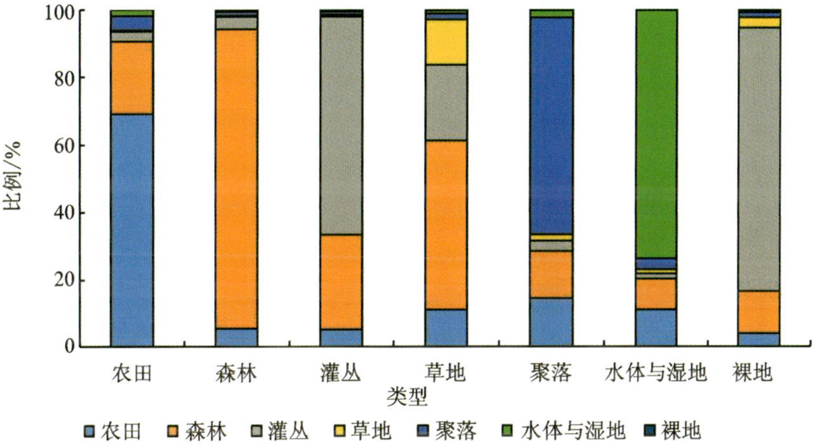

图 3.5 生态系统类型转入图

3)小结

2010—2020 年，聚落生态系统、水体与湿地生态系统变化幅度较小，灌丛生态系统面积占比上升，草地生态系统面积占比有所下降，裸地生态系统面积占比下降最大，广西陆域生态系统基本保持稳定。2010—2020 年，约有 11 527.49km^2 裸地生态系统向灌丛生态系统转化，红水河流域和左右江流域转化最明显，说明广西石漠化治理取得明显成效。为满足城市发展建设，耕地向城镇村及工矿用地、交通运输用地流出，近 10 年来广西约有 2 646.06km^2 农田生态系统被聚落生态系统侵占，农田生态系统被城镇化侵占最严重的区域是郁江流域，约有 601.62km^2 农田生态系统被侵占，耕地保护与城市开发建设存在冲突。为发展经济，农民在农田上种植林木经济作物，10 年间约有 12 866.80km^2 转化为森林生态系统。2010—2020 年，广西约有 3 969.31km^2 森林生态系统转化为灌丛生态系统，变化区域主要在桂北地区和左右江流域。

广西约有 859.72km^2 水体与湿地生态系统被农田生态系统侵占，郁江流域和桂南沿海地区被侵占最严重；约 272.45km^2 水体与湿地生态系统被聚落生态系统侵占，郁江流域和桂南沿海地区被侵占最严重。

3.1.1.2 陆域生态系统连通性特征

1)生态系统连通性数理特征

2010—2020 年，广西陆域生态系统连通性整体呈上升趋势，生态系统连通性平均值由 0.191 8上升至 0.208 6，生态系统连通性逐渐加强。核心指数及连接桥指数斑块面积明显增加，说明整体景观连通性及有林地连通性均有所增强，特别是桂西北喀斯特山地生态系统连通性显著上升。近年来，桂南沿海地区城市发展加快，中心城区建设用地蔓延度增加，生态系统连通性下降，而桂北、桂西北喀斯特山地植被明显改善及恢复，森林、灌丛等生态系统凝聚度指数降低，生态系统连通性上升，因此广西陆域自然生态系统连通性整体呈上升趋势。

为了解生态系统连通性水平变化趋势，基于 ArcGIS 软件，采用自然断点法将其划分为低等级连通性、中等级连通性和高等级连通性 3 个等级。低等级连通性面积占比较小，整体呈上升趋势；中等级连通性面积整体呈下降趋势，主要是因为桂北、桂西北地区石漠化治理成效显著；高等级连通性面积占比较大，两个年份面积占比均超过 60%，对整体连通性水平起决定性作用，整体呈上升趋势。低等级连通性面积占比不足 15%，高等级连通性占比大于 60%，说明广西陆域生态系统连通性水平处于较高的水平，整体呈持续性增加的趋势(表 3.6)。

表 3.6 广西陆域生态系统连通性各等级面积及比例

生态系统连通性	2010 年		2020 年		2010—2020 年	
	面积/km^2	比例/%	面积/km^2	比例/%	面积/km^2	比例变化/%
高等级连通性	159 827.66	67.23	164 431.59	69.16	4 603.93	1.94
中等级连通性	52 502.37	22.08	38 650.35	16.26	−13 852.02	−5.83
低等级连通性	25 414.39	10.69	34 663.78	14.58	9 249.39	3.89

2)生态系统连通性空间分布格局

从生态系统连通性空间分布来看，2010 与 2020 年广西陆域生态系统连通性分布相似，具有显著的空间异质性特征。高等级连通性区域沿桂中的大明山山脉呈带状集聚分布，主要分布在桂东部的海洋山、云开大山余脉、大容山山脉等以及南部十万大山地区，这些地区自然生态保护较好，连通性高。中等级连通性区域呈破碎状散点分布。2020 年，桂北、桂西北的中等级连通性区域增加，该区域石漠化治理成效显著，裸露石山地区植被得到恢复，人为干扰降低，连接形成斑块且数量增加明显，因此低等级连通性向高等级连通性转化。低等级连通性区域位于桂中的南宁市、柳州市城市建成区及周边水库、耕地等区域，桂东北的桂林市中心城区、桂南沿海城市等地。城市建成区、水库区域呈面状集聚，与自然生态系统的关系较为密切，影响程度较低，连通性低。

3)小结

2010—2020 年,广西陆域生态系统连通性整体呈上升趋势,主要是因为桂北、桂西北地区开展石漠化治理使得大量裸露的石漠化土地植被得到恢复,人为活动干扰逐年降低,生态系统之间的连通性逐渐上升,虽然陆域聚落生态系统逐年向周边扩张,蔓延度上升,区域生态系统连通性有所下降,但整体而言,广西陆域生态系统连通性呈上升趋势,高等级连通性区域面积增加 9 249.39km^2,增长面积是低等级连通性区域的 1 倍,增幅达到 3.89%。

3.1.1.3 陆域生态系统潜力特征

生态系统潜力是生态系统为城市发展提供的生态支撑力,是生态系统自身属性,是生态系统为人类提供服务的能力,与生态系统服务的内涵较为吻合。Daily(1997)认为生态系统服务功能是指生态系统及生态过程所形成和维持的人类赖以生存的自然环境条件与效用,它不仅给人类提供生存必需的食物、医药及工农业生产的原料,而且维持了人类赖以生存和发展的生命支持系统。生态系统服务功能主要表现为提供保存生物进化所需要的丰富的物种与遗传资源、太阳能、二氧化碳固定、有机质合成、区域气候调节、维持水及营养物质循环、土壤形成与保护、污染物吸收与降解及创造物种赖以生存与繁育的条件,维持整个大气化学组分的平衡与稳定,以及所形成的自然景观及其具有的美学、文化、科学、教育的价值。Costanza 等(1997)将生态系统的服务功能定义为生态系统物品和服务,表示人类直接或间接从生态系统功能中获得利益。联合国千年生态系统评估(millennium ecosystem assessment,MA)项目结合 Costanza 和 Daily 的定义,将生态服务功能定义为人们从生态系统中获得的效益,包括供给功能,如粮食与水的供给;调节功能,如调节洪涝、干旱、土地退化等;支持功能,如土壤形成与养分循环;文化功能,如娱乐、精神、宗教以及其他非物质方面的效益。因此,以生态系统服务为参量替代指标,进行生态系统潜力的数理分析、空间格局分析,反映生态系统潜力的时空演变特征。

1)生态系统潜力数理特征

广西陆域生态系统潜力平均值(ESV)由 2010 年的 0.080 7 增加到 2020 年的 0.110 5,呈上升趋势。为了解广西陆域生态系统潜力变化情况,根据生态系统潜力计算公式,得到 2010 年和 2020 年广西陆域生态系统潜力均值为 2 658.41、3 046.59,两个时期之间的增幅为 388.18,变化率为 14.60%,生态系统潜力呈上升趋势(表 3.7)。根据不同生态系统类型对生态系统潜力贡献可知,森林生态系统的生态系统潜力一直处于首位,占比均超过 90%,近年来受人工造林、退耕还林的影响,森林生态系统成为广西陆域生态系统潜力贡献的主力。

从生态系统潜力值的变化来看,2010—2020 年除食物生产、原料生产、气体调节、水文调节和土壤保持外,其他各项功能潜力值均呈上升趋势,主要原因是建设用地侵占林地、草地、水域等自然空间,生态用地面积锐减造成生态系统潜力值降低。而林地、灌丛等生态用地的增加促使其他生态服务功能的生态系统潜力贡献率有所增长。在占比上,水资源供给和水文调节两者的变化率最大,水资源供给贡献率增加 0.19%,水文调节减少 0.27%。2010—2020 年,桂西北、桂北喀斯特山地开展的生态治理建设和生态保护修复,对广西陆域生态系统潜力的变化起到重要的作用(表 3.8)。

表 3.7　广西陆域自然生态系统潜力值及其变化

生态系统类型	2010 年		2020 年		2010—2020 年	
	ESV	比例/%	ESV	比例/%	ESV 变化	贡献率变化/%
农田	519.11	2.79	458.49	2.15	−60.62	−2.23
森林	17 493.71	94.01	20 271.42	95.05	2 777.71	102.22
灌丛	197.59	1.06	286.91	1.35	89.32	3.29
草地	115.49	0.62	29.14	0.14	−86.35	−3.18
聚落	0.00	0.00	0.00	0.00	0.00	0.00
水体与湿地	282.34	1.52	280.14	1.31	−2.20	−0.08
裸地	0.61	0.00	0.01	0.00	−0.60	−0.02

表 3.8　广西陆域自然生态系统单项功能生态系统潜力及其变化

单项生态系统潜力	2010 年		2020 年		2010—2020 年	
	ESV	比例/%	ESV	比例/%	ESV 变化	贡献率变化/%
食物生产	344.65	1.85	362.51	1.70	17.87	−0.15
原料生产	524.33	2.82	597.64	2.80	73.31	−0.02
水资源供给	106.33	0.57	161.48	0.76	55.15	0.19
气体调节	1 730.89	9.30	1 972.11	9.25	241.22	−0.05
气候调节	4 917.05	26.42	5 671.16	26.59	754.11	0.17
净化环境	1 421.67	7.64	1 637.08	7.68	215.41	0.04
水文调节	2 985.67	16.04	3 363.14	15.77	377.46	−0.27
土壤保持	2 851.41	15.32	3 264.96	15.31	413.55	−0.01
维持养分循环	1 100.60	5.91	1 269.92	5.95	169.33	0.04
生物多样性	1 824.94	9.81	2 102.99	9.86	278.06	0.05
美学景观	801.31	4.31	923.11	4.33	121.81	0.02

2)生态系统潜力空间格局特征

为分析广西生态系统潜力的空间分布及变化情况，采用自然断裂法将其划分为低等级、较低等级、较高等级和高等级 4 个等级。2010—2020 年，广西生态系统潜力部分呈现相对稳定的空间分布特征，形成“四周高、中部低”的分布格局，空间差异较为显著。生态系统潜力高值区域一般在地势较高且植被覆盖程度较高的地区，主要分布在中部的大明山山脉、大容山山脉和南部的十万大山以及西部百色市的山区，这些地区以林地为主，林地、灌丛等作为主要生态服务功能的提供者，生态系统潜力相对较高。生态系统潜力较高等级区域一般在草地生态用地景观类型为主的地区，主要分布在高值区外围邻近区域。生态系统潜力较低等级区域连片广泛分布于陆域地势较为平坦的地区，覆盖范围广泛，以耕地景观类型为主，作为半人工化、半自然景观用地类型，具有一定的生态服务功能，但生态系统潜力相对较低。生态系统潜力低值区域主要分布在南宁、柳州、桂林等城市建成区，这些地区是以聚落用地为主的中心城区，聚落用地作为人工化景观类型，主要依靠其他自然生态用地提供生态支撑，生态系统潜力比其他景观类型低。

2010—2020年广西生态系统潜力低值区域有所减少，在空间分布上较为明显，2010年广西生态系统潜力值较低的地区广泛分布在喀斯特地区，2020年河池—南宁一带的喀斯特地区较低生态系统潜力区域明显减少，向高等级转化。上述变化侧面反映了广西喀斯特地区石漠化治理取得明显成效，生态系统潜力呈上升趋势。

3)小结

广西陆域生态系统潜力值整体呈上升趋势，桂北、桂西北喀斯特地区最为明显。生态系统潜力低值区域一般分布在城市建成区及周边缓冲地带，主要分布在桂北、桂西北裸露的石漠化地区，河池市与百色市交界的地带、崇左市以北与百色市靖西市；生态潜力高值区一般分布在陆域内典型的高海拔地区，主要分布在桂北的猫儿山、海洋山，桂西北的隆林县、西林县，桂东的六万大山、云开大山余脉，桂中的大明山，桂南沿海的十万大山等地区。

3.1.1.4　陆域生态系统恢复力特征

1)生态系统恢复力数理特征

基于"压力-传导-潜力"(pressure-conductivity-potential，PCP)的生态系统恢复力PCP模型，2010年和2020年广西陆域自然生态系统恢复力平均值分别为0.633 4和0.717 3，整体呈上升趋势。2010年标准差为0.476 0，2020年标准差为0.438 5，呈下降趋势，绝对差异不断缩小，高低恢复力发展日趋均衡。将生态系统恢复力划分为低恢复力、较低恢复力、中等恢复力、较高恢复力和高恢复力5个等级(表3.9)。

表3.9　广西陆域生态系统恢复力各等级面积及其比例变化

生态系统恢复力	2010年		2020年		2010—2020年	
	面积/km²	比例/%	面积/km²	比例/%	面积/km²	比例变化/%
低恢复力	10 174.86	4.28	9 892.47	4.16	−282.39	−0.12
较低恢复力	74 641.79	31.40	61 881.50	26.03	−12 760.29	−5.37
中等恢复力	48 903.69	20.57	51 403.35	21.62	2 499.66	1.05
较高恢复力	3 652.48	1.54	1 667.85	0.70	−1 984.63	−0.83
高恢复力	100 371.60	42.22	112 900.55	47.49	12 528.95	5.27

从表3.9中可以看出，广西生态系统恢复力以高恢复力为主，其次为较低恢复力和中等恢复力，最后是较高恢复力，整体处于中等水平。主要原因有：一是城市不断扩张，造成风险不断增加，面对外在胁迫，需不断提升生态系统恢复力、城市生态系统潜力，增加连通性，在一定程度上增加生态系统的韧性；二是近年来国家大力实施退耕还林、还草政策，推进石漠化治

理，喀斯特地区石漠化得到有效治理，裸地生态系统面积大量减少，转化为灌丛和森林生态系统，生态系统恢复力得到明显提升。

2）生态系统恢复力空间格局特征

2010—2020年，广西陆域自然生态系统恢复力呈现"四周高、中部低"的空间分布格局，空间分异特征显著。2010—2020年，低恢复力主要分布在南宁盆地、柳州、桂林河谷平原地区和桂南沿海城市群及城市市区边缘地区，其中中心城区生态系统恢复力呈团块状分布，呈现蔓延式扩张趋势，与城市建设用地扩张呈正相关关系。2010年，较低恢复力主要分布在都阳山、大瑶山、红水河流域、郁江流域、左江流域等地区，2020年时红水河流域一带的较低恢复力明显减少，向较高恢复力转化。较高恢复力分布广泛，各地级市均有分布。研究期内高恢复力变化不大，主要呈"U"形分布于大明山和大瑶山山脉，呈条带状分布于广西与贵州的交界地带及桂南沿海的十万大山、大容山、六万大山等地区，这些地区林地覆盖度大，景观连通性高，且受人类活动影响小，生态系统保护完整性较好，稳定性及自组织能力较高，生态系统抵御与消解风险能力优于其他地区，生态系统恢复力处于较高水平。

标准差椭圆分析是一种空间统计方法，通过中心、转角 θ、沿长轴的标准差和沿短轴的标准差等多种角度反映地理要素空间分布的中心性、展布性、方向性和空间形态等特征，揭示地理要素空间分布整体特征（姜云鹏，2006）。基于 ArcGIS 10.2 空间统计，对 2010—2020 年广西陆域自然生态系统恢复力标准差椭圆相关参数计算，并对其空间分布进行分析（表 3.10）。

表 3.10　广西陆域基于"压力-传导-潜力"视角生态系统韧性标准差椭圆相关参数

参数	重心坐标 E/(°)	重心坐标 N/(°)	短轴/m	长轴/m	转角/(°)
均质重心	108.812	23.762	173 704.821	235 877.609	73.28
2010 年	108.841	23.849	175 167.207	240 914.579	72.13
2020 年	108.777	23.849	174 678.847	239 709.365	72.83

广西陆域自然生态系统恢复力呈现"东北-西南"的空间变化格局。2010—2020 年，广西陆域自然生态系统恢复力转角 θ 由 72.13°变化至 72.83°，"东北-西南"格局呈现增强态势，往桂北、桂南发展，桂北、桂南生态系统恢复力明显提升，特别是桂西北地区，主要与桂西北、桂北喀斯特石漠化裸露程度降低、植被得到有效恢复有关。

2010—2020 年，基于"压力-传导-潜力"视角，广西陆域自然生态系统恢复力重心整体向西北迁移。2010 年重心相对于均质重心位置向东北方向迁移，迁移距离为 10.14km；2010—2020 年，重心向西北方向迁移，迁移距离为 6.50km，但迁移速度较为缓慢，仅为 0.65 km/a。10 年间西北部变化优于东南部，主要原因有两个方面：一是近年来桂北、桂西北石漠化地区实行退耕还林、还草政策，推进石漠化治理，人为干扰进一步减弱，裸露生态系统转变为灌丛、森林等生态系统，生态系统恢复力显著提升；二是自 2012 年以来，北部湾经济区城市群建设逐年向城市外围扩张，各类产业园蓬勃发展，受经济林经营及城镇开发占用生态空间影响，生态用地收缩、生态风险加剧，生态系统潜力下降，南部生态系统恢复力水平整体下滑。总的来说，广西东南部陆域自然生态系统恢复力下降，西北部自然生态系统恢复力不断提升。

在长轴方向上，长半轴标准差由2010年的240.91km减少到2020年的239.71km，研究期内生态系统恢复力在东北-西南方向呈现收缩趋势。在短轴方向上，短半轴标准差由2010年的175.17km减少到2020年的174.68km，呈现收缩变化趋势，生态系统恢复力在南北方向出现聚集现象（图3.6）。

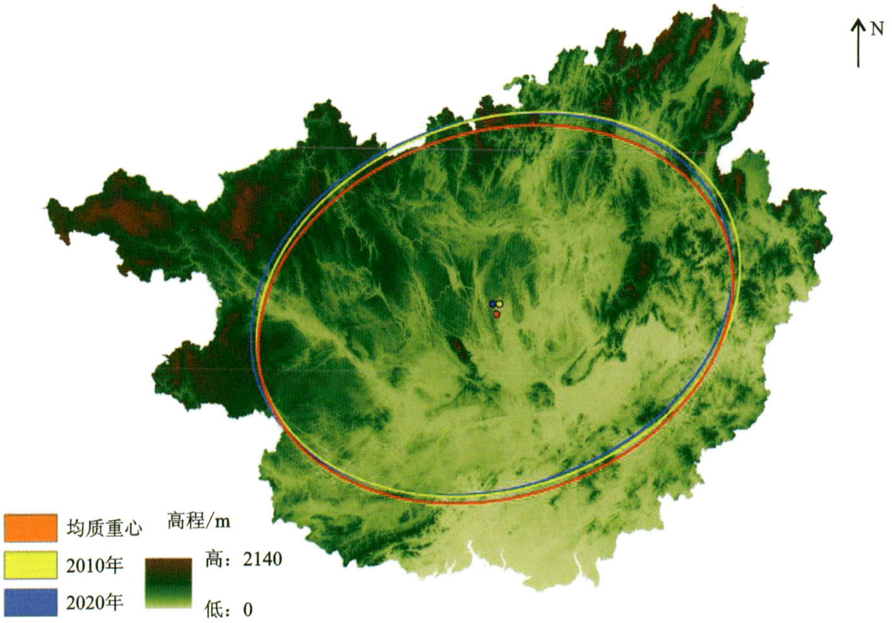

图3.6 广西陆域自然生态系统恢复力标准差椭圆空间分布

3）小结

广西陆域自然生态系统恢复力整体水平居于中等偏上，同时受近年来生态风险下降，连通性、生态系统潜力下降等因素影响，生态系统恢复力呈现上升趋势。生态系统恢复力呈现“南低北高、东西差异”的空间分布格局，以高生态系统恢复力为主。低生态系统恢复力集中分布在南宁盆地、柳州、桂林河谷平原地区以及桂南沿海城市群及城市市区边缘区域；高生态系统恢复力主要分布在大明山、大瑶山、十万大山、大容山等山脉，桂北呈带状分布的山脉群为主体的生态屏障区。

3.1.2 广西陆域生态系统格局演化分析

3.1.2.1 陆地生态系统景观格局演变

1）景观水平格局变化

广西陆域生态系统平均斑块面积由2010年的51.385 0hm^{2}减少到2020年的48.405 2hm^2，边界密度由2010年的17.156 9m/hm^{2}减少到2020年的15.962 2m/hm^2，总体呈下降趋势，广西陆域景观破碎化趋势上升；斑块密度（PD）、最大斑块数（LPI）、蔓延度指数（CONTAG）和聚集度指数（AI）总体呈现上升趋势，斑块类向周边聚集（表3.11）。

表 3.11　广西陆域生态系统景观水平特征及其变化

年份	斑块密度/个	最大斑块指数	平均斑块面积/hm^2	边界密度/($m \cdot hm^{-2}$)	蔓延度指数/%	聚集度指数
2010 年	5.828 6	18.099 2	51.385 0	17.156 9	42.690 7	74.267 0
2020 年	6.264 8	61.788 2	48.405 2	15.962 2	52.887 5	75.742 7

2)类型水平格局变化

2010—2020 年,农田生态系统的斑块数少量增加,但平均斑块面积总体减少,聚集度指数下降,说明农田生态系统斑块连接度逐渐降低,被其他斑块类型分割。灌丛生态系统斑块数量、平均斑块面积和聚集度指数增加,灌丛生态系统进一步聚集,生态系统总体呈现好转的迹象。森林生态系统除斑块数量和景观形状指数有下降趋势变化外,其他指数变化趋势与灌丛生态系统保持一致。草地生态系统的各项指标均呈现下降趋势,草地生态系统转移到其他生态系统中。聚落生态系统类型斑块数、边界密度和景观形状指数(LSI)不断升高,城镇斑块在进一步聚集,斑块间连通性增加,反映城市不断向农村和城镇周边扩张。水体与湿地生态系统中斑块数量、景观形状指数增加,平均斑块面积和聚集度指数下降,侧面反映了水体与湿地生态系统呈分割趋势,整体分割趋势不是很明显。裸地生态系统的各项景观格局指数都呈现出下降的趋势,裸地生态系统向灌丛、森林等生态系统转变(表 3.12)。

表 3.12　广西陆域生态系统类型水平格局特征及其变化

景观指数	年份	农田	灌丛	森林	草地	聚落	水体与湿地	裸地
斑块数/个	2010	38 9855	199 654	152 912	191 772	235 077	167 154	50 087
	2020	396 472	262 300	139 575	83 278	350 322	228 003	29 948
边界密度/($m \cdot hm^{-2}$)	2010	31.040 7	9.639 6	33.142 6	8.736 8	8.955 0	6.128 1	5.127 3
	2020	27.052 1	13.104 2	34.668 8	2.693 8	11.436 2	7.229 9	0.625 5
景观形状指数(LSI)	2010	835.235 0	545.996 7	540.863 7	492.419 2	528.374 8	415.634 8	251.464 8
	2020	838.294 6	634.851 8	514.087 8	302.694 3	635.892 5	468.691 8	176.059 1
平均斑块面积/hm^2	2010	12.534 7	5.523 3	87.609 1	5.833 1	4.326 5	4.722 5	29.491 7
	2020	9.288 9	5.746 4	116.500 1	3.390 4	3.265 6	3.773 9	1.491 4
聚集度指数	2010	62.237 9	48.032 6	85.244 6	53.477 3	47.654 7	53.277 9	79.373 1
	2020	56.336 8	48.316 9	87.272 6	43.100 9	40.562 0	49.505 5	16.710 7

3)小结

在景观水平上,广西陆域生态系统景观破碎化呈上升趋势,斑块类向周边聚集。在类型水平上,农田生态系统平均斑块面积总体减少,被其他斑块类型分割;灌丛生态系统斑块数量增加,生态系统呈现逐渐好转趋势;森林生态系统变化趋势与灌丛生态系统基本一致;草地生态系统各项指标呈现下降趋势,表明草地生态系统转移到其他生态系统中;聚落生态系统类型斑块进一步聚集,说明城市在不断扩张;水体与湿地生态系统呈分割趋势,但分割趋势不是很明显;裸地生态系统的各项景观格局指数都呈现下降趋势,表明裸地生态系统向灌丛、森林等生态系统转移。

3.1.2.2 陆域生态风险时空演变特征

1)生态系统风险数理特征分析

通过计算,2010 年广西陆域生态系统风险的平均值为 0.330 9,2020 年广西陆域生态系统风险的平均值为 0.377 8,整体呈上升趋势。由于城市发展建设用地扩张,生态用地收缩,导致自然生态用地主导的低生态风险区域面积缩减,生态系统风险不断增强,空间不均衡性也相应增加,但整体仍处于低生态风险。

以 0.15、0.25、0.35 和 0.45 为临界值,生态系统风险可划分为 5 个等级:低生态风险区(ERI<0.15)、较低生态风险区(0.15≤ERl<0.25)、中等生态风险区(0.25≤ERI<0.35)、较高生态风险区(0.35≤ERI<0.45)、高生态风险区 ERI≥0.45。2010—2020 年,广西陆域生态系统风险以低生态风险等级为主,占比均在 55%以上,说明广西原有生态系统环境质量总体较好。高生态风险区面积增长明显,增加 1 718.62km^2,占比增加 0.72%。较高生态风险区、中等生态风险区、较低生态风险区均呈下降趋势,低生态风险区呈上升趋势,生态系统局部区域有所改善。主要原因是近年来广西实施生态综合整治、退耕还林,使得灌丛生态用地增加,低生态风险区面积增加(表 3.13)。

表 3.13 2010—2020 年广西陆域生态系统风险等级面积及比例

生态风险等级	2010 年		2020 年	
	面积/km^2	比例/%	面积/km^2	比例/%
低生态风险区	133 947.16	56.32	162 601.59	68.37
较低生态风险区	30 098.82	12.66	23 678.43	9.96
中等生态风险区	14 764.17	6.21	2 846.45	1.20
较高生态风险区	48 845.69	20.54	36 811.22	15.48
高生态风险区	10 175.27	4.28	11 893.89	5.00

2)生态系统风险空间特征

基于 ArcGIS 软件对广西陆域自然生态系统进行生态风险指数计算,采用自然断裂法进行分类,得到广西陆域自然生态系统风险等级空间分布情况。2010—2020 年,广西生态系统风险分布差异明显,地势高的地区生态系统风险低,地势低的地区生态系统风险高。2010 年,高生态风险区主要分布在城市中心城区;较高生态风险区主要分布在沿海地区;中等生态风险区、较低生态风险区面积较大,主要分布于平原地区;低生态风险区主要分布在十万大山、大明山、六万大山等地势较高的山区，少量分布在桂西毗邻云南省的横断山区。2020 年，高生态风险区主要分布在城市中心城区，受西部陆海新通道、北部湾经济区和左右江革命老区、桂东南沿海经济圈等建设的影响，城镇化水平进一步提高，高生态风险区区域面积较 2010 年有所增加；较高、中等生态风险区域及较低生态风险区域有所减少，其中中等生态风险区域减少最为明显，大部分转为低生态风险；低生态风险区域广泛分布在各地区，受退耕还林、生态发展等政策影响，与 2010 年相比呈增长趋势。

3)小结

通过对 2010—2020 年广西陆域自然生态系统进行 ERI 生态风险评价，陆域自然生态风险指数呈现逐年上升趋势，陆域生态风险空间不均衡性逐年增加。广西陆域自然生态风险等级以低生态风险等级为主，两个时期占比均超过 55%。高、较高生态风险等级主要集中在城市建成区及周边的缓冲地带，受城镇化水平影响，较高、高生态风险等级逐渐向沿海河口地带蔓延，少量零星分布在较高生态风险及中等生态风险之间；较低、低生态风险等级主要分布在桂东北海洋山、十万大山、大明山等较高海拔山区，受人类活动影响干扰程度较低，其原有生态环境保持较为完好。桂西北喀斯特石漠化地区植被改善明显，研究期内由中等生态风险等级转变为低生态风险等级，进一步说明该地区石漠化治理成效明显。

3.1.2.3 陆地生态系统安全格局及人为干扰

1)生态源地景观类型流转分析

2020 年广西生态源地图斑面积较 2010 年增加 10 133.12km^2。为了更直观地对比 2020 年生态源地图斑与 2010 年生态源地的转移情况，将 2020 年和 2010 年的生态源地作相交分析，可得到 2010—2020 年不变的生态源地图斑；将 2020 年和 2010 年的生态源地作擦除分析，可得到 2020 年新增的生态源地图斑。2010 年和 2020 年不变的生态源地图斑主要集中在桂东北、桂西北和桂东地区，这些地区山系较多，自然条件优越，是物种理想的栖息地，也是较为稳定的生态源地。2020 年新增生态源地主要集中在桂北、桂中地区，这些地区分布有重要的水系，可满足物种生存的日常需求和物种的繁衍。

对 2010 年和 2020 年不变的生态源地斑块进行土地利用类型转移分析（表 3.14），在 2010 年广西生态源地土地利用类型中，首先是林地转出面积最大，达 295.71km^2，主要转为水域及水利设施用地、交通运输用地和耕地；其次是草地，转出面积为 242.31km^2，主要转为草地；其次是耕地，转出面积为 212.58km^2，主要转为林地。在 2020 年广西生态源地土地利用类型中，首先是林地的转入面积最大，达 595.33km^2，主要由草地、耕地和园地转入；其次是水域及水利设施用地，转入面积达 117.4km^2，主要由林地转入；其次是交通运输用地，转入面积为 63.5km^2，主要由林地转入。综上可知，生态源地中林地的面积增加，而林地是物种的首要栖息地，林地面积增加将为物种提供更多的生存空间。

2)生态源地扰动分析

(1)基于土壤侵蚀的生态源地扰动分析。生态源地作为重要的物种源地和栖息地，是构建生态网络的重要功能节点，对物种迁徙和扩散起到了重要作用，但由于自然和人为因素的影响，生态源地的安全与稳定受到一定的干扰，如因土壤侵蚀、土地石漠化、森林退化等干扰因子的影响，使生态源地的自然环境遭到破坏，对物种的生存环境造成威胁。

表 3.14　2010—2020 年广西生态源地构成转移面积　单位：km^2

土地利用类型	耕地	园地	林地	草地	交通	水域	其他	城镇
耕地	35.29	4.49	201.49	0.34	1.32	4.47	0.08	0.39
园地	0.35	5.15	99.10	0.13	0.41	0.33	0.01	0.05
林地	45.39	36.15	33 683.52	37.39	59.84	111.18	1.27	4.49
草地	0.94	0.53	238.99	24.48	0.73	0.97	0.06	0.09
交通	0.01	0.01	2.53	0.03	0.64	0.04	0.00	0.02
水域	0.56	0.17	34.71	0.23	0.80	49.75	0.02	0.08
其他	0.03	0.02	8.20	0.42	0.10	0.15	0.28	0.04
城镇村	0.46	0.13	10.31	0.32	0.31	0.26	0.02	2.08

土壤侵蚀是指土壤及其母质在水力、风力、冻融或重力等外营力作用下，被破坏、剥蚀、搬运和沉积的过程，是世界上三大自然灾害之一。土壤在遭到侵蚀之后，其含有的养分会流失，破坏土地的生产力，影响植物的生长。流失的泥沙随着水流汇入河流中，容易造成河道的淤积，削弱河床的泄洪能力，易发生洪涝灾害。土壤侵蚀成因主要有气候、土壤、地形、植被等自然因素和水土保持措施等人为因素。本文基于 RUSLE 模型计算广西土壤侵蚀模数（王丹媛等，2018），其表达式如下：

$$A=R\times K\times L\times S\times C\times P \tag{3.1}$$

式中：A 为土壤侵蚀模数，[t/(hm^2 · a)]；R 为降水侵蚀力因子；K 为土壤可蚀力因子；L 为坡长因子；S 为坡度因子；C 为地表植被覆盖与管理因子；P 为水土保持措施因子。

将广西土壤侵蚀分为微度侵蚀、轻度侵蚀、中度侵蚀、强度侵蚀、极强度侵蚀和剧烈侵蚀 6 个等级，与 2010 年和 2020 年广西生态源地进行叠加分析，可得到生态源地不同土壤侵蚀强度的面积。由表 3.15 可知，2010 年和 2020 年广西生态源地图斑主要为微度侵蚀，2010 年生态源地微度侵蚀面积为 55 501.65km^2，占生态源地总面积的 97.09%；2020 年生态源地微度侵蚀面积为 62 851.22km^2，占生态源地总面积的 93.36%；2020 年生态源地微度侵蚀的面积较 2010 年增加 7 349.57km^2，但面积占比减少 3.73%。其次是轻度侵蚀，2010 年生态源地轻度侵蚀面积为 1 202.51km^2，占比 5.24%；2020 年生态源地轻度侵蚀面积为 3 528.02km^2，占比 5.24%，面积较 2010 年增加 2 325.51km^2，面积占比增加3.14%。

综上所述，2010 年和 2020 年广西生态源地受土壤侵蚀扰动影响较小，大部分源地处于微度侵蚀，但 2020 年的轻度侵蚀面积有所增加，应采取一定措施防治生态源地水土流失。

表 3.15　广西生态源地基于土壤侵蚀扰动分析

侵蚀强度	2010 年		2020 年		变化	
	面积/km²	占比/%	面积/km²	占比/%	面积变化/km²	占比变化/%
微度	55 501.65	97.09	62 851.22	93.36	7 349.57	−3.73
轻度	1 202.51	2.10	3 528.02	5.24	2 325.51	3.14
中度	277.27	0.49	671.64	1.00	394.37	0.51
强度	105.10	0.18	173.28	0.26	68.18	0.07
极强度	60.73	0.11	73.53	0.11	12.81	0.00
剧烈	20.84	0.04	24.60	0.04	3.77	0.00

(2)基于土地石漠化的生态源地扰动分析。石漠化，亦称石质荒漠化，是指因水土流失而导致地表土壤损失，基岩裸露，土地丧失农业利用价值和生态环境退化的现象。石漠化多发生在石灰岩地区，土层厚度薄(多数不足 10cm)，地表岩石逐渐裸露的过程。广西是典型的喀斯特地区，土地石漠化现象明显。石漠化地区极易发生山洪、滑坡、泥石流，加上地下岩溶发育，导致水旱灾害频繁发生，几乎连年旱涝相伴；同时，石漠化山地岩石裸露率高，土壤少，储水能力低，岩层漏水性强，极易引起缺水干旱，而降雨又会导致水土流失。石漠化的形成有自然因素和人为因素等：一是自然条件恶劣，石山裸露，悬崖陡壁，石多土少，土层很薄，石山多裂缝漏水和地下河在暴雨季节倒灌，造成喀斯特石山地区旱涝灾害频繁；二是植被稀少，水土流失严重；三是人为破坏，过度开垦、采伐。

将广西石漠化数据与 2010 年和 2020 年广西生态源地进行叠加分析，得到生态源地石漠化的情况(表 3.16)。2010 年和 2020 年广西大部分生态源地图斑处于非石漠化状态，2010 年生态源地非石漠化图斑面积达 56 377.90km²，占生态源地总面积的 98.61%；2020 年生态源地非石漠化图斑面积达 52 702.43km²，占生态源地总面积的 78.31%。2010 年生态源地潜在石漠化图斑面积 686.019km²，占生态源地总面积的 1.20%，石漠化图斑面积 106.426km²，占生态源地总面积的 0.19%。2020 年生态源地潜在石漠化图斑面积 9 553.70km²，占生态源地总面积的 14.19%，石漠化图斑面积 5 047.33km²，占生态源地总面积的 7.50%。

表 3.16　广西生态源地基于土地石漠化扰动分析

石漠化程度	2010 年		2020 年		变化	
	面积/km²	占比/%	面积/km²	占比/%	面积变化/km²	占比变化/%
石漠化	106.426	0.19	5 047.33	7.50	4 940.91	7.31
潜在石漠化	686.019	1.20	9 553.70	14.19	8 867.68	13.00
非石漠化	56 377.90	98.61	52 702.43	78.31	−3 675.47	−20.31

2020 年非石漠化图斑面积较 2010 年减少 3 675.47km²，占比减少 20.31%；潜在石漠化图斑面积增加 8 867.68km²，占比增加 13.00%；石漠化图斑面积增加 4 940.91km²，占比增加

7.31%。从整体来看,2020年广西生态源地中石漠化图斑和潜在石漠化图斑面积增加,非石漠化图斑面积减少,不利于生态源地的安全。

(3)基于森林转型的生态源地扰动分析。由于实施封山育林和种植人工乔木林,近20年来广西森林面积大幅增加,森林正在转型,转型过程中农林交错带和森林内部的结构重组都给生态系统带来了扰动(黄萍等,2019)。森林转型过程中的扰动会破坏生态源地的稳定性,致使物种被迫迁移,导致在一定时间内生态源地面积减少,不利于物种的生存。

基于MODIS-EVI影像数据、1∶100万地貌图和土地利用数据,采用变化矢量法、Sen′s Mann-Kendall趋势检验方法对广西森林转型路径和森林内部扰动特征进行分析,并利用自然断点法将EVI矢量变化强度进行4级图像分割,将其分为减少型、扰动型、增加型和平稳型4种类型,得到广西范围的森林扰动类型栅格,并将其与2010年和2020年广西生态源地图斑进行叠加分析,最终得到广西生态源地中不同森林扰动类型的面积(表3.17)。

表3.17 广西生态源地基于森林转型扰动分析

扰动类型	2010年		2020年		变化	
	面积/km^2	占比/%	面积/km^2	占比/%	面积变化/km^2	占比变化/%
减少型	15 973.18	28.00	21 414.66	31.87	5 441.49	3.88
扰动型	5 863.00	10.28	8 704.85	12.96	2 841.85	2.68
增加型	23 280.50	40.80	26 410.62	39.31	3 130.12	−1.50
平稳型	11 939.87	20.93	10 662.80	15.87	−1 277.07	−5.06

2010年广西生态源地图斑以增加型扰动类型为主,面积达23 280.50km^2,占生态源地总面积的40.80%;其次是减少型,面积为15 973.18km^2,占比28.00%;再次是平稳型,面积为11 939.87km^2,占生态源地总面积的20.93%;最后是扰动型,面积为5 863.00km^2,占比10.28%。2020年广西生态源地图斑受森林扰动情况与2010年基本相同,大部分生态源地图斑为增加型扰动类型,面积26 410.62km^2,占生态源地总面积的39.31%;其次是减少型,面积为21 414.66km^2,占生态源地总面积的31.87%;再次是平稳型,面积为10 662.80km^2,占生态源地总面积的15.87%;最后是扰动型,面积为8 704.85 km^2,占比12.96%。

2020年与2010年相比,增加型情况基本相同,但2020年生态源地中减少型图斑面积较2010年有所增加,增加5 441.79km^2,占比增加3.88%。2020年生态源地中的平稳型图斑面积较2010年有所减少,减少1 277.07km^2,占比减少5.06%。综上所述,森林扰动对广西生态源地造成了一定的影响,2010年生态源地中减少型和扰动型面积占比超过38%,2020年生态源地中减少型和扰动型面积占比超过52%,2020年生态源地受森林扰动影响较大。

3)小结

对2010年和2020年不变的生态源地斑块进行土地利用类型转移分析,2010年生态源地的土地利用类型中,林地转出面积最大,其次是草地和耕地。2020年生态源地的土地利用类型中,林地转入面积最大,其次是水域及水利设施用地和交通建设用地。将生态源地与扰动因子进行空间叠加分析,结果表明,在土壤侵蚀影响下,2010年和2020年生态源地受干扰程度较小，生态源地图斑主要为微度侵蚀；在土地石漠化影响下，2010 年和 2020 年生态源地有一定的被干扰风险，尤其是 2020 年的生态源地，潜在石漠化和石漠化生态源地图斑面积占比超过 20%，对生态源地的安全构成一定威胁；在森林转型的影响下，2010 年和 2020 年生源地图斑主要为增加型，但 2020 年生态源地中减少型和扰动型面积占比超过 52%，受森林扰动影响较大。

3.2 广西生态质量总体评价

3.2.1 生态质量总体特征分析

3.2.1.1 陆域生态质量现状

1)淡水环境质量

2022 年，广西 112 个国家地表水考核断面水质优良比例（Ⅰ～Ⅲ类水质）为 100%，总体水质状况为优，其中，Ⅰ类水质断面 19 个，占 17%；Ⅱ类水质断面 80 个，占 74.4%；Ⅲ类水质断面 13 个，占 11.6%；无Ⅳ～劣Ⅴ类水质断面。按流域评价，珠江流域的西江干流、桂江支流、柳江支流、郁江支流和长江流域、粤桂沿海诸河流域、红河流域水质状况均为优。漓江、南流江、九洲江、钦江等重点流域 11 个国家考核断面水质均达到优良，4 条重点流域干流的水质达标率均为 100%。

2022 年，广西监测 4 座重点水库。4 座水库的水质均达到或优于Ⅲ类水质标准，水质优良比例为 100%，与 2021 年持平。其中万峰湖水质从Ⅲ类变为Ⅱ类，洪朝江水库、岩滩水库和龙滩水库水质持平。4 座水库的营养状态均为中营养状态，与 2021 年保持一致。

2022 年，全区 14 个设区市的 53 个地级城市集中式生活饮用水水源地水源达标率为 96.2%，比 2021 年上升 3.5%；水量达标率为 98.6%，比 2021 年下降 0.2%。全区 73 个县（市、区）130 个县级城镇集中式生活饮用水水源地水源达标率为 96.9%，比 2021 年上升 4.4%；水量达标率为 99.9%，比 2021 年上升 1%。除罗城、忻城、合山和那坡等县（市）外，其他 69 个县（市、区）的集中式生活饮用水水源地水源达标率均为 100%。

2022 年，全区共有国家地下水环境质量考核点 29 个，其中 25 个区域点位，Ⅰ～Ⅳ类水质 18 个（比例 72%），Ⅴ类水质 7 个（比例 28%）；2 个饮用水源点位水质均为Ⅲ类水质；2 个污染风险监控点位水质为Ⅲ类和Ⅴ类各 1 个。2022 年国家地下水环境区域点位达到国家考核目标要求。

2022 年，广西废水排放量为 231 443.5 万 t，比 2021 年下降 3.5%。化学需氧量和氨氮排放量分别为 934 351.4t、47 787.8t，比 2021 年分别下降 2.5%和 10.2%。

2)土地退化

(1)土壤污染：根据《2018 年广西壮族自治区环境质量报告书》，在 48 个县 133 个村庄的土壤监测结果中，65 个村庄无污染，占监测点总数的 48.9%；29 个村庄轻微污染，占监测点总数的 21.8%；10 个村庄轻度污染，占监测点总数的 7.5%；10 个村庄中度污染，占监测点总数的7.5%；19个村庄重度污染，占监测点总数的14.3%。从污染指标来看，土壤环境状况必测项目中，镉、汞、砷、铅、铬等指标均存在超标现象。

(2)水土流失：根据《2020年广西壮族自治区水土保持公报》，2020年广西水土流失面积为38 454.01km²，占广西土地总面积的16.18%。其中轻度侵蚀面积26 004.07km²，占水土流失总面积的67.62%；中度侵蚀面积6 323.19km²，占水土流失总面积的16.44%；强烈侵蚀面积2 692.63km²，占水土流失总面积的7.00%；极强烈侵蚀面积2 083.76km²，占水土流失总面积的5.42%；剧烈侵蚀面积1 350.36km²，占水土流失总面积的3.51%。广西水土流失的类型主要为水力侵蚀，部分山丘区存在滑坡、崩塌、泥石流等重力侵蚀，沿海的北海市、防城港市存在极少量的风力侵蚀。总体来说，广西的水土流失以轻度为主，水土流失分布广，局部地区水土流失危害严重（表3.18，图3.7和图3.8）。

表3.18 2020年广西各市水土流失面积表

单位：km²

行政区	水土流失面积	各级侵蚀强度水土流失面积				
		轻度	中度	强烈	极强烈	剧烈
南宁市	3 883.83	2 184.40	776.07	356.99	313.16	253.21
柳州市	3 479.40	2 030.60	864.52	319.23	175.00	90.10
桂林市	4 310.55	3 512.70	428.99	188.85	132.15	47.91
梧州市	911.08	563.87	207.38	74.08	38.73	27.02
北海市	304.16	257.14	37.00	6.56	2.47	0.99
防城港市	687.66	354.09	123.52	72.69	71.92	65.44
钦州市	1 244.30	859.47	190.66	70.18	67.29	56.70
贵港市	1 277.91	908.12	215.06	78.70	48.68	27.35
玉林市	1 224.34	740.28	285.13	99.73	56.11	43.09
百色市	7 391.56	5 311.90	906.23	408.36	418.01	347.05
贺州市	1 503.32	875.70	375.38	168.07	70.73	13.44
河池市	5 620.69	4 445.20	604.24	280.62	213.62	77.04
来宾市	3 052.93	2 008.60	560.04	217.66	168.54	98.10
崇左市	3 562.28	1 952.10	748.97	350.91	307.35	202.92
总计	38 454.01	26 004.07	6 323.19	2 692.63	2 083.76	1 350.36

(3)土地沙化：根据第五次沙化监测结果，广西沙化土地面积186 570.28hm²，分布于北海市的海城区、银海区、铁山港区，合浦县，防城港市的港口区、防城区，东兴市，钦州市的钦南区、钦州港区。

(4)石漠化：根据全国喀斯特地区第三次石漠化监测结果，广西喀斯特地区石漠化土地总面积为153.29万hm²，占广西土地总面积的6.5%，涉及河池、百色、桂林、崇左、南宁、来宾、

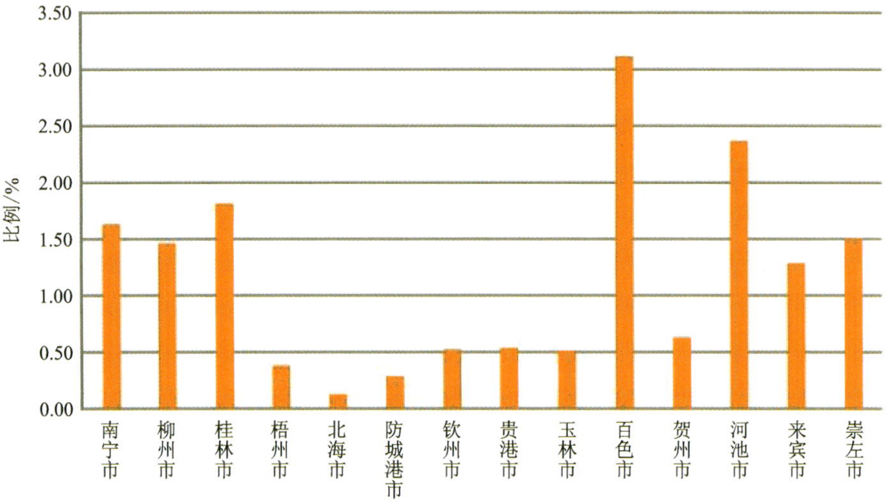

图 3.7　广西各市水土流失面积占国土面积比例图

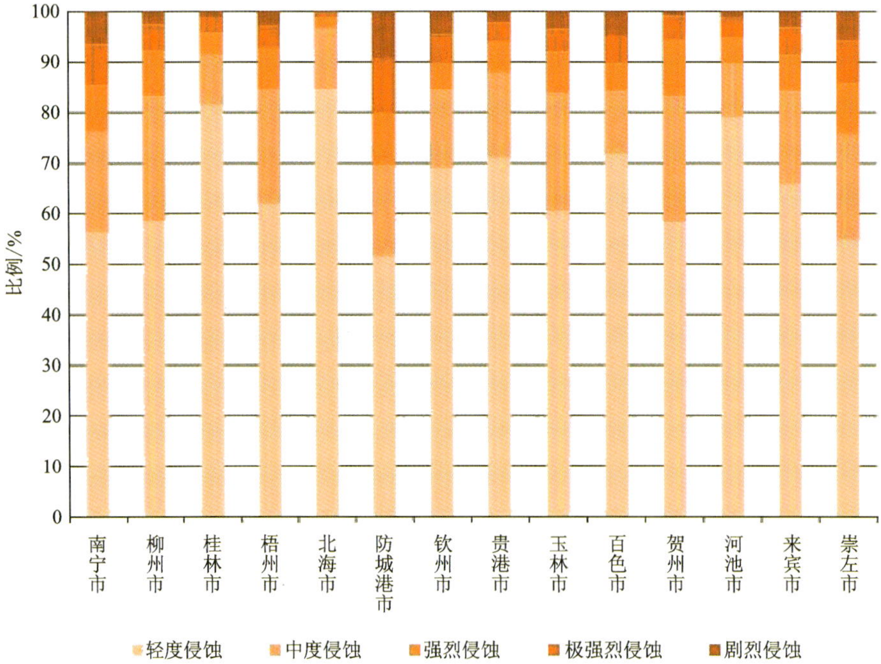

图 3.8　广西各市水土流失强度面积比例图

柳州、贺州、贵港等 9 市 76 县(市、区)。广西石漠化土地相对集中于河池和百色两市,面积分别为 57.91 万 hm^2 和 35.07 万 hm^2,分别占广西石漠化土地面积的 37.8%和 22.9%。与 2011 年第二次石漠化监测结果相比,广西石漠化土地净减 39.3 万 hm^2,减少率为 20.4%,净减面积超过 1/5,治理成效继续稳居全国第一。

3.2.1.2 海洋生态质量现状

1)近岸海域海水

2020 年,广西近岸海域海水水质状况总体良好。44 个监测点位中,海水水质优良点位比例为 88.6%,比 2019 年上升 9.1%;全面消除劣Ⅳ类水质。海水环境功能区达标率为 88.6%,比 2019 年上升 4.5%。近岸海域海水主要超标指标为无机氮、活性磷酸盐和 pH 值。

2)典型海洋生态系统

2020 年对北海涠洲岛珊瑚礁、北海山口红树林、防城港北仑河口红树林、北海海草床、防城港海草床 5 个典型海洋生态系统健康状况进行监测。涠洲岛珊瑚礁生态系统整体为健康状态,平均造礁珊瑚覆盖度为 33.3%,生物方面为亚健康,8 月涠洲岛近岸海域发生局部珊瑚白化,9 月逐步开始恢复。山口、北仑河口红树林生态系统为健康状态,红树林面积与群落类型稳定,山口红树林平均密度约为 7500 株/hm^2,北仑河口红树林平均密度约为 13 580 株/hm^2,均以桐花树群丛分布最为广泛。北海海草床生态系统整体为健康状态,共发现贝克喜盐草和卵叶喜盐草 2 种海草,海草分布面积约 81.7hm^2。防城港海草床生态系统整体为健康状态,共有贝克喜盐草和日本鳗草 2 种,海草分布面积约 52.8hm^2。2020 年广西大陆自然岸线保有率 37%,高于国家管控目标 2%。

3)海洋生物多样性

因 2020 年数据无法收集,且海洋生物多样性短时间内变化不大,故采用 2018 年的数据。根据 2018 年广西海洋环境监测信息专报,2018 年春季和夏季,广西近岸海域开展了生物多样性监测,监测项目包括浮游生物、底栖生物、游泳动物、海草、红树植物、珊瑚等生物的种类组成和数量分布等。鉴定出浮游动物 145 种,平均生物多样性指数为 2.66,平均均匀度为 0.71,主要类群为桡足类和水母类,优势种为鸟喙尖头溞、刺尾纺锤水蚤、亨生莹虾、百陶箭虫、短尾类溞状幼虫、长尾类幼体、鱼卵。鉴定出大型底栖生物 162 种,平均生物多样性指数为1.83,平均均匀度为 0.79,主要类群为环节动物、软体动物、棘皮动物和节肢动物,优势种为奇异稚齿虫、齿腕拟盲蟹、洼鄂倍棘蛇尾、白氏文昌鱼。鉴定出海草 3 种,红树植物 10 种,造礁石珊瑚 35 种,游泳动物 55 种。

4)入海河流

2022 年广西入海河流整体水质为优。10 条入海河流 11 个入海监测断面,水质优良比例为 100%,比 2021 年上升 27.3%。

3.2.2 生态质量综合评估方法构建

综上分析可知,广西生态环境质量总体优良,但也存在一定的问题。由于生态质量所受影响因素众多,且各因素间交互影响,不分主次,如何全面评估各因素对生态环境的作用存在一定难度。因此,有必要构建适宜的方法,将各因素对生态环境质量的影响进行高度综合,从宏观和战略层面梳理广西生态环境质量的时空格局。

3.2.2.1 评估框架构建

生态系统质量是指在一个具体的时间和空间范围内生态系统的总体或部分生命组分的质量，主要表现在其生产能力以及受到外界干扰后的动态变化，以及对人类的生存和社会经济持续发展的影响(陈强等，2015)。生态系统首先取决于其自身本底条件的状况，即生态系统的总体或部分组分的丰富程度及质量状况等；其次生态系统通常会受到自然或人为的干扰，其在受到干扰时所表现出的稳定程度，也是生态系统质量的关键体现；最后由于人类活动干扰的不断增强，对区域生态系统造成了较大的影响，在这种外界压力的胁迫下，生态系统围绕平衡点持续波动变化，这种波动具有阈值，一旦超过该阈值，生态系统必然发展到另一阶段，该阶段与生态系统的进化方向相悖，将导致生态系统结构和功能发生退化。

综合以上分析，生态系统质量的评价可从以下3个方面描述(图3.9)：一是生态系统生产能力评价，集中体现为生态系统在生物量的富集程度；二是生态系统的稳定性，评价其生产能力的波动性；三是生态系统受到干扰(特别是人类活动)的强度。

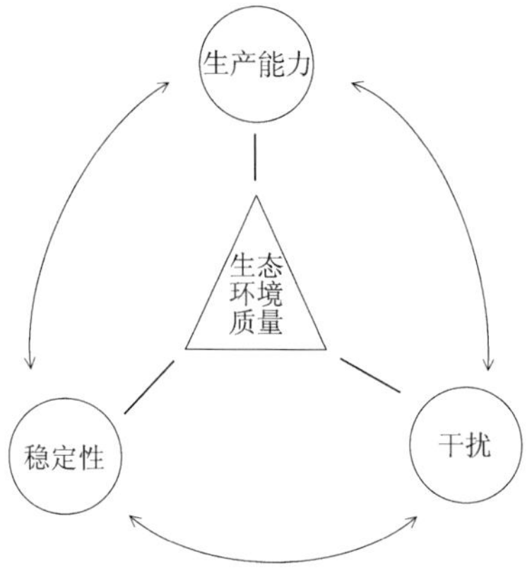

图3.9 生态系统质量综合评价框架

3.2.2.2 生态系统生产能力指数

生态系统生产能力是人类生产生活的物质基础，离开生态系统生产能力，人类的生存和发展就成为空谈。拥有良好的生产子系统不仅能够供养更多的消费者，使得生态系统的结构更加合理、科学，而且能够更好地维持生态系统的平衡。因此，此次选取生态系统最重要的服务功能——生产能力，作为广西生态系统质量评价体系中的重要组成内容之一。

目前生态系统生产力水平的定量指标有净初级生产力(NPP)、总初级生产力(GPP)、归一化植被指数(NDVI)、地上生物量和其他植被指数等(吴英迪和蒙吉军，2022)。根据研究成果的梳理和数据的可获取性，最终选取NDVI作为衡量广西生态系统生产力水平的指标。NDVI与生态系统的生产能力存在明显的线性关系。以NDVI为基础，构建生态系统生产能力指数EPI (ecosystem productivity index)。区域下垫面的植被覆盖和季节的变化都会影响生态系统的生产能力，为了更好地对比不同时期生态系统生产能力水平的不同，需要对EPI数值进行归一化处理，需要注意的是即使在NDVI数值很低的区域，其生态系统的生产能力都是存在的，所以本书设置EPI的值域是[10，100]。在进行归一化处理时，需要先对NDVI数据进行直方图统计，并以$\pm 2\sigma$为阈值，设定EPI的上下限。归一化公式为

$$
\mathrm{EPI}_i=\begin{cases}10 & \mathrm{NDVI}_i\leqslant \mathrm{NDVI}_{\min}\\ 10+(\mathrm{NDVI}_i-\mathrm{NDVI}_{\min})\times a & \mathrm{NDVI}_{\min}\leqslant \mathrm{NDVI}_i\leqslant \mathrm{NDVI}_{\max}\\ 100 & \mathrm{NDVI}_i\geqslant \mathrm{NDVI}_{\max}\end{cases}
$$

$$
a=\frac{100-10}{\mathrm{NDVI}_{\max}-\mathrm{NDVI}_{\min}} \tag{3.2}
$$

式中：$NDVI_i$ 表示第 i 年的 NDVI 年均值，EPI_i 表示第 i 年的生产能力指数，值越大，生产能力越强；a 表示拉伸常数；$NDVI_{max}$ 和 $NDVI_{min}$ 分别表示年均 NDVI 的上下限。

3.2.2.3 生态系统稳定性指数

1）模型构建

生态系统稳定性理论研究始于 20 世纪 50 年代，一经提出便成为生态学领域研究的热点之一。当外界条件变化时，生态系统自身会产生诸如生产力波动、结构改变等变化，若这种变化在生态系统能够承受的范围内，生态系统将在自身反馈机制的作用下，逐步回到平衡状态；若这种改变超过其承受的最大范围，是良性的改变，将会导致生态系统进化到更高一等级，反之，则会导致生态系统退化。在生态系统稳定性的相关研究中，有学者使用在外界条件变化后种群的密度来度量动物群落的稳定性，或者是利用种群物种数量和个体数量的比值与天敌种数和植食性昆虫的数量的比值两种指数定量描述生物群落的稳定性。

评价生态系统质量必须考虑生态系统自身的这一反馈机制，因此从生态系统的结构稳定性和功能稳定性两个维度展开评价。结合相关研究，结构稳定性可由景观稳定性表征，包含景观多样性指数、景观碎度指数、景观连通指数 3 个指标；功能稳定性可由 NDVI 变异系数表征。通过结构稳定性和功能稳定性两个方面构建生态系统稳定性指数 ESI，定量评价广西生态系统的稳定性。

结构稳定性

结构稳定性是景观生态学研究的重要内容之一，而且生态系统的稳定性取决于自身的结构和性质，对人们了解生态系统内部有着十分重要的意义。从区域景观的整体出发，选择景观破碎指数、景观连通指数、景观多样性指数 3 个指数反映生态系统的稳定性。

景观破碎指数：指在自然或人为干扰下，原本连续的景观要素逐渐隔离为不连续的斑块镶嵌体的过程。景观破碎指数反映的是景观被分割的破碎化程度，是区域景观异质性的直观体现（刘常富等，2009）。选取景观边界密度 ED 指标表示，计算公式为（何庆港等，2020）

$$\mathrm{ED}=E/A \tag{3.3}$$

式中：E 表示景观中斑块边界的总长度；A 表示景观总面积。

景观连通指数：反映景观斑块之间的空间连接程度，是影响区域物质运动（如种子传播、动物迁徙、授粉等）的主要指标。景观连通指数的相关研究对于区域生物多样性保护和维持生态平衡有着重要意义。景观连通指数主要是由斑块面积大小和离焦点斑块的空间距离大小共同决定的，计算公式为

$$\mathrm{COHE}=\left[1-\frac{\sum_{i=1}^{m}\sum_{j=1}^{n}p_{ij}}{\sum_{i=1}^{m}\sum_{j=1}^{n}p_{ij}\sqrt{a_{ij}}}\right]\left[1-\frac{1}{\sqrt{A}}\right]^{-1}\times 100 \tag{3.4}$$

式中：p_{ij} 表示斑块 ij 的周长；a_{ij} 表示斑块 ij 的面积；A 表示景观总面积。

景观多样性指数：景观多样性是指景观单元在结构和功能方面的多样性，反映景观的复杂程度。景观多样性的相关研究主要是在景观单元中斑块的数量、大小、形状，以及景观的类

型、空间分布、斑块间的连通性等结构和功能上的多样性(杨絮飞,2004)。选取香农多样性指数 SHDI 定量表示景观多样性,计算公式为

$$\mathrm{SHDI} = -\sum_{k=1}^{n} P_k \ln P_k \tag{3.5}$$

式中:SHDI 表示香农多样性指数;P_k 表示景观类型 k 所占景观总面积的比例;n 表示景观类型的数量。

生态系统结构稳定性 ST 由景观破碎指数、景观连通指数和景观多样性指数加权求和得到,计算公式为

$$\mathrm{ST} = \sum_{i=1}^{4} z_i \times w_i \tag{3.6}$$

式中:ST 表示生态系统结构稳定性;z_j 表示结构稳定性涉及的指数;w_i 表示结构稳定性涉及的指标权重。

功能稳定性

生态系统服务功能中,以生产力最为重要。当生态系统受到干扰时,最显著的改变就是生产力的变化,并通过食物链影响整个生态系统的稳定。因此评价选取生态系统生产能力的变化情况来反映生态系统的功能稳定性。

选取 NDVI 数据表征生态系统的生产能力,采用 NDVI 旬数据评价广西生态系统功能稳定性。

第 t 年的 NDVI 年均值可表示为

$$\overline{\mathrm{NDVI}_t} = \sum_{y=1}^{23} \mathrm{NDVI}_{t,y}/23 \tag{3.7}$$

式中:y 表示旬数。

第 t 年的 NDVI 年均值变异系数可表示为

$$cv_i = \frac{s_t}{\overline{\mathrm{NDVI}_t}} = \frac{\sqrt{\sum_{y=1}^{23} (\mathrm{NDVI}_{t,y} - \overline{\mathrm{NDVI}_t})^2/22}}{\mathrm{NDVI}_t} \tag{3.8}$$

式中:cv_i 表示第 t 年 NDVI 年均值变异系数,反映 NDVI 的波动性和离散性;s_t 表示第 t 年 NDVI 的方差;值越大,波动越明显,稳定性越差。

生态系统稳定性指数 ESI 的构建

生态系统稳定性由结构稳定性和功能稳定性加权求和得到,具体计算公式如下:

$$\mathrm{ESI} = \lambda \times \mathrm{CV} + \beta \times \mathrm{ST} \tag{3.9}$$

式中:ESI 表示生态系统稳定性,CV 和 ST 分别表示生态系统功能和结构方面的稳定性,$\lambda+\beta=1$。最后进行分段处理和线性拉伸,构建生态系统稳定性指数 ESI。考虑到生态系统始终具有一定程度的稳定性,故设定 ESI 的值域为[10,100](陈强等,2015)。

$$\mathrm{ESI}_{t,k} = \begin{cases} 10 & \mathrm{ESI}_t \leqslant \mathrm{ESI}_{\min} \\ 10 + (\mathrm{ESI}_t - \mathrm{ESI}_{\min}) \times a & \mathrm{ESI}_{\min} \leqslant \mathrm{ESI}_t \leqslant \mathrm{ESI}_{\max} \\ 100 & \mathrm{ESI}_t \geqslant \mathrm{ESI}_{\max} \end{cases}$$

$$a=\frac{100-10}{\mathrm{ESI}_{\max}-\mathrm{ESI}_{\min}} \tag{3.10}$$

式中：$\mathrm{ESI}_{t,k}$表示像元k第t年的稳定性指数，值越大，稳定性越好；a表示拉伸常数，其他含义同上。

2)数据来源与处理

生态系统稳定性从结构稳定性和功能稳定性两方面进行评价。生态系统结构稳定性主要利用系列景观格局指数表征，所需数据主要为土地利用类型数据，其中2005年、2010年、2015年的土地利用类型数据来源于中国科学院地理科学与资源研究所的资源环境科学与数据中心，2020年土地利用数据在广西壮族自治区第三次全国土地调查(以下简称"三调")数据的基础上(表3.19)，依据中国科学院土地利用类型数据分类进行归并，以确保数据的连贯性。

表3.19　三调数据归并方案

中国科学院分类	三调分类
耕地	水田、水浇地、旱地、果园、茶园、其他园地
林地	乔木林地、竹林地、灌木林地、其他林地
草地	人工牧草地、其他草地
水域	河流水面、湖泊水面、水库水面、坑塘水面沟渠、水工建筑用地、沿海滩涂、内陆滩涂
城乡、工矿、居民用地	农村道路、商业服务业设施用地、物流仓储用地、工业用地、采矿用地、城镇住宅用地、农村宅基地、机关团体新闻出版用地、科教文卫用地、公用设施用地、公园与绿地、铁路用地、公路用地、城镇村道路用地、交通服务场站用地、机场用地、港口码头用地、管道运输用地
未利用地	空闲地、设施农用地、沙地、裸土地、裸岩石砾地、森林沼泽、沼泽草地

3.2.2.4　生态系统胁迫指数

1)模型构建

当区域生态系统所处的周边环境受到自然和人为因素的影响时，其结构和功能将发生破坏，并最终导致生态系统格局、质量和服务功能等发生明显变化——生态胁迫(苗鸿等，2001)。考虑到数据可获得性，此次评价以生态胁迫的相关研究为基础，选取人口密度、经济活动程度、建设用地强度、土地垦殖系数4个指标，构建生态系统胁迫指数，定量评价广西生态系统胁迫状况。

广西生态系统胁迫指数ESSI可表示为

$$\mathrm{ESSI}_{o}=\sum_{j=1}^{m} w_j \times x_{t,j} \tag{3.11}$$

式中：j和m表示评价指标及其个数，w_j表示第j个指标的权重值；$x_{t,j}$表示第t年第j个指标标准化后的值。

$$\mathrm{ESSI}_{t,k}=\begin{cases}10 & \mathrm{ESSI_o}\leqslant\mathrm{ESSI_{min}}\\ 10+(\mathrm{ESSI_o}-\mathrm{ESSI_{min}})\times a & \mathrm{ESSI_{min}}\leqslant\mathrm{ESSI_o}\leqslant\mathrm{ESSI_{max}}\\ 100 & \mathrm{ESSI_o}\geqslant\mathrm{ESSI_{max}}\end{cases}$$

$$a=\frac{100-10}{\mathrm{ESSI_{max}}-\mathrm{ESSI_{min}}} \tag{3.12}$$

式中：ESSI 表示生态系统胁迫指数，即区域生态系统因为外界压力过大而导致生态系统退化的可能性，值越大表示生态系统退化的可能性越小，反之，则越大。

2）数据来源与处理

根据所构建的生态系统胁迫指数方法，生态系统胁迫指数主要从人口密度、经济活动程度、建设用地强度、土地垦殖系数 4 个方面综合表征。上述指标中，人口密度和经济活动程度数据来源于《广西统计年鉴》，由于目前统计数据最新时点为 2018 年，而人口和经济活动地区间差异格局在短时间内变化波动不大，故采用 2018 年数据计算 2020 年生态系统胁迫格局，其他年份计算结果均依赖于当年数据。建设用地强度和土地垦殖系数来源于土地利用类型数据库。

3.2.2.5 生态系统质量综合评价模型

生态系统作为地球生命支持系统的基本单元，具有调节区域生态平衡、存在动态波动、对外界干扰具有一定的抵抗力等特点。同时，作为人类生存和发展的物质基础，生态系统还为人类提供生产活动所需的物质和能量。因此，评价区域生态系统质量应当从生态系统的服务功能、生态系统稳定性、生态系统受到外界干扰的压力 3 个方面入手。

此次评价最终选择生态系统生产力、稳定性和胁迫作为衡量生态系统质量的重要指标，采用综合指数法计算广西生态系统质量指数 EI，具体计算方法如下（张惠婷等，2022）：

$$\mathrm{EI}=\sum_{i=1}^{n} w_i \times y_i \tag{3.13}$$

式中：EI 表示生态系统质量指数；w_i 表示各指标的权重值；y_i 表示基于生态系统质量评价的 3 个方面构建的 EPI、ESI 和 ESSI 指数。

3.2.3 生态质量综合评价结果

3.2.3.1 生态系统生产能力格局演变

1）生态系统生产力的总体特征

基于上述生态系统生产力评价方法，获得 2005 年、2010 年、2015 年和 2020 年 4 个时间段内广西生态系统生产力指数 EPI 的空间分布格局。

经过统计分析可知，2005 年广西生态系统生产能力指数 EPI 平均值为 66.66，标准差为 14.96；2010 年生产能力指数 EPI 平均值为 66.99，标准差为 14.92；2015 年生产能力指数 EPI 平均值为 71.38，标准差为 14.71；2020 年生产能力指数 EPI 平均值为 71.31，标准差为 14.94。2005—2020 年期间，广西生态系统生产力水平在波动上升。

空间格局方面，广西生态系统生产力指数 EPI 的空间分布格局总体保持不变：4 个时间段内，生态系统生产力指数 EPI 高值区均分布于桂北的龙胜各族自治县、三江侗族自治县及资源县，桂东北的金秀瑶族自治县、昭平县等区域，桂西北的西林县、田林县，以及十万大山、猫儿山、大容山、大明山等海拔较高的山区。低值区主要分布在北部湾城市群区域以及桂中地区。部分西江流域及左右江流域地区的 EPI 指数数值偏低，主要是因为水体的生产能力较低，以及上述沿江区域城镇人类活动强度大，区域植被覆盖低，生态系统生产能力较弱。广西中部城市地区，特别是柳州来宾地区，城市化程度较高，人为活动较为强烈，EPI 数值均较低，为区域性低值聚集区。

2005—2020 年，广西生态系统生产力指数低值区呈现由“面状分散”分布到“点状—线状聚集”格局转变，低值区呈现减少趋势，生态系统生产力状况有所改善。

2)不同下垫面的生态系统生产力的时空演变特征

在整个研究期内，广西生态系统生产力空间格局总体保持一致，但是区域内部存在明显的差异性。为进一步探析其格局分布规律，需从不同下垫面的生态系统类型定量分析广西生态系统生产力指数 EPI 的时空格局演变特征。

从不同下垫面的生态系统类型看(图 3.10)，2005 年、2010 年、2015 年和 2020 年 4 个时间段内，林地生态系统的 EPI 数值最高，其次为草地生态系统，农田生态系统的 EPI 数值排第三，湿地生态系统和城镇生态系统的数值最低。从区域生态系统生产力指数 EPI 的年际变化角度看：2005—2010 年，林地、草地和其他生态系统生产力水平升高，2015—2020 年生产力水平下降，其中其他生态系统的总体变化最显著；农田生态系统生产力水平多年来持续升高；湿地生态系统在 2005—2010 年间，生产力水平下降，此后生产力水平不断回升；城镇生态系统则表现为生产力水平先降低再升高后降低的态势，15 年间总体呈下降态势。

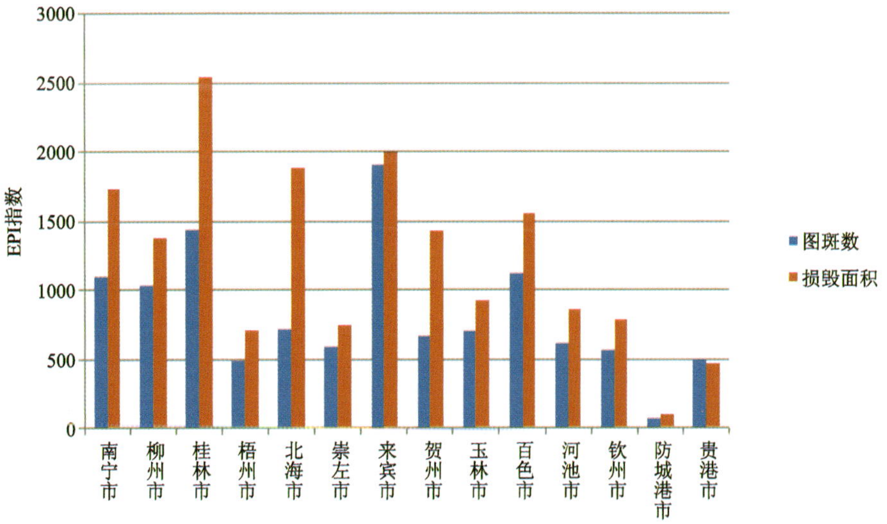

图 3.10　2005—2020 年广西不同下垫面生态系统的生产力指数 EPI 平均值

3.2.3.2 生态系统稳定性格局演变

1)生态系统稳定性的总体特征

总体上来看,2005—2020年的15年间,广西生态系统的稳定性水平稳步提升。

空间格局方面,2005—2020年,广西生态系统稳定性的空间分布格局基本稳定,低值区范围由“面状蔓延”向“点状区域聚集”收缩。生态系统稳定性高值区主要分布于广西的东南部、西北部和西南部,即玉林市、梧州市、防城港市;崇左—百色地区高值区与低值区嵌套分布。这些地区生态系统景观结构稳定程度相对较高,自身恢复及抗击外界干扰的能力也较强,生态系统稳定性整体较高。随着时间推移,生态系统稳定性高值区范围不断扩大,低值区范围逐渐缩减,到2020年,低值区范围零星分布于南宁、柳州、桂林、玉林及沿海三市城区,其余地区均为高值区。生态系统稳定性低值区主要分布于广西中部“桂中平原”地区、以“南宁盆地”为典型的西南地区及东北局部区域,即来宾、贵港、崇左、南宁、桂林、贺州,百色有少量分布。低值区域市、县的生态系统稳定性总体处于较低的水平,经济发展水平较高,城市化水平相对较高,耕地垦殖等人为活动较为强烈,导致景观破碎程度高,生态系统基质受到较大干扰,稳定性较差。

2)不同下垫面的生态系统稳定性的时空演变特征

从不同的生态系统类型统计分析生态系统稳定性指数ESI平均值的变化情况,定量分析不同生态系统类型的生态系统稳定性差异及其时空演变特征。

总体来看,除城镇生态系统稳定性指数小幅波动外,各类生态系统类型的稳定性指数均呈现较显著的增长趋势。林地、农田和草地生态系统的稳定性指数最高,且增长幅度更为显著,是广西生态系统稳定性的基石。增幅方面,农田生态系统ESI指数的平均值增幅最高,为54.11%,其次是草地生态系统和湿地生态系统,分别为43.85%和43.27%,而城镇生态系统的变化幅度最小,为23.28%。总体而言,国家实行的退耕还林还草、保护基本农田和建设用地管制等政策,在一定程度上逐步提高了广西生态系统的总体稳定性。

从不同年份来看,2005年各类生态系统类型的稳定性指数ESI平均值由高到低分别为林地生态系统、草地生态系统、其他生态系统、农田生态系统和湿地生态系统,城镇生态系统人为活动最为强烈,稳定性最差(图3.11)。各类生态系统中,林地生态系统ESI平均值为64.46;草地生态系统、其他生态系统ESI平均值较为接近,分别是54.35和51.84;农田生态系统和湿地生态系统的ESI平均值相对较低,分别为45.92和42.29;城镇生态系统的ESI平均值仅为38.24。2010年,广西各类生态系统类型的ESI平均值相比2005年有所提升。林地生态系统稳定性仍然最高,平均值为65.42,与2005年有所不同的是,稳定性平均值最低的为湿地生态系统,仅为43.37。2015年,林地生态系统的ESI平均值已高达76.71,草地的ESI平均值也增至72.02,而城镇的ESI平均值仍然排在最后,仅为48.54。2020年,广西各类生态系统类型的ESI平均值除城镇生态系统出现了一定的回落外,其余均有较大幅度的增值,林地生态系统的ESI平均值已突破80大关,草地生态系统紧随其后,为78.18,农田生态系统、其他生态系统和湿地生态系统都已超过60,而城镇生态系统数值仍最低,为47.14。

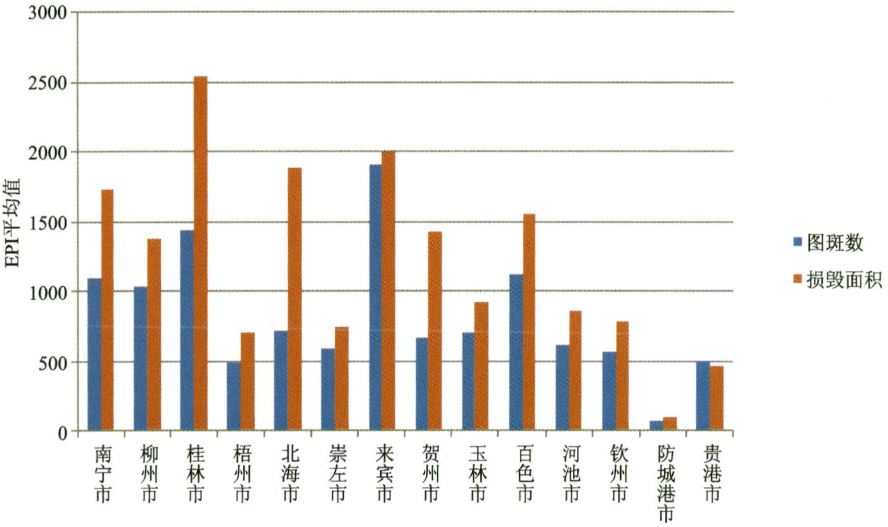

图 3.11 2005—2020 年广西不同下垫面生态系统的稳定性指数 ESI 平均值

3.2.3.3 生态系统胁迫格局演变

1)生态系统胁迫的总体特征

生态系统胁迫指数 ESSI 与区域生态系统的受胁迫程度呈负相关关系,ESSI 指数的高值区受到外界自然和人为因素的干扰程度较小,生态系统质量高,反之,生态系统质量低。2005 年、2010 年、2015 年及 2020 年广西生态系统胁迫指数 ESSI 平均值分别为 36.81、29.21、32.26 及 32.54,其标准差分别为 19.52、17.80、18.08、18.30,呈现出先增加后降低的趋势。

研究期内,广西生态系统的胁迫指数空间分布格局大体保持一致,但受胁迫较强的地区范围有所扩大,2005 年表现为区域聚集,2010—2020 年表现为面状连片。从各年份来看,2005 年 ESSI 高值区主要分布在桂北、桂西北县域以及崇左市的宁明县、上思县,来宾市象州县及金秀瑶族自治县,这些地区处于广西桂北生态屏障区,经济社会发展较为缓慢,人为干扰较弱;中值区主要分布在桂中、桂东南、桂东北的大部分县区;低值区呈现斑块状区域聚集格局,主要分布于南宁市,柳州市柳江区、柳南区和鱼峰区,桂林市叠彩区、秀峰区、七星区等,梧州市万秀区和苍梧县,北海市银海区和铁山港区,这些地区是广西典型城市化区域,人为活动较强。2010 年的高值区主要分布在桂西北部分县区;中值区主要分布在桂西及桂西北、桂北县区;低值区在 2005 年的基础上呈蔓延式、连片式分布。2015 年广西生态系统胁迫指数有所增强即受干扰程度及范围有所减小,低值区的连片程度缩减,主要分布在桂东南;中高值区范围有所增加。2020 年中高值区范围继续扩大,低值区的连片度继续缩减,主要集中在桂东南地区。

2)不同下垫面的生态系统胁迫的时空演变特征

研究期内广西生态系统胁迫指数 ESSI 平均值为 32.71,标准差为 4.77,说明研究期内区域生态系统整体受到外界自然和人为因素的干扰程度较大,但受区域下垫面性质不同和区域发展水平不一致的影响,区域内部各地的生态系统受胁迫程度呈现明显的区域差异。

从下垫面性质的差异角度出发，统计生态系统胁迫指数 ESSI 的分布(图 3.12)，获得不同生态系统类型的生态系统胁迫指数 ESSI 平均值的统计结果。在研究期内草地生态系统、林地生态系统和农田生态系统的胁迫指数平均值最高，其次为湿地生态系统和城镇生态系统，其他生态系统的胁迫指数 ESSI 值最低。主要原因是草地、林地和农田人类活动对其干扰程度相对较低，而城镇及其他用地人类活动对其干扰程度较大，因此其胁迫指数较低。从各类下垫面生态系统类型胁迫指数的年变化角度分析，可以看出除其他生态系统外，草地、林地、农田生态系统胁迫表现出先减少后增加的趋势，城镇和湿地生态系统胁迫表现出由低到高的变化趋势，其他生态系统胁迫则是先增加后减少的趋势。

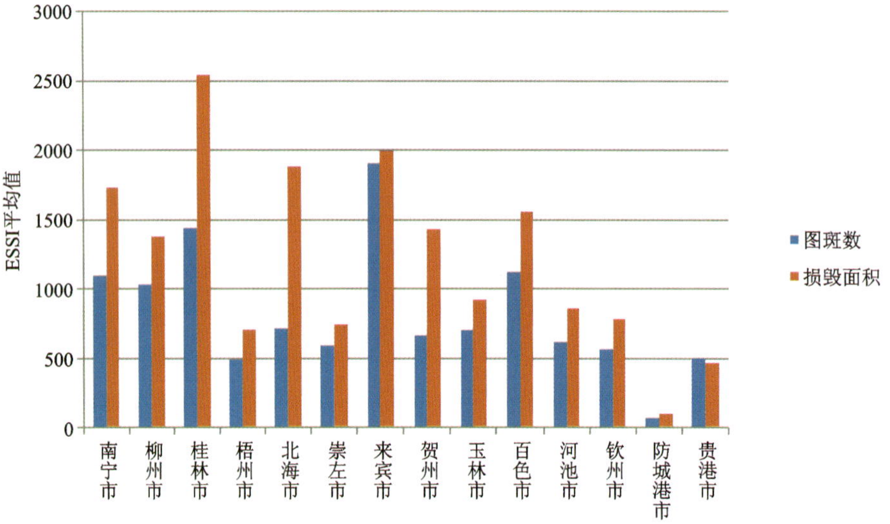

图 3.12　2005—2020 年广西不同下垫面生态系统的胁迫指数 ESSI 平均值

3.2.3.4　生态系统综合质量

1)生态系统质量的总体特征

以生态系统生产能力、稳定性和胁迫程度格局演变成果为基础，采用熵值赋权法组合的方式，计算得到生产力、稳定性和胁迫程度的权重分别为 0.341 4、0.339 4 和 0.319 2，根据加权综合法获得广西生态系统质量指数 EI 的空间分布格局。

从不同年份来看，2005 年，生态系统质量指数的高值区主要分布在桂西北的田林县、凌云县、乐业县、西林县、凤山县、东兰县、巴马瑶族自治县等，桂南的宁明县、上思县等，桂东北的鹿寨县、金秀瑶族自治县、龙胜各族自治县、昭平县等；低值区主要在中部及沿海地区呈大片分布。2010 年，生态系统质量指数的高值区范围在 2005 年的基础上向四周蔓延，低值区范围有所缩减。2015 年，生态系统质量指数的高值区范围大幅分布，低值区缩减至柳州、桂林、南宁、贵港、玉林及沿海三市城市建成区。2020 年，生态系统质量指数的低值区范围继续缩减，缩减至桂林、柳州、南宁、玉林、沿海三市的中心城区，高值区分布范围广泛。总的来说，2005—2020 年，广西生态系统质量指数的高值区呈现扩张趋势，低值区呈现大幅缩减趋势。

根据统计，2005 年、2010 年、2015 年、2020 年的生态系统质量指数 EI 的平均值分别为

54.7009、54.4925、60.7094、62.5804，总体呈增长趋势。研究期内生态系统质量指数EI的标准差分别为15.9608、14.9811、13.6885、12.4999，说明在研究期内，广西各地区的生态系统质量水平差距在逐渐缩小。

2)不同下垫面的生态系统质量的时空演变特征

为更好地了解区域生态系统质量指数EI的总体格局和空间差异，从生态系统类型出发，分析不同生态系统类型下，生态系统质量水平和变化情况(图3.13)。

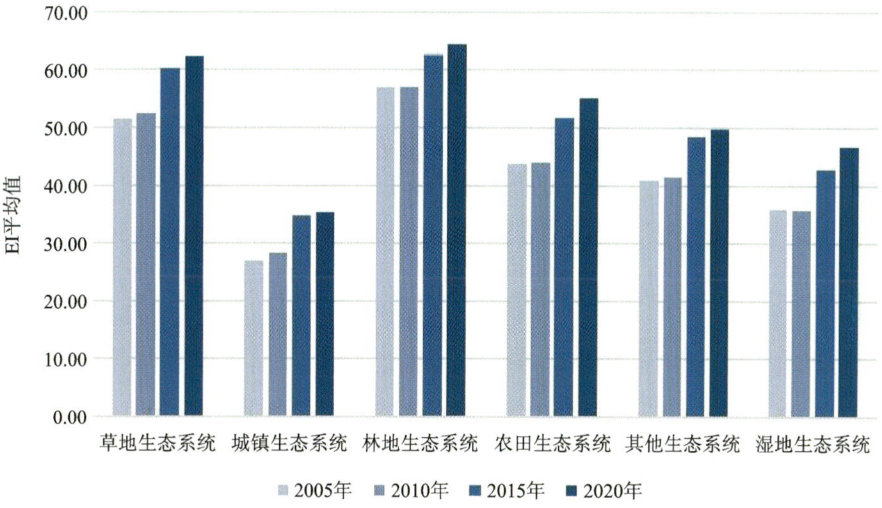

图3.13 2005—2020年广西各生态系统类型的生态系统质量指数EI平均值

从不同生态系统类型的角度看，各类生态系统的EI指数主要分为3个等级：林地生态系统和草地生态系统的EI指数平均值最高，为第一级，其中林地生态系统2005年、2010年、2015年、2020年的EI指数平均值分别为57.09、56.98、62.81、64.39，草地为51.54、52.54、60.34、62.44；第二级包括农田生态系统、其他生态系统和湿地生态系统，评价期内生态系统质量指数由高到低分别为农田生态系统、其他生态系统及湿地生态系统。其中湿地生态系统的EI指数平均值最低，评价期内各年度EI平均值分别为35.90、35.70、42.85及46.70；城镇生态系统为第三级，评价期内EI指数平均值分别为27.01、28.29、34.86及35.35。从2005年、2010年、2015年、2020年各类生态系统质量指数EI的变化情况看，评价期内各类生态系统的EI指数平均值总体呈上升趋势，林地和湿地生态系统的生态系统质量指数EI的平均值表现为先略微减小后增大，但总体呈增长趋势，草地、城镇、农田和其他生态系统的质量指数平均值表现为持续增大的趋势。

3)生态系统质量综合评价

根据2020年生态系统综合质量评价结果，以5000m×5000m分辨率进行克里金插值建立生态系统质量评价指数值图层，并运用自然断点法进行分级，共划分为1～5个等级，等级越高说明生态质量越好。根据统计结果，综合质量等级4等和5等的面积占总面积的43.60％；综合质量等级1等和2等的面积占总面积的22.32％，部分区域生态系统质量欠佳。从空间分布来看，综合质量等级较高的区域主要分布于桂西北山地区域以及桂东部分区域；

综合质量中低等级区域与重要城市分布有关，低等级区域连片分布在南宁-贵港-柳州所处的城市群地区和沿海三市。总的来说，广西生态环境质量整体水平较高。

3.3 广西生态系统服务功能评价

广西生态系统服务功能首先是生产功能，为人类生存提供一定的物质基础，包括与人类衣食住行息息相关的农业、林业、牧业、渔业等各种农产品，因此人类对这一服务有较强的依赖性；其次是生态功能，即生态系统的自我修复能力，生态系统有一定的自我保护能力和维持良好的生态环境的能力；最后是社会功能，即为满足精神需求所供给的休闲娱乐等。从生态系统服务功能理论中可知，生态系统功能涉及各个方面，即使一个区域的单一生态系统类型也会同时存在各种功能，但是依据区域特点会有其主导生态服务类型，根据主导功能进行生态类型区的划分，并且有针对性地进行规划管理，对区域生态文明建设意义重大。因此，本书基于广西土地生态环境现状，结合广西“八山一水一分田”的自然资源本底格局，从主导服务角度入手，分析土地生态系统运行中对周边环境的影响和效用的大小，选择水源涵养、土壤保持、碳固定以及生物多样性 4 个方面进行单项服务重要性评价，在单项服务评价结果的基础上进行土地生态系统服务重要性综合评价。

3.3.1 水源涵养服务功能评价

水源涵养是生态系统通过其特有的结构，对降水进行截留、渗透、蓄积，并通过蒸散发实现对水流、水循环的控制，主要表现在缓和地表径流、补充地下水、减缓河流流量的季节波动、滞洪补枯、保证水质等方面，以水源涵养量作为生态系统水源涵养功能的评价指标。水源涵养在众多生态系统服务中占据中心地位，是表征生态系统状况的关键指标（王云飞等，2021）。

本次研究采用水量平衡方程来计算水源涵养量，主要与降水量、蒸散发、地表径流量和植被覆盖类型等因素密切相关（孙立达和朱金兆，1995）：

$$\mathrm{TQ}_i=(P_i-R_i-\mathrm{ET}_i)\times A_i \tag{3.14}$$

式中：TQ_i 为各类生态系统水源涵养量（m^3）；P_i 为各类生态系统降水量（mm）；R_i 为各类生态系统地表径流量（mm）；ET_i 为蒸散发（mm）；A_i 为各类生态系统面积（km^2）；i 为研究区第 i 类生态系统类型。其中地表径流量由降水量乘以地表径流系数获得，计算公式为

$$R=P\times a_k \tag{3.15}$$

式中：R 为地表径流量（mm）；P 为各类生态系统降雨量（mm）；a_k 为 k 生态系统的平均地表径流系数。

通过对中国科学院的气象观测站点观测数据进行空间插值分析可得到广西年平均降雨量及蒸散量的空间分布。由于无法获取最新的气象站点数据资料，且气象数据在短时间内并不存在突变情形，因此本书尽可能获取了与评估时点最为接近的 2018 年的气象站点观测数据作为评估基础数据，既保证了多期评价数据的统一性和延续性，又保证了评价结果的真实性和客观性。为此，采用了 2005 年、2010 年、2015 年和 2018 年广西气象站点数据的平均值

作为水源涵养功能评价的基础数据。此外,通过梳理和总结前人研究,参考设定了广西各类生态系统地表平均径流系数(表 3.20)。

表 3.20 各地类或生态系统地表径流系数均值表

地类或生态系统	平均径流系数/%	数据来源
乔木林地	2.67	祁生林等,2006;潘磊等,2010
竹林地	2.67	
灌木林地	4.26	祁生林等,2006;申彦科等,2009
其他林地	19.2	刘芝芹等,2009
农田生态系统	0.15	钱进等,2019
草地生态系统	8.20	陈奇伯等,2005;周祥等,2011
湿地生态系统	0.00	欧阳志云等,2017
聚落生态系统	0.816	梁汝豪等,2018
近海岸带生态系统	0.00	欧阳志云等,2017
其他生态系统	7.30	秦旭梅,2017

通过上述评价方法,采用栅格计算器计算得到广西水源涵养量。参照水源涵养重要性相关研究成果,将自然断点法与定性分析相结合制订了广西水源涵养重要性分级依据并加以赋值(具体划分标准见表 3.21)。

表 3.21 水源涵养重要性分级标准

重要等级	高	较高	中等	较低	低
水源涵养量/m^3	>19 770	17 313~19 770	14 856~17 313	13 013~14 856	<13 013
赋值	9	7	5	3	1

广西水源涵养重要性分布中,水源涵养重要性高的地区面积为 48 293.85hm²,占总面积的 20.33%;重要性较高的区域面积为 85 514.79hm²,占总面积的 35.99%;重要性中等区域的面积为 76 310.47hm²,占总面积的 32.12%;重要性较低的区域面积为 19 295.03hm²,占总面积的 8.12%;重要性低的区域面积为 8 185.86hm²,占总面积的 3.45%。

从空间分布来看,重要性高的地区主要分布于桂北、桂东北、桂西北、桂东南和桂西南的山地,包括越城岭、猫儿山、大南山、天平山、摩天岭、九万大山、海洋山、都庞岭、驾桥岭、萌渚岭、大桂山、昭平县北部、大瑶山、莲花山、镇龙山、大容山、云开大山、六力大山、西津水库周边、洪潮江水库周边、大王滩水库-屯六水库-凤亭河水库周边、四方岭、十万大山、大青山、西大明山、高峰岭、大明山、六韶山、金钟山、青龙山、岑王老山、东风岭、都阳山北部、凤凰山,以及百色市右江区、那坡县、靖西市南部、西林县、隆林县。这些地区是广西主要江河源头区和水源涵养区。

3.3.2 土壤保持服务功能评价

土壤保持是生态系统通过其结构与过程减少由于水蚀所导致的土壤侵蚀作用，是生态系统提供的重要调节服务之一(饶恩明和肖燚，2018)。为了解广西生态系统中土壤保持服务功能的现状及其历史演变特征，本书将分别针对广西 2005 年、2010 年、2015 年和 2020 年的生态系统进行土壤保持评估。

各生态系统土壤保持量计算公式为(高振何，2021)

$$SC_i = A_i(M_i - M_1)/\rho \tag{3.16}$$

式中：SC_i 为各生态系统的土壤保持量(t)；A_i 为各生态系统的面积(km^2)；M_i 为各类生态系统的土壤侵蚀模数[$t/(km^2 \cdot a)$]；M_1 为裸地生态系统的土壤侵蚀模数[$t/(km^2 \cdot a)$]；ρ 为土壤容重系数(t/m^3)。

土壤容重空间分布数据来源于联合国粮食及农业组织(Food and Agriculture Organization of the United Nations，FAO)和国际应用系统分析研究所(International Institute for Applied Systems Analysis，IIASA)所构建的世界土壤数据库(Harmonized World Soil Database，HWSD)。其中，中国境内数据源为第二次全国土地调查中国科学院南京土壤研究所提供的 1∶100 万土壤数据。不同土壤类型的容重系数主要参考韩光中等(2016)的研究成果《中国主要土壤类型的土壤容重传递函数研究》，各类土壤类型的容重系数取值如表 3.22 所示。

表 3.22 各类土壤类型容重系数表

编号	土纲	容重系数
23110	淋溶土	1.38
23115	初育土(新成土)	1.40
23116	半水成土	1.34
23118	盐碱土	1.39
23119	人为土	1.37
23121	铁铝土	1.37
23122	城区、岩石、江河湖海等	1.39
23123		
23124		
23125		
23126		

通过上述评价方法，采用栅格计算器计算得到广西土壤保持量。参照土壤保持重要性相关研究成果，将自然断点法与定性分析相结合制订了广西土壤保持重要性分级依据并加以赋值(表 3.23)。

表 3.23 土壤保持重要性分级标准

重要等级	高	较高	中等	较低	低
土壤保持量/t	>6000	5000～6000	3000～5000	1000～3000	<1000
赋值	9	7	5	3	1

广西土壤保持服务功能重要性分布中，土壤保持服务功能重要性高的地区面积达到49 492.08hm^2，占总面积的20.83%；重要性较高的区域面积为62 821.44hm^2，占总面积的26.44%；重要性中等区域的面积为38 324.88hm^2，占总面积的16.13%；重要性较低的区域面积为46 973.52hm^2，占总面积的19.77%；重要性低的区域面积为19 988.08hm^2，占总面积的16.83%。

从空间分布来看，广西土壤保持重要性高的地区主要分布于桂东北山地、桂西北和桂西南的喀斯特山地。土壤保持重要性较高的地区主要分布在主干河流的水源区、喀斯特峰丛峰林地貌区以及大型水库的汇水区，如桂东北的资江、桂江、贺江水源区，桂西北的南盘江、红水河水源区，桂西南的右江、黑水河水源区、桂南的十万大山顶部以及桂中的喀斯特峰丛峰林地貌区。

3.3.3 碳固定服务功能评价

碳固定是指生态系统中植物通过光合作用将大气中的二氧化碳转化为碳水化合物，并以有机碳的形式固定在植物体内或土壤中，即存留于生态系统中的碳。碳固定是捕获、收集碳并封存至安全碳库的过程，陆地自然植被具有强大的固碳功能，根据植被光合作用可知，生态系统每生产1g干物质就能够吸收1.63g二氧化碳，这就是陆地生态系统的碳固定服务(黄麟等，2016)。因此，陆地生态系统的质量越好、生物量越高，则其碳固定服务越强。同时，自然植被固碳还能产生水源涵养、水土保持等其他生态效益。在诸多生态系统服务功能中，固碳是价值贡献较大的服务功能之一，绿色植物通过光合作用吸收CO_2，同时释放氧气，以维持大气中碳的收支平衡，在应对气候变化和大气-陆地碳循环中发挥了重要作用，是生态系统重要的生态服务功能之一。随着大气中CO_2浓度升高，全球气候的异常变化，生态系统固碳服务功能的价值评估变得尤为重要。多年来，已有不少学者对不同尺度的森林、草地等生态系统的服务价值进行了研究。通过对广西的固碳量进行估算，旨在定量评价其固碳价值的时空动态，为改善区域生态环境提供一定的参考。通过估算各类生态系统的碳固定量，可揭示生态系统碳固定服务功能的空间分布状况。各生态系统植被碳固定量计算公式如下：

$$C_{i\text{植被}}=S_{i\text{植被}}\cdot A_i \tag{3.17}$$

$$C_{i\text{土壤}}=S_{i\text{土壤}}\cdot A_i \tag{3.18}$$

$$C_i=C_{i\text{植被}}\cdot C_{i\text{土壤}} \tag{3.19}$$

式中：$C_{i\text{植被}}$为各生态系统的植被固碳量(t)；$S_{i\text{植被}}$为各生态系统的植被碳密度(t/km^2)；A_i为各生态系统的面积(km^2)；$C_{i\text{土壤}}$为各生态系统的土壤固碳量(t)；$S_{i\text{土壤}}$为各生态系统的土壤有机碳密度(t/km^2)；C_i为各生态系统的固碳总量(t)。

通过上述评价方法，采用栅格计算器计算得到广西植被和土壤固碳总量。参照相关研究成果，将自然断点法与定性分析相结合制订了广西碳固定服务功能重要性分级依据并加以赋值(表 3.24)。

表 3.24　碳固定服务重要性分级标准

重要等级	高	较高	中等	较低	低
固碳总量/t	>4000	3000～4000	2000～3000	1000～2000	<1000
赋值	9	7	5	3	1

碳固定服务功能重要性分布中，重要性高的地区面积达到 131 904.95hm^2，占总面积的 55.52%；重要性较高的区域面积为 41 904.08hm^2，占总面积的 17.64%；重要性中等的区域面积为 2 904.12hm^2，占总面积的 1.22%；重要性较低的区域面积为 51 045.28hm^2，占总面积的 21.48%；重要性低的区域面积为 9 841.57hm^2，占总面积的 4.14%。

从空间分布来看，碳固定服务功能重要性程度高的地区主要集中分布在桂西北山区，桂东南梧州市、玉林市等与广东相邻的县(市、区)以及桂西南十万大山区域。碳固定服务功能重要性程度较高的地区主要分布在重要性高的区域周边所在的县(市、区)。碳固定服务功能重要性程度低、较低的地区主要分布在横州市西南部、隆安县东部、柳州市城区、桂林市城区等。

3.3.4　生物多样性服务功能评价

生物多样性是所有生物种类、种类遗传变异和它们生存环境的总称，包括所有不同种类的动物、植物和微生物，以及它们所拥有的基因、与生存环境所组成的生态系统。人类生存、发展需要的各种生物资源，工业、农业和医药业等需要的各种原材料，生态平衡的维持，生态环境的稳定等，都来源于生物多样性。近年来，人口增长以及城市化带来的资源消耗，导致生态系统产生变化甚至退化，对广西生物多样性构成威胁，如何将有限的保护资源投入到生物多样性保护最为重要的区域是广西国土空间生态修复应当考虑的一个重大问题。因此，首先要对该区域进行生物多样性服务功能评估，以评估结果为基础进一步开展优化分析，最终达到指导保护资源科学配置的目的。

城镇村建设、矿产开发、路网修建、旅游及农牧业生产等人类活动对保护内林地、草地、湿地等野生动植物生存及成长环境造成的干扰或破坏，都属于生境威胁源。一般而言人类生产、生活活动程度越高，其承载空间范围越广，保护区生境质量受威胁程度和幅度就越高，生态系统功能和生物多样性损失就越大。不同威胁源对生境的胁迫程度、不同生境类型对不同威胁源的敏感性均存在差异，并且生境和威胁源之间的距离也会影响胁迫程度大小。生境质量是生态系统为个体或种群的生存提供适宜的生产条件的能力，反映生物栖息地质量状况，是生态系统和景观生物多样性的直接体现。由斯坦福大学、大自然保护协会、世界自然基金会共同研发的 InVEST(integrated valuation of ecosystem service and tradeoff)模型不仅能定量分析多种生态系统服务功能(如生境质量、碳储量、产水量和水体净化等)，而且能将评估结果以专题地图的形式展现出来。其中，InVEST-Habitat Quality(生境质量)模块是通过结合景观类型敏感度和外界威胁强度，分析不同景观格局下的生境对威胁源的响应程度及其分布与退化情况，计算获得生境质量来反映区域生物多样性状况，其生境质量大小将代表区域生物多样性丰富程度(谢余初等，2018)。即生境质量高的地区生物多样性水平高，生境质量低和生境范围小的则意味着生物多样性低。基于这一原理，本书利用 InVEST 生境质量模型模拟了广西生境胁迫度和生境质量的空间分布，以反映生物多样性的现状。

生境胁迫度评价模型如式(3.20)所示：

$$D_{xj}=\sum_{r=1}^{R}\sum_{y=1}^{Y_r}\left(\frac{W_r}{\sum_{r=1}^{R}W_r}\right)r_y i_{rxy} s_{jr} \tag{3.20}$$

式中：D_{xj} 为生境类型为 j 的栅格 x 的受胁迫程度，表示相对大小；r 为威胁因子；R 为威胁因子个数；W_r 为威胁因子胁迫程度；Y_r 为威胁因子在景观中的栅格数量；r_y 为景观中各栅格上威胁因子数量；S_{jr} 为生境对威胁因子的敏感度；i_{rxy} 表示威胁因子的影响程度，按下式计算：

$$i_{rxy}=\exp\left[-\left(\frac{2.99}{d_{r\max}}\right)d_{xy}\right] \tag{3.21}$$

式中：d_{xy} 表示栅格 x 和栅格 y 之间的欧氏距离；$d_{r\max}$ 表示威胁因子 r 的最大影响距离。

生境类型为 j 的栅格 x 的生境质量按式(3.22)计算：

$$Q_{xi}=H_j\left[1-\left(\frac{D_{xj}^z}{D_{xj}^z+k^z}\right)\right] \tag{3.22}$$

式中：Q_{xj} 表示生境类型为 j 的栅格 x 的生境质量的相对高低；k 为半饱和常数，通常 $k=\frac{1}{2}\times\max(D_{xj})$，$\max(D_{xj})$ 通过运行一次模型获得；z 为尺度常数，一般取值 2.5。

根据 Polasky 等(2011)的研究，结合广西土地利用/覆被的实际情况，将城镇用地、工矿用地、公路、铁路等投入了较多人类劳动，受人类生产、生活活动干扰较大且生态服务功能又相对较小的土地利用类型作为自然保护区生境威胁源，将草地、林地、水体、湿地等受人类活动干扰较小而生态服务功能较大的土地利用/覆被类型作为保护广西野生动植物生境。借鉴已有研究中使用的威胁源胁迫程度、最大影响距离以及不同生境类型对不同威胁源的敏感性参数，并结合研究区实际情况进行分析，对参数进行适当调整后确定生境质量模拟模型关键参数。某一区域生境总胁迫度等于区域各栅格生境胁迫度之和，平均生境胁迫指数或平均生境质量指数分别等于该区域所有栅格生境胁迫指数或生境质量指数的均值。根据所定参数及提取威胁因子的栅格数据后将其导入 InVEST 模型中运行得到生境质量指数图及生境退化指数图，之后利用生境质量指数和生境退化指数的范围进行分级，根据不同等级的面积变化分析生物多样性的变化情况(表 3.25、表 3.26)。

表 3.25　威胁源胁迫程度及最大影响距离

影响范围/km	权重	威胁源	衰退线性相关性
8	0.7	城镇用地	指数相关
3	1	工矿用地	指数相关
5	1	铁路	线性相关
5	1	公路	线性相关

表 3.26 不同生境适宜度及其对威胁源的敏感程度

土地利用类型	生境适宜度	城镇用地	工矿用地	铁路	公路
森林生态系统	1	0.6	0.5	0.5	0.5
农田生态系统	0.5	0.8	0.7	0.4	0.4
草地生态系统	1	0.8	0.7	0.4	0.4
水域生态系统	1	0.8	0.7	0.4	0.4
湿地生态系统	1	0.8	0.7	0.4	0.4
聚落生态系统	0	0.2	0.2	0.4	0.4
其他生态系统	0	0.2	0.2	0.4	0.4

通过上述评价方法，采用栅格计算器计算得到广西生物多样性服务重要性分布。参照生物多样性服务功能重要性相关研究成果，将自然断点法与定性分析相结合制订了广西生物多样性服务功能重要性分级依据并加以赋值，具体划分标准见表 3.27。

表 3.27 生境质量指数分级标准

重要等级	高	较高	中等	较低	低
生境质量指数	>0.8	0.6～0.8	0.4～0.6	0.2～0.4	<0.2
赋值	9	7	5	3	1

在生物多样性服务功能重要性分布中，重要性高的区域面积达到 157 353.58hm^2，占总面积的 66.23%；重要性较高的区域面积为 203 636.63hm^2，占总面积的 8.69%；重要性中等的区域面积为 1 637.64hm^2，占总面积的 0.69%；重要性较低的区域面积为 51 206.92hm^2，占总面积的 21.55%；重要性低的区域面积为 6 765.24hm^2，占总面积的 2.85%。

从空间分布来看，生物多样性重要性高和较高的区域面积较多，占土地总面积的 74.91%，以林地、园地和水域为主，广泛分布在左右江流域、西江流域、十万大山等，说明广西大多数土地的生境质量较好，有利于生物多样性的维持。这些区域距离城镇和耕地较远，受人类干扰程度较弱，动物、植物以及微生物分布较多，应重点维持此区域的生境质量，做好水域、海域及林地的防护工作。生物多样性重要性低的区域主要分布在南宁、柳州、桂林、玉林的中心城区及沿海地区。

3.3.5 生态服务功能综合评价

1）生态服务功能重要性分级

要了解某个区域的生态服务功能的整体情况，需要在分别完成以上 4 项生态服务功能评估的基础上，将各项评估值统筹观察，利用模糊隶属度函数将土壤保持功能、水源涵养功能、碳储量功能和生境质量的评估结果进行标准化处理，转换到[0,1]之间，对各项生态服务功能的标准化值进行空间叠加求和，最终得到取值范围为[0,4]的生态服务功能综合值，计算公

式为

$$E_j = \sum_{i=1}^{4}\left[\frac{e_{ij} - \min(e_{ij})}{\max(e_{ij}) - \min(e_{ij})}\right] \tag{3.23}$$

式中：E_j为评价单元j的土地生态服务功能综合值；e_{ij}为评价单元j的第i项土地生态服务功能的实际当量。

2)广西生态服务功能分区

通过上述评价方法，采用栅格计算器计算得到广西生态服务重要性分布。参照相关研究成果，结合广西实际制订了广西生态服务重要性分级依据并加以赋值，具体划分标准见表3.28。

表3.28　生态服务功能分级标准

重要等级	高	较高	中等	较低	低
生态服务功能综合值	>3	2.5～3	2～2.5	1～2	<1
赋值	9	7	5	3	1

总体来看，广西生态服务功能重要性水平较高。根据统计，生态服务功能等级为高和较高的区域面积为15.17万hm^2。以水源涵养和生物多样性保护为主的桂北山地区、桂东山地区、桂西北山地区、桂西南喀斯特山地区、十万大山等多个分散区域，以及海洋山、都庞岭、花山、驾桥岭、桂江中上游山地、大桂山、大瑶山；以土壤保持为主的都阳山喀斯特山地区；以水源涵养为主的大容山和六万大山区域。

3.4　广西生态敏感性评价

生态敏感性是指现状自然环境背景下，人类活动干扰和自然环境变化导致发生区域生态环境问题的难易程度及其可能性大小，即生态系统在遇到干扰时，生态环境问题出现的概率大小(Ouvang et al.,2000)。在自然状况下，各种生态过程维持着一种相对稳定的耦合关系，保证生态系统的相对稳定，而当外界干扰超过一定限度时，这种耦合关系将被打破，某些生态过程会趁机膨胀，导致严重的生态环境问题。生态环境敏感性评价实质上就是在不考虑人类活动影响的前提下，评价具体的生态过程在自然状况下潜在地产生生态环境问题的可能性大小，当敏感性高的区域受到人类不合理活动影响时，就容易产生生态环境问题，应该是生态环境保护和恢复建设的重点。

生态敏感性评价应根据主要生态环境问题的形成机制，先针对特定生态环境问题进行评价，然后对多种生态环境问题的敏感性进行综合分析，明确区域生态环境敏感性的分布特征。针对区域的每一生态问题选择若干影响因子，基于ArcGIS软件，转换为单因子栅格数据，通过综合各影响因子分布图，采用空间分析模块地图代数分析功能得出各生态环境问题的敏感性分布图，然后再进一步综合，得出区域生态环境敏感性分布。本章通过辨识现状生态背景下潜在的生态环境问题，分析其空间分布，明晰不同敏感性分区上的土地利用格局，指出其可能存在的空间布局短板，以期为确定区域重点生态建设、土地生态承载力及生态保育区提供技术支撑，并为环境管理和决策提供相应的借鉴和参考。

3.4.1 生态敏感性评价体系构建

生态环境问题的形成和发展往往是多个因子综合作用的结果。生态环境问题的出现或发生概率常常取决于影响生态环境问题形成的各个因子的强度、分布状况和多个因子的组合（肖小林等，2015）。因此，在生态环境敏感性评价时，采用多因子的综合方法。根据现状调查情况，区域内主要的生态环境问题为水土流失和石漠化等，结合研究区面临的主要生态环境问题、生态敏感性评价原理以及资料可获取性，从水土流失、石漠化、土壤盐渍化以及生境敏感性入手，选取对区域生态敏感度影响较大的土壤可蚀性、地形起伏、降水冲蚀力、地貌类型、植被覆盖率等12个因子进行生态环境敏感性分析。主要评价体系见表3.29。

表3.29 生态环境敏感性评价体系

评价因素	评价因子	因子获取
水土流失	土壤可蚀性	土壤数据集中采样
	地形起伏	DEM数据地形起伏度信息
	植被归一化指数	Landsat8多光谱遥感影像数据计算
	降水冲蚀力	降水冲蚀力 R 值
石漠化	坡度	根据DEM获取坡度信息
	植被覆盖率	国家综合地球观测数据
	碳酸盐岩露出率	碳酸盐岩空间分布情况
土壤盐渍化	地貌类型	土地利用现状
	地下水矿化度	地下水矿化度分布图
	蒸发量/降水量	用区域年度蒸发量与降水量比值计算
生境敏感性	植被归一化指数	Landsat8多光谱遥感影像数据计算
	生境质量	InVEST模型Habit Quality模块计算

水土流失敏感性：人类对土地的利用，特别是对水土资源不合理地开发和经营，使土壤的覆盖物遭受破坏，裸露的土壤受水力冲蚀，流失量大于母质层育化成土壤的量，土壤流失从表土流失、心土流失到母质流失，最终使岩石暴露。研究综合考虑降水、地形、植被和土壤质地等因素对区域环境的影响，选取了降水冲蚀力 R 值、土壤可蚀性、地形起伏度和植被覆盖等因子。其中，R 值以王万忠等（1996）计算的全国125个重点站的年 R 值为基础，利用ArcView的创建表面功能，采用样条函数内插法得到区域 R 值分布图；土壤数据来源于全球土壤属性数据库中的中国土壤数据集，为第二次全国土地调查土壤所提供的1∶100万土壤数据，通过ArcGIS软件进行重采样为500m空间分辨率数据；地形起伏度采用来源于地理空间数据云，数据分辨率为30m的数字高程（DEM）数据，在ArcGIS中以500m×500m的基本单元，以其

栅格点作为目标栅格，利用 ArcInfo GRID 模块的 FORCALRANGE 函数，对全图逐栅格求取高差，求得地形起伏度的栅格数字矩阵；植被覆盖采用来源于地理国情监测云平台，时间以 2005 年、2015 年、2020 年的区域遥感影像与当期土地利用现状图相互叠加校正的结果为依据确定。

石漠化敏感性：在热带、亚热带湿润、半湿润气候条件和溶蚀作用极其发育的自然背景下，受人为活动干扰，地表植被遭受破坏，土壤严重流失，导致基岩大面积裸露或砾石堆积，也是喀斯特地区土地退化的极端形式（肖荣波等，2005）。研究主要采用坡度、植被覆盖率、碳酸盐岩露出率 3 个因子。其中，坡度采用 DEM 数据在 ArcGIS 中进行转换；植被覆盖数据来源于国家综合地球观测数据共享平台（www. chinageoss. org）的 2005 年、2015 年、2020 年 3 期数据。碳酸盐岩露出率是以碳酸盐岩空间分布数据为依据。

盐渍化敏感性：土壤盐渍化敏感性是指旱地灌溉土壤发生盐渍化的可能性。在评价时首先根据地下水位来划分敏感区域，沿海地区地下水位小于 5m 的区域都可能是盐渍化的敏感区域，按照地下水资源图来确定其空间分布范围；在此基础上采用地貌类型、地下水矿化度和蒸发量/降水量等因素划分敏感性等级。资料来源分别是区域地下水矿化度分布图和区域土地利用现状图。

生境敏感性：归一化植被指数是利用卫星不同波段探测数据组合而成的，能反映区域植被生物量大小、植物生长状况、生产力水平和地表植被茂密程度，一定程度上能够代表地表植被覆盖变化情况。已有研究结果表明（王奕淇和孙学莹，2023），植被指数与生态系统服务价值之间存在很好的相关性，植被指数越高，生态系统服务价值越高。植被生长越繁茂的地区成为生态源地的可能性越大。归一化植被指数借助 ENVI 5. 1 波段运算工具对研究区三期 Landsat 8 的多光谱数据进行运算获得。

根据各因子对生态敏感性出现可能性的影响程度，按照自然断点法将因子划分为 5 个等级，各因子根据其正负向影响采取的梯度分级赋值，数字越大反映其敏感性程度越高。得到各个指标的等级栅格图后，以二维空间中的 500m×500m 栅格作为基本操作单元，采用空间主成分分析（SPCA）的方法计算每个指标的权重。采用 ArcGIS 空间分析模块中的栅格运算进行多因子生态敏感性综合性评价，最终用自然断点法将生态敏感性等级划分为 5 级，即极度敏感、高度敏感、中度敏感、轻度敏感和不敏感。

3.4.2　水土流失敏感性分析

1）水土流失现状分析

广西地形地貌复杂，山地多、平原少，坡陡山高、地形破碎，且地处低纬度，属亚热带季风气候区，气温高、雨水丰，汛期多暴雨；土壤多是由石灰岩、花岗岩、砂页岩等岩层风化所形成，土质疏松，易侵蚀。因此，在植被受到破坏，地表遭到扰动的情况下极易产生水土流失。广西水土流失的类型主要是水力侵蚀，受到强降水和河流冲刷的大部分地区极容易发生；集中于桂西北、桂东北和桂西南的部分山丘区存在着滑坡、崩塌、泥石流等重力侵蚀；沿海的北海市、防城港市存在极少量的风力侵蚀。按全国水土流失类型区划分，广西属于以水力侵蚀为主的南方红壤区和西南喀斯特区。此外，陡坡开荒种植等人为对地表土壤的不断扰动，不合理地采矿和建设，采石取土以及废土废渣随意堆放，都对地貌、植被破坏严重，直接导致了水土流失问题的加剧。总体来说，广西的水土流失分布广，局部地区水土流失及危害严重。

根据《2020 年广西壮族自治区水土保持公报》，全区水土流失面积达 384.54 万 hm^2，占广西土地面积的 16.18%，较 2011 年第一次全国水利普查数据面积减少 120.82 万 hm^2。全区各市水土流失均有分布，主要集中分布在西江干流及各支流两岸，严重区域以桂中红水河流域、桂西左右江流域、桂南九洲江流域为主。其中，全区水土流失轻度侵蚀面积 260.04 万 hm^2，主要分布在桂林、北海、钦州、贵港、百色、河池以北；中度侵蚀面积 63.23 万 hm^2，主要分布在南宁、柳州、梧州、防城港、玉林、贺州、来宾、崇左、百色；强烈侵蚀面积 29.62 万 hm^2，主要分布在南宁、柳州、玉林、防城港西北部、贺州北部、崇左、百色；极强烈侵蚀面积 20.83 万 hm^2，主要分布在南宁、防城港西北部、崇左、百色、来宾；剧烈侵蚀面积 13.50 万 hm^2，主要分布在南宁、百色、来宾、柳州、崇左(表 3.30)。

表 3.30　广西各监测时段水土流失侵蚀程度面积对比表

水土流失监测时段	全区水土流失面积/万 hm^2	占全区土地总面积/%	轻度面积/万 hm^2	中度面积/万 hm^2	强烈面积/万 hm^2	极强烈面积/万 hm^2	剧烈面积/万 hm^2	中轻度占比/%	强、极强、剧烈占比/%
第一次全国水利普查(2011—2017 年)	505.36	21.35	226.33	143.95	73.71	48.04	13.33	73.27	26.73
2018 年全国水土流失动态监测	393.07	16.54	238.03	64.65	35.16	31.27	23.96	77.00	23.00
2020 年全国水土流失动态监测	384.54	16.18	260.04	63.23	29.62	20.83	13.50	84.07	15.93

2)水土流失敏感性评价

采用降雨侵蚀力、土壤可蚀性、地形起伏度和植被覆盖等因子开展评价，评价公式为

$$\text{水土流失敏感性}=\sqrt[4]{R\times K\times \mathrm{LS}\times C} \tag{3.24}$$

式中：R、K、LS 和 C 分别为降雨侵蚀力因子、土壤可蚀性因子、地形起伏度因子和植被覆盖因子的敏感性分级值。具体分级见表 3.31。

根据水土流失敏感性公式，对水土流失敏感性评价因子进行赋值，将最终的敏感性分值进行加权平均，按照大于 7.0 分、6.1～7.0 分、5.1～6.0 分、3.1～5.0 分、1.0～3.0 分别划分为极度敏感(1 级)、高度敏感(2 级)、中度敏感(3 级)、轻度敏感(4 级)、不敏感(5 级)5 个等级。

表 3.31　水土流失敏感性评价因子分级赋值

评价因子	极度敏感	高度敏感	中度敏感	轻度敏感	不敏感
降雨侵蚀力	>12 000	9000～12 000	7000～9000	6000～7000	<6000
土壤可蚀性	砂粉土	砂壤、粉黏土、壤黏土	面砂土、壤土	粗砂土、细砂土、黏土	石砾、砂
地形起伏度	>300	100～300	50～100	20～50	<20
植被覆盖	<0.2	0.2～0.4	0.4～0.6	0.6～0.8	>0.8
分级赋值	9	7	5	3	1

基于上述评价分析，得到广西水土流失敏感性分布。水土流失敏感性评价结果显示，总体上呈不敏感的区域较少，零散分布于东北部、中部和南部。轻度敏感区集中在区域中部和西南部。中度敏感区分布于西北部、东北部以及东部。高度敏感区集中于西北部百色、河池地区和东北部的桂林、柳州地区。极度敏感区零散分布于西北部的百色河池地区。时间对比来看，不敏感区域在中部有明显的缩减，轻度敏感区在南部有所增加，高度敏感区域在西北部有所缩减。2020 年的水土流失敏感性评价结果显示，中部南宁以南和以东的区域整体水土流失情况相对较少，基本处于不敏感和轻度敏感区域；以北地区的百色、河池、柳州以及桂林的区域边缘是高度敏感区和极度敏感区分布范围。

3.4.3　石漠化敏感性分析

1)石漠化现状分析

石漠化是我国西南喀斯特地区重要的自然灾害之一，具有分布范围广、发育典型和程度深等特点。根据全国第三次石漠化监测结果(表 3.32)，广西喀斯特地区石漠化土地总面积为 153.29 万 hm^2，占广西土地面积的 6.5%，较第二次监测面积减少 39.01 万 hm^2(图 3.14)，涉及河池、百色、桂林、崇左、南宁、来宾、柳州、贺州、贵港等 9 市 76 县(市、区)。其中，轻度石漠化土地面积 22.37 万 hm^2，中度石漠化土地面积 46.01 万 hm^2，重度石漠化土地面积 80.37 万 hm^2，极重度石漠化土地面积 4.55 万 hm^2。广西石漠化土地相对集中于河池和百色两市，面积分别为 57.91 万 hm^2 和 35.07 万 hm^2，分别占广西石漠化土地面积的 37.8%和 22.9%。石漠化主要集中分布在广西中部的红水河和浔江流域，广西西部的左右江地区，广西东北部的漓江中下游一带。发生石漠化的地区常伴随着严重的水土流失现象，导致河流中含有大量的泥砂，不仅对当地水资源的开发和使用产生直接影响，还威胁到珠江流域的生态环境状况。从成因来看，地质构造、地貌特征、地表组成物质、生物群体类型及气候状况等因子，是土地石漠化发生发展的生态环境物质基础；而区域内人类不合理的开发利用活动，含过度垦殖以及矿山开发等不良人为活动，对土地石漠化恶化起到了加速作用；政策因素是土地石漠化演变阶段的重要影响因子，推动土地石漠化的突变，是广西土地石漠化恶化的主要标志。

表 3.32　广西各监测时段石漠化程度面积对比表

石漠化监测时段	石漠化土地面积/万 hm²	占全区土地面积/万 hm²	轻度/万 hm²	中度/万 hm²	重度/万 hm²	极重度/万 hm²	中轻度占比/%	重度和极重度占比/%
第一次全国石漠化监测(2006—2011 年)	237.91	10.09	—	—	—	—	37.58	62.42
第二次全国石漠化监测(2012—2015 年)	192.6	8.17	27.5	56.7	99.9	8.6	43.72	56.33
第三次全国石漠化监测(2016—2019 年)	153.29	6.50	22.37	46.01	80.37	4.55	44.61	55.40

注：—代表数据缺失，资料未找到具体数值。

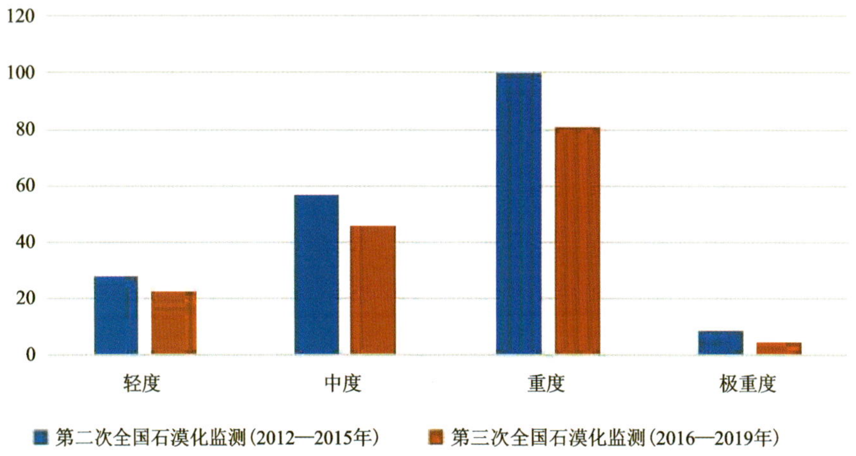

图 3.14　第二次、第三次监测时段石漠化程度面积对比图

2)石漠化敏感性评价

石漠化敏感性评价主要考虑坡度、植被覆盖率、碳酸盐岩露出率 3 方面评价因子。区域整体处于石漠化不敏感区、轻度敏感区和中度敏感区，高度敏感区和极度敏感区分布范围较小。从时间变化来看，2010 年区域整体主要处于石漠化不敏感和轻度敏感区，不敏感区分布于中部、南部、东南部、西南部和东北部，轻度敏感区在广西各地区均有散布。但中度敏感区范围也相对较大，除中部、东南部、东北部等区域外，均有其零散分布。高度敏感区域分布主要以中部为中心，向西部和北部发散，极度敏感区则零星分布于高度敏感区中。区域石漠化情况相对较为严重。2015 年高度和极度敏感区范围显著减少，分布范围缩减至西部地区、西北地区和东北部地区。不敏感和中度敏感区的范围在原有基础上有较为明显的缩减，轻度敏感区范围增长较大，石漠化情况有所改善。2020 年区域整体主要处于轻度敏感区。高度和极度敏感区范围继续缩小至西北部和西部地区，北部地区还存在少量分布。中度敏感区也主要

缩小至西部、西北部、北部、东北部和中部地区。轻度敏感区范围增大，在区域石漠化敏感区分布中占据主要地位。不敏感区在原有基础上仍有部分缩减。区域石漠化情况持续改善。

3.4.4 盐渍化敏感性分析

1)盐渍化现状分析

广西土壤盐渍化主要因海水入侵产生，根据相关资料，土壤盐渍化零星分布在滨海地区。全区沿海区域进行海水入侵与土壤盐渍化多年同期监测结果表明，变化明显区域主要位于北海西海岸和大王埠两个监测断面，2018年监测区海水入侵程度略有扩大，而盐渍化范围减少。通过多年平均变化规律，广西土壤盐渍化范围均有扩张趋势，土壤盐渍化严重区域主要分布在北海西海岸和大王埠(表3.33)。

表3.33 广西多年份海水入侵和土壤盐渍化范围及变化趋势

监测断面位置	监测年份	海水入侵距离/km	土壤盐渍化离岸距离/km
广西北海西海岸	2015	0.3	0.6
	2016	0.3	2.2
	2017	0.7	>0.5
	2018	0.6	0.3
广西北海大王埠	2015	—	0.4
	2016	—	0.4
	2017	—	>2.7
	2018	2.7	0.6

2)盐渍化敏感性评价

盐渍化敏感性评价主要从地貌类型、地下水矿化度、蒸发量/降水量因子进行评价。根据计算结果，将盐渍化敏感性等级划分为5个等级。根据盐渍化敏感性评价结果，盐渍化极度敏感区和高敏感区面积较小，广西基本属于中度敏感区和低敏感区。中度敏感区集中在中部呈发散状，周边存在少量高敏感区块。从时间变化来看，2010—2015年，中度敏感区范围略有扩展。2010—2020年，高度敏感区有所增加，集中于中部原高度敏感区周边。广西土地盐渍化情况相对较好。

3.4.5 生境敏感性分析

1)生境现状分析

广西生境状况、区域覆被与生态环境情况密切相关。广西地处云贵高原东南边缘，两广丘陵西部，南邻北部湾海面，区内喀斯特地貌较多，山林分布广泛，在水环境、海洋环境、空气环境与森林覆被等方面具有一定优势。水环境方面，广西地表水断面水质优良比例为98.1%，境内珠江水系、长江水系水质总体状况较好。海洋环境方面，目前广西海岸线达1769km，滩涂面积达833km^2。一、二类海水比例达81.8%。海洋生物资源丰富，不仅具有多样性的海洋生物品种和中华白海豚、儒艮等国家濒危保护动物，而且还拥有红树林、珊瑚礁和海草床等典型的海洋自然生态系统，其中红树林面积达 7300hm^2，占全国红树林面积的 40%。空气环境方面，广西设区市空气质量优良天数比例为 93.5%。森林覆被方面，根据 2015 年《广西森林资源清查成果》数据进行综合评价，其森林质量为 3 级，即中等水平。2019 年广西森林面积 1 483.92 万 hm^2，森林覆盖率 62.45%。

2)生境敏感性评价

生境敏感性评价结果显示，区域生境状况的不敏感区分布较为分散，主要集中在北部区域、西部地区和东部地区；轻度敏感区主要集中在中部地区、北部地区、西部地区和南部地区的北海市，其余地区均有少许零星分布；中度敏感区是广西主要的生境敏感性等级，在各地区均有所散布；高度敏感区集中在南部区域和中部区域，北部和西部地区也有零星分布，极度敏感区域分布主要聚集在南部沿海地区与中部地区。从时间变化来看，2010—2020 年间生境敏感性变化较为明显，广西主要的生境敏感性从轻度敏感转变为中度敏感。2010—2015 年，不敏感区块和轻度敏感区块迅速缩减，主要集聚在南部沿海地区、中部地区、东北地区。2015 年后除河池市的凤山县、东兰县、南丹县部分区域的生境敏感性提升至轻度敏感性和不敏感性外，广西其余区域的敏感性均有所降低，其中贺州市的昭平县和桂林市的灌阳县生境敏感性降低较为明显，从不敏感性和轻度敏感性降低至中度敏感。

3.4.6 生态敏感性格局

将得到的水土流失敏感性、石漠化敏感性、盐渍化敏感性、生境敏感性评价结果以 500m×500m 的空间操作单元进行空间叠置，得到 2010 年、2015 年、2020 年的生态环境敏感性评价结果。

2010 年，区域生态环境情况相对较好(图 3.15)。生态环境敏感性以不敏感区和轻度敏感区为主要区域。不敏感区主要分布在中部、西南部、北部和东北部地区。轻度敏感区分布范围较广，在各区域均有所分布。中度和高度敏感区则主要分布在西部、北部和东北部地区等喀斯特地貌区，西北区、南部、东部也有少许零星分布。极度敏感区域较少，其主要分布区域为百色市、崇左市和南宁市。

2015 年区域生态环境敏感性变化较为显著(图 3.16)。极度敏感区和高度敏感区较 2005 年有所减少。中度敏感区在中部、北部和东北部地区存在缩减的现象，但在西部、西南部和东部地区有所增加。轻度敏感区范围呈现较为明显的扩张趋势，成为区域生态环境敏感性的主要类型区。同时不敏感区明显缩小，大部分转变为轻度敏感区，部分转变为中度敏感区。

2020 年区域生态环境状况略有好转(图 3.17)。相较 2015 年，极度敏感区范围有所缩减，同时，少量高度敏感区转变为中度敏感区或轻度敏感区。东北部和中部少量不敏感区域转变为轻度敏感，整体上不敏感区域范围呈缩减趋势。南部轻度敏感区范围有所扩展，部分高度敏感区转为轻度敏感。西北部的部分中度敏感区转变为轻度敏感区，东部和中部部分区域从中度敏感区转变为轻度敏感区。总体来看，2015—2020 年，不敏感区域范围有所缩减，高度敏感和极度敏感区域范围在逐渐缩小，中度和轻度敏感区域范围逐渐扩大，区域的生态环境状况有所改善。

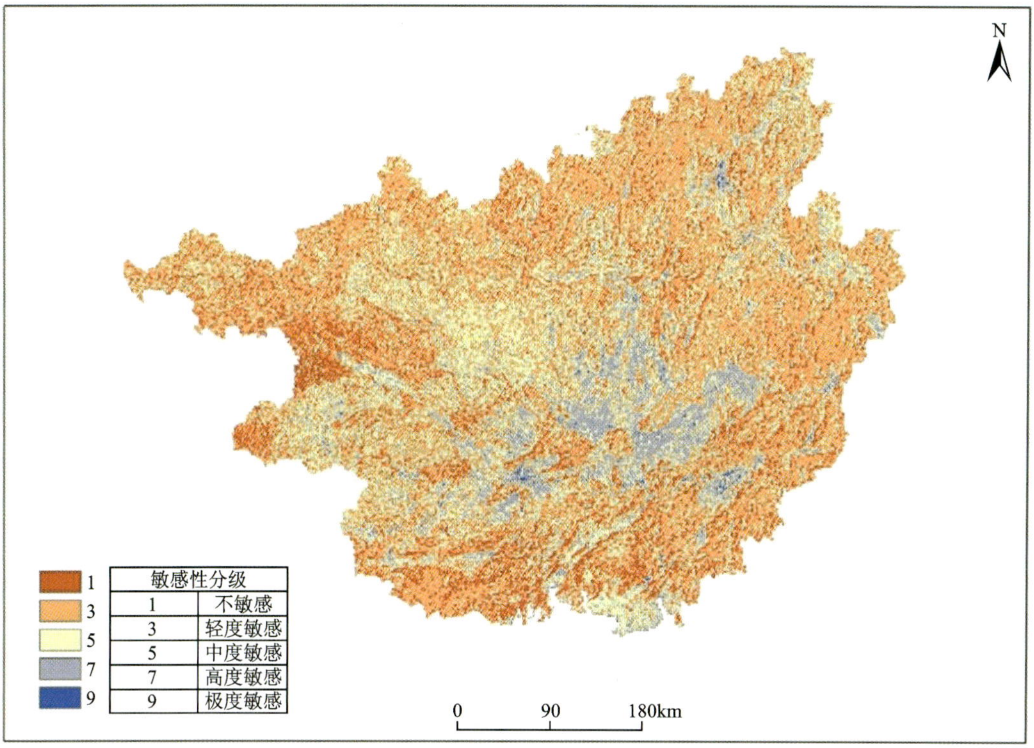

图 3.15　2010 年生态环境敏感性评价

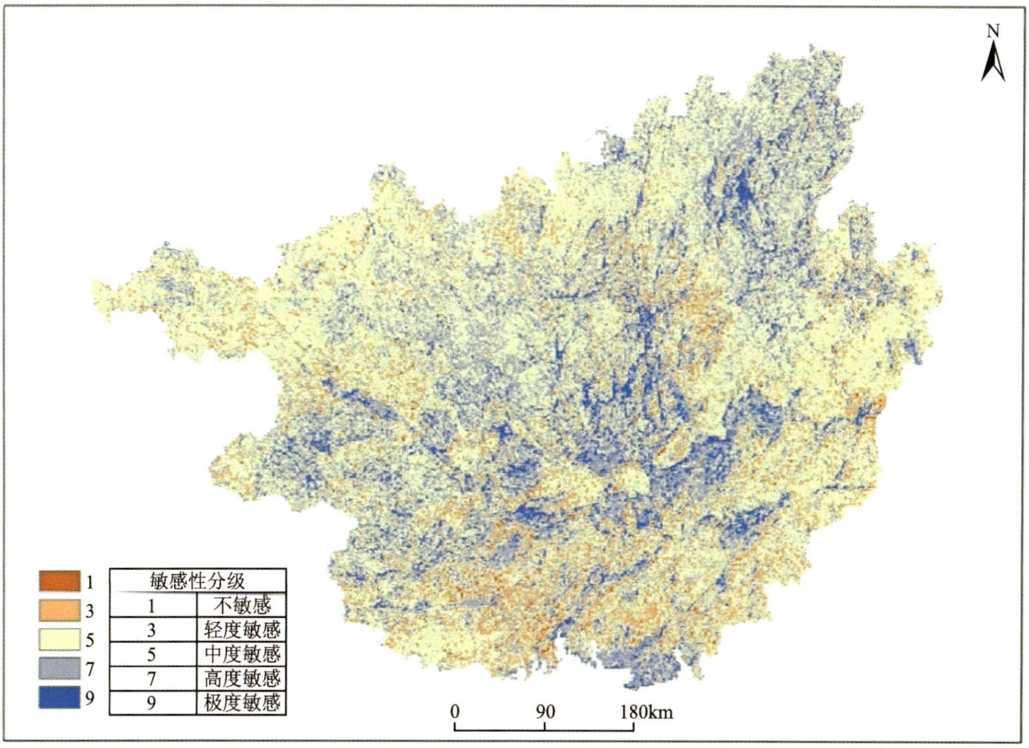

图 3.16　2015 年生态环境敏感性评价

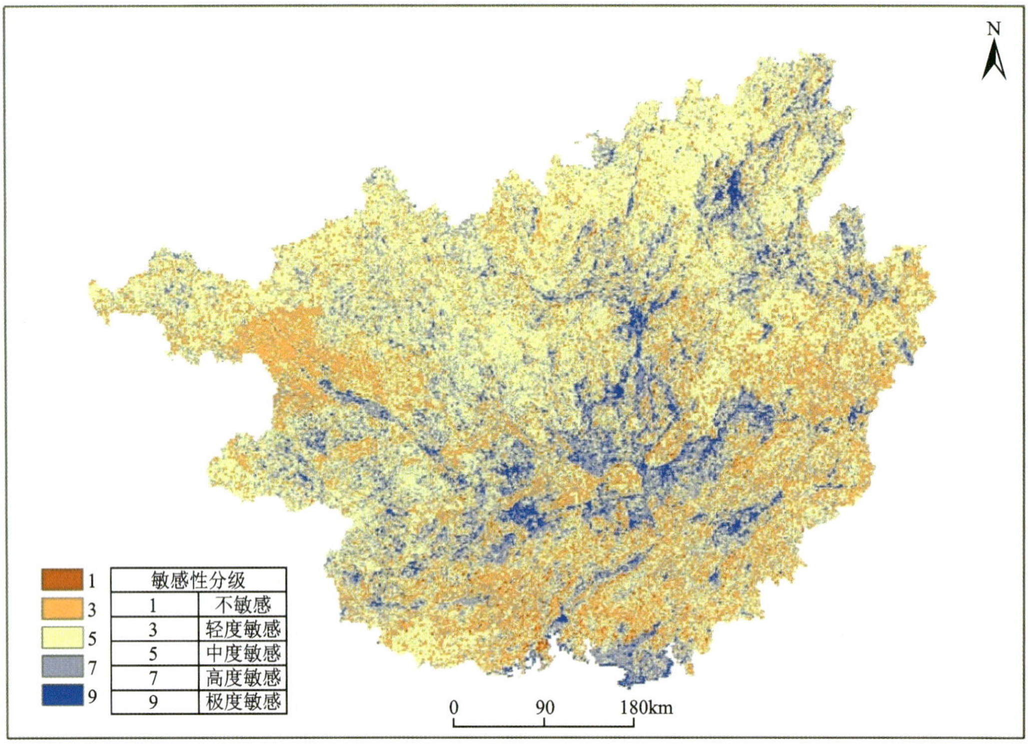

图 3.17　2020 年生态环境敏感性评价

区域的生态环境敏感性格局存在一定的空间分异。整体来看，东部和南部地区的生态环境较好，极度和高度敏感区分布范围较小且分散，基本呈轻度和中度敏感状态。中部和喀斯特地貌区是高度和极度敏感区的集中分布区域，生态环境问题相对突出，是未来国土整治和生态修复的重点区域。

3.5　广西生物多样性分析与评价

3.5.1　广西生物多样性受威胁分析

3.5.1.1　自然因素

1)自然环境脆弱

广西山地丘陵面积分布广而平原台地面积小，山多、坡多、坡陡，平地少，地形破碎，为降雨径流的产生提供了有利条件和较大的势能，使得径流侵蚀力较高，水土流失更易发生。此外，广西喀斯特地貌广布，喀斯特土地面积占全区土地总面积的 35%，区内多山，山高坡陡，地形复杂、切割沟深密度大，随着降雨径流的产生与增大，土壤表面逐渐被侵蚀，由面蚀到沟蚀，由浅槽变为深沟。部分地区的生态系统被破坏，栖息地的破碎化严重，物种濒危程度不断加剧，有些珍稀资源正在不断丧失和消失。生物多样性面临严重威胁，特别是在沿海的海陆交错带，受台风等灾害天气频繁袭击，一些生物如滕柄木甚至濒临灭绝。

2)灾害性天气频发

过去50年来，桂西北、桂西南、大瑶山地区和沿海地区等生物多样性热点地区，气温明显增加。高温天气频率增加、干旱加剧、强降水事件增多以及洪涝灾害的频繁发生，对自然生态系统和生物多样性产生了不利影响。2008年，广西发生低温冰雪冻灾害，导致约13.0%的森林受到破坏，大量树木被损毁，许多珍稀野生动植物受到威胁。2009—2010年初，持续干旱的天气导致森林火灾频发，受灾面积达1105km^2，树木生长衰弱，抗虫能力降低，多个地区暴发了松毛虫灾害。同时，伴随着高温天气和干旱等因素，广西喀斯特地区石漠化加剧。

在过去30年里，由于气候变暖，广西的海平面上升速度为2.7mm/a，对沿海生态系统构成威胁，特别是可能导致红树林分布范围减少、结构简化和功能下降。

3.5.1.2 人为因素

(1)自然资源的不合理利用。广西资源分布不均，人地矛盾突出，资源匮乏地区农民为满足生产、生活需求，存在无序开发和过度垦殖、养殖等现象，造成农业面源污染、土壤环境质量降低、水土流失、土地砂化、石漠化、盐渍化、物种多样性降低、前海面积减少、湿地退化、岸线受损等生态系统服务功能弱化问题。填海造地、重化产业布局和滩涂养殖等不合理的海洋开发利用活动，对近岸海洋生态系统造成了严重的影响，导致了生态系统结构的失衡和功能的退化。

(2)经济快速发展需求挤占农业和生态空间。广西山地多平原少，平地多为农业生产空间，而广西正处于经济发展快速区，城镇发展建设难以避免挤占高产优质的农业空间。与此同时，城乡建设用地利用粗放，建设用地集约节约利用水平待提升。一方面，由于农村建房长期缺乏有效监管和合理规划，广西农村居民点用地利用粗放且分布零散，并随着工业化和城镇化的快速推进，大量农村剩余劳动力不断向城镇转移，农村向城镇转移人口的增加给城镇的基础设施、住宅、绿化等用地供给带来巨大压力，同时部分地区出现空心村现象；另一方面，城镇建设高速向外发展的同时，缺乏内涵挖潜，存在相当一部分城镇低效用地和空闲地。此外，交通、水利等基础设施建设、向海经济的发展壮大、旅游资源的开发利用等对生态空间产生较多的人为干扰，挤占原生生态空间的同时造成野生动物栖息地破碎化、水域污染、海岸带侵蚀、大陆自然岸线缩减、湿地退化等问题。

(3)野生动植物的非法贸易。野生动植物的贸易是导致物种濒危的重要原因之一。广西是野生动植物贸易的主要通道之一，也是野生动植物消费较为盛行的地区。一方面，野生动植物的进出口在满足市场需求的同时，也导致大量珍稀野生动植物被非法交易和捕捞，破坏了自然资源的平衡，加剧了物种濒危的风险；另一方面，进口的野生动植物增加了外来物种入侵的机会，这些进口的野生动植物可能携带病原体或寄生虫，对当地生态系统造成威胁，并且可能与本地物种竞争资源或传播疾病，对当地生物多样性产生负面影响。

(4)环境污染。随着工业化进程的加快和城镇化水平的提高，广西排放的污染物逐年累积，直接影响人类的生产生活、自然生态系统和物种的安全，成为生物多样性面临的重要威胁因素。一方面，广西的主要污染物排放强度处于较高水平，且结构性污染问题突出。广西属于欠发达地区，发展方式相对粗放，整体产业发展水平和质量较低，技术含量、加工水平和资源综合利用程度较低。传统产业如制糖、淀粉、酒精、有色金属等行业的污染物排放量较大，结构性污染问题凸显。另一方面，广西面临着重金属污染和潜在风险。广西工业废水中的砷、铅、镉、总铬和汞等重金属污染物排放量巨大，位居全国前列。农村地区产生的生活污水和生活垃圾绝大部分随意排放，严重影响农村地区的居住环境和饮用水源。畜禽养殖废弃物的排放量大，污染程度不断加重，畜禽养殖业的化学需氧量排放量占广西化学需氧量总排放量的24.3%。大量使用化学肥料、农药，导致农业面源污染。随着农业生产规模的增加，农业废弃物如作物秸秆、农膜、废弃秧盘和农药容器等产生量大幅上升，导致土壤和水体污染，土地质量下降。

3.5.1.3 外来物种入侵

广西已经记录到的入侵动物有53种，入侵植物有156种，而入侵广西的海洋外来生物则有16种，对本地生态系统造成了严重影响，严重威胁生物多样性。如飞机草自20世纪50年代从越南传入我国广西后，目前在广西大部分地区都有分布；大毒草银胶药分布在广西大部分地区；互花米草分布在北部湾沿海滩涂地区，严重威胁到红树林的生存；2008年在陆川县首次发现植物"杀手"薇甘药，目前已扩散到北流市和博白县。

3.5.2 广西生物多样性优先保护区域情况

广西共有桂西山原区、九万大山区、桂北南岭地区、大瑶山-大桂山区、大明山区、桂西喀斯特山地区、十万大山区和广西北部湾沿海地区等8个生物多样性优先保护区域，总面积为1 116.6万hm^2，占广西土地总面积的47.2%。

桂西山原区，涉及西林、隆林、田林、乐业、天峨、凌云、右江等县(区)，面积为2.53万km^2，占广西生物多样性保护优先区总面积的22.7%。已建3处国家级、7处自治区级、1处市级自然保护区。保护重点包括南盘江—红水河流域河谷季雨林、亚热带常绿阔叶林等生态系统，黑叶猴、黑颈长尾雉、中国穿山甲等及其分布地，兰科植物、苏铁植物、喙核桃等野生植物，洞穴生物及其喀斯特生境。

九万大山区，涉及环江、罗城、融水等县，面积0.85万km^2，占广西生物多样性保护优先区总面积的7.6%。已建国家级、自治区级自然保护区各2处。保护重点包括中亚热带常绿阔叶林、山地常绿落叶阔叶混交林以及中亚热带喀斯特常绿落叶阔叶混交林森林生态系统，金钱豹、林麝、黑熊、露、元宝山冷杉、单性木兰、南方红豆杉、合柱金莲木、兰科植物和洞穴生物等野生动植物及其生境，候鸟及迁徙通道。

桂北南岭地区，涉及龙胜、资源、全州、兴安、灌阳、恭城、富川、平桂、钟山等县(区)，面积2.13万km^2，占广西生物多样性保护优先区总面积的19.0%。已建3处国家级、7处自治区级自然保护区。保护重点包括亚热带常绿阔叶林、山地常绿落叶阔叶混交林等生态系统，资源冷杉、南方红豆杉、喙核桃等野生植物，熊猴、林麝、中国穿山甲、雉类、猫儿山小鲵等珍稀濒危动物，以及迁徙候鸟等。

大瑶山-大桂山区，涉及八步、昭平、蒙山、金秀、武宣、象州、桂平等县(市、区)，面积1.75万km^2，占广西生物多样性保护优先区总面积的15.7%。已建2处国家级、4处自治区级自然保护区。保护重点包括亚热带常绿阔叶林生态系统，瑶山苞苔、银杉、南方红豆杉等野生植物，鳄蜥、金斑喙凤蝶、金秀肥螈等野生动物及其迁徙候鸟。

大明山区，涉及马山、上林、宾阳、武鸣、隆安等县(区)，面积 0.51 万 km^2，占广西生物多样性保护优先区总面积的 4.6%。已建 1 处国家级、2 处自治区级自然保护区。保护重点包括南亚热带季风常绿阔叶林生态系统，钟萼木、砂椤、黑桫椤、白豆杉、林麝、淡水龟等野生动植物及其生境。

桂西喀斯特山地区，涉及那坡、靖西、德保、天等、大新、龙州、宁明、凭祥、江州、扶绥等县(市、区)，面积 2.44 万 km^2，占广西生物多样性保护优先区总面积的 21.9%。已建 2 处国家级、10 处自治区级、3 处县级自然保护区。保护重点包括国际和区域生物多样性保护廊道，北热带岩溶季雨林、常绿阔叶林、岩溶洞穴等生态系统，退化的生态系统，东黑冠长臂猿、白头叶猴、黑叶猴、蜂猴、弄岗穗鹛、冠斑犀鸟、广西林蛇、泰北小头蛇、细脆蛇蜥、河口水蛙、广西火桐、广西青梅、扣树、毛瓣金花茶、苏铁植物、兰科植物、洞穴生物等野生动植物及其生境。

十万大山区，涉及防城、上思、钦北等县(区)，面积 0.37 万 km^2，占广西生物多样性保护优先区总面积的 3.3%。已建 2 处国家级自然保护区。保护重点包括北热带沟谷雨林、季雨林、常绿阔叶林等生态系统，金花茶组植物、海南风吹楠、粗齿桫椤、狭叶坡垒、十万大山苏铁、叉叶苏铁、蜂猴、鹦鹉等野生动植物及其生境。

广西北部湾沿海地区，涉及钦南、合浦、银海、铁山港、东兴、港口区、防城港等县(市、区)，面积 0.58 万 km^2，占广西生物多样性保护优先区总面积的 5.2%。已建 3 处国家级、2 处自治区级、1 处县级自然保护区，2 处国家级海洋公园。保护重点包括红树林、海草床、珊瑚礁、重要滩涂、海湾湿地和浅海区等生态系统，儒艮、中华白海豚、江豚、海龟类、文昌鱼、克氏海马等及分布区，候鸟及其迁徙通道，膝柄木、金花茶组植物及其生境。

3.5.3　广西生物多样性保护空缺区域分析

1)保护不可替代性分析

根据《国家重点保护野生动植物名录》《IUCN 红色名录》和《中国物种红色名录》，以 572 种野生动植物和广西特有野生动植物作为目标物种，将国家Ⅰ级重点保护且属于极危或濒危物种的 36 种列为一级优先保护物种，国家Ⅱ级重点保护且属于极危或濒危物种的 40 种列为二级优先保护物种，其余的 496 种目标物种列为三级优先保护物种。

为了确定不同保护水平下的保护优先区域，考虑目标物种的分布区域、栖息地类型和保护成本等因素，使用 MARXAN 模型进行计算。以 32 712 个集水区作为规划单元，构建了不同保护水平下的保护不可替代性格局。根据计算结果，广西的生物多样性保护优先等级区域分为 5 个等级，即高(不可替代性为 81%～100%)、较高(不可替代性为 61%～80%)、一般(不可替代性为 41%～60%)、较低(不可替代性为 21%～40%)和低(不可替代性为 0～20%)。

广西生物多样性保护优先级别高和较高的区域面积为 667 万 hm^2，主要分布在桂西山原(除南丹外)、桂北山地沿贵州、湖南省界分布的县区(三江除外)，罗城、融安、临桂、灵川、兴安北部和永福的部分区域，桂东南低山丘陵北部县区(宾阳、武宣除外)，武鸣、横州、桂平、平南的部分区域，喀斯特山地沿中越边境分布的县（区），德保、天等、扶绥、隆安、崇左的部分区域以及平果、都安的小部分区域。此外，热带北缘的龙州、宁明、上思南部和防城区北部，以及其他县（市、区）的小部分区域也是生物多样性保护优先级别高和较高的区域。

2）已保护区域情况

截至目前，广西共建立不同类型、不同级别的自然保护区 78 处，面积为 138.4 万 hm^2，占广西土地总面积的 5.8%，其中有 23 处国家级、46 处自治区级、9 处市县级自然保护区。

根据《自然保护区类型与级别划分原则》（GB/T 14523—93）中对自然保护区的分类，可将广西的自然保护区分为 3 个类别 6 个类型，即自然生态系统类别包括森林生态系统类型、内陆湿地和水域生态系统类型、海洋和海岸生态系统类型，野生生物类别包括野生动物类型和野生植物类型，自然遗迹类别包括地质遗迹类型。

森林生态系统类型自然保护区 50 处，面积 113.1 万 hm^2，占广西自然保护区总面积的 81.8%。野生动物类型自然保护区 14 处，面积 13.5 万 hm^2，占9.7%，其中合浦儒艮国家级自然保护区和涠洲岛自治区级自然保护区同时属于海洋和海岸生态系统类型。野生植物类型自然保护区 5 处，面积 7.7 万 hm^2，占 5.6%。内陆湿地和水域生态系统类型自然保护区 1 处，即澄碧河市级自然保护区，同时属于森林生态系统类型，面积 2.6 万 hm^2，占 1.9%。海洋和海岸生态系统类型自然保护区 3 处，面积 1.4 万 hm^2，占 1.0%。地质遗迹类型自然保护区 5 处，面积 62hm^2。

3）生物多样性保护空缺区域

广西已建立自然保护区的面积为 138.4 万 hm^2，但在自然保护区外仍存在约 522 万 hm^2 的生物多样性保护优先级较高及以上的区域，这些区域属于生物多样性保护空缺区域（表 3.34），占生物多样性保护优先级较高及以上等级区域面积的 79.3%，主要分布在天峨、乐业、田林、隆林、西林、南丹、都安、平果、凌云、巴马、那坡、靖西、德保、天等、大新、龙州、隆安、扶绥、江州区、环江、融水、罗城、龙胜、资源、全州、富川、恭城、灌阳、八步、昭平、蒙山、金秀、象州、桂平、上林、武鸣、横州、银海、合浦、钦南、防城港、港口、宁明、上思等 44 个县（市、区）。

表 3.34　广西不同自然条件分区中的生物多样性保护空缺区域分布　　单位：万 hm^2

序号	自然条件分区	自然条件区面积	优先级别高及较高区域面积	保护区面积	空缺区面积
1	桂西山原区	255.6	132.0	21.7	110.3
2	桂北山地区	516.1	157.0	49.3	107.7
3	桂东南低山丘陵区	742.4	156.0	17.0	139.0
4	桂西喀斯特山地区	664.0	157.0	38.5	118.5
5	广西热带北缘山区	157.0	57.0	6.8	50.2
6	广西北部湾海洋与海岸区	31.0	8.0	4.9	3.1
总计		2 366.1	667.0	138.2	528.8

第4章 广西生态空间生态修复研究

4.1 广西生态空间生态状况

4.1.1 广西生态空间各要素生态现状

生态空间是指具有自然属性、以提供生态服务或生态产品为主体功能的国土空间，包括森林、草原、湿地、河流、湖泊、滩涂、岸线、海洋、荒地、荒漠、戈壁、冰川等。考虑广西的特点，对海洋部分进行专门研究，本章仅对陆域生态空间进行研究。

4.1.1.1 森林

根据《2021年第三次国土调查主要数据公报》，广西林地面积1 609.53万 hm^2，乔木林地占68.13%，灌木林地占22.44%，林地主要分布在北部区域。根据第九次森林资源清查2019年度森林资源管理“一张图”更新数据，广西森林面积1 483.92万 hm^2。其中，用材林面积931.55万 hm^2，占56.0%，是全区面积最大的林种，以一般用材林为主，其次是以速生桉为主的短轮伐期工业原料林。防护林面积占比28.5%，由于喀斯特地貌分布广泛，林地土层浅薄易水土流失，75.1%防护林为水土保持林。此外，我国广西与越南毗邻，陆地边境分布有大量国防林。经济林则以油茶、八角等食用原料林和龙眼、柑橘等果树林为主，有少量肉桂等林化工业原料林和药用林（图4.1）。

从优势树种来看，全区阔叶树面积约627万 hm^2，针叶树面积约439万 hm^2，灌木面积约279.5万 hm^2，经济林木面积约163万 hm^2。阔叶树中速生桉最多，占比高达43.6%（图4.2），桉树在全区各市都有，在南宁、来宾、贵港、玉林、钦州、防城港等市较多。针叶树中杉木类和马尾松类树种较多，占比分别为48.2%和47.4%（图4.3），杉木主要分布在桂林市东、西、北三面的海洋山、天平山、架桥岭和越城岭，贺州南部大桂山，河池北部凤凰山等地，松树主要分布在大瑶山、梧州、西大明山。经济林木中主要是食用原料林和果树林木，占比分别为44.6%和43.9%（图4.4）。

从起源来看，全区林木中天然林起源占39%，人工起源占61%，乔木林天然林和人工林分别占林地面积的21.2%和53%，灌木林天然林和人工林分别占林地面积的17.6%和5.4%。乔木林中起源为天然的面积占28.6%。杉木和桉树均为人工林，一般阔叶林中除在国有林场偶有人工林外，大部分为天然林。湿地松、加勒比松等国外松全是人工林，马尾松和云南松既有人工林也有天然林。百色、桂林和河池的乔木天然林面积占比最大，3个市天然乔

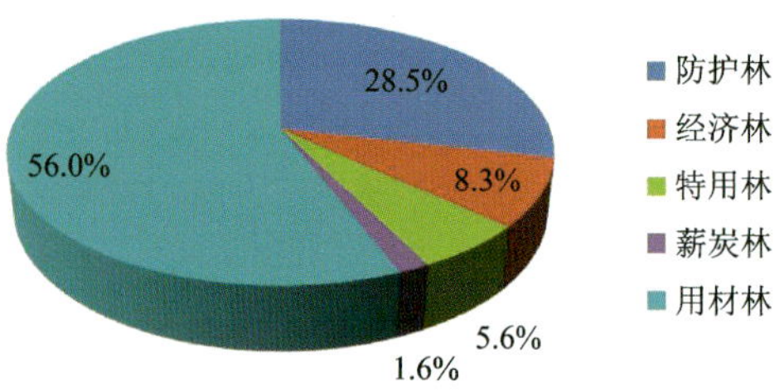

图 4.1　广西林种面积占比饼状图

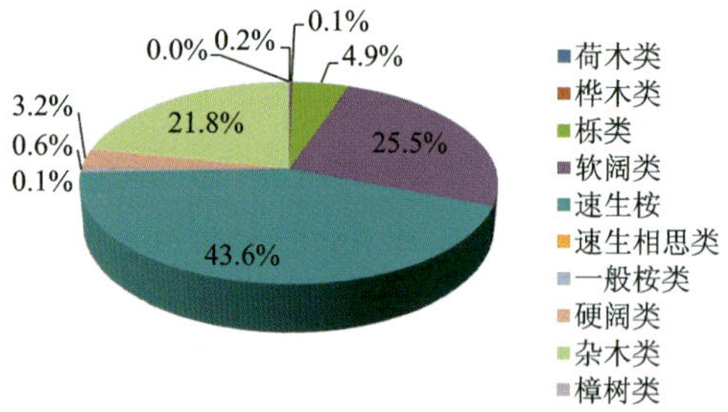

图 4.2　广西阔叶树中各类树种面积占比饼状图

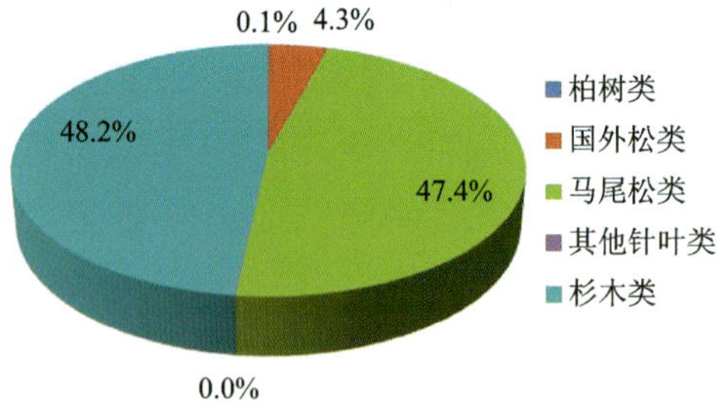

图 4.3　广西针叶树中各类树种面积占比饼状图

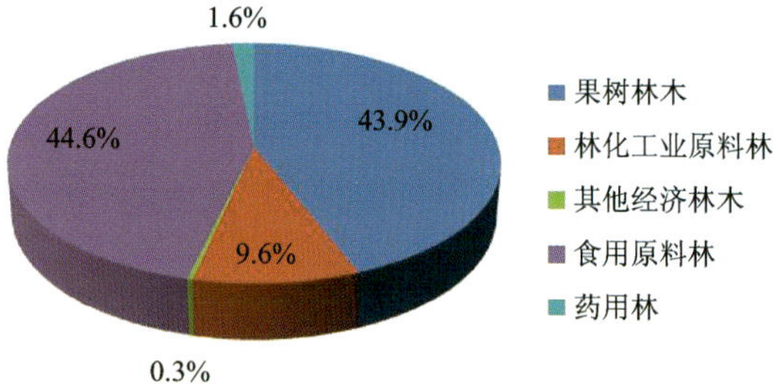

图 4.4　广西经济林木中各类树种面积占比饼状图

木林面积占全区天然乔木林面积比重分别为27.9%、18.4%、16.9%，树种则以一般阔叶树和石山灌木为主。森林天然起源主要是公益林，占75.7%。

从龄组来看，全区乔木林幼龄林、中龄林、近熟林、成熟林、过熟林的面积比重为29∶29∶19∶18∶6，单位面积平均蓄积量分别为$51m^3/hm^2$、$84m^3/hm^2$、$95m^3/hm^2$、$126m^3/hm^2$、$136m^3/hm^2$。百色、河池、桂林由于乔木林面积较大，乔木林中幼龄林、中龄林、近熟林的面积也相对较多，但成熟林和过熟林情况略有不同，百色、河池的成熟林面积也比较多，但桂林成熟林面积比梧州少，过熟林则主要分布在南宁、玉林和桂林（图4.5）。

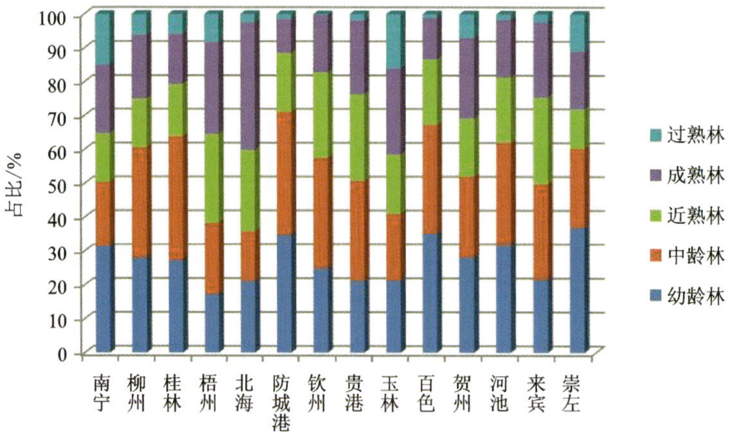

图 4.5　各市各龄组面积占比柱状图

从森林类别来看，广西作为全国木材战略储备基地，商品林地面积占比高达64.5%。森林类别的分布与地形地貌分布高度一致，公益林地主要分布于南盘江—红水河—黔江—浔江—西江水系干流及其一、二级支流的源头等生态区位重要的区域、生物多样性重要的区域(主要是国家级和自治区级自然保护区)、大型水库的集水区，以及生态系统较为脆弱的桂西南、桂西北和桂中喀斯特石山区。在桂南、桂东、桂东北和桂北等丘陵较多的地方，以商品林为主，特别是北海、钦州、贵港、玉林等桂东南地区，商品林比重远大于公益林(图 4.6)。

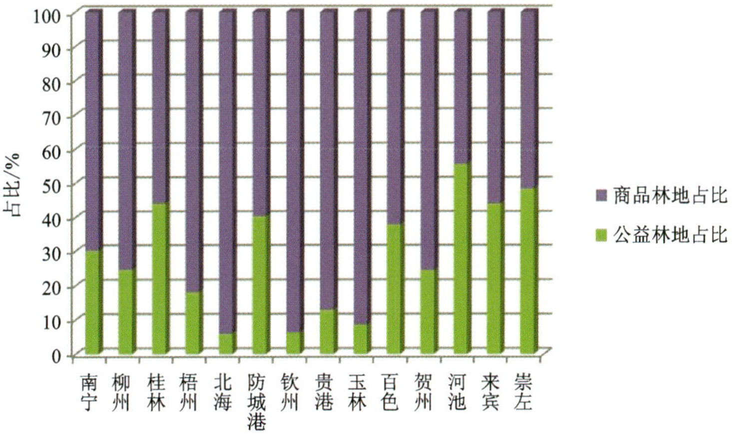

图 4.6　各市各类别森林面积占比柱状图

4.1.1.2　湿地

1)湿地分布

广西复杂多样的地貌、丰沛的降水以及濒临海洋的地理位置，孕育了近海与海岸湿地、河流湿地、湖泊湿地、沼泽湿地、人工湿地等丰富多样的湿地类型(图 4.7)。根据第二次全国湿地资源调查，广西各类湿地中，近海与海岸湿地面积占 34.34%，河流湿地占 35.66%，人工湿地占28.86%。从湿地类型来看，广西浅海水域占湿地总面积的 22.69%，永久性河流占湿地总面积的 34.34%，库塘湿地占湿地总面积的 20%。近海与海岸湿地分布于北部湾，东起合浦县的洗米河口，西至中越交界的北仑河口，主要分布于钦州湾、防城港湾、北海港和铁山港等港湾，是候鸟迁徙的主要通道和暂栖地，也是众多留鸟的理想栖息地，具有重要的保护价值。河流湿地面积最大的湿地区是浔江-西江湿地区，湖泊湿地主要分布于桂中地区，从东北到西南逐渐减少。沼泽湿地主要分布于漓江平原及越城岭，以草本沼泽为主，会仙喀斯特湿地，猫儿山森林沼泽，十万古田藓类沼泽、灌丛沼泽等稀缺资源主要分布在桂林市。人工湿地以库塘和水产养殖场为主，大型的水库桂西南和桂东北低山丘陵山地。

2)湿地植物

国家林业和草原局将广西湿地植被划分为 7 个植被型组 13 个植被型 70 个群系。根据梁士楚(2020)的研究，广西湿地植被组成种类共有 136 科 335 属 530 种。其中，藻类植物有 1 科 1 属 1 种，苔藓植物有 4 科 5 属 11 种，蕨类植物有 13 科 15 属 17 种，裸子植物有 2 科 3 属 3 种，被子植物有 116 科 311 属 498 种，被子植物中以双子叶植物种类为主。广西湿地维管束植物中属于我国特有分布的种类有 14 种，草本植物占绝对优势，中华水韭是水韭科水韭属多年生的古老孑遗植物，是我国特有的珍稀濒危水生蕨类植物，目前已被列为国家Ⅰ级重点保

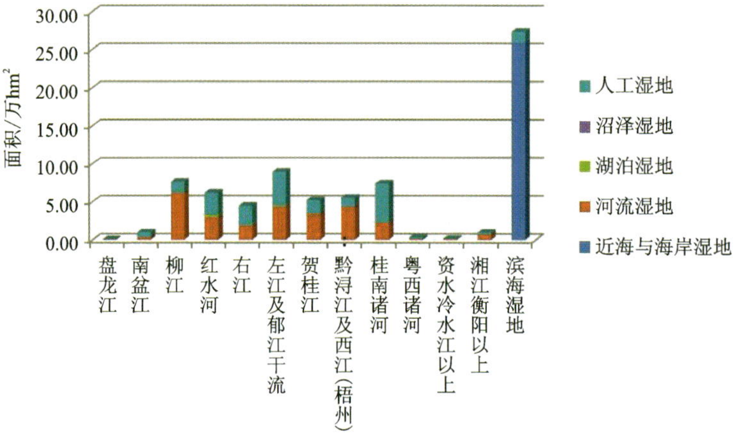

图 4.7　广西各流域各类湿地面积柱状图

护野生植物，狭叶瓶尔小草也是珍稀濒危的蕨类植物。广西特有种有短喙狐尾藻、合苞挖耳草、贵港水蓑衣、靖西海菜花、出水海菜花、橙花水竹叶、广西隐棒花和广西裂果薯 8 种，除靖西海菜花形成小面积连片分布外，其他种的分布数量较少。广西湿地植物中，属于国家重点保护野生植物的有 10 种，其中Ⅰ级 2 种，分别是桂林市的中华水韭 *Isoetes sinensis*，野外已难觅踪迹，分布在桂林、梧州、合浦、防城港、浦北、陆川、富川等地的水松 *Glyptostrobus pensilis*；Ⅱ级 8 种，分别是广西各地均有分布的水蕨 *Ceratopteris thalictroides*、樟 *Cinnamomum camphora*，分布在北海的高雄茨藻 *Najas browniana*，分布在南宁、临桂、兴安、龙胜、资源、平南、容县、凌云、金秀、鹿寨等地的金荞麦 *Fagopyrum dibotrys*，象州和桂北地区的野大豆 *Glycine soja*，全州、兴安、桂东南地区的野菱 *Trapa incisa*，上林、藤县、象州等地的野生稻 *Oryza rufipogon*，苍梧、藤县等地的药用野生稻 *Oryza officinails*。

广西湿地植被可分为滨海湿地植被和内陆湿地植被。根据梁士楚(2020)的研究，广西滨海湿地的主要植被类型有阔叶林、鳞叶林、灌丛、草丛和水生草丛 5 个植被型组，红树林、半红树林、常绿鳞叶林、盐生灌丛、禾草型草丛、杂草型草丛、盐生草丛、挺水草丛和海草床 9 个植被型。广西潮上带湿地植被和潮间带湿地植被的主要类型都有阔叶林、草丛和水生草 3 种植型组，潮上带主要植被型组中还有鳞叶林，潮间带主要植被型组中还有灌丛，广西潮下带湿地的主要植被类型为海草床，沿海三市的海域均有分布，其中北海市海草分布点较多。内陆湿地植被中，河流湿地的主要植被类型有 6 个植被型组 13 个植被型 163 个群系，湖泊湿地主要植被类型有 6 个植被型组 12 个植被型 79 个群系，沼泽及沼泽化湿地的主要植被类型有针叶林、阔叶林、草丛、水生草丛、苔藓丛、灌丛 6 个植被型组 9 个植被型 96 个群系，水库湿地主要植被类型有 5 个植被型组 11 个植被型 83 个群系，池塘湿地的主要植被类型有 5 个植被型组 11 个植被型 99 个群系，沟渠湿地的主要植被类型有 5 个植被型组 10 个植被型 111 个群系，水田湿地的主要植被类型有草丛、水生草丛、苔藓 3 个植被型组 7 个植被型 65 个群系。

3)湿地野生动物

漓江、会仙喀斯特湿地、青狮潭水库、龟石水库、西津水库、北部湾滨海湿地等是野生动物，特别是鱼类、两栖爬行类的重要栖息地，是候鸟迁徙的重要停歇地，也是鹭类等部分迁徙鸟类的越冬场所。

广西湿地生态系统中栖息有野生脊椎动物887种，隶属于5纲41目144科446属。其中鱼纲21目87科274属519种；两栖纲3目11科36属105种；爬行纲2目11科35属70种；鸟纲12目30科94属185种；哺乳纲3目5科7属8种。鱼类是广西湿地动物种类中占比最高的，占比达58%，其次为鸟类，占比21%，两栖类动物占比12%，爬行类动物占比8%，哺乳动物仅为1%。广西主要湿地的野生动物多样性前5位的分别是漓江湿地、金秀大瑶山国家自然保护区、广西花坪国家级自然保护区、西津水库、广西建新自治区级自然保护区。

广西湿地动物资源丰富，南岭山脉、桂中山地和桂西南石灰岩地区是具有重要影响力的国际生物多样性热点地区，有非常丰富的两栖爬行类动物资源，其中有相当多的是本区域特有种，如广西棱皮树蛙 *Theloderma kwangsiensis*、昭平雨蛙 *Hyla zhaopingensis* 和狭域分布的种，如龙胜臭蛙 *Odorrana lungshengensis*、金秀水树蛙 *Aquixalus jinxiuensis* 等。广西湿地动物珍稀濒危及保护物种比例高，广西887种湿地野生动物中，属于国家Ⅰ级保护动物7种，分别是中华鲟 *Acipenser sinensis*、中华秋沙鸭 *Mergus squamatus*、黑鹳 *Ciconia nigra*、鳄蜥 *Shinisaurus crocodilurus*、鼋 *Pelochelys cantorii*、儒艮 *Dugong dugon*、中华白海豚 *Sousa chinensis*。国家Ⅱ级保护动物有41种。另外，还有许多物种属于CITES指定的保护动物、地方重点保护物种和IUCN认定的濒危物种。

广西湿地鸟类种类繁多，目数和全国主要湿地鸟类的目数相同，广西的科数占全国的93.8%，物种数占全国的68.3%，北部湾沿海湿地、富川的龟石水库、昭平的桂江湿地、灵川的青狮潭水库和横州市的西津水库等地区的湿地鸟类种类和数量都较多。广西湿地动物群落中鸟类群落季节性变化明显，每年3—5月，一些在广西越冬但不在这里繁殖的鸟类往北方迁徙。另外，一些从广西以南往北方迁徙的鸟类会在这里补充食物和水分，中秋过后迁往北方繁殖的鸟类陆续迁回南方越冬，这个季节迁飞时间长，鸟类群落的变化速度相对较慢。凭祥、东兴、合山、象州、荔浦、平乐、阳朔、临桂、灵川等近海和有大中型河流湿地的地区鱼类密度相对较大。广西的两栖动物物种数占全国的31.3%，金秀大瑶山、金秀老山和南岭山脉南端的湿地中两栖类种类比较多。

4.1.2 广西重要生态空间生态状况

1)自然保护地生态状况

自然保护地主要作用是保护自然界的生态过程，维持生命的支持系统，保护生物多样性。自然保护地类型的丰富程度，其面积占国土面积的比例已成为衡量一个国家、一个地区生态环境质量和自然保护事业进展的国际性标志。

据《2022年广西壮族自治区生态环境状况公报》，广西已建立不同类型、不同级别的自然保护地227处，其中自然保护区78处(包括国家级23处、自治区级46处、市县级9处)，森林公园61处(国家级23处、自治区级36处、市级2处)，湿地公园24处(均为国家级)，风景名胜区33处(国家级3处、自治区级30处)，地质公园24处(世界级1处、国家级11处、自治区级12处)，海洋公园2处(均为国家级)，石漠公园2处(均为国家级)，世界自然遗产地2处。自然保护地总面积为225.36万 hm^2，约占广西土地面积的9.48%。

自然保护地涵盖了广西绝大多数重要陆地自然生态系统类型以及陆生野生脊椎动物和陆生野生维管束植物种类。另外，还有水产种质资源保护区 6 处，自然保护小区 20 处，主要保护德保苏铁、望天树、广西青梅、金花茶、金丝李、董棕、大壁虎、红树林等。

将自然保护地核心区与第三次全国土地调查数据叠加分析，广西的自然保护地核心区有建设用地 905hm²，其中，农村宅基地面积 495hm²，采矿用地面积 39hm²，其他建设用地面积 372hm²（图 4.8）。广西河池龙滩自治区级自然保护区、广西百色王子山雉类自治区级自然保护区、广西百色老虎跳自治区级自然保护区、广西百色黄连山-兴旺自治区级自然保护区、广西百色大王岭自治区级自然保护区、广西玉林大容山自治区级自然保护区、广西岑王老山国家级自然保护区等 7 个自然保护地核心区建设用地面积大于 40hm²。

广西自然保护地核心区有约 7.41 万 hm² 商品林，其中桉树面积约 0.44 万 hm²，主要分布在崇左市扶绥县、江州区、大新县，百色市西林县（图 4.9、图 4.10）。天然起源商品林面积高达 4.18 万 hm²，主要分布在桂林市恭城瑶族自治县、灵川县、永福县，百色市西林县、德保县，玉林市博白县（图 4.11）。

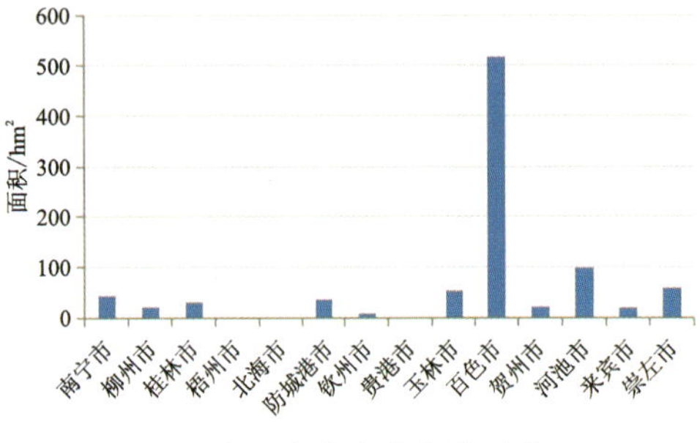

图 4.8　广西各市自然保护地核心区建设用地面积柱状图

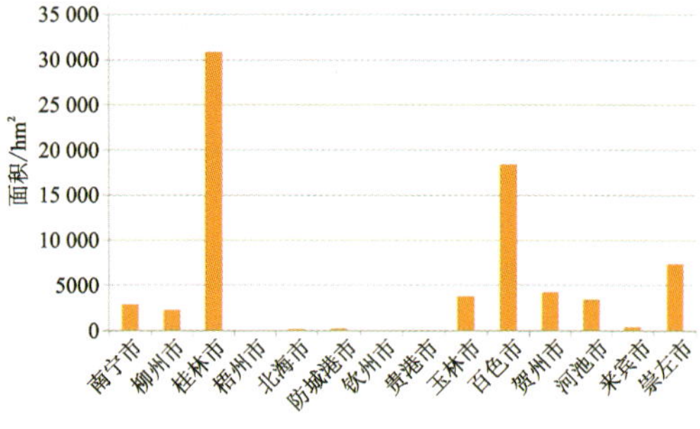

图 4.9　广西各市自然保护地核心区商品林面积柱状图

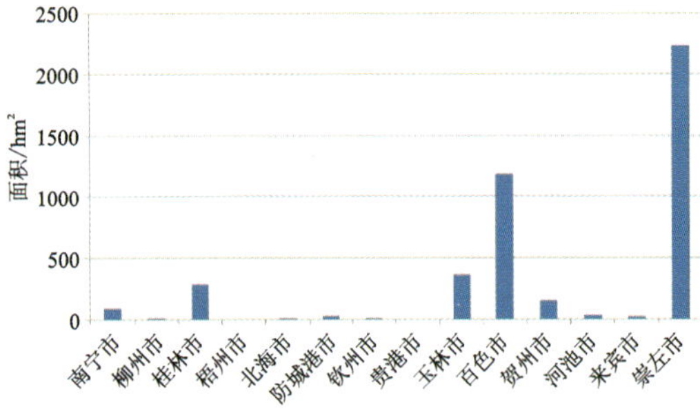

图 4.10　广西各市自然保护地核心区桉树商品林面积柱状图

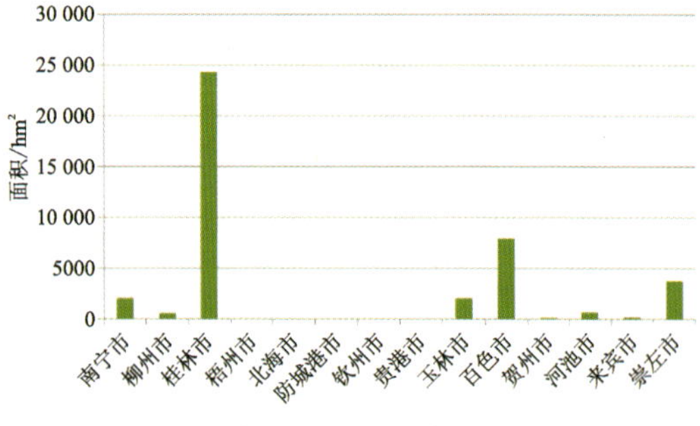

图 4.11　广西各市自然保护地核心区天然商品林面积柱状图

广西自然保护地核心区内有耕地面积 1.46 万 hm²，其中旱地 1 万 hm²，水田 0.46 万 hm²，主要分布在河池、崇左、百色（图 4.12）。78 个自然保护地核心区有耕地，其中广西恩城国家级自然保护区、广西大化七百弄国家地质公园、广西崇左白头叶猴国家级自然保护区、广西雅长兰科植物国家级自然保护区的耕地面积均大于 0.1 万 hm²（图 4.13）。另外，自然保护地核心区内坡度在 15°～25°的耕地面积 0.37 万 hm²，主要分布在百色、河池，坡度 25°以上耕地面积 0.46 万 hm²，主要分布在百色、河池、桂林。

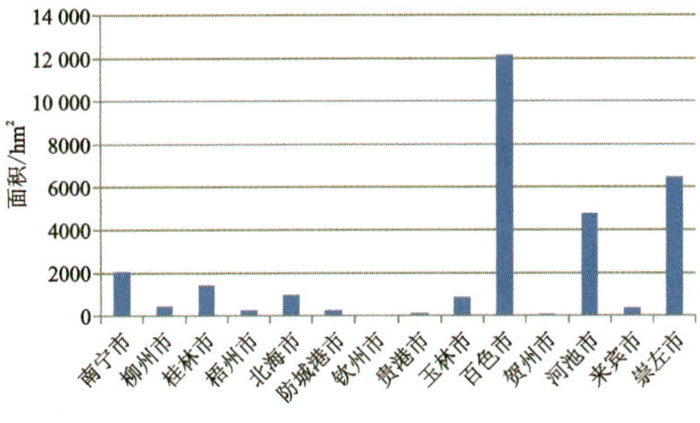

图 4.12 广西各市域自然保护地内耕地面积柱状图

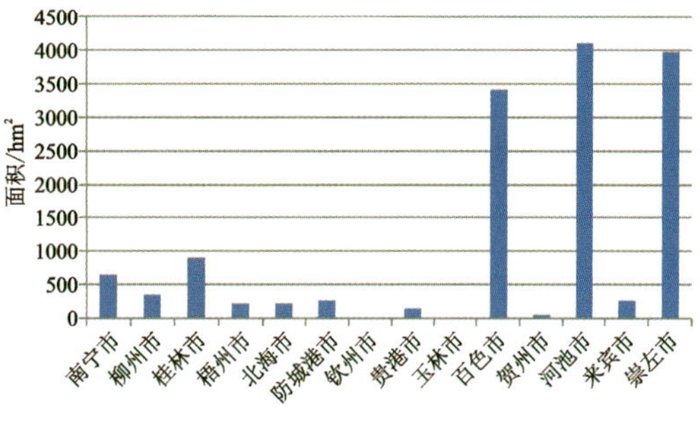

图 4.13 广西各市自然保护地核心区内耕地面积柱状图

2)生态保护红线生态状况

广西生态保护红线面积 5.2 万 km^2，占广西土地总面积的 25.68%，是陆地与海洋生态空间具有特殊重要生态功能、必须强制严格保护的区域，主要分布在广西北部，涉及河池、百色、桂林、崇左北部、防城港十万大山等区域。从保护类型来看，以生物多样性维护、水源涵养、水土保持为主，其中生物多样性维护主要分布在桂东北与西南部，水源涵养主要分布在漓江、龙江、右江、左江、郁江、黔浔江以及南部沿海地区，水土保持主要分布在河池市喀斯特地区。根据分析，目前生态保护红线内仍分布有大量商品林、耕地、建设用地等人为活动区域。

4.2 广西生态空间生态问题

4.2.1 广西生态空间主要要素生态问题

1)森林生态问题

通过森林资源结构、天然林与人工林变化情况分析林地的退化程度。根据第九次森林资源清查 2019 年度森林资源管理“一张图”更新数据，广西林地面积 1 629.50 万 hm^2，较 2013 年第八次森林资源清查结果增加 41.45 万 hm^2；森林面积 1 483.92 万 hm^2，森林覆盖率达 62.45%，较第八次森林资源清查增加 0.64%；中幼林面积 871.86 万 hm^2，较第八次森林资源清查增加 232.56 万 hm^2；成熟林地面积 62.46 万 hm^2，较第八次森林资源清查减少 77.41 万 hm^2；人工林面积 904 万 hm^2，较第八次森林清查增加 106.72 万 hm^2，人工林中纯林面积比重高达 93.5%；公益林面积 544 万 hm^2，较第八次森林清查减少 0.7 万 hm^2；天然林面积 465 万 hm^2，较第八次森林清查减少 107.52 万 hm^2，天然林面积小且零星分布，天然林逐渐变为人工林(表 4.1)。

根据林地及森林资源调查数据变化趋势，近年来全区林地面积增加(表 4.1)，中幼林多、成熟林少，纯林多、混交林少，树种结构单一，林分结构简单，林相景观单调，大然林逐渐减少，人工纯林增加，公益林减少，商品林增加。近年来，全区天然植被逐渐被人工植被取代，植被破碎化扩大，其中变化最明显的区域主要分布在桂东北的贺州八步区、桂林灌阳县、资源县、全州县，桂西北的河池南丹、环江、巴马、大化、百色乐业、凌云、田阳、靖西、西林县，桂南的崇左宁明、江州区、防城港港口区、玉林兴业，桂中的南宁邕宁区、来宾兴宾区，该区域林地退化

表 4.1　广西各监测时段各类林地面积变化情况表

类型	第七次森林资源清查结果(2009 年)	第八次森林资源清查结果(2013 年)	第九次森林资源清查结果(2018 年)	2019 年度森林资源管理“一张图”更新数据
林地面积/万 hm^2	1 558.9	1 588.047	1 629.50	1 629.50
林地占广西土地面积/%	65.60	66.83	68.57	68.57
公益林面积/万 hm^2	546.88	544.7	544	544
天然林面积/万 hm^2	517.88	572.52	465	465
人工林面积/万 hm^2	766.29	797.28	855.66	904
中幼龄林地面积/万 hm^2	639.3	—	871.86	—
成熟林地面积/万 hm^2	139.87	—	62.46	—
森林面积/万 hm^2	1 338.81	1 468.735	1 429.65	1 483.92
森林覆盖率/%	56.35	61.81	60.17	62.45

程度较为严重。桂东(大桂山、大瑶山)、桂南(十万大山)、桂西北(凤凰山、都阳山)等区域植被生态质量最好，桂东北、桂中等区域植被生态质量稍差。

广西森林中，生态功能等级好的森林面积仅占全区森林总面积的 2%，而生态功能中等及以下的森林面积占总面积的 98%，森林生态系统总体抗灾害能力差、稳定性不强，生态修复和综合治理任务依然繁重。人工林中纯林面积比重较高，部分地区纯桉树种植规模缺乏科学管控，影响森林生态环境。从植被分布看，优质森林资源分布极不均衡，主要分布在桂东北地区，而桂南沿海地区纯林居多，桂西、桂西北地区石山灌木林居多，生态功能不强且质量不高。

2017 年起，广西木材年产量超过 3000 万 m^3，约占全国木材产量的 45%，稳居全国第一位，其中桉树贡献的木材约占 70%。广西桉树以占全国 7‰的林地面积，生产出占全国 1/4 的木材；以占广西 14%的林地面积，生产出占广西 70%的木材，为维护国家木材安全作出了重大贡献，同时对保护广西 8000 多万亩生态公益林免遭非法砍伐发挥了重要作用(谢彩文，2019)。但为了追求短期利益，很多经营单位和个人经营强度过大、轮伐期限过短，对土地、水源、环境都造成不同程度的负面影响，比如全垦整地直接造成水土流失、过度施肥不利于水源洁净、强力抚育破坏生物多样性、过短期限轮伐影响土地肥力可持续等。特别是在饮用水源区和水源林保护区周边种植桉树，由于其轮伐期短和经营强度过大、施用化肥农药或喷施化肥农药过多，喷施化学除草剂，对土壤、涵养水源和水质造成不良影响，2017 年广西地表水涵养生态空间内仍有桉树 2.89 万 hm^2，主要分布在南流江、茅岭河、贺江源、清水河、西大明山、十万大山等地。

综上所述，广西的森林资源面积大而质量不优，速生桉高强度和短周期经营，林区水土资源和生物多样性深受影响。

2)湿地生态问题

近年来,广西全区自然湿地面积逐渐减少,人工湿地面积逐渐增多(表 4.2)。根据相关资料,目前广西共有国家湿地公园 24 个,国家(国际)重要湿地 3 个,湿地自然保护区 12 个,湿地植物 797 种,湿地野生脊椎动物 887 种。广西全区湿地总面积为 75.43 万 hm^2,占广西土地总面积的 3.2%。按自然与人工分,自然湿地面积为 53.66 万 hm^2,占湿地总面积的 71.14%,主要分布在沿海三市、柳州、桂林;人工湿地为 21.77 万 hm^2,占湿地总面积的 28.86%,人工湿地在全区均有分布,大面积的人工湿地主要分布于桂西、桂南和桂东北。相比第二次全国湿地资源调查,广西湿地面积增加了 4.8 万 hm^2,其中人工湿地增加了 8.1 万 hm^2,自然湿地减少了 3.3hm^2。

表 4.2 各监测时段各类型湿地面积变化情况表

类型	第二次全国湿地资源调查(2010—2014 年)	2015—2019 年湿地调查
人工湿地面积/万 hm^2	13.67	21.77
河流湿地面积/万 hm^2	34.30	26.89
湖泊湿地面积/万 hm^2		0.63
沼泽湿地面积/万 hm^2		0.24
近岸海域湿地(滨海湿地)面积/万 hm^2	22.65	25.9
湿地总计面积/万 hm^2	70.62	75.43
湿地占广西土地面积/%	2.98	3.18

广西内陆湿地生态系统存在退化现象,经过半个多世纪的掠夺性开发,水面萎缩,环境恶化,生物资源枯竭,已经濒临消亡的边沿,修复和保护湿地已刻不容缓。会仙湿地经过多年无规划的开发,其生态退化特征明显:地表水质量较差,只有上分水塘和睦洞河水尚属清洁,龙山湖和分水塘属轻度污染,狮子岩属中度污染,而运河新桥处河水属重度污染,灌塘南处水质属严重污染,湿地土壤退化也较为严重(程亚平等,2015)。通过现场调研发现,梧州苍海国家湿地公园所在的下小河上游分布有农村生活、农业、水产养殖等,河道岸线受到侵占。左江流域大新黑水河国家湿地公园保护区总体处于较为隔离和破碎的状态,保护区内破碎化现象普遍。此外,柳江流域融水县部分区域频繁挖山采石,部分废弃矿区未进行生态修复,天然湿地生境破碎。广西近年来修建水利枢纽、水库等水利工程较频繁,一些大江大河上游水源涵养区的森林遭到过度砍伐,导致水土流失加剧,河流中的泥沙含量增多,造成河床抬高、水库淤积,湿地面积不断缩小,不仅影响整个生态系统的丰富度、多样性和生产力,而且改变或削减了湿地相应的生态功能。

4.2.2 广西重要生态空间生态问题

广西自然保护地范围内人为干扰活动较多,自然保护地核心区内有许多商品林和耕地。全区有 16 个自然保护区核心区内商品林面积超过 1000hm^2,甚至有许多商品林是天然起源,桂林市、百色市等地自然保护地核心区内天然商品林较多。河池市、崇左市、百色市等地区自然保护地核心区内耕地面积较多，河池市、崇左市、百色市自然保护地核心区内有许多25°坡度以上坡耕地，陡坡耕地的耕种加剧了水土流失。耕地种植和商品林经营改变了野生动植物生境，局部改变了自然保护区内森林生态系统和湿地生态系统等自然生态系统的形态结构。商品林的纯林种植模式，大大降低了局地生态系统的物种丰富度，不利于保持自然生态系统的稳定性。

4.3 广西生态空间生态修复策略

4.3.1 生态空间生态修复重点区域

《广西壮族自治区国土科学绿化总体规划(2021—2025年)》提出了人工造林、封山育林、迹地更新、退化林修复4个方面的森林质量提升工作，以此作为森林质量提升重点区，其中，人工造林零星分布在广西东北部、西北部与南部沿海市，封山育林主要分布在东北部，迹地更新主要分布在南部与中部，退化林修复主要分布在南部与西北部。

根据2017年森林资源管理一张图数据，提取全区桉树，将广西重要江河源头区、饮用水水源保护地范围与桉树进行叠加分析，识别江河源头区与饮用水水源保护地桉树改造重点区域，主要在南宁、钦州、玉林、来宾、柳州南部及崇左南部。

根据全国第三次石漠化监测成果，提取石漠化区域，叠加南方丘陵山地带生态保护和修复重大工程建设规划安排的石漠化治理项目以及广西壮族自治区国土科学绿化总体规划的石漠化治理区域，对石漠化分布较广泛且各类规划确定的治理重点区域划定为石漠化治理重点区，主要在河池、百色南部、崇左北部、来宾西北部及南宁东北部。

根据2020年广西水土流失动态监测成果，提取广西土壤侵蚀强度为中度及以上区域，叠加《广西壮族自治区水土保持规划(2016—2030年)》与《广西壮族自治区"十四五"水土保持实施方案》中确定的水土流失重点治理区，综合确定水土流失防治重点区。

本书结合"3.3广西生态系统服务功能评价"中对生物多样性维护重要性评价结果，并与南方丘陵山地带生态保护和修复重大工程建设规划中多样性保护项目区域，以及广西生物多样性保护战略与行动计划的生物多样性优先保护区充分衔接，将三者进行叠加分析，取三者集中分布区域作为生物多样性保护重点区，主要在永福县、荔浦市、临桂区北部、灵川县北部和南部、资源县中部、兴安县南部、恭城瑶族自治县、富川瑶族自治县西部、天峨县、乐业县中部、凌云县中部、右江区、田阳区中部、大新县、龙州县、靖西市、德保县西南部、那坡县中南部。

4.3.2 生态空间生态修复策略

4.3.2.1 优化生态空间格局保护重要生态空间

严格生态保护红线管理相关规定，划定27个适度集中连片的关键生态区(表4.3)。要求严格落实国家和广西生态保护红线和自然保护地有关要求，重点加强关键生态区引导和管控。生态红线区以外、关键生态区以内的区域，以保护和修复生态环境、提供生态产品为主要任务。适度发展生态旅游、生态林业、生态种养业，限制大规模工业化、城镇化开发，限制矿产资源开发，禁止各类破坏性开发建设活动。实行更加严格的产业准入环境标准，提高生态环境准入门槛，禁止布局与生态空间功能不相适应的各类产业和项目，将具有生态负效应的产业活动逐步迁出。严禁在25°坡度以上的地区开垦耕地，对石漠化喀斯特地区，逐步实施禁牧。调减重要江河干流源头和两岸、重要湿地和水库周边、沿海防护林基干林带、荒漠化和水土流失严重等区域速生树种种植面积，强化重点流域和敏感脆弱区生态保护。调整优化树种结构，实行速生树种限种与改种相结合、珍贵树种与乡土树种齐发展，培育树种丰富、结构优化、品质优良、林相美观、质效显著的多功能混交林。

表 4.3　广西关键生态区一览表

编号	名称	涉及县(市、区)
1	金钟山水源涵养与生物多样性保护重要区	百色市：隆林各族自治县、西林县、田林县
2	都阳山喀斯特山地关键生态区	南宁市：武鸣区、上林县、马山县
		百色市：平果市
		河池市：金城江区、宜州区、东兰县、凤山县、巴马瑶族自治县、都安瑶族自治县、大化瑶族自治县
		来宾市：忻城县
3	九万大山水源涵养与生物多样性保护重要区	柳州市：融水苗族自治县
		河池市：罗城仫佬族自治县、环江毛南族自治县
4	桂北水源涵养与生物多样性保护重要区	柳州市：柳城县、融水苗族自治县
		河池市：金城江区、宜州区、南丹县、天峨县、罗城仫佬族自治县、环江毛南族自治县
5	大桂山水源涵养与生物多样性保护重要区	梧州市：万秀区、苍梧县
		贺州市：八步区、昭平县
6	八步东部山地水源涵养与生物多样性保护重要区	贺州市：八步区
7	北仑河口-珍珠港红树林生物多样性保护重要区	防城港市：防城区、东兴市
8	大容山水源涵养重要区	贵港市：桂平市
		玉林市：玉州区、容县、兴业县、北流市
9	大瑶山-莲花山水源涵养与生物多样性保护重要区	南宁市：宾阳县
		桂林市：荔浦市
		梧州市：藤县、蒙山县
		贵港市：港北区、覃塘区、平南县、桂平市
		来宾市：兴宾区、象州县、武宣县、金秀瑶族自治县

续表 4.3

编号	名称	涉及县(市、区)
10	都庞岭水源涵养与生物多样性保护重要区	桂林市:灌阳县、恭城瑶族自治县
11	桂西南水源涵养与生物多样性保护重要区	百色市:德保县、那坡县、靖西市
		崇左市:江州区、扶绥县、宁明县、大新县、天等县、龙州县
12	海洋山水源涵养与生物多样性保护重要区	桂林市:雁山区、阳朔县、兴安县、灵川县、灌阳县、全州县、恭城瑶族自治县
13	花山水源涵养与生物多样性保护重要区	桂林市:平乐县、恭城瑶族自治县
		贺州市:平桂区、钟山县、富川瑶族自治县
14	驾桥岭水源涵养与生物多样性保护重要区	柳州市:鹿寨县
		桂林市:临桂区、阳朔县、荔浦市、永福县
		来宾市:金秀瑶族自治县
15	六万大山水源涵养重要区	钦州市:灵山县、浦北县
		玉林市:博白县
16	茅岭江钦北源头保护重要区	钦州市:钦北区、灵山县
17	茅尾海-大风江-廉州湾红树林生物多样性保护重要区	北海市:海城区、合浦县
		防城港市:防城区、港口区
		钦州市:钦南区
18	萌渚岭水源涵养与生物多样性保护重要区	贺州市:八步区、平桂区
19	青龙山-岑王老山水源涵养与生物多样性保护重要区	河池市:南丹县、天峨县、东兰县、凤山县、巴马瑶族自治县
		百色市:右江区、乐业县、凌云县、田林县
20	十万大山水源涵养与生物多样性保护重要区	防城港市:防城区、上思县、东兴市
		钦州市:钦北区
		崇左市:宁明县
21	铁山港-英罗湾红树林生物多样性保护重要区	北海市:合浦县
22	西大明山土壤保持、水源涵养与生物多样性保护重要区	南宁市:西乡塘区、隆安县
		百色市:田东县、平果市
		崇左市:江州区、扶绥县、大新县、天等县
23	桂西山地水源涵养与生物多样性保护重要区	百色市:右江区、田阳区、田东县、德保县、凌云县

续表 4.3

编号	名称	涉及县(市、区)
24	元宝山水源涵养与生物多样性保护重要区	柳州市:融水苗族自治县
25	越城岭-大南山-天平山水源涵养与生物多样性保护重要区	柳州市:柳城县、鹿寨县、融安县、三江侗族自治县
		桂林市:临桂区、兴安县、永福县、灵川县、全州县、资源县、龙胜各族自治县
26	云开大山水源涵养重要区	梧州市:岑溪市
		玉林市:容县、北流市
27	昭平北部-平乐南部山地水源涵养重要区	桂林市:荔浦市、平乐县
		梧州市:蒙山县
		贺州市:昭平县、钟山县

优化森林生态系统空间格局。以第三次广西国土资源调查成果为基础,衔接国土空间规划、生态保护红线划定方案,精准落实林地保护利用空间,完成新一轮自治区级、县级林地保护利用规划编制,明确林地管理边界,科学确定林地保有量。以培育稳定、健康、优质、高效的森林生态系统为目标,优化自然保护地空间布局,强化天然林保护和公益林管护,高质量发展商品林。持续优化林种布局,努力协调林业生态保护与林业经营利用的关系,促进经济社会可持续发展。

4.3.2.2　加快治理和修复退化生态系统

继续以喀斯特小流域为单元,分区实施喀斯特地区石漠化综合治理工程,加大森林草原治理力度,通过封山育林育草、人工造林种草、退耕还林还草等多种措施,恢复和增加森林草原植被,促进植被向顶级群落正向演替,增强喀斯特山地生态系统稳定性。在保障喀斯特生态安全的基础上,因地制宜地进行适度的生态化产业开发,探索"生态+产业"融合发展双赢模式,提高石漠化治理生态产业比重。重点发展以特色林果、林草、林药、林菌、林蜂等复合型生态产业,实现经济发展和民生改善良性循环。结合广西陆地生态系统定位观测研究网络建设,加强全球气候变暖对广西石漠化地区影响的观测。

在沿海地区继续开展沙化土地监测与综合治理。加强以基干林带为重点的沿海防护林体系建设,实施基干林带区位内可造林地造林绿化,达到窄带拓宽、断带补齐,及时修复灾害基干林带,更新改造老化基干林带。重点推进实施木麻黄、桉树等纯林改造修复,加大低效林改造力度,调整优化林种、树种结构,提高沿海防护林建设水平,全面提升沿海防护林防灾减灾能力。

加强区域水土流失预防和综合治理。对全区陡坡垦殖、林木采伐、农林开发、取土采石等生产建设活动采取综合监管,对具有重要水源涵养、生态维护、水质维护等水土保持功能的重要江河源头区、湖库型水源地进行重点预防保护,保护其周边的天然林、郁闭度高的人工林以及覆盖度高的草地，侵蚀沟的沟坡和沟岸，河流两岸、湖泊及水库周边的植物保护带等，预防措施包括保护管理、封育、治理、生态补偿及能源替代等。对水土流失较为严重的水土流失重点治理区，重要河流、重要湖库淤积影响较大的水土流失区域，坡耕地分布广面积大、石漠化严重、人地矛盾突出的区域，采取以小流域为单元的水土流失综合治理，对坡耕地、"四荒"地、水蚀坡林(园)地、石漠化和砂砾化土地、崩岗、侵蚀沟道、山洪沟道等进行治理，并加强对坡耕地、崩岗地的综合整治。治理措施包括工程、林草和农业耕作措施。工程措施包括坡改梯、雨水集蓄利用(小山塘、水柜、水池)、径流排导等坡面治理工程，谷坊、拦沙坝、塘坝等沟道治理工程，削坡、支护、拦挡等崩岗和滑坡防治工程，林草措施主要包括营造水土保持林、经济林、牧草、人工湿地等。水土保持林要选择耐瘠薄、抗强风、耐水湿、固碳效果好、水土保持能力强的树种，土山区主要树种有栓皮栎、麻栎、木荷、枫香等，石山区主要树种有构树、狗骨木、翻白叶树、香椿、茶条木、黄荆等。在城镇周边、人口多、面源污染严重的地区实施垃圾、污水收集处理和人居环境绿化美化等生态清洁型小流域治理措施。农业保护性耕作措施主要包括等高耕作、免耕少耕、草田轮作、间作套种等。

4.3.2.3 提升生态系统质量和服务功能

1)着力提升森林生态系统质量和稳定性

加强森林资源保护。依法加强森林资源保护，全面推行林长制，落实保护发展森林草原资源责任，强化保护发展森林草原资源目标考核评价，探索推进涉林涉草自然资源资产负债表编制。持续强化森林督察，严格执行森林资源损害赔偿和责任追究制度。以常态化开展国家林草生态综合监测评价工作为契机，完善构建"空天地网"一体化林草湿资源动态监测监管评价体系。全面加强森林经营，推动县级森林经营规划编制和国有林业单位森林经营方案实施。严格执行森林采伐限额制度，促进森林资源持续增长。严格执行林地定额管理和林地审核审批制度，提高林地保护利用效率。

加强天然林保护和公益林建设。建立健全天然林休养生息制度，全面停止天然林商业性采伐。组织编制自治区级天然林保护修复规划和县级实施方案，确定天然林保护边界和重点区域。严格控制天然林地转为其他用途，全面落实天然林保护责任。探索实行天然林和公益林并轨管理。开展天然林和公益林资源生态状况监测，科学实施保护修复，分类分级分区合理开展生态旅游、林下种养、低效林改造等森林经营利用活动，增加生态产品供给能力，提升生态服务功能。

2)保护和恢复湿地生态系统

贯彻落实广西湿地保护条例，全面保护湿地资源。完善湿地分级管理体系，继续推进自治区重要湿地和一般湿地名录认定并向社会公布，积极申报国家重要湿地。加强湿地资源监管，协同推进建立湿地多元化综合保护管理机制。实施湿地负面清单管理，严格湿地用途管制，确保湿地面积稳定。健全湿地保护体系，加强高生态价值湿地保护。实施湿地保护和修复工程，强化江河源头、上中游湿地保护，加强江河下游及河口湿地保护，重点开展生态功能严重退化湿地生态修复和综合治理，逐步恢复和提高重要湿地生态功能，维持湿地生态系统健康。加强湿地保护基础设施和能力建设，完善湿地科研监测和科普宣教体系。推进湿地公园提质增效，提升湿地公园综合服务功能，打造一批湿地公园示范样板。创新湿地可持续利用方式，探索推进湿地生态经济示范基地和湿地可持续利用示范基地建设。探索建立湿地生态补偿制度，实施湿地生态效益补偿项目，具体包括湿地生态水补给、退养（耕）还滩（湖）、湿地植被恢复、野生动物栖息地恢复、生态河流廊道系统建设、湿地生态滤场建设、湖滨带和库塘消涨带恢复与修建等。

4.3.2.4　加强生物多样性保护

1）完善政策法规体系

地方政府和各相关部门应将生物多样性保护纳入其发展规划，并将其实施纳入投资决策和政绩考核中。各生物资源主管部门，如发改、财政、环保、林业、农业、旅游、交通、国土、水利、扶贫、海洋、水产、卫生、住建、文化等，应制订本地区或本部门的生物多样性保护实施方案。这样做将努力使生物多样性保护成为主流，实现对区域生物多样性的有效保护。

研究制订与生物多样性保护和可持续利用相关的价格、税收、信贷、贸易、土地利用、项目审批和政府采购等政策措施，为生物多样性保护与可持续利用提供支持。制订针对生物多样性资源可持续开发利用、生物遗传资源及传统知识获取与惠益分享的政策，建立保护广西少数民族传统知识的制度。自然保护区应制订有针对性的管理办法，实行“一区一法”的管理模式。开展自然保护区人工用材林合理利用的试点，探索制订相关政策。根据不同的林下经济发展模式，制订林下经济发展和保护生物多样性的技术规程和政策。研究制订外来物种入侵防控的管理办法。探索将生物多样性保护内容纳入环境影响评价，建立监测和后评估制度。出台广西湿地保护条例、广西水生生物资源管理办法等相关法规。通过制订和完善相关政策法规，促进生物多样性的有效保护和可持续利用。

2）调查监测与评估

开展生物多样性本底调查，建立监测评估与预警体系。进行保护优先区野生生物资源、植被资源和重要遗传资源的调查，优先进行物种调查。启动专项调查，如洞穴生物多样性、海岛生物多样性和外来入侵物种等调查。每个自然保护区每10年进行一次综合科学考察，并建立数据库，编制各类生物名录，为监测调查和评估工作奠定基础。制订广西生物多样性监测规划，明确监测站点布局，确定监测指标和内容，制订生物多样性监测工作制度。在保护优先区域内和洞穴生物丰富区设立固定监测站和气象站，在其他区域设立参照组。基于资源本底调查和监测数据，开发管理信息系统，监测外来物种入侵动态，并预测生物多样性在不同外界条件下（如极端天气、重要环境因子变化、外来物种入侵等）可能出现的变化趋势，提前进行预测预警。加强有害病原微生物和动物疫源疫病的监测预警体系建设，从源头控制其发生和蔓延。

3）实施就地保护

优化整合与升级自然保护区，对尚未确界的自然保护区进行边界确定或勘界立标。对已建自然保护区进行优化整合，根据自然地理单元和物种的天然分布进行适当调整，并与周边其他保护地建立协同管理制度。对具备晋升条件的自然保护区进行晋级工作。通过进一步协调自然保护区与当地经济社区的关系，完善保护区体系，使自然保护区的范围和功能区划更加科学合理，提高自然保护区管理的有效性。

在保护优先区新建自然保护区、森林公园和风景名胜区。结合国家极小种群野生植物保护和极度濒危野生动物保护工程的实施，加强对广西优先保护物种和重要种质资源分布点的保护。特别关注东黑冠长臂猿、冠斑犀鸟、江豚、中华白海豚、海南鳽、黑叶猴、中国穿山甲等极度濒危动物物种，以及德保苏铁、膝柄木、广西青梅、广西火桐等极小种群野生植物。此外，对中华水韭、野生稻、野菱、广西隐棒花、出水海菜花、清西海菜花等珍稀濒危物种也要加强保护管理，可以建立自然保护区、森林公园、风景名胜区和自然保护小区。在红树林、海草床、海洋海岸及浅海区域、河流、湖库等生态系统分布区域，建立湿地公园或海洋公园。通过抢救性保护急需保护的濒危物种及栖息地，填补保护空缺，进一步完善生物多样性就地保护体系，切实缓解野生动植物受到严重威胁的局面，促进野生种群的恢复和发展。

加强自然保护区外生物多样性及其栖息地的保护，提高生态环境质量，培育健康的自然生态系统，增强生态系统服务功能，维护广西山清水秀的良好生态环境。在生物多样性保护优先区或优先保护物种分布区实施退耕还林、封山育林、石漠化治理、生态公益林管护、水土保持、矿山生态恢复与治理、生态农业、滩涂养殖生态政策造林、海洋与海岸生态治理等生态工程，恢复退化生境和自然生态系统。开展生物廊道建设和重点生态功能区管理评估，实施退化生态系统和栖息地的恢复，实行禁通期、禁渔区、捕捞许可证制度，确保各项生态工程的保护效果覆盖保护优先区域和不可替代性的区域。

完善基础设施建设，改善保护管理的硬件环境，提高保护管理的有效性。建设和维护自然保护区、海洋特别保护区(海洋公园)、湿地公园、森林公园、风景名胜区等保护管理机构的办公、监测、巡护、宣教等设施，配备必需的保护和管理设备，包括建设适应保护工作需求的办公楼、监测站、巡护路线和设施、宣教中心等。

4)开展迁地保护探索和实践

针对黑叶猴、中国穿山甲、鳄蜥、大鲵、江豚、龟鳖类、佛耳丽蚌、广西火桐、广西青梅、苏铁植物、海草、珊瑚等珍稀濒危物种，实施拯救工程。针对环境污染、工程建设、人类生产生活等因素而导致原生地生境丧失的珍稀野生动植物，及时进行迁地保护，建立或完善珍稀野生动植物迁地保护园地，开展龙滩水库、百色水利枢纽等工程的后续抚育和管理。同时，探索和建立野生动植物迁地保护的长期管理模式，为珍稀动植物迁地保护提供示范。

广泛收集各种种质资源，建设药用植物、经济林木、农作物种子库，以及动植物基因载体物质库，采用细胞库、基因保存、离体保存等多种技术保存方法。针对濒临灭绝的地方品种，进行异地保种工作。开展黑叶猴、中国穿山甲、鳄蜥、大鲵、龟鳖类、广西火桐、广西青梅、苏铁植物等濒危动植物的人工繁育，开展生物学和生态学研究。制订放归规划，论证野外放归地点的各项条件，并进行人工种群的野化试验，增加濒危物种的野外种群数量，改善野生种群结构，提高物种的野外存活能力，确保生物种群的可持续发展。

5)可持续利用示范

结合乡村振兴和新农村建设政策，引入先进的协议共管和社区发展理念和模式。根据自然保护区的自然、经济和社会条件，开展多种有利于可持续发展和生物多样性保护的示范项目，并将其推广至其他地区。通过示范建设，探索自然保护区社区发展与自然保护共建共享的途径，促进保护区与周边社区的协调发展。选择不同类型的自然保护区、森林公园、生态公益林区和湿地，并根据自然资源特点，实施具有开发潜力和典型示范意义的项目。推动多种形式的自然资源利用示范建设、推广和交流，探索在国家现行法律法规框架下实现生物多样性可持续利用的途径和方法。

针对目前重要的或知名的传统知识和标志性产品，选择一些典型的传统知识和标志性产品进行深入调查。特别关注商业公司与地方社区之间的合作形式和惠益分享现状。研究并提出获取和惠益分享的机制及模式，相应开展试点示范和推广，以积累经验。为建立传统知识的特殊制度提供技术和文化支持，为少数民族和地方社区争取公平利益。

6)加强宣传教育与伙伴合作

利用各种新媒体和民族传统文化活动，宣传和普及生物多样性知识，提高公众对生物多样性保护的意识。在自然保护区、森林公园、物种迁地保护园等具有科普宣传意义的区域进行宣传标识体系建设。同时，加强动植物标本室和生态博物馆的建设，在具有全球保护意义的国家级自然保护区（如山口、大明山、猫儿山等地）建设专题博物馆和生态体验参与基地，使其成为具有国际影响力的宣传教育基地。通过开展生物多样性保护宣传教育活动和基础设施建设，提升生态保护教育示范能力，加强人们对生物多样性保护重要性的认识，并激励他们主动参与保护行动。

学习借鉴外部先进的保护理念和方法，为广西生物多样性保护创造优良的外部支持环境，提升广西生物多样性保护的影响力。构建与国内外生物多样性保护机构对话和合作的平台，与国际保护机构、外部科研单位、企业和个人开展生物多样性保护项目合作，引进先进的管理经验、技术和方法，并进行试验和示范。与东盟各国建立合作机制，与周边省份保持合作关系，定期交流和学习，分享生物多样性保护管理工作的经验。此外，将建立生物多样性保护志愿者参与机制，鼓励社会各界积极参与生物多样性保护工作。

第5章 广西农业空间生态修复研究

5.1 广西全域土地综合整治概况及存在问题

5.1.1 全域土地综合整治情况及成果

5.1.1.1 基本情况

为贯彻落实习近平总书记对浙江“千万工程”重要批示精神，自然资源部于 2019 年 12 月印发了《自然资源部关于开展全域土地综合整治试点工作的通知》，在全国组织开展全域土地综合整治试点工作。2020 年以来，广西大力推动全域土地综合整治工作，截至 2023 年 12 月，共组织实施了全域土地综合整治试点项目 62 个，其中 17 个项目列入国家全域土地综合整治试点名单，2020 年有 13 个项目，2021 年有 14 个项目，2022 年有 18 个项目分别纳入自治区补助。

5.1.1.2 探索成果

广西全域土地综合整治工作开展以来，在制定配套政策与探索整治模式等方面取得了一定的成效。一方面，印发了《广西壮族自治区自然资源厅　关于印发开展土地综合整治助推乡村振兴意见的通知》《广西壮族自治区自然资源厅办公室关于印发全域土地综合整治工作指南（试行）的通知》《广西壮族自治区自然资源厅　广西壮族自治区农业农村厅关于做好全域土地综合整治涉及永久基本农田调整工作的通知》等全域土地综合整治文件，形成了一套较为完善的政策体系和项目监管措施，规范项目管理。另一方面，按照因地制宜原则，探索形成符合本地实际的多种实施模式，为以后工作开展提供参考样板。主要探索模式有以下 4 种。

（1）北流市新圩镇河村全域土地综合整治项目。项目形成“村民全程参与”模式，村民不但对项目前期工作积极参与，对项目设计建言献策，还直接参加项目建设获得务工收入，土地整治项目利润、管理费得以最大化地转化为村级集体经济来源和农民务工收入，既调动了农民的参与积极性与工作配合性，又保证了项目的实施真正符合农民意愿，保障农民权益。通过实施项目，村内危房拆除了，旧房修缮了，道路宽敞了，河水清澈了，农民富裕了。整个村庄风貌得到了全面提升。

（2）柳州市柳南区太阳村镇山湾村等 7 个村全域土地综合整治试点。试点形成“平台公司统筹实施”模式，柳南区政府委托平台公司代为履行项目业主职能，设专人专岗开展监督管理，打通政府与施工企业沟通协调解决问题的脉络，保障项目实施进度。目前，该项目已开工建设，柳南区平台公司结合柳南区现代农业、原料加工、商贸物流、文化推广、旅游开发等产业业态，同步开展产业谋划和运营，以螺蛳粉文化为核心和亮点的产业体系正在逐步建立，实现一、二、三产业融合发展和“百姓富，生态美，产业兴”的目标。

(3)广西南宁市上林县白与镇爱长村等9个村全域土地综合整治试点项目。项目形成“企业总承包”模式，该项目采用规划设计、施工建设一体化EPC总承包模式实施，上林县人民政府通过公开招标引进社会投资人作为项目实施主体，负责项目资金筹措、投资建设、产业导入、运营管理等全过程。承包企业直接开展整治修复工作，并享受后期整治成效，保障企业对整治工作质量把关与投资成本控制。目前，该项目已通过公开招投标确定社会投资人，社会投资人正围绕小龙虾稻虾养殖产销一体化目标，开展项目实施和产业导入。

(4)梧州市藤县象棋镇道家村全域土地综合整治项目。项目采用“政府部门统筹实施”模式，该项目由自然资源部门牵头，市级人民政府批复项目整体立项后，各部门按本部门行业规定或程序组织子项目实施。政府部门直接参与监督管理，有利于积极解决项目开展的政策困难。目前该项目土地整治类子项目已开工，其他部门配套的相关建设类子项目及社会资本投资的景区建设项目也在建设中。

5.1.2 全域土地综合整治存在的问题

(1)部分市县未转变观念，统筹力度不足。自治区、市建立了全域土地综合整治工作联席会议制度，县(市)均成立了以党委或政府负责领导为组长，自然资源部门牵头，多部门和乡镇、村参与的协调机构，但尚未形成合力，没有统筹推进农用地整理、建设用地整理、乡村生态保护与修复、乡村风貌提升，发展乡村产业，成效不凸显。

(2)国土空间规划编制滞后，规划引领作用未能充分发挥。截至2023年12月，62个试点项目，涉及59个乡镇，其中已完成乡镇国土空间规划编制的有29个，正在编制16个，尚未编制17个。涉及274个村，均已完成村庄规划编制工作。具体情况如下：17个国家试点项目、乡镇国土空间规划均已完成初稿编制，涉及的村庄规划均完成编制并通过专家审查；2020年度的13个自治区全域土地综合整治试点，乡镇国土空间规划已完成审核1个，已完成初稿2个，正在编制5个，尚未开展编制5个，13个项目均已完成涉及村庄规划编制并通过专家审查；2021年度的14个自治区全域土地综合整治试点，乡镇国土空间规划已完成初稿编制4个，正在编制5个，尚未开展5个，涉及的村庄规划均已完成编制并通过专家审查；2022年度的18个自治区全域土地综合整治试点，乡镇国土空间规划已完成初稿编制5个，正在编制6个，未开展7个；涉及的村庄规划已全部完成编制并通过专家评审。

(3)前期调查工作不够扎实。全域土地综合整治是对乡村发展全要素进行综合整治，全面细致地实地踏勘调查是开展土地综合整治的重要前提。但部分地区对全域土地整治工作认识不足，前期调查工作较为简单粗糙，内容上不够系统全面，调查的广度和深度达不到要求，尤其是对生态修复、产业发展、乡村文化和乡风文明等乡村要素关注度不够，对问题识别不够准确。

5.2 广西土地综合整治分析及重点区域识别

5.2.1 农用地整理

5.2.1.1 耕地集中连片情况

对广西耕地连片程度的研究，主要基于地理信息系统平台，将距离小于或等于 20m 的耕地图斑进行聚合，完成聚合后呈现任意耕地图斑间距离大于 20m，将聚合后图斑按面积大小分类划分为大于 200 亩、100～200 亩、30～100 亩和小于 30 亩 4 种连片规模类型，获取广西耕地连片面积规模分类图斑集合，分析各市耕地集中连片程度情况。

1)耕地连片程度

连片大于 200 亩耕地(集中连片耕地)面积为 280.82 万 hm^2，占广西耕地总面积的 80.06%，西南多东北少，主要分布在南宁市、崇左市、来宾市、贵港市、百色市、柳州市及河池市，这些城市连片大于 200 亩的耕地面积总量均达到 20 万 hm^2 以上，其中南宁市与崇左市达到 40 万 hm^2 以上；连片 100～200 亩耕地面积为 18.63 万 hm^2，占 5.31%，主要分布在百色市、河池市、桂林市、南宁市、玉林市，这些市连片 100～200 亩耕地面积总量均达到 1.5 万 hm^2 以上；连片 30～100 亩耕地面积为 25.35 万 hm^2，占 7.23%，主要分布在百色市、河池市、桂林市、南宁市，这些市连片 30～100 亩耕地面积均在 2 万 hm^2 以上；连片小于 30 亩耕地面积为 25.98 万 hm^2，占 7.41%，西北多东南少，主要分布在河池市、百色市、桂林市、南宁市、柳州市，这些市连片小于 30 亩耕地面积均在 2 万 hm^2 以上(表 5.1)。

表 5.1 耕地连片程度分布表

耕地连片程度分类	主要分布区域
连片大于 200 亩面积	南宁市、崇左市、来宾市、贵港市、百色市、柳州市、河池市
连片 100～200 亩面积	百色市、河池市、桂林市、南宁市、玉林市
连片 30～100 亩面积	百色市、河池市、桂林市、南宁市
连片小于 30 亩面积	河池市、百色市、桂林市、南宁市、柳州市

2)集中连片耕地所占比例

从集中连片耕地占各市耕地比例情况来看，200 亩以上集中连片耕地面积占市域耕地总面积的比例较高的主要有崇左市、贵港市、北海市，这 3 个市占比达 90%；来宾市、南宁市、贺州市、柳州市，这 4 个市占比为 80%～90%；桂林市、百色市、河池市、梧州市，这 4 个市占比为 70%。

小于 30 亩的连片耕地面积占市域耕地总面积比例较高的主要有梧州市、桂林市、河池市、百色市，这 4 个市占比均达到 10%以上；比例较低的主要有南宁市、来宾市、贵港市、北海市、崇左市，这 5 个市占比均在 5%以下。

5.2.1.2 耕地质量与坡度情况

1)耕地质量

以第二次全国国土调查成果为基础开展研究，广西耕地总面积 486.71 万 hm^2，以国家利用等别中等地和高等地为主(图 5.1)。优等地(国家利用等 1～4 等)面积 0.96 万 hm^2，主要分布在百色市、钦州市，主要涉及田东县、田阳区、右江区、钦北区；高等地(国家利用等 5～8 等)面积 217.96 万 hm^2，东多西少，主要分布在桂平市、灵山县、博白县、全州县、融水苗族自治县；中等地(国家利用等 9～12 等)面积 267.79 万 hm^2，西南和中部多，东部少，主要分布在兴宾区、扶绥县、江州区、武鸣区、宜州区、横州市、宁明县、柳江区。

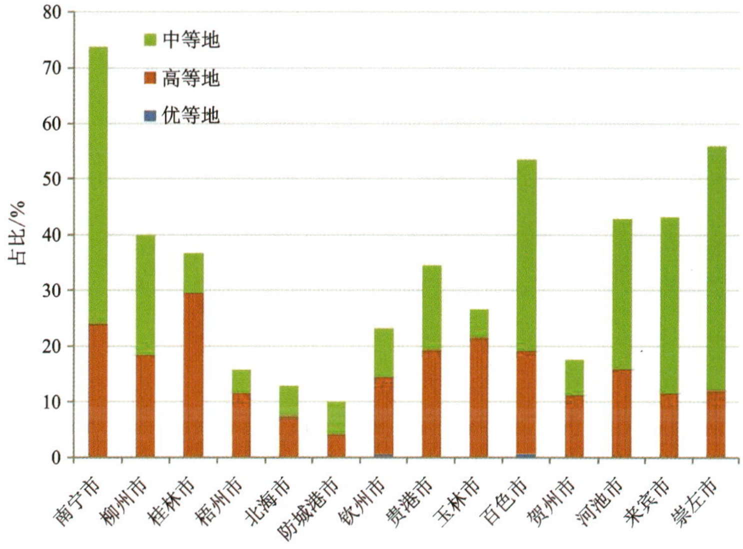

图 5.1 各市各等别耕地质量面积柱状图

2)耕地坡度

以第三次全国国土调查成果为基础，广西 0°～2°坡度耕地面积 177.48 万 hm^2，占广西耕地总面积的 50.78%，南部多北部少，主要分布在兴宾区、宾阳县、横州市、桂平市、平南县、扶绥县、江州区、大新县、龙州县等。2°～6°坡度耕地面积 73.90 万 hm^2，占 21.14%，主要分布在崇左、南宁、来宾；6°～15°坡度耕地面积 57.71 万 hm^2，占 16.51%，主要分布在崇左、河池、百色；15°～25°坡度耕地面积 19.36 万 hm^2，占 5.54%，主要分布在百色、河池、崇左；25°坡度以上耕地面积 21.08 万 hm^2，占6.03%，空间上主要呈现桂西北、桂南、桂东南三大区域，主要分布在隆林各族自治县、那坡县、东兰县、融水苗族自治县、三江侗族自治县等(图 5.2)。

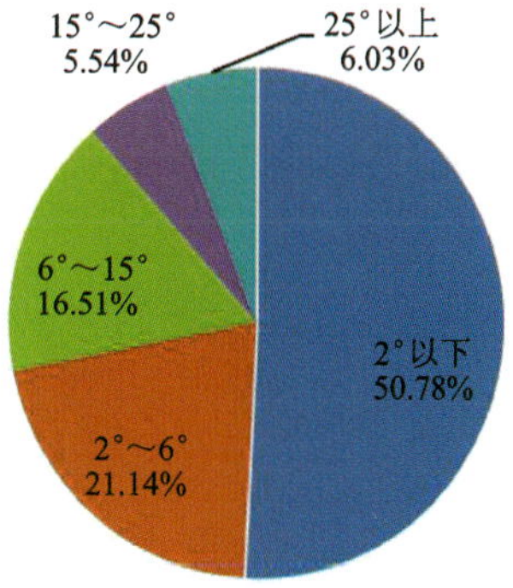

图 5.2 广西耕地坡度占比饼状图

从各市耕地坡度情况来看，北海、贵港、贺州0°～2°坡度的耕地面积占全市耕地面积的比例较高，达到75%以上。柳州、桂林、梧州、百色、河池25°坡度以上的耕地面积占比较大，达到10%以上，耕地资源的开发利用存在一定的局限性(图5.3)。

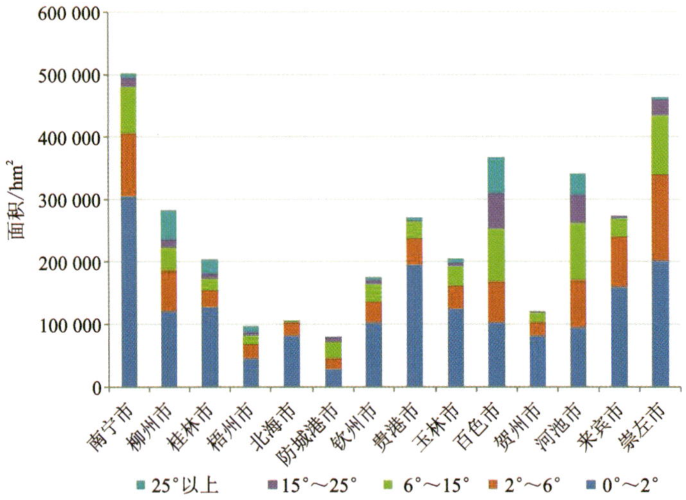

图5.3　各市各坡度级别耕地面积柱状图

5.2.1.3　耕地后备资源

1)耕地提质改造

耕地提质改造潜力测算以2021年土地利用变更调查数据与广西耕地后备资源调查评价成果为基础(韦羡侠等，2020)，提取水浇地、旱地及纳入耕地保护的园地、林地，剔除与生态保护红线、允许建设区、土地整治历史库、"二调"水田等重叠的地块、河道湖区范围内的地块、优质高产高糖糖料蔗糖基地以及其他不能调整、恢复为耕地的农用地，提取位于水库、河流1000m以内及沟渠、坑塘水面300m范围内且坡度小于6°的图斑，作为耕地提质改造理论潜力，再根据经验估算得出修正潜力。根据测算(图5.4)，广西耕地提质改造潜力面积约5111km²，主要分布在桂中和桂西南，来宾、崇左、南宁、桂林潜力面积较多，防城港、玉林、梧州、钦州潜力面积较少。

2)新增耕地潜力

新增耕地潜力分析以2021年土地利用变更调查数据与广西耕地后备资源潜力调查成果为基础，提取位于灌区500m范围内、河流两岸1km范围内且未纳入耕地保护的园地、残次林地、其他草地、裸土地、沿海滩涂以及盐碱地图斑，剔除永久基本农田保护红线、生态保护红线、城镇开发边界范围、土地整治历史库范围、水源保护区范围内的图斑，扣除林地变更调查数据中的林地图斑、存在土地污染、土地损毁、水土流失的图斑等数据，提取坡度小于25°的图斑，作为新增耕地理论潜力，再根据经验估算得出修正潜力。根据测算(图5.5)，广西新增耕地潜力面积约3.55万hm²，主要分布在桂中和桂北，南宁、来宾、河池潜力面积较多，防城港、北海、梧州潜力面积较少。

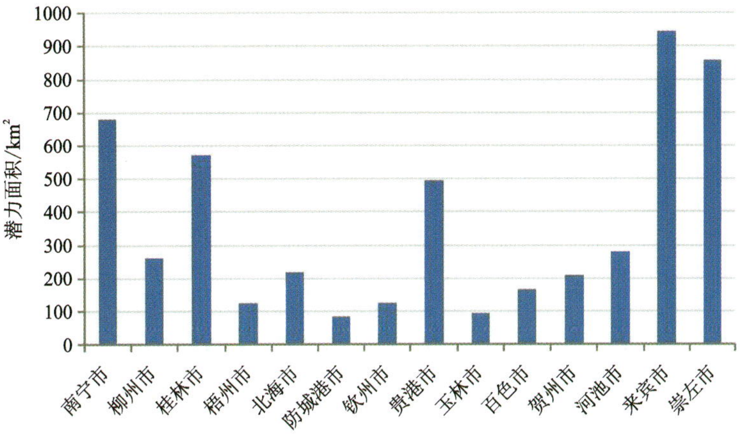

图 5.4 各市耕地提质改造潜力面积柱状图

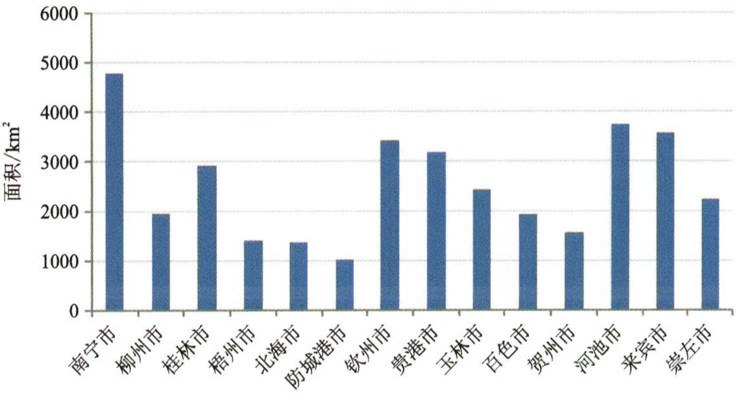

图 5.5 各市新增耕地潜力面积柱状图

5.2.2 建设用地整理

5.2.2.1 村庄人居环境整治

根据工作部署，广西“十四五”期间重点推进国道、省道、高速路、高铁（以下简称“两高两道”）沿线村庄人居环境整治，采取道路平整、乡村绿化、农房改造等措施提升交通沿线村庄风容风貌。

以第三次全国国土调查最新成果为基础提取农村宅基地，以两高两道的两侧 500m 划定为可视范围，提取可视范围内的农村宅基地面积作为广西各县村庄人居环境整治潜力（图 5.6）。经测算，两高两道可视范围内农村宅基地面积达到 6.52 万 hm^2，总体呈现“东南高、西北低”的空间分布格局，潜力值较大的区域主要为北流市、宾阳县、博白县、岑溪市、桂平市、合浦县、灵山县、陆川县、平南县、钦北区、全州县、兴宾区。潜力值中等的县域主要有宁明县、田东县、江南区、横州市、钦南区、浦北县、港南区、兴业县、容县、藤县、苍梧县、八步区、钟山县、富川瑶族自治县、三江侗族自治县、兴安县、叠彩区、灵川县、临桂区、鹿寨县、柳城县、柳江区、宜州区。

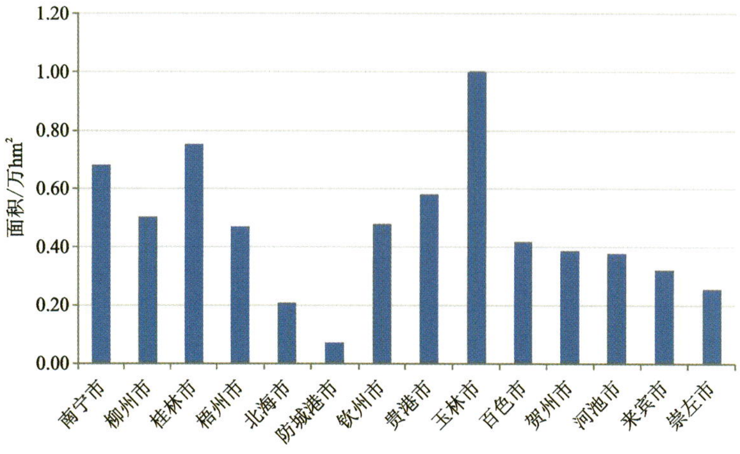

图 5.6 人居环境整治潜力面积

5.2.2.2 农村宅基地节约集约挖潜

根据《广西壮族自治区农村宅基地审批管理办法》，平原地区和城市郊区每户不得超过 100m²，丘陵地区、山区每户不得超过 150m²。以统计年鉴的户数为基础，计算集约节约情形下农村宅基地面积，与现状农村宅基地面积进行对比，可计算出农村宅基地节约集约潜力。经测算，广西农村宅基地节约挖潜潜力约为 24 万 hm²，主要分布在玉林、南宁、桂林、柳州等地，总体呈现“东南高、西北低”“平原丘陵高、山地低”的空间分布格局，高值潜力区主要分布在北流市、博白县、桂平市、合浦县、横州市、灵山县、陆川县、平南县、武鸣区等地。

5.2.2.3 历史遗留废弃矿山土地整理

广西历史遗留废弃矿山面积为 193.64km²，有责任主体的废弃矿山面积为 70.21km²，其他情形面积为 126.21km²，功能未损毁的采矿沉陷区面积为 0.27km²。历史遗留废弃矿山分布整体呈现西南-东北方向的高聚类模式，在桂中、桂南和桂东北地区呈现一定集聚，来宾市、桂林市、百色市、北海市和南宁市面积较大。这些废弃土地经过整理腾挪的指标，可作为矿山开采所需土地指标使用。

5.2.3 乡村保护修复与发展

5.2.3.1 乡村生态保护修复

1)土地石漠化

将第三次全国国土调查石漠化耕地数据结合全国喀斯特地区第三次石漠化监测结果数据分析，广西石漠化耕地面积 6703hm²，以中度、重度石漠化耕地为主，轻度、中度、重度、极重度石漠化耕地面积占比分别为 13.60%、42.17%、41.83%、2.40%。石漠化耕地主要分布在桂西北的百色市、河池市、来宾市，主要涉及隆林各族自治县、东兰县、靖西市、忻城县、南丹县、乐业县、巴马瑶族自治县、凤山县(图 5.7、图 5.8)。

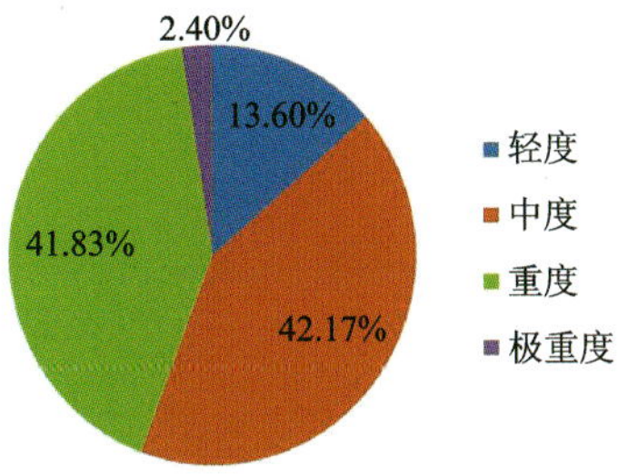

图 5.7　石漠化耕地面积占比饼状图

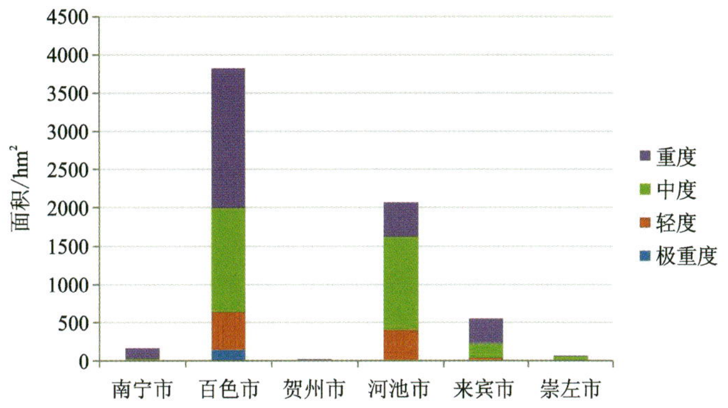

图 5.8　石漠化耕地面积各市分布图

2)土地沙化

广西沙化土地面积 18.66 万 hm^2，以轻度沙化为主，空间相对集中在北部湾沿海一带和南流江、大风江、钦江、茅岭江、防城江等江河沿岸，三角洲及河海汇合处，主要涉及北海市的海城区、银海区、铁山港区和合浦县，防城港市的港口区、防城区和东兴市，钦州市的钦南区和钦州港区。其中，北海市的合浦县、银海区、铁山港区的沙化现象最为突出，沙化土地面积分别为 9.62 万 hm^2、2.84 万 hm^2、2.83 万 hm^2，分别占广西沙化土地总面积的 51.59%、15.23%、15.17%。沙化土地中主要为沙化耕地，沙化耕地面积 13.31 万 hm^2，占广西沙化土地总面积的 71.33%，主要分布在北海市的合浦县、银海区、铁山港区，其中，北海市沙化耕地面积 11.32 万 hm^2，占广西沙化耕地总面积的 85.05%；防城港市沙化耕地面积 0.61 万 hm^2，占 4.58%；钦州市沙化耕地面积 1.38 万 hm^2，占 10.37%(图 5.9)。

3)土壤侵蚀

将广西水土流失数据与第三次全国国土调查耕地数据进行叠加，全区水土流失耕地面积 67.13 万 hm^2，主要分布在桂中部与桂西北部地区，主要涉及崇左、南宁、百色、来宾、柳州，以轻度侵蚀耕地为主，其中，轻度侵蚀耕地、中度侵蚀耕地、强度侵蚀耕地、极强度侵蚀耕地、剧烈侵蚀耕地面积分别为 31.29 万 hm^2、13.76 万 hm^2、8.02 万 hm^2、7.68 万 hm^2、6.38 万 hm^2，分别占广西耕地水土侵蚀面积的 46.61%、20.50%、11.95%、11.44%、9.50%(图 5.10)。

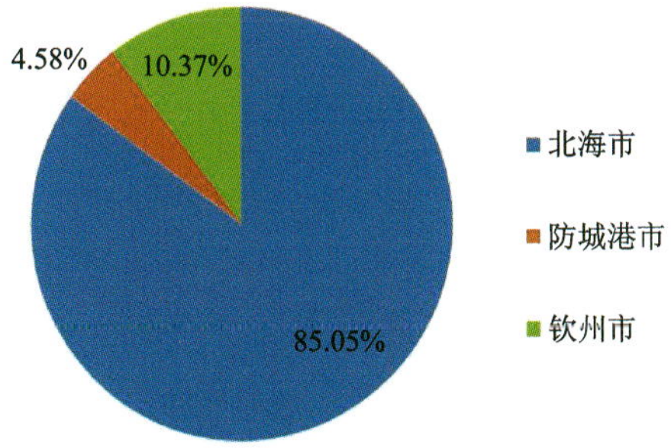

图 5.9　各市沙化耕地面积占总沙化耕地面积比饼状图

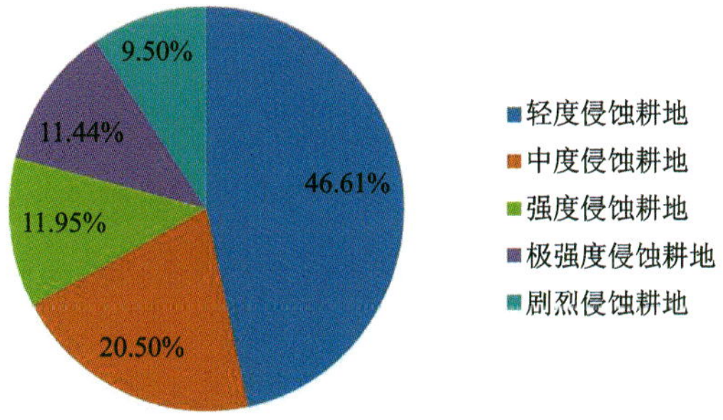

图 5.10　各侵蚀程度耕地面积饼状图

4)土地酸化

广西土地酸化现象较普遍，土壤数据显示，广西酸化土壤主要有含盐酸性硫酸土、酸性紫色土、酸紫泥土、咸酸田土壤，酸化土地面积 114.49 万 hm^2，占广西土地总面积的 4.82%，主要分布在南宁市、梧州市、崇左市、桂林市，土地酸化面积分别为 30.72 万 hm^2、19.48 万 hm^2、18.27 万 hm^2、17.08 万 hm^2，分别占广西土地酸化总面积的 26.83%、17.01%、15.96%、14.92%(图 5.11)。

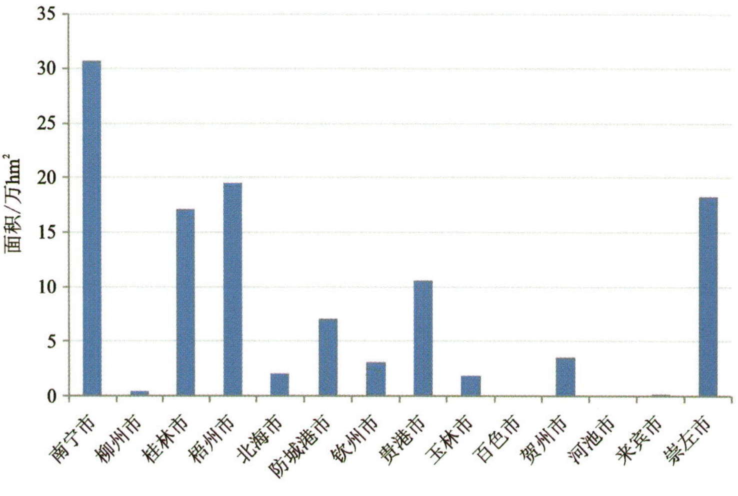

图 5.11　各市土地酸化面积柱状图

5.2.3.2　乡村历史文化保护

广西有 9 个中国历史文化名镇，分别为阳朔县兴坪镇、昭平县黄姚镇、灵川县大圩镇、防城港市防城区那良镇、恭城瑶族自治县恭城镇、贺州市八步区贺街镇、鹿寨县中渡镇、兴安县界首镇、阳朔县福利镇。有 29 个中国历史文化名村，其中，贺州市 9 个、玉林市 8 个、桂林市 5 个、南宁市 3 个、钦州市 2 个、梧州市 1 个、河池市 1 个，以富川瑶族自治县、钟山县、兴业县数量较多。

广西重要保护价值的历史文化主要有桂林市阳朔县喀斯特世界自然遗产地、兴安县的灵渠红色文化、恭城瑶族自治县的瑶族服饰和油茶、龙胜县龙脊梯田，柳州市三江侗族自治县的程阳风雨桥、鹿寨县香桥岩地质公园，百色市右江区红色文化，防城港市金花茶和刘永福故居，钦州市冯子材故居，贵港市太平天国金田起义，河池市宜州区刘三姐故里，崇左市左江斜塔、花山岩画等。

5.2.3.3　产业布局和引入

1)现代农业示范区

现代农业示范区的统计主要对国家现代农业示范区，广西第一批、第二批、第三批现代特色农业(核心)示范区进行统计，共涉及 160 个示范区，数量较多的地市为南宁市、桂林市、河池市、柳州市、百色市、玉林市。

广西的国家现代农业示范区有8个，广西第一批、第二批现代特色农业（核心）示范区有30个，在各地市均有分布，其中南宁市最多达到6个，柳州市、桂林市、河池市、崇左市均有3个，其他地市数量为1～2个。广西第三批～第九批现代特色农业（核心）示范区进行了四星级、五星级的认定，其中，五星级现代特色农业（核心）示范区有11个，属南宁市最多，有4个，其余分布在柳州市、北海市、百色市、贺州市、河池市、来宾市；四星级现代特色农业（核心）示范区有111个，南宁市、桂林市、柳州市、玉林市河池市均达到10个以上，其余地市均少于10个，北海市和梧州市最少均为3个（图5.12）。

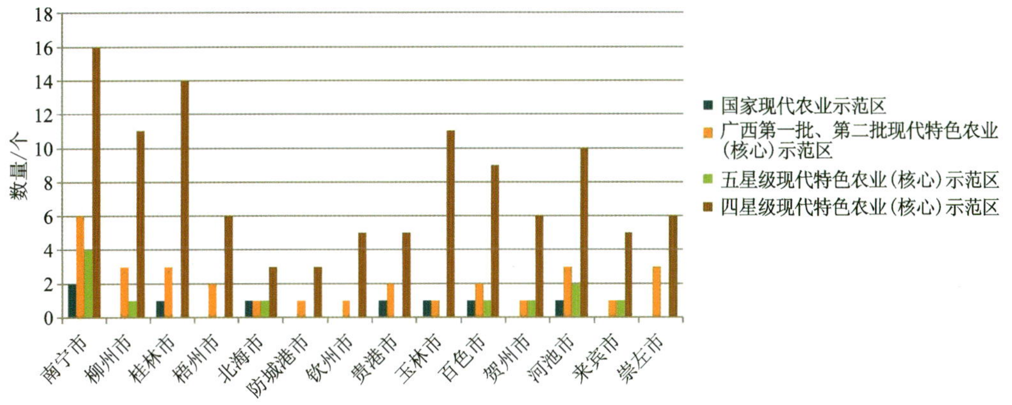

图5.12 广西各市现代农业示范区数量

2）旅游产业

广西旅游产业类型多样，以山水自然风光为主，较著名的旅游产业有桂林漓江山水观光、巴马长寿体验、北海滨海风光、崇左边境旅游等。据广西旅游导览统计，广西有国家级旅游度假区1家，AAAAA级景区有8家，AAAA级景区有284家，5星级农家乐70家，5星级乡村旅游区88家，红色旅游经典景区13家，星级旅游汽车营地11家，旅游度假区4家，生态旅游示范区22家，共计501家。其中，数量较多的地市主要为桂林市，景区数量占广西旅游景区总数的17.8%；柳州市、南宁市、河池市景区数量占广西旅游景区总数的10%以上。从各县域的分布看，鱼峰区、灵川县、阳朔县、八步区、东兰县、海城区、青秀区景区数量较多（图5.13）。

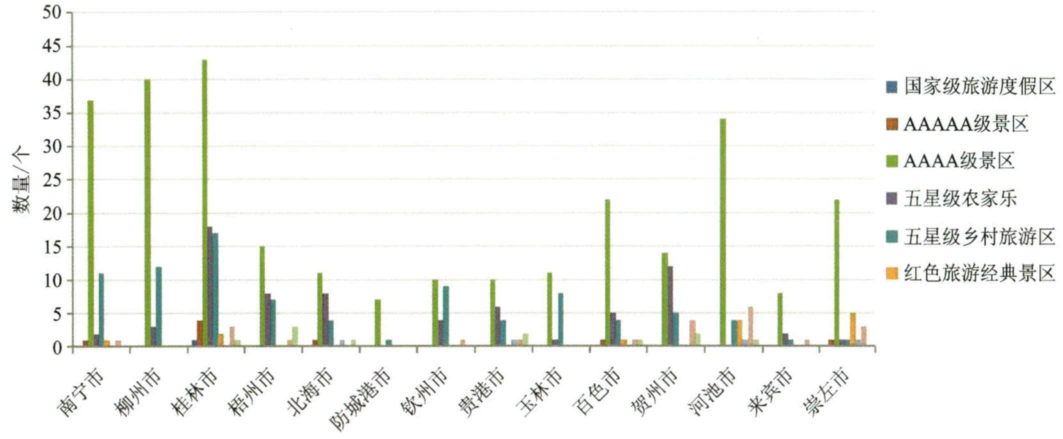

图5.13 广西各市旅游点数量图

5.2.4 土地整治重点区识别指标体系

土地综合整治潜力系数评价指标体系分为土地整治类指标与生态修复类指标，划分目标层、准则层与指标层(孙瑞等，2020)。其中，土地整治类指标测算土地整治系数，主要反映区域开展土地整治工作的潜力，包括农用地整理潜力、建设用地整理潜力、乡村历史文化保护、产业发展、工作开展等方面评价因素(肖梅和汪磊，2022)；生态修复类指标测算生态修复系数，主要反映区域开展生态修复工作的需求，主要包括石漠化、土地沙化、土壤侵蚀、土地酸化、自然保护地保护情况等方面评价因素(汪炎林等，2023)，评价采用层次分析法与专家打分法综合确定各指标的权重(表5.2)。

表5.2 土地综合整治潜力系数评价指标体系

类型	目标层	准则层	指标层	权重
土地整治类	农用地整理潜力	耕地连片程度	零散耕地占比	0.06
		耕地质量与坡度	中等地占比	0.07
			6°～25°坡度耕地占比	0.05
		耕地后备资源	耕地提质改造潜力面积	0.08
			新增耕地潜力面积	0.08
	建设用地整理潜力	村庄人居环境整治	村庄人居环境整治潜力面积	0.05
		农村宅基地潜力	农村宅基地潜力面积	0.05
		历史遗留废弃矿山整理	历史遗留废弃矿山整理面积	0.05
	乡村历史文化保护	乡村历史文化保护潜力	历史文化名镇数量	0.05
	产业发展	农业发展潜力	现代农业示范区数量	0.08
		旅游产业发展潜力	旅游产业数量	0.08
	工作开展情况	工作推进力度	地方政府推进工作积极性	0.08
生态修复类	乡村生态保护修复	石漠化程度	石漠化土地面积占比	0.05
		土地沙化程度	沙化土地面积占比	0.03
		土壤侵蚀程度	水土流失土地面积占比	0.05
		土地酸化程度	酸化土地面积占比	0.04
		自然保护地核心区保护	核心区建设用地与商品林面积	0.05

5.2.5 土地整治重点区识别与划分

结合土地综合整治潜力系数评价指标体系开展测算，识别出广西全域土地综合整治重点区域涉及47个县(市、区)，其中，生态修复为主导的21个，土地整治为主导的15个，整治修复结合开展的11个(表5.3)，根据各县(市、区)所属的类型有一定侧重点地开展全域土地综合整治任务。

表 5.3 全域土地综合整治重点区域涉县(市、区)及与类型表

全域土地综合整治方向	涉及县(市、区)
生态修复为主导	大化瑶族自治县、德保县、都安瑶族自治县、海城区、合浦县、环江毛南族自治县、靖西市、乐业县、良庆区、凌云县、隆林各族自治县、马山县、那坡县、南丹县、天等县、铁山港区、武宣县、忻城县、银海区、邕宁区、鱼峰区(21个)
土地整治为主导	八步区、宾阳县、大新县、桂平市、合山市、横州市、江州区、灵川县、灵山县、龙州县、隆安县、钦南区、覃塘区、象州县、右江区(15个)
整治修复结合开展	扶绥县、富川瑶族自治县、江南区、柳城县、柳江区、全州县、上林县、武鸣区、西乡塘区、兴宾区、宜州区(11个)

5.3 广西土地综合整治实施路径与方向

5.3.1 南宁市

南宁市总体上耕地集中连片程度较好,耕地数量较多、质量等别较高,尤其东北部的宾阳县、横州市、武鸣区;耕地坡度总体低缓,东北部的宾阳县、横州市、武鸣区较平坦;耕地提质改造潜力可观,潜力数量居广西第一,呈现南向北递增状态,主要分布在武鸣区、宾阳县、横州市、隆安县;新增耕地潜力可观,呈现西北、东南向中间递减趋势,主要分布在武鸣区、横州市、上林县。

南宁市人居环境整治潜力、农村建设用地挖潜潜力与历史废弃采矿用地整理潜力较高,主城区周边县(市、区)农村建设用地挖潜潜力较多,特别是在宾阳、横州市等可充分挖潜农村建设用地,宾阳县、上林县等需加大对历史遗留废弃矿山修复。

南宁西北部的隆安县、上林县、马山县分布有部分石漠化耕地,且主要为重度石漠化耕地;土壤侵蚀广泛,西部的武鸣区、西乡塘区、江南区、良庆区、邕宁区分布有较大面积的强度以上侵蚀耕地。隆安县的自然保护地核心区分布较大面积的商品林,马山县的自然保护地核心区分布有较大面积的农村宅基地,对生态环境产生一定的影响。南宁市分布有3个历史文化名村,28个四星级以上农业示范区,53个旅游景区,产业发展的基础较好。

南宁市作为广西首府城市,利用耕地连片且坡度低缓的优势,结合农业产业的现有基础,继续挖掘农业产业潜力,发展农业生产集聚经济。充分利用开发建设剥离的高质量表土,用于耕地提质改造与新增耕地。强首府战略对土地资源的需求会不断增加,且良好的人居环境是强首府战略的重要支撑,结合“三清三拆”农村人居环境整治工作,灵活使用城乡建设用地增减挂钩政策,充分盘活利用低效的建设用地,提升农村地区人居环境。按照宜耕则耕、宜林则林、宜草则草、宜建则建重点修复露天废弃矿山地质环境,解决地质灾害隐患,恢复绿水青山,建设美丽南宁。实施生态型土地整治,修复石漠化与受侵蚀耕地,改善耕作条件,合理引导自然保护地核心区的建设用地与商品林逐步退出,加大对历史文化名村的保护与宣传,结

合人口聚集与首府区位优势，进一步提升现有旅游景区品质，用产业带动地方发展，乡村振兴。

5.3.2 柳州市

柳州市总体上耕地集中连片程度较好；耕地数量较多，耕地质量等别较高，南北两端县区耕地质量较高，中部主城区耕地质量较低；耕地坡度南部较平缓，北部较陡峭；耕地提质改造潜力南部县区较大，北部县区与主城区潜力较小；新增耕地潜力南部主城区较小，周边县区较大，在柳江区、柳城县、鹿寨县可重点开展耕地提质改造与新增耕地挖潜。

柳州市人居环境整治潜力、农村建设用地挖潜、历史废弃采矿用地整理潜力整体较高，鹿寨县、柳城县等要充分挖掘农村建设用地挖潜。柳州市历史遗留废弃采矿用地土地损毁规模最大，局部地区呈现"北部高、南部低"，并分布相对较多的金属矿山，要加强融水苗族自治县、融安县等北部区域的历史遗留废弃矿山治理，治理露天非金属矿山和金属矿山环境问题。

柳州市存在较广泛的土壤侵蚀现象，南部的柳城县、柳北区、柳南区、鱼峰区、城中区、柳江区分布有较大面积的强度以上侵蚀耕地。融水县的自然保护地核心区分布较大面积的商品林与建设用地，主要为公路用地、农村宅基地、城镇住宅用地，对生态环境产生一定的影响。柳州市有1个中国历史文化名镇，15个四星级以上农业示范区，55个旅游景区，产业发展的基础较好。

柳州市开展土地综合整治工作，南部县区发挥耕地连片且坡度平缓的优势，挖掘耕地提质改造与新增耕地潜力，北部县区关注耕地水土流失生态治理工作。结合"三清三拆"农村人居环境整治等工作，灵活使用城乡增减挂钩政策手段，充分盘活利用低效的建设用地潜力。按宜耕则耕、宜林则林、宜草则草恢复矿区环境，重点防治水土流失和农业面源污染问题。引导自然保护地核心区的建设用地与商品林逐步退出。柳州市作为广西重要工业城市，可结合市场需求与农业产品的产出，发展一、二、三产业相融合的产业发展模式，形成较合理的产业链。加大对历史文化名镇的保护与宣传，结合人口聚集与首府区位优势，进一步提升现有旅游景区品质，用产业带动地方发展，振兴乡村。

5.3.3 桂林市

桂林市总体上耕地集中连片程度较低；耕地数量较多，耕地质量等别较高，高等地占比较大，东北部县区质量较高，主城区耕地质量较低；耕地坡度总体上较大，南部耕地坡度平缓，北部坡度较大；耕地提质改造潜力呈由南向北递减趋势；新增耕地潜力主要集中在东北部与西南部，全州县、临桂区、永福县、荔浦市、平乐县、恭城瑶族自治县可重点开展耕地提质改造整治；全州县与灵川县可重点开展新增耕地潜力挖掘。

桂林市人居环境整治、农村建设用地挖掘、历史废弃采矿用地整理潜力整体较高，作为全国旅游重点地区，对城乡环境品质要求较高，漓江流域涉及的全州县、兴安县、灵川县等人居环境和农村建设用地待提升空间较大，需要加大漓江两岸农村建设用地挖掘。同时，加快平乐县、兴安县、临桂区、秀峰区历史遗留废弃采矿用地修复。

桂林市分布有较大面积的酸化土地。永福县、恭城瑶族自治县、灵川县自然保护地核心区的自然商品林数量较多，恭城瑶族自治县、永福县自然保护地核心区的建设用地面积较大，对生态环境产生一定的影响。桂林市有10个中国历史文化名镇名村，19个四星级以上农业示范区，89个旅游景区，产业发展的基础较好。

桂林市开展土地综合整治工作，南部县区发挥耕地连片且坡度平缓优势，挖掘耕地提质改造与新增耕地潜力，北部县区关注耕地的水土流失生态治理工作。结合土地综合整治、“三清三拆”农村人居环境整治等工作，灵活使用城乡增减挂钩政策手段，充分盘活利用低效的建设用地潜力，改善漓江生态环境，提升旅游品质。按宜耕则耕、宜林则林、宜草则草恢复矿区环境，充分利用矿区低效土地资源，改善地区生态环境，提升区域生物多样性和水源涵养功能。关注土地酸化治理工作，合理引导自然保护地核心区的建设用地与商品林逐步退出。桂林市作为我国乃至世界著名的旅游城市，产业发展基础好，将产业发展与村庄生态环境提升有机结合，加大对历史文化名镇名村的保护与宣传，实现生态环境与产业发展的良性互动，使良好生态环境促进产业兴旺，产业发展反哺生态修复环境的动态良性互促模式。

5.3.4 梧州市

梧州市总体上耕地集中连片程度较低，耕地较零散；耕地数量较少，但耕地质量等别较高，高等地占比较大，主要集中在藤县与岑溪市；耕地坡度总体上较大，呈现西部耕地较陡峭，东部较平缓地势；耕地提质改造潜力呈西部向东部递减趋势；新增耕地潜力主要集中在藤县，呈西部向东部递减趋势。梧州市人居环境整治潜力、农村建设用地挖掘、历史遗留废弃采矿用地整理潜力整体较低。但局部地区岑溪市人居环境整治和农村建设用地挖掘需要重点关注，以及岑溪市历史遗留废弃采矿用地的土地损毁规模在广西各县中较大。梧州市有1个中国历史文化名村，8个四星级以上农业示范区，34个旅游景区。

梧州市开展土地综合整治工作，西部的藤县、岑溪市既要关注对较平坦耕地的提质改造，也要关注对坡度较大耕地的水土流失生态治理，同时挖掘新增耕地潜力。加大对岑溪市人居环境整治和农村建设用地挖潜与损毁土地治理。通过土地综合整治工程的实施，挖掘产业发展与土地综合整治相结合模式，促进土地流转与产业导入，为农业发展提供更优良的土地基础，提升农业产业品质，为乡村振兴发展提供有力“造血干细胞”。

5.3.5 北海市

北海市总体上耕地集中连片程度较好；由于其面积较小，耕地数量较少，但耕地质量等别较高，高等地占比较大，高等地主要集中在合浦县；耕地坡度普遍平缓，78%以上的耕地坡度小于2°，98%以上的耕地坡度小于6°，是广西耕地坡度最平缓的地市；耕地提质改造潜力总体较大；新增耕地潜力主要集中在合浦县与银海区。

北海市人居环境整治潜力、农村建设用地挖潜、历史遗留废弃采矿用地整理潜力整体较低，但局部地区需要重点关注合浦县人居环境整治和农村建设用地挖潜。

北海市分布有较大面积的沙化耕地，合浦县、银海区、铁山港区的沙化现象尤为突出。北海市有6个四星级以上农业示范区，26个旅游景区。

北海市开展土地综合整治工作，充分发挥全域耕地连片与坡度平坦的优势，挖掘耕地提质改造潜力与新增耕地潜力。关注沙化土地的治理与合理利用。北海市作为广西向海经济战略的主战场，合浦县作为北海市重点发展地区，加大对其人居环境整治和农村建设用地挖掘，今后城镇化进程将会进一步加快，城镇内部潜力挖掘的需求进一步提升，未来一段时期将会释放一定量的农村建设用地挖掘潜力。北海市作为滨海旅游观光的著名城市，合理开发生态旅游产业，营造良好的滨海旅游环境。通过土地综合整治工程的实施，挖掘产业发展与土地综合整治相结合模式，促进土地流转与产业导入，为农业发展提供更优良的土地基础，提升农业产业品质，为乡村振兴发展提供有力“造血干细胞”。

5.3.6　防城港市

防城港市总体上耕地集中连片程度处于中等；由于其面积较小，耕地数量较少，耕地质量中等地占比较大，高等地占比较小；耕地坡度总体较大，50%以上的耕地坡度为2°以上；耕地提质改造潜力与新增耕地潜力主要集中在上思县与防城区，呈北部向南部递减趋势。

防城港市人居环境整治潜力、农村建设用地挖掘、历史遗留废弃采矿用地整理潜力整体较低，但局部地区历史遗留废弃采矿用地损毁规模较大。

防城港市分布有部分沙化土地与酸化土地，上思县自然保护地核心区涉及加大面积建设用地，主要为农村宅基地，对生态环境产生一定的影响。防城港市有1个中国历史文化名镇，4个四星级以上农业示范区，8个旅游景区。

防城港市开展土地综合整合工作，结合地形地貌、水源条件和平坦地势，挖掘耕地提质改造潜力与新增耕地潜力。重点关注防城区的历史遗留废弃矿山修复，按照宜建则建、宜耕则耕，最大程度利用城市周边废弃采矿建设用地资源，提高低效建设用地效率，关注沙化土地的治理与合理利用。通过土地综合整治工程的实施，挖掘产业发展与土地综合整治相结合模式，促进土地流转与产业导入，为农业发展提供更优良的土地基础，提升农业产业品质，为乡村振兴发展提供有力“造血干细胞”。

5.3.7　钦州市

钦州市总体上耕地集中连片程度处于中等；耕地质量较好，在钦北区分布有少部分的优等地，高等地占比较大，高等地主要集中在灵山县；耕地坡度总体较平坦，50%以上的耕地坡度为0°～2°；耕地提质改造潜力主要集中在东部浦北县；新增耕地潜力主要集中在钦南区，分布有部分沙化土地与酸化土地。钦州市农村建设用地挖掘潜力整体较高，特别是灵山县、浦北县。历史遗留废弃采矿用地整理潜力全市整体较低，但局部地区要重点关注钦北区历史遗留废弃矿山修复。钦州市有2个中国历史文化名村，6个四星级以上农业示范区，24个旅游景区。

钦州市开展土地综合整治工作，结合地形地貌、水源条件和平坦地势，挖掘耕地提质改造潜力与新增耕地潜力。广西向海战略的提出，钦州市城镇化将会进一步加快，农村人口向城市聚集，农村建设用地挖掘潜力将会进一步释放，土地综合整治工作要重点加大农村建设用地的挖掘，盘活建设用地潜力，提升农村人均生活品质，按照宜建则建、宜耕则耕，最大程度利用城市周边废弃采矿建设用地资源，提高低效建设用地效率，关注沙化土地的治理与合理利用。加大对历史文化名镇名村的保护与宣传。通过土地综合整治工程的实施，挖掘产业发展与土地综合整治相结合模式，促进土地流转与产业导入，为农业发展提供更优良的土地基础，提升农业产业品质，为乡村振兴发展提供有力“造血干细胞”。

5.3.8 贵港市

贵港市总体上耕地集中连片程度较好；耕地质量较好，高等地占比较大，高等地主要集中在桂平市；耕地坡度较平坦，70%以上的耕地坡度小于2°，87%以上的耕地坡度小于6°；耕地提质改造潜力总体较大，主要分布在桂平市与覃塘区；新增耕地潜力具东部多西部少的特点。贵港市存在部分酸化土地。贵港市人居环境整治和农村建设用地挖掘潜力较高，尤其是桂平市、平南县农村建设用地挖掘潜力需进一步加大挖掘力度，贵港市有8个四星级以上农业示范区，24个旅游景区。

贵港市在开展土地综合整治工作，充分利用耕地集中连片与平坦的优势，挖掘耕地提质改造潜力与新增耕地潜力。作为广西农业主产区，农业条件基础较好，要加大力度开展土地综合整治工作，改善农业生产条件，结合“三清三拆”农村人居环境整治等工作，充分利用城乡增减挂钩政策，充分盘活利用低效的建设用地潜力，改善农村人居环境。通过土地综合整治工程的实施，关注土壤改良，挖掘产业发展与土地综合整治相结合模式，促进土地流转与产业导入，为农业发展提供更优良的土地基础，提升农业产业品质，为乡村振兴发展提供有力“造血干细胞”。

5.3.9 玉林市

玉林市总体上耕地集中连片程度处于广西中等；耕地质量较好，高等地占比较大，高等地主要分布在北流市与博白县；耕地坡度较平坦，60%以上的耕地坡度为0°～2°；耕地提质改造潜力较少，新增耕地潜力较可观，主要具东部向西部减少的趋势。玉林市人居环境整治、农村建设用地挖掘、历史废弃采矿用地整理潜力整体上较高，玉林市作为人口大市，农村人口和农村建设用地分布较多，农村建设用地利用粗放，尤其北流市、博白县、陆川县农村建设用地挖掘与历史废弃采矿用地整理潜力较大，主城区周边历史遗留采矿用地修复潜力较大，存在部分酸化土地。博白县、北流市自然保护地核心区商品林较多，北流市自然保护地核心区建设用地数量较多，主要为公路用地、农村宅基地，对生态环境产生一定的影响。玉林市有8个中国历史文化名村，13个四星级以上农业示范区，20个旅游景区。

玉林市在开展土地综合整治工作，充分利用耕地平坦的优势，挖掘新增耕地潜力。加大农村建设用地挖潜与历史废弃采矿用地整理，做好农村居民点布局，结合“三清三拆”农村人居环境整治工作，利用城乡增减挂钩政策手段，盘活建设用地潜力，提升农村人均生活品质。加大主城区周边历史遗留采矿用地修复，按照宜建则建、宜耕则耕，最大程度地利用废弃采矿建设用地资源开发建设，提高低效建设用地效率。合理引导自然保护地核心区的建设用地与商品林逐步退出。加大对历史文化名镇名村的保护与宣传。通过土地综合整治工程的实施，挖掘产业发展与土地综合整治相结合模式，促进土地流转与产业导入，为农业发展提供更优良的土地基础，提升农业产业品质，为乡村振兴发展提供有力“造血干细胞”。

5.3.10 百色市

百色市总体上耕地集中连片程度较低；由于国土面积较大，耕地数量较多，在田东县与田阳区分布有小部分优等地，但高等地占比较低；耕地坡度较大，70%以上的耕地坡度大于6°，坡度25°以上耕地占总耕地的16%以上；耕地提质改造潜力较小，新增耕地潜力可观，主要分布在田林县、右江区、靖西市。

百色市历史废弃采矿用地整理潜力整体上较高，尤以平果市、右江区、靖西市、隆林各族自治县等历史遗留废弃矿山修复潜力较大。

隆林各族自治县、靖西市、乐业县分布较大面积的石漠化耕地，尤其隆林各族自治县重度以上石漠化耕地尤为突出，百色市成为广西石漠化耕地最为严重的区域。土壤侵蚀现象也较为突出，隆林各族自治县、那坡县、田东县、靖西市、德保县等地土壤侵蚀现象较严重。百色市是广西自然保护地核心区建设用地最多的地市，西林县、德保县、那坡县自然保护地核心区的建设用地数量较大，主要为农村宅基地，对生态环境产生一定的影响。西林县、德保县、那坡县、右江区自然保护地核心区的商品林数量也较多。百色市有13个四星级以上农业示范区，35个旅游景区。

百色市在开展土地综合整治工作，加大关注对耕地水土保持与耕地石漠化治理防治工作，适度合理挖掘新增耕地潜力。充分结合废弃矿山修复开展土地综合整治工作，按照宜耕则耕、宜林则林、宜草则草、宜建则建重点修复露天废弃矿山地质环境，解决地质灾害隐患，城市周边充分挖掘废弃采矿建设用地潜力，提高低效建设用地效率。合理引导自然保护地核心区的建设用地与商品林逐步退出。百色市作为广西红色旅游基地，充分发挥红色教育旅游路线发展旅游产业，通过土地综合整治工程的实施，挖掘产业发展与土地综合整治相结合模式，促进土地流转与产业导入，为农业发展提供更优良的土地基础，提升农业产业品质，探索一、二、三产业融合发展共促全域土地综合整治的创新模式，为乡村振兴发展提供有力"造血干细胞"。

5.3.11 贺州市

贺州市总体上耕地集中连片程度较低；由于国土面积较大，耕地数量较少，但总体上高等地占比较大，主要分布在八步区，呈由东向西减少趋势；耕地坡度较平坦，60%以上的耕地坡度为0°～2°；耕地提质改造潜力与新增耕地潜力总体较小，主要分布在八步区。

贺州市人居环境整治潜力和农村建设用地挖潜在广西属于中等水平，着重关注苍梧县、钟山县、平桂区、富川瑶族自治县、八步区，粤港澳大湾区的建设将会对贺州市具有辐射带动的效应，做好农村人居环境的提升将会给贺州市城市发展起到积极的作用。

贺州市存在土壤侵蚀现象，八步区、平桂区、富川瑶族自治县土壤侵蚀现象较严重。八步区与富川瑶族自治县自然保护地核心区商品林较多，富川瑶族自治县自然保护地核心区建设用地数量较多，主要为农村宅基地，对生态环境产生一定的影响。贺州市有11个中国历史文化名镇名村，8个四星级以上农业示范区，24个旅游景区。

贺州市开展土地综合整治工作，充分发挥耕地平坦优势，挖掘土地整治潜力。做好农村建设用地挖掘，结合“三清三拆”农村人居环境整治等工作，用足城乡增减挂钩政策手段，充分盘活利用低效的建设用地潜力。合理引导自然保护地核心区的建设用地与商品林逐步退出。加大对历史文化名镇名村的保护与宣传。通过土地综合整治工程的实施，挖掘产业发展与土地综合整治相结合模式，促进土地流转与产业导入，为农业发展提供更优良的土地基础，提升农业产业品质，为乡村振兴发展提供有力“造血干细胞”。

5.3.12 河池市

河池市总体上耕地集中连片程度较低；耕地数量较多，但高等地占比较小；耕地坡度较大，坡度0°～2°耕地占比不到30%，10%以上的耕地坡度在25°以上；耕地提质改造潜力较小，新增耕地潜力较大，新增耕地潜力主要集中在环江县、宜州区、都安县。

河池市农村建设用地挖掘、历史废弃采矿用地整理潜力整体较高，尤其都安瑶族自治县、宜州区农村建设用地潜力较大；罗城仫佬族自治县、大化瑶族自治县历史遗留废弃矿山修复潜力较大。

东兰县、巴马瑶族自治县、南丹县、凤山县的石漠化耕地面积较大，河池市是广西石漠化耕地面积位居第二的地市。天峨县自然保护地核心区的商品林与建设用地数量较多，主要为公路用地与农村宅基地，对生态环境产生一定的影响。河池市有1个中国历史文化名村，16个四星级以上农业示范区，50个旅游景区，旅游产业基础较好。

河池市开展全域土地整治工作，自然地理条件限制较大，因地制宜地合理挖掘新增耕地潜力，同时要重点关注耕地石漠化治理，合理引导自然保护地核心区的建设用地与商品林逐步退出。重点挖掘农村建设用地潜力，盘活土地资源，加大历史遗留废弃矿山修复工作，做好重金属矿和露天非金属矿山治理，按宜耕则耕、宜林则林、宜草则草恢复矿区环境，重点防治石漠化和农业面源污染问题。加大对历史文化名镇名村的保护与宣传。河池市作为广西长寿大健康旅游基地，充分发挥长寿旅游产业优势，通过土地综合整治工程的实施，挖掘产业发展与土地综合整治相结合模式，促进土地流转与产业导入，为农业发展提供更优良的土地基础，发展特色农产品，提升农业产业品质，探索一、二、三产业融合发展共促全域土地综合整治的创新模式，为乡村振兴发展提供有力“造血干细胞”。

5.3.13 来宾市

来宾市总体上耕地集中连片程度处于广西中等；耕地数量较多，但高等地比例较小；耕地坡度较平缓，近60%的耕地坡度在2°以下；耕地提质改造潜力较大，主要集中在合山市；新增耕地潜力处于广西中等水平，主要集中在兴宾区。来宾市人居环境整治潜力、农村建设用地挖潜、历史遗留废弃采矿用地整理潜力整体较低，其中，兴宾区是人居环境整治、历史遗留废弃矿山修复要重点关注的区域。

来宾市人居环境整治潜力、农村建设用地挖潜、历史遗留废弃采矿用地整理潜力整体较低。局部地区兴宾区是人居环境整治、历史遗留废弃矿山修复要重点关注的区域。

来宾市的忻城县石漠化耕地现象较为突出，西部的忻城县与和合山市，中部的兴宾县与武宣县土壤侵蚀较严重。金秀瑶族自治县自然保护地核心区的商品林与建设用地数量较多，主要为公路用地，对生态环境产生一定的影响。来宾市有7个四星级以上农业示范区，12个旅游景区，旅游产业基础较好。

来宾市开展全域土地整治工作，结合较有利的平坦地势，挖掘耕地提质改造潜力与新增耕地潜力，提高耕地质量，促进耕地集中连片建设。重点关注局部地区人居环境整治、历史遗留废弃矿山修复、耕地石漠化与水土流失防治治理，合理引导自然保护地核心区的建设用地与商品林逐步退出。通过土地综合整治工程的实施，挖掘产业发展与土地综合整治相结合模式，促进土地流转与产业导入，为农业发展提供更优良的土地基础，提升农业产业品质，为乡村振兴发展提供有力“造血干细胞”。

5.1.14 崇左市

崇左市总体上耕地集中连片程度较好；耕地质量数量较多，但高等地占比较小；耕地坡度处于广西中等水平，40%左右的耕地坡度在2°以下；耕地提质改造潜力较大，仅次于南宁市，位居广西第二，主要分布在东部的江州区与扶绥县；新增耕地潜力处于广西中等水平。

崇左市人居环境整治潜力、农村建设用地挖潜、历史遗留废弃采矿用地整理潜力整体较低。关注宁明县的人居环境整治、农村建设用地挖潜工作。

崇左市的大新县、江州区、天等县分布有部分中度石漠化耕地。土壤侵蚀现象较突出，呈现扶绥县、江州区、大新县、天等县北部、宁明县北部较严重。崇左市存在土地酸化现象。扶绥县、江州区、大新县自然保护地核心区的商品林较多，且主要为桉树商品林；自然保护地核心区的建设用地较多，主要为公路用地、农村宅基地，对生态环境产生一定的影响。崇左市有9个四星级以上农业示范区，34个旅游景区。

崇左市开展土地综合整治工作，结合水资源与地势情况挖掘耕地提质改造的潜力。关注局部地区人居环境整治、农村建设用地挖潜、石漠化耕地治理与土壤侵蚀防治治理。合理引导自然保护地核心区的建设用地与商品林逐步退出。崇左市是全国极具特色的边境旅游区域，充分发挥边境特色旅游产业优势，通过土地综合整治工程的实施，挖掘产业发展与土地综合整治相结合模式，促进土地流转与产业导入，为农业发展提供更优良的土地基础，发展特色农产品，提升农业产业品质，探索一、二、三产业融合发展共促全域土地综合整治的创新模式，为乡村振兴发展提供有力“造血干细胞”。

5.4 广西土地综合整治建议

5.4.1 加大土地综合整治新理念宣传

土地综合整治是将农用地、建设用地整理和乡村生态保护修复有机融合，优化生产、生活、生态空间格局，构建产业兴旺、生态宜居、治理有效的乡村振兴发展的新格局。要积极加大对土地综合整治新理念宣传，尤其对自然资源从业人员与各市县政府主要领导。可以通过会议宣传，让各地重新建立对土地综合整治的理解，也可以选取较为典型的土地综合整治案例，通过现场调研学习，更加直观的感受土地综合整治如何开展与享受红利。让各地了解土地综合整治的重心放在改善乡村生产、生活、生态环境上，引入产业发展，构筑乡村“造血干细胞”，促进乡村振兴发展。摒弃片面追求耕地指标的思维，真正从利民角度出发，用活、用好土地综合整治政策，同时也让其为广西乡村振兴发挥更大的推动作用。

5.4.2 做好相关规划的编制与调整工作

土地综合整治项目的开展需要纳入规划体系中，使其合法合规，乡镇国土空间规划和村庄规划是实施土地综合整治的规划依据。在开展土地综合整治项目实施方案的编制过程中，同步推动涉及村的村庄规划与涉及乡镇的乡镇国土空间规划的编制及调整工作。在部分试点的乡镇空间规划编制过程中，应考虑土地综合整治项目的布局情况，明确项目的目标任务、整治区域、主要内容、空间布局等。对于村庄规划应将整治任务、指标和布局要求落实到具体地块，明确项目组织管理、实施时序、项目安排、资金估算和投资来源等内容。将土地综合整治项目真正落实到规划中，使各项工作的开展有依据、有序、合理地进行。

5.4.3 积极搭建各部门与社会各界合力平台

土地综合整治内容涉及指标产出交易、生态保护修复、村庄风貌提升等各个方面，涵盖的内容广且多，既有营利性的任务也有公益性的任务，涉及各个部门的工作职能。开展土地综合整治项目，需要地方政府做好领导统筹工作，积极合理搭建起一个多部门共建的平台，明确各个部门在项目开展中的工作职责，充分发挥各部门的协同共建能力。同时积极利用政策红利引入社会资本，利用企业的积极性与创新力，大力挖掘与发展乡村产业。通过土地综合整治的开展，让各部门与社会资本集中力量共同打造项目区，实现各做一盘菜共创一桌席的合力局面，打造成特色鲜明的亮点区域。

5.4.4 因地制宜探索土地综合整治

广西国土面积大、地域广阔，地形地势差异较大，是少数民族聚居自治区，各地风俗习惯存在一定的差异，因此各地开展土地综合整治的方式方法、工作重点、主要困难等都有所不同。此外，土地综合整治项目的开展需要地方政府具有强有力的领导能力，调动起各个部门合力共建的积极性，协调地方村民的积极配合；需要地方大力招商引资，在开展土地整治、生态保护修复与乡村风貌提升的同时，还要找到促进地方可持续发展的产业大动脉。这对项目开展区域的地方积极性、自然禀赋条件、产业发展潜力等方面都有较大的要求。因此，在土地综合整治工作开展中需要因地制宜地选择项目区，选取真正各方面符合条件的区域，并根据地方特色开展项目。避免在条件不成熟的区域开展项目，导致项目启动后难以推进，出现项目开展“骑虎难下”的局面。

5.4.5 推进退化农用地的合理利用与治理

广西分布有较大面积的石漠化耕地、土壤侵蚀耕地、沙化耕地等退化农用地，给农业生产带来一定的挑战。通过土地综合整治工作的开展，从生态治理角度出发，实现农用地的合理开发利用，并协调农用地的经济效益与生态效益之间的关系，实现其间的有机转换。对退化程度较轻微的农用地进行合理适度地利用,实现对土地的合理有效利用;对退化程度较严重的农用地采取科学有效的治理措施,改善农业生产条件,提高土地的利用效率;对退化程度极严重的农用地考虑进行生态退耕,改变对其的利用方式,并采取必要的工程治理措施,防止退化现象进一步加剧。

5.4.6 逐步落实矛盾冲突区域不合理用地退出

广西自然保护地核心区分布有较大面积的建设用地与商品林,其中建设用地主要为农村宅基地与公路用地,商品林则会进行定期的林木砍伐,对生态环境会产生一定的影响。根据国家管理要求,广西原则上禁止自然保护地核心保护区的人为活动,因此广西自然保护地核心区的建设用地与商品林通过土地综合整治项目的开展合理规划安排逐步退出,着力营造自然和谐的生态环境。

5.4.7 健全土地综合整治项目实施管理机制

土地综合整治项目作为近年来的新类型项目,对其管理仍存在一些不完善之处。目前,关于单类型土地整治项目的报备监管系统已较为完善,但对于土地综合整治项目报备监管系统仍缺乏,也是由于报备监管系统的缺乏,许多涉及土地综合整治相关的政策红利难以真正有效落实,如备受关注的基本农田结构优化应如何进行基本农田地块的补划与调整,如何开展建设项目地块的用地报批,如何进行监督管理避免假借土地综合整治之名进行基本农田调整现象的发生。对于土地综合整治政策尺度的把握,需要通过进一步健全土地综合整治项目实施管理机制,进一步落实监督,让政策红利真正落到实处、助力乡村振兴。

第6章　广西城镇空间生态修复研究

6.1　广西城镇空间特征评价

6.1.1　广西城镇空间韧性敏感度评价

6.1.1.1　城镇内涝分析

1)研究思路

从自然条件出发,结合 ArcGIS 软件,利用高精度的数字高程模型(DEM)对洼地结构的精细化提取及空域建模,以此研究广西易涝区(洼地)的分布特征,求取城镇用地内洼地面积的占比,作为判断该地内涝的易发程度(张照杰等,2020)。由于地形原因,城镇用地内存在地势低于周边区域的洼地,当遭遇强降雨天气时,如果汇入洼地内的水不能及时排出,容易形成内涝灾害,因此认为城镇用地内洼地面积的占比与城镇内涝易发程度具有紧密联系。

2)研究步骤

利用 GIS 水文分析工具对广西 DEM 进行洼地的填洼处理,并通过栅格计算器计算填洼前后两个高程模型的高差变化,以获取每个洼地的结构信息(面积、深度)。

由于填洼工具是对研究区的所有洼地进行填洼,处理后洼地数量非常庞大,包含水系等区域,故需对洼地进行筛选(图 6.1)。本书主要研究城市的积水区,根据相关研究以及日常经验,城市的内涝区深度一般在 3m 以下,故提取深度小于 3m 的洼地,叠合现状建设用地范围线,形成广西各市易涝区分布图。计算广西各市洼地面积与现状城镇建设用地面积的占比,以此对比各市内涝的易发程度。

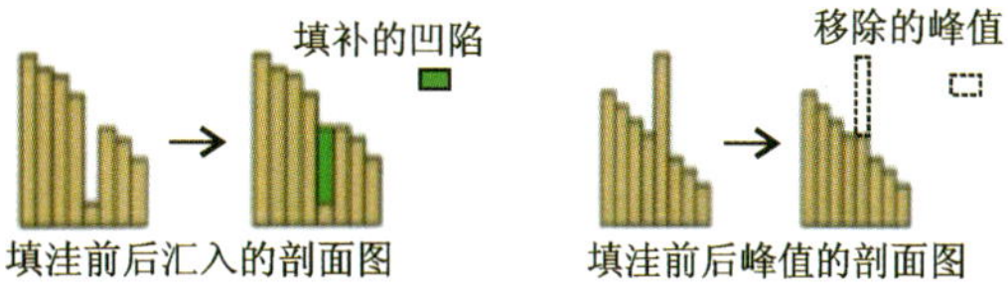

图 6.1　地表空域"填洼"原理

3)分析结论

广西的易涝区域以散点形式集聚分布在城镇内部,少部分分布在城镇空间附近及高山河谷间的低洼地带。易涝区整体分布较为分散,面积较大的易涝区较少且主要集中在城镇内部,所以在以广西范围为尺度的各市易涝区分布上未有特别明显的图示。

对广西城镇空间叠加遥感卫星图进行放大处理，选取情况较为典型的城镇空间进行分析（图 6.2），除南宁、柳州、桂林、北钦防等重点城市外，还选取了历年内涝风险较高的梧州，对这些城市的主城区进行初步观察分析，研究其易涝区域的模拟分布情况。城镇内的易涝区域较为碎片化，形状较为多样，在城镇空间内呈散点式分布，且未有明显的分布规律，呈现局部集聚、大体分散的分布情况。其中，南宁、柳州、桂林等城市的主城区内易涝区域大体沿穿城而过的河流分布，分散在河流两侧，局部呈团块状集聚。北海、钦州、防城港为沿海城市，地处低洼平坦的滨海平地，整体地势低，易产生内涝积水，城镇空间内的易涝区域大多靠近沿海或者河流水域等地势低洼区域。梧州主城区的易涝区域模拟分布较为零散，成片集聚区域较少。

图 6.2　柳州市（左）、桂林市（中）、梧州市（右）易涝区分布图

从计算得到的广西各市洼地面积与现状城镇建设用地面积占比的分析结果还可以明显看出，广西内涝易发程度（洼地占比）大致可以分为 3 个级别（图 6.3），第一级别为钦州市、防城港市，城市易涝区占比较高，发生内涝的风险性较其他城市高；第三级别为崇左市、河池市，发生内涝的风险相对较低；其他城市为第二级别的城市，城市发生内涝的风险适中。需要注意的是，洼地占比只是区域一个平均的结果，并不代表该区域所有城镇用地的易涝风险等级。此外，数据的精度和洼地筛选的阈值也会给计算结果带来误差。具体情况可根据各地的实际情况进行具体分析。

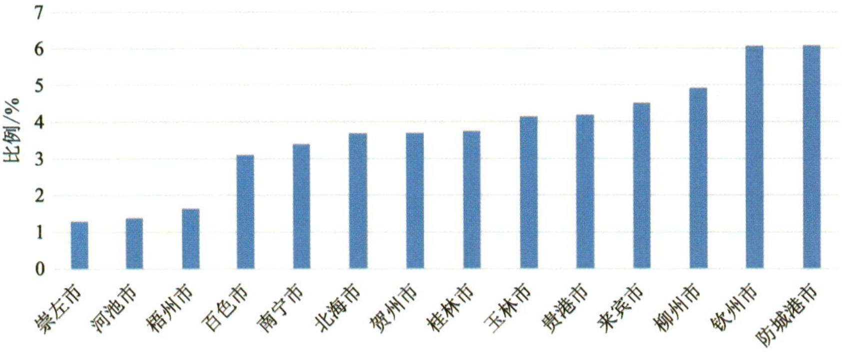

图 6.3　各市易涝区面积占比柱状图

城镇空间内部洼地的形成有多种因素：一是由于自然地形，在城市开发建设时未对天然洼地进行处理；二是由于高强度开发，城镇建设时土地开垦、填挖工程量大，施工周期短、需求

量大等因素，使政府部门无暇对土地开发进行科学规划，间接导致城镇低洼区域的形成（表 6.1）。城镇空间易涝区占比较高区域，可能因为其内部存在较多洼地，遇暴雨天气时发生内涝灾害的风险程度相较其他城市要大。同时，如果城镇空间内部排水规划不合理，当遭遇强降雨天气时，汇入洼地的水无法通过排水系统及时排出，城镇遭受内涝灾害的风险概率也会大大增加。

表 6.1　各市洼地与城镇空间面积比值表

行政区划	崇左市	河池市	梧州市	百色市	南宁市	北海市	贺州市	桂林市	玉林市	贵港市	来宾市	柳州市	钦州市	防城港市
洼地占比/%	1.30	1.38	1.65	3.11	3.40	3.69	3.71	3.75	4.14	4.20	4.51	4.92	6.06	6.07

6.1.1.2　城镇热岛分析

以 2010—2020 年广西遥感地表温度（LST）数据为基础，计算广西国土空间内的不同区域城镇空间的热岛强度（UHI）与热岛比例指数（URI），将它们作为评价指标来研究广西城镇热岛的时间变化与空间分布特征（陈爱莲，2012）。

数据来源 MODIS 产品的 LST 数据，选取 2010 年 11 月、2015 年 10 月、2020 年 10 月 LST 数据，分辨率为 1km。对数据进行预处理，反演得到广西历年地表温度变化情况并进行分析比对；再通过相关软件计算不同区域城镇空间 UHI 与 URI 作为评价分析要素，从热岛强度的时空分布和面积变化、城市热岛比例指数发展特征以及城市下垫面特性 3 个方面分析广西热岛效应的演变特征。

1）LST 对比分析

通过对比广西历年地表温度，2010—2020 年广西整体地表温度呈显著上升态势（图 6.4），同时发现，广西中部、北部和南部的地表温度较 2010 年有明显的上升。2010 年广西地表温度较高区域集中在以防城港等为代表的沿海西南区域，来宾、柳州的中部区域，且呈连片式蔓延态势；桂北区域的地表温度较高区域则呈散点状分布，主要位于城市主城区，如桂林。2020 年广西地表温度上升明显，除各市主城区高温覆盖区域增加之外，温度较高区域面积大幅增加，其中广西南部呈连片式蔓延扩散趋势，其主要原因：一是全球温室效应相较往年的加剧变化，导致地表温度显著升高；二是公开的产品数据选择的局限性导致选取的研究时间段未能统一，季节天气的影响会带来一定程度的误差；三是城镇开发建设改变了地表植被，城市下垫面的改变间接影响整体生态环境，从而影响地表温度。

根据相关研究（张沁等，2024），与地表温度密切相关的地表参数主要有建筑用地、水体和植被（图 6.5）。由案例参数指数的拟合图像可以看出，建设用地与地表温度的关联性最高，两者呈正相关关系（建设用地密度越高的地区，IBI 值越低，地表温度越高）。分别分析广西 2010 年和 2020 年的建设用地密集程度，对比建设用地密集程度热力图以及历年地表温度分布图（温度值已做归一化处理）的演化趋势，可以发现南宁、贵港、柳州、玉林等地建设用地密

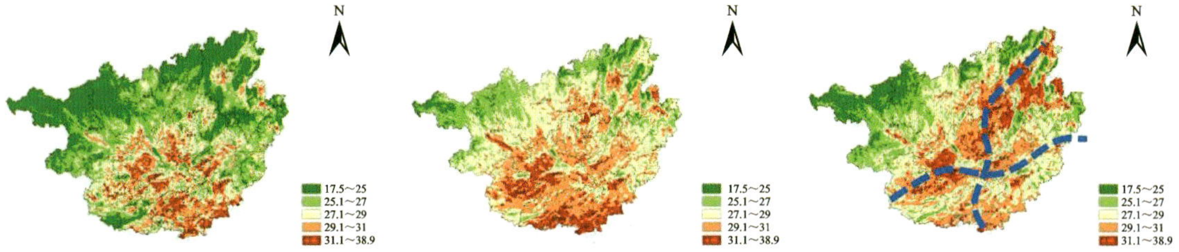

2010年广西地表温度分布图　　2015年广西地表温度分布图　　2020年广西地表温度分布图

图 6.4　广西历年地表温度分布图

集程度高，广西地表温度高值区的空间分布呈现轴线特征，东西向轴线主要连接崇左、南宁、贵港、玉林、梧州等市，南北向轴线主要连接桂林、柳州、来宾、钦州、防城港、北海等市。

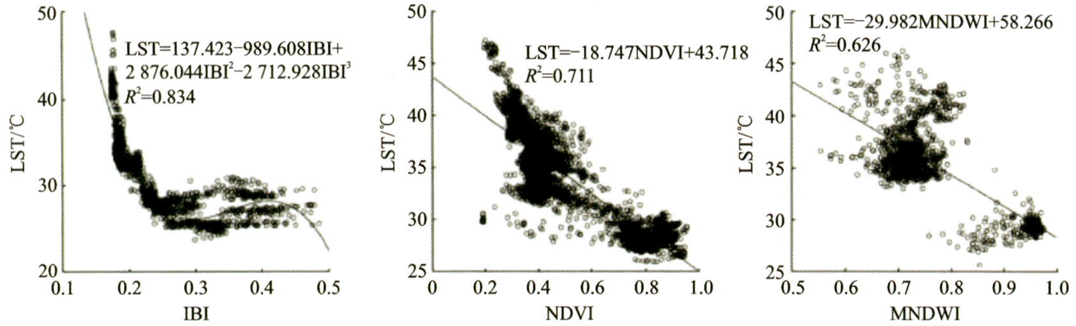

a. 建筑用地　　b. 植被　　c. 水体

图 6.5　建筑用地、植被、水体与地表温度关系图

2）UHI 分析

UHI 为城区与郊区乡村地表温度的差值，反映城乡温差的程度，其计算公式为

$$UHI_i = T_i - 1/n\sum T_{crop} \tag{6.1}$$

式中：UHI_i 为图像中第 i 个像元所对应的热岛强度；T_i 为城区 LST；n 为郊区农田内的有效像元数；T_{crop} 为郊区农田内的 LST。

本书以 2020 年城镇用地及其 2km 缓冲区作为各个城镇的研究范围。城镇范围外的区域则视为城市郊区。参照相关文献的划分标准，将 UHI 值分为 5 个级别，对应的热岛强度见表 6.2，由此得到广西热岛强度的空间分布。

表 6.2　广西热岛强度等级划分

等级	UHI/℃	等级定义
1	≤−1	无热岛
2	[−1,1)	弱热岛
3	[1,3)	中热岛
4	[3,5)	较强热岛
5	≥5	强热岛

通过对比2010年和2020年热岛强度分布情况，可知广西整体城镇空间热岛强度逐年增强，各地级市城镇空间的热岛问题已经普遍出现，且热岛随城市面积增大而增强，在主要城市的主城区情况最为明显(图6.6～图6.11)，其中南宁市、柳州市、桂林市城镇热岛效应最为明显。

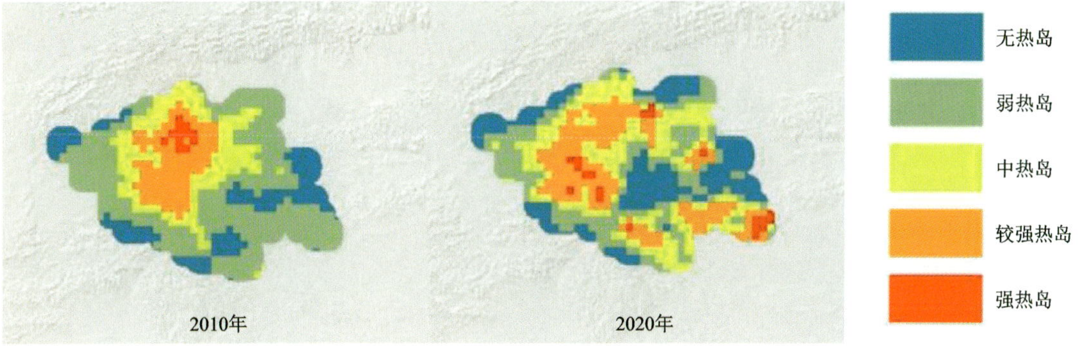

图6.6 南宁市热岛强度变化图

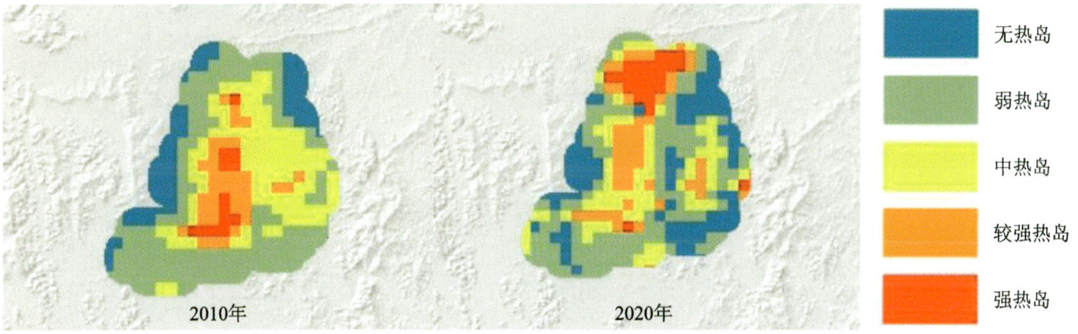

图6.7 柳州市热岛强度变化图

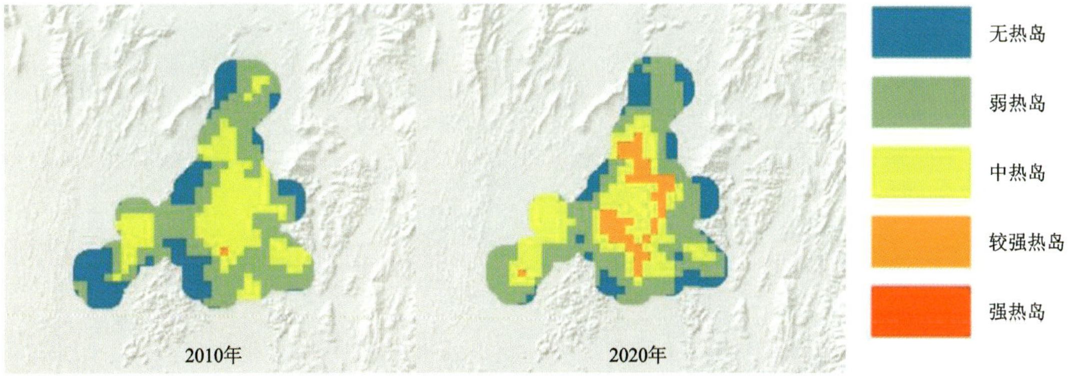

图6.8 桂林市热岛强度变化图

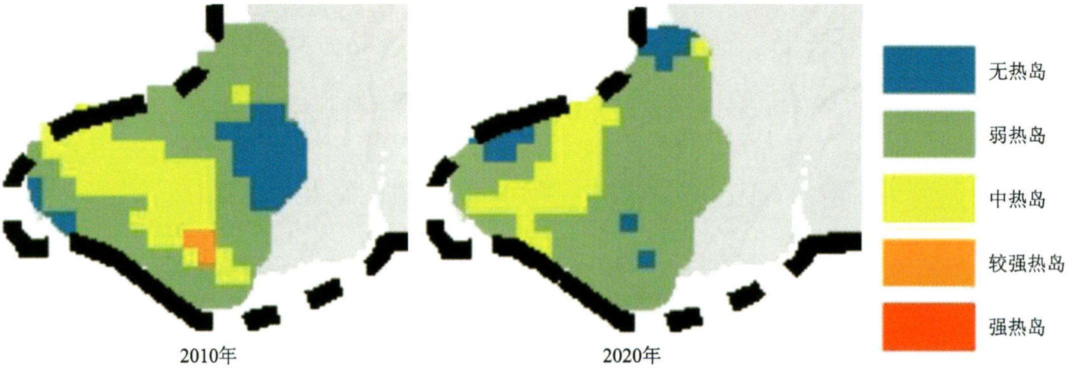

图 6.9　北海市热岛强度变化图

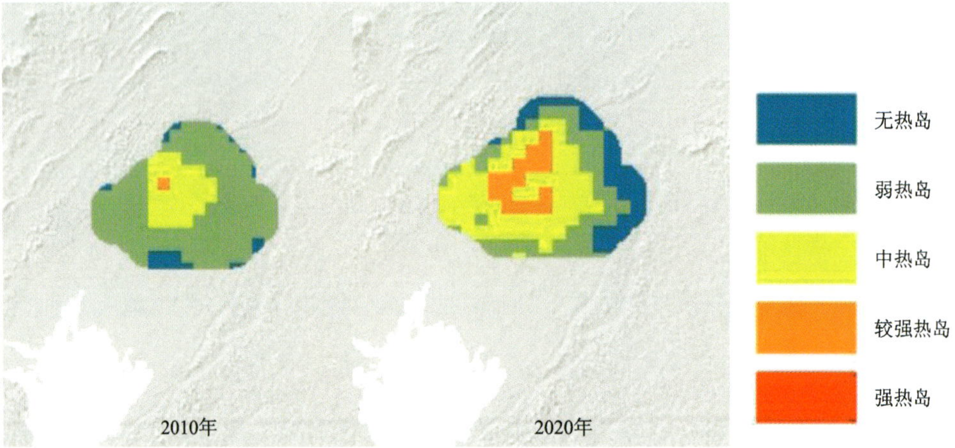

图 6.10　钦州市热岛强度变化图

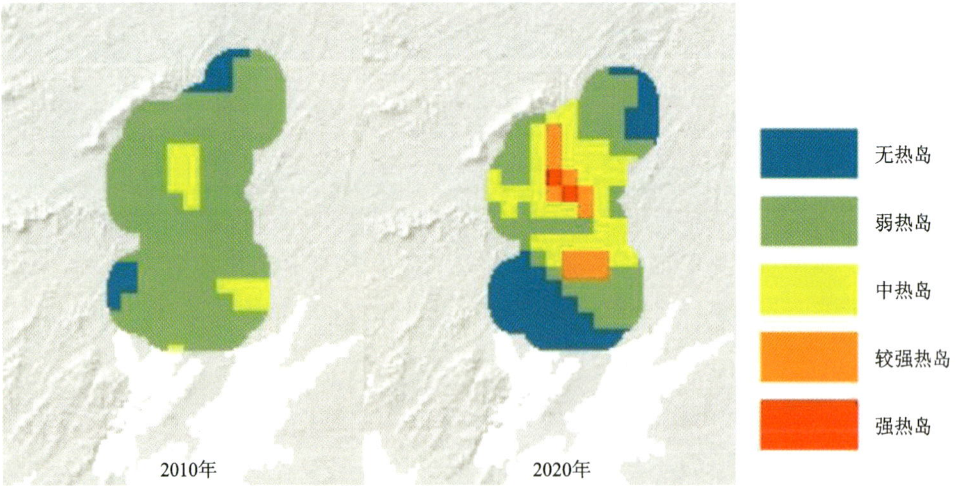

图 6.11　防城港市热岛强度变化图

南宁市由江北的单热岛中心逐渐往南、往东扩张形成多热岛中心，且由 2010 年的单中心圈层式向外围发展演变为 2020 年多核心的圈层式向外围发展，城区无热岛空间主要为青秀山等绿地集中区域。柳州市的热岛也是由单中心到多中心热岛空间的转变，且 2020 年在城区北部有明显的强热岛区域聚集，热岛强中心由 2010 年的南部转移到北部，热岛分布的整体态势呈圈层分布，即由城区外部向内逐渐增强。桂林市的热岛特征变化相较南宁市、柳州市相对较轻，2010—2020 年均无强热岛空间，2020 年较强热岛空间的面积有所增大，由 2010 年的单点状分布演变成 2020 年的带状连片分布。北海市的热岛效应较小，暂无强热岛空间出现。钦州市的热岛效应也相对较轻，主要集中在城区西部，呈圈层分布。防城港市则由 2010 年无较强热岛中心演变成 2020 年单热岛中心。

由上述城市的热岛空间分布情况可知，无热岛效应的空间大部分都分布在城市主城区外围，主要靠近或者在植物覆盖率高的山体。其中南宁市城区东部的青秀山也是无热岛空间，说明城市绿地对调节城市内部气候、减缓热岛效应具有明显的作用。

3）URI 计算

URI 是一个定量指标，可用于比较不同时间、不同地区的热岛强度大小（表 6.3），具有热岛指示意义，其计算公式为

$$\mathrm{URI} = 1/100m\sum_{i}^{n} w_i p_i \tag{6.2}$$

式中：m 为热岛强度等级数；n 为城区温度高于郊区温度的等级数；i 为城区温度高于郊区温度等级序号；w_i 为第 i 级的权重，一般最高温区权重数值与温度总数相等，且温区由高至低系数依次减 1；p_i 为第 i 级值所占百分比例。URI 值域为[0,1]，该值越大，热岛现象越严重。广西各市 URI 见表 6.3、各市不同年份 URI 变化见图 6.12。

表 6.3　广西各市 URI 统计表

行政区划	崇左市	河池市	贵港市	百色市	北海市	玉林市	贺州市	来宾市	梧州市	防城港市	桂林市	柳州市	钦州市	南宁市
2010 年 URI	0.409	0.405	0.414	0.417	0.429	0.437	0.417	0.405	0.401	0.414	0.414	0.455	0.426	0.447
2020 年 URI	0.406	0.422	0.423	0.423	0.424	0.425	0.427	0.436	0.439	0.443	0.446	0.465	0.468	0.475

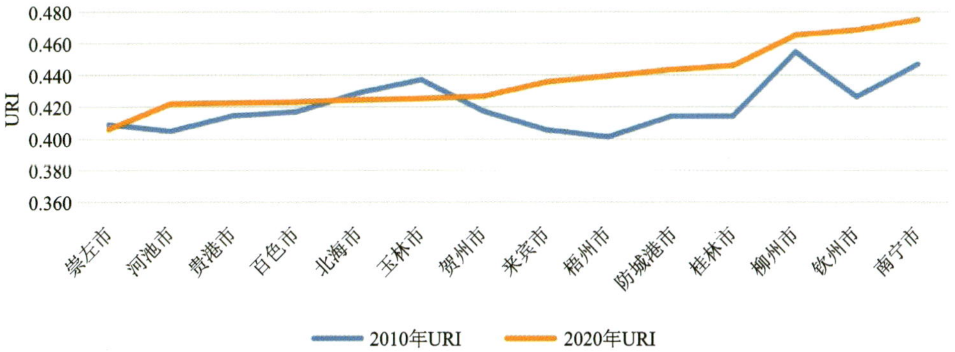

图 6.12　广西各市不同年份 URI 变化折线图

6.1.2 广西城镇空间品质重要性评价

6.1.2.1 广西城镇蓝绿体系分析

广西城镇蓝绿体系重点分析以城镇为中心、向外缓冲 1km 范围内(数据包含地级市辖区、各县区建成区)的蓝绿空间。通过叠加统计分析,从城镇蓝绿空间比例、面积增减趋势、分布变化及布局特征等方面,研究近年来城镇蓝绿空间分布演变情况(黄铎等,2022)。

数据来源于第二次全国土地调查数据(2010 年)和第三次全国土地调查数据(2020 年),蓝色空间分析选取地类名称为河流水面、湖泊水面、水库水面的相关数据;绿色空间分析选取地类名称为灌木林地、可调整其他林地、可调整乔木林地、可调整竹林地、其他草地、其他林地、乔木林地、人工牧草地、天然牧草地、竹林地、公园与绿地的相关数据,同时考虑矿山相关的数据对绿色空间的影响。

1)广西蓝绿空间分布

广西蓝绿空间资源丰富,总面积约 1700 万 hm^2,约占广西土地总面积的 71.50%。其中,广西蓝色空间面积为 46 万 hm^2,绿色空间面积为 1654 万 hm^2,除北海外,各市的蓝绿空间均占总土地面积的 50%以上。广西蓝色空间与城镇关系密切,城镇均依水而建或居民临水而居,蓝色空间受城镇发展建设影响较大。广西蓝色空间分布较为均衡,以河流水面居多(62.86%),水库水面次之(37.10%),湖泊水面最少(0.04%)。广西绿色空间整体呈围合城镇的态势,大部分城镇与绿色空间之间存在一定的缓冲区域,城镇内部绿色空间多为公园绿地。广西绿色空间分布呈北密中南疏的态势,原因在于北部多山,适宜生态保护;而中部、南部地形较为平缓,适宜农业发展及城镇建设。但总体来说,广西绿色空间资源丰富,除北海外,均达到 50%以上。

2)城镇蓝色空间分布变化分析

从 2010 年到 2020 年,广西城镇蓝色空间面积呈减少趋势。2010 年广西各市城镇空间内的蓝色空间总面积约为 3.24 万 hm^2,2020 年约为 2.78 万 hm^2,2010—2020 年间各市城镇空间内蓝色空间总面积减少 0.4 万 hm^2,其中柳州市柳城县的城镇蓝色空间面积减少最为明显。城镇蓝色空间变化以河流水面变化最为显著,其次是水库水面。根据土地利用转移变化分析,防城港市、钦州市、南宁市城区河流水面变化较为集中,沿海两市以转为沿海滩涂为主,其次是乔木林地和竹林地;南宁市以变成林地(乔木林地、竹林地、灌木林地)、公园绿地为主。贵港市、南宁市的湖泊水面变化较为明显,以变成公园绿地为主。梧州市、南宁市、桂林市水库水面变化较为明显,以变成河流水面为主。总体上,蓝色空间在城镇内部以城市建设开发占用为主,在城区周边以林地占用为主。贵港、南宁两市湖泊水面变为公园绿地,表明近年来两市大力推进城市绿化建设。

3)城镇绿色空间分布变化分析

从 2010 年到 2020 年,城镇绿色空间面积呈增加趋势。2010 年广西各市城镇空间内的绿色空间总面积约为 18.45 万 hm^2,2020 年约为 15.69 万 hm^2,2010—2020 年间增加 0.4 万 hm^2。城镇绿色空间面积增加的区域主要在来宾市、河池市南部、百色市西南部、崇左市北部等地。

城镇绿色空间变化较为显著，主要原因：一是二调数据与三调数据统计方法不同，数据产生较大差异；二是随着国家森林城市群建设的提出及城市化建设不断增加城市绿地，绿地空间资源总体上呈现增长的趋势。

4）城镇蓝绿空间布局特征分析

选取以城镇为中心，向外缓冲 1km 范围内（数据包含地级市辖区各县区建成区）的蓝绿空间，以地级市为单位进行统计（表 6.4）。

表 6.4　各市城镇蓝绿空间分布情况统计表

地级市	城镇蓝绿空间合计		城镇蓝色空间		城镇绿色空间		城镇空间面积/hm^2
	面积/hm^2	占比/%	面积/hm^2	占比/%	面积/hm^2	占比/%	
百色市	172.73	38.90	18.96	4.27	153.77	34.63	443.97
北海市	68.17	19.89	7.88	2.30	60.29	17.59	342.78
崇左市	112.37	34.70	10.89	3.36	101.48	31.34	323.76
防城港市	84.12	36.23	10.55	4.54	73.57	31.69	232.19
贵港市	89.50	22.22	27.78	6.90	61.72	15.32	402.80
桂林市	236.10	33.24	32.31	4.55	203.79	28.69	710.36
河池市	162.96	46.99	11.00	3.17	151.96	43.82	346.78
贺州市	71.91	29.84	9.15	3.80	62.76	26.04	241.03
来宾市	64.43	26.49	14.47	5.95	49.96	20.54	243.20
柳州市	165.88	29.71	33.90	6.07	131.98	23.64	558.39
南宁市	273.19	24.76	47.99	4.35	225.20	20.41	1 103.18
钦州市	137.14	32.60	13.70	3.26	123.44	29.34	420.78
梧州市	94.51	39.70	27.71	11.64	66.80	28.06	238.02
玉林市	113.67	23.30	11.26	2.31	102.41	20.99	488.00

由表可知，广西整体城镇蓝绿空间总量较高，但局部不平衡，呈北部密集，中部和南部较为稀疏的特征。其中，城镇蓝绿空间面积占比前五的城市为河池、梧州、百色、防城港、崇左；蓝色空间占比前五的城市为梧州、贵港、柳州、来宾、桂林；绿色空间占比前五的城市为河池、百色、防城港、崇左、钦州。

在统计分析城镇空间内蓝绿空间面积及占比的基础上，选取 3 个重点城市（南宁、桂林、柳州）结合变异系数分析其蓝绿空间布局特征。

变异系数，又称“离散系数”（coefficient of variation），是概率分布离散程度的一个归一化量度，是一种间接测度数据离散程度方法。它的计算公式为：CV＝标准方差/平均值×100%。CV 越大，说明其离散程度越大。当 CV≥64%，表示该市城镇蓝绿空间为集群分布；

当 33%<CV<64%,表示该市城镇蓝绿空间为随机分布;当 CV≤33%,则表示该市城镇蓝绿空间为均匀分布(表 6.5)。

表 6.5 重点城市城镇蓝绿空间变异系数分析表

地级市	CV/%		
	蓝色空间	绿色空间	蓝绿空间
桂林市	62.05	48.56	47.35
柳州市	51.55	73.05	67.67
南宁市	94.59	68.73	75.72

桂林市城镇空间内蓝绿空间呈随机分布,蓝色空间主要分布在漓江、青狮潭水库等地,绿色空间主要分布在西北部、中东部及南部边缘地区。以桂林市中心城区为例,绿色空间由西部向城镇空间内部渗透,形态较为自由,密度不均,呈随机发散的空间格局;蓝色空间以漓江为主,多条支流穿过城区。总体来说,城镇蓝绿空间有交织,生态本底条件好,但局部不均衡。

柳州市城镇空间内蓝绿空间呈集群分布,以柳州市中心城区为例,绿色空间由外部向城镇空间内渗透,绿色空间以点状、块状绿地为主,主要集中在北部江湾三门江国家森林公园及南部龙潭公园区域,分布不均,没有连续性;蓝色空间则呈带状分布,柳江环绕穿插城区;总体来说,城镇蓝色空间、绿色空间之间没有相互联系,未成体系。

南宁市城镇内蓝绿空间呈集群分布,蓝色空间主要分布在邕江、郁江、大王滩水库、凤亭河水库等水域范围内,绿色空间主要分布在中部高峰岭、东南部镇龙山、西部大明山及南部边缘地区。以南宁市中心城区为例,绿色空间主要由东南部青秀山风景区及五象岭森林公园等大型块状绿地向外延伸,呈团块状分布型,点状分布较为均匀;蓝色空间以邕江、南湖等大型水系为主,从城区中部穿过并向四周渗透。总体来说,蓝色空间向两侧渗透串联起绿色空间,蓝绿交织成网,蓝绿体系较为完善。

6.1.2.2 广西城镇蓝色空间品质分析

1)广西蓝色空间品质分析

2020 年,广西 51 条主要河流的 97 个国家及自治区级地表水水质监测断面水质优良比例(Ⅰ~Ⅲ 类水质)为 99.0%,水质总体优,比 2019 年上升 6.2%(图 6.13)。52 个国家级地表水水质监测断面优良比例为 100%。广西珠江水系、长江水系与独流入海水系水质状况总体为优。但是钦江、九洲江、南流江、柳江、贺江、左江、漓江、黔江等水系在部分区段存在污染风险,部分断面逐月水质出现超标,部分支流水质仍为劣Ⅴ类。整体上来说,广西蓝色空间品质较优。据 2019 年广西壮族自治区主要江河水库水功能区达标评价名录,广西国家级、自治区级水功能区合计 404 个,其中水质达到考核目标要求的有 383 个,未达到水质考核目标要求的有 21 个,水质达标率为 94.8%。

2)城镇空间对水质的影响

城镇空间多分布在河流边,因此城市建成区、农业主要产区等人类活动密集区与蓝色空

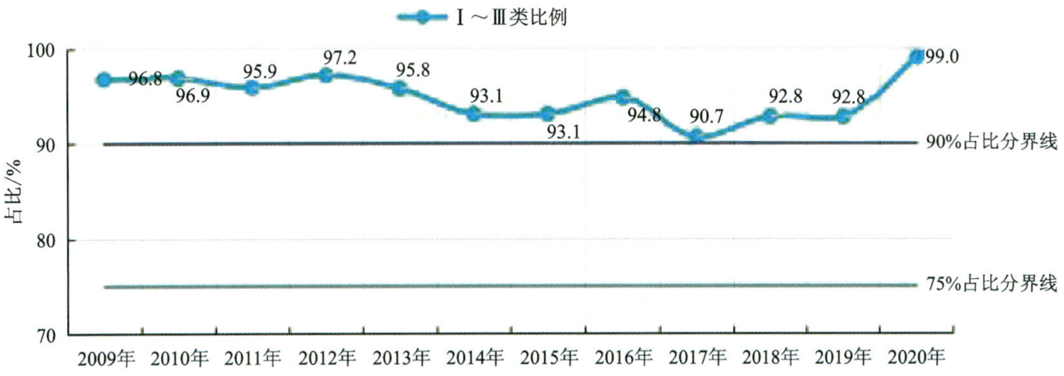

图 6.13 广西 2009—2020 年主要河流年度水质变化图

间关系密切，普遍存在侵占生态空间现象，部分区域乱占滥用河滨缓冲带、非法采砂、开垦种植畜禽养殖，导致河岸生态破坏、水土流失、水生态环境破碎。广西水质较差的区域主要在桂南沿海钦江、九洲江、南流江等水系部分区段，水质多为Ⅲ类，部分支流水质仍为劣Ⅴ类，存在污染风险。部分河段水质差的主要原因有 3 点。

(1)工业污染防治设施不完善。柳江流域柳州市工业集中区、河池市大任产业园、郁江流域百色工业园区、南流江流域玉林(福绵)节能环保产业园、钦江流域皇马工业园等重点工业园区污水处理设施及配套管网建设不完善，部分企业污水未纳入管网。同时，钦江泉水镇、张黄镇工业园区等依托市政污水处理厂处理污水，导致市政污水处理厂运行负荷过高，对市政污水处理厂的稳定运行造成冲击。

(2)入河排污口缺乏有效监管。广西重点流域仍有部分工业、市政入河排污口，对水环境造成影响。另外，已完成整治的排污口未建档立册，缺乏有效的监管，目前仅对规模以上入河排污口进行了监测。规模以上排污口监测采取一次采样监测，监测频次不高，日常性监测总体未开展，各县区水利局多数无监督性监测能力。

(3)广西城镇发展迅速，人口、产业规模迅速增加，现有污水处理能力无法支撑城镇化发展进程，部分污水处理设施存在满负荷运行现象，部分乡镇缺少城镇污水处理设施，居民生活污水未得到妥善处理。污水处理设施配套的污水管网建设严重滞后，城中村、老旧小区、城市周边等区域污水收集体系不完善，部分城镇生活污水直接排入河道。大部分污水管网未实现雨污分流，错接、混接问题突出，生活污水、雨水、工业污水等多种水体混入，导致污水处理厂进水量大。

6.1.2.3 广西城镇绿色空间品质分析

1)广西绿色空间品质分析内容

广西绿色空间品质分析内容主要包括绿色空间生态重要性评价、绿色空间覆盖度分析、绿色空间生态效益评估、城镇内部和周边矿山对绿色空间品质的影响等 4 个方面进行分析。由于资料有限，暂未开展绿色空间生态重要性评价、城镇内部和周边矿山对绿色空间品质的影响分析。

2)广西绿色空间质量分析

广西绿色空间整体质量较高,总量较足,其中,百色市、河池市、桂林市的重要生态空间较多。极重要生态空间集中在西北部及东北部,呈条带状向中部延伸,与山脉走向一致(表6.6)。

表6.6 各市生态保护重要性分布情况统计表

等级/名称	一级(极重要)		二级(重要)		三级(不重要)	
	面积/hm^2	占比/%	面积/hm^2	占比/%	面积/hm^2	占比/%
百色市	2 017 820.38	19.03	616 201.41	10.64	988 136.82	13.22
北海市	48 723.13	0.46	186 516.12	3.22	165 635.79	2.22
崇左市	653 227.34	6.16	355 226.65	6.13	727 140.93	9.73
防城港市	279 142.56	2.63	212 604.41	3.67	133 629.84	1.79
贵港市	259 646.99	2.45	313 036.63	5.41	494 463.13	6.62
桂林市	1 547 843.27	14.60	604 932.78	10.45	635 227.36	8.50
河池市	2 248 124.59	21.20	440 068.67	7.60	666 611.45	8.92
贺州市	683 815.34	6.45	188 270.71	3.25	315 381.00	4.22
来宾市	401 118.31	3.78	376 520.01	6.50	567 338.36	7.59
柳州市	784 572.49	7.40	451 375.48	7.79	632 755.34	8.47
南宁市	634 814.65	5.99	614 340.80	10.61	967 817.69	12.95
钦州市	168 126.96	1.59	597 015.70	10.31	329 225.36	4.41
梧州市	571 901.17	5.39	306 463.54	5.29	390 611.84	5.23
玉林市	304 052.29	2.87	528 677.14	9.13	458 776.66	6.14

6.1.2.4 城镇空间缓冲区分析

1)城镇与生态空间缓冲区分析

将城镇空间与生态保护重要性评价叠加分析得出,广西城镇空间大部分位于生态保护重要性二级、三级区域,与生态空间矛盾冲突较小,少部分城镇空间涉及生态保护重要性一级区域,有对生态空间侵蚀的风险(6.7)。其中,南宁市和柳州市城镇空间与生态空间冲突较小,桂林市城镇空间与生态空间矛盾冲突较大,城镇空间向周围一级区域逼近,侵蚀生态空间的风险较大。

2)城镇与农业空间缓冲区分析

将城镇空间与农业适宜性评价叠加分析得出,广西城镇空间大部分位于农业适宜性较好的区域,城镇建设与农业耕种对地形等要求较为一致,重叠度较高,矛盾冲突较大。城镇空间与农业适宜性较好的地区重叠度较高的地区主要有南宁、北海、贵港、柳州、来宾等市。

表 6.7　城镇空间内生态保护重要性情况统计表

等级/名称	一级(极重要)		二级(重要)		三级(不重要)	
	面积/hm^2	占比/%	面积/hm^2	占比/%	面积/hm^2	占比/%
百色市	6 250.90	13.15	11 320.31	6.26	26 832.27	6.99
北海市	1 213.25	2.55	9 407.27	5.20	23 807.91	6.20
崇左市	3 147.52	6.62	7 481.86	4.14	21 785.75	5.68
防城港市	1 731.31	3.64	11 035.69	6.10	10 516.90	2.74
贵港市	2 824.68	5.94	9 470.04	5.24	28 201.44	7.35
桂林市	7 099.88	14.94	24 831.25	13.73	39 530.85	10.30
河池市	10 829.11	22.78	6 401.48	3.54	17 529.54	4.57
贺州市	1 694.68	3.57	4 142.22	2.29	18 448.20	4.81
来宾市	639.93	1.35	5 097.73	2.82	18 689.10	4.87
柳州市	3 685.49	7.75	10 899.08	6.03	41 504.37	10.82
南宁市	4 391.74	9.24	26 685.70	14.76	79 580.25	20.74
钦州市	1 733.91	3.65	18 557.89	10.26	21 987.73	5.73
梧州市	1 732.12	3.64	7 152.55	3.96	15 085.97	3.93
玉林市	560.64	1.18	28 310.50	15.66	20 210.75	5.27

6.1.3　广西城镇外部空间支撑评估

1)研究方法

广西城镇外部空间支撑评估以全国三调统计数据(2020 年)和双评价为基础分析数据，重点分析基础设施廊道的分布，通过 GIS 叠加统计分析，从面积占比、分布、趋势等方面，研究重要基础设施廊道对生态空间的影响，对基础设施廊道未来发展做出评估和预判。

2)数据来源

数据来源于全国最新三调统计数据(2020 年)和双评价相关数据。

3)城镇外部空间支撑评估分析

通过叠加广西重要基础设施与生态保护重要性评价分析可知，基础设施廊道与重要生态空间存在矛盾和冲突。广西重要基础设施廊道侵占极重要生态空间 1.23 万 hm^2，侵占重要生态空间 3.67 万 hm^2，其中，公路用地与重要生态空间矛盾最多(表 6.8)。广西重要基础设施与极重要生态空间重叠度较高的地区主要在桂北地区、红水河流域、浔江流域、十万大山地区等。出现冲突的原因在于，广西作为喀斯特地貌显著的省份，山岭连绵，丘陵起伏，河流众多，生态资源丰富，随之而来的是城市发展建设的需求与生态保护必要性之间的矛盾，如何平衡城市发展与生态保护之间的关系，是广西接下来需要重点考虑的问题。

表 6.8　广西基础设施廊道涉及生态保护重要性情况统计表

等级/名称	一级(极重要)		二级(重要)		三级(不重要)	
	面积/hm²	占比/%	面积/hm²	占比/%	面积/hm²	占比/%
港口码头用地	1 219.10	9.88	383.94	1.05	1 855.68	1.60
公路用地	10 395.45	84.24	28 920.86	78.82	97 409.65	83.81
管道运输用地	3.49	0.03	12.54	0.03	44.84	0.04
轨道交通用地	0.00	0.00	44.06	0.12	249.83	0.21
机场用地	103.26	0.84	1 535.75	4.19	624.63	0.54
交通服务场站用地	158.87	1.29	1 110.02	3.03	2 663.76	2.29
铁路用地	460.66	3.73	4 687.37	12.77	13 377.07	11.51

6.2　广西城镇空间要素修复指引

6.2.1　城镇内涝修复指引

沿海、沿江城市——北部湾城市群(北海、钦州、防城港等)、西江城市带(柳州、梧州、河池等)和桂林等依水而建的城市,应避免将城市发展方向选择在沿海、沿江地势低区域。

内陆城市——桂北、桂西内陆城市,降雨量大且多为喀斯特地貌,应推进系统性城市内涝防治工作,提升改造地下管道系统,增加城市瞬时排水的能力。

1)科学选址,城镇布局应避开洪涝灾害高风险区

由于广西水资源丰富,大部分地区均择水而居,如梧州、柳州等,客观上存在洪涝灾害隐患。在规划中应科学研判城市发展方向,识别雨洪风险区,新建城区、工业园的选址应避开高风险区。将城市远景发展规划区域的防洪标准适当提高,对经济社会发展条件较好的地区,可采用适度超前的排水标准。

2)实施生态保护修复,增强城市韧性

坚持山水林田湖草沙生命共同体理念,对受损、退化、服务功能降低的生态系统进行整体保护、系统修复、综合治理,促进自然生态系统质量整体提高。喀斯特地貌广泛分布的河池市、百色市、桂林市、崇左市等盆地地区,地下水系丰富,雨季地下水上涌,易造成城市内涝。应充分利用河流、湿地等水体的调蓄空间,发挥雨洪的行泄功能,针对雨洪行泄能力不足的水系,综合采用断面拓宽、河床清淤、节点疏通等措施,恢复和保持水系的自然连通和流动性,增强城市应对风险的韧性。结合海绵城市建设雨水花园,下凹式绿地,改善城市下垫面,达到快速排水的同时提高蓄水能力。

3)改善城市地下排水设施,加强城镇易涝点治理

内涝易发生在老城区,主要原因是老城区市政管道设施老旧、不成系统。应结合城市有机更新和城镇老旧小区改造,对城市易涝点开展排查,推进全流域全要素的系统性城市内涝

预防和治理工作，提升改造地下管道系统，有效解决老城区排涝历史遗留问题，避免局部的不合理开发建设导致流域性或反复性的内涝发生。

6.2.2 城镇热岛修复指引

以南宁、北海、钦州、防城港、玉林、崇左等为代表的北部湾城市群，以及柳州、桂林等是大多数高频率热岛现象的主要发生地。应重点针对北部湾城市群及柳州、桂林等重点城镇改善热岛效应，提高土地的利用效率，重点保护山体、水体、绿地等自然“降温”设施，有效改善城市下垫面，进一步改善广西的热岛效应。

1)构建城市降温廊道，多层次、系统化解决城镇热岛难题

各市应进一步整合各类生态要素，构建深入主城区的低温生态绿楔和城市降温廊道。将城市公园、绿地、湿地等点状空间，水体、生态廊道等线性空间，以及城市森林、风景区等面状空间进行连通，合理规划绿地布局，通过城市景观改造、空间形态调整及城市更新，逐步拓展和提升降温通道的功能，最终构建贯穿城市、畅通有效的热传递网络，实现冷热系统的良性循环。

2)提高土地使用效率，科学安排城市布局

采用高效的土地开发策略，注重内涵式增长，防止城市“摊大饼”式发展。过大的城市规模不但会增加私家车的数量，导致城市内交通废气和热量排放的增加，而且会增加郊区冷空气进入城市内部的距离，从而削弱降温通道的功能。多采用分散式组团化的城镇布局模式，鼓励城市多中心发展，有序疏散和扩张。同时，城镇布局要考虑地区常年盛行风向，预留出通风廊道，减小城市热岛效应。

3)实施刚性管控，强化城镇控制引导

控制容积率、建设密度等约束性指标，对目前城镇化水平较高的城市，规划中应合理控制容积率和建筑密度，改善地面硬化率，建立适当的配套奖励机制。

6.2.3 城镇空间蓝绿修复及城镇品质提升指引

6.2.3.1 蓝色空间修复指引

1)全面治理水污染，促进人水和谐，服务壮美广西建设

摸清广西城镇空间入河排污口底数，加强南宁市、柳州市等重点城市，郁江、都柳江控制单元的污染防治基础能力建设，扩容和减排并举，促进城市经济社会高质量快速发展(黄尚宁和植小敏，2022)。优先对水质不能稳定达标的西南诸河水系南流江玉林市段、南流江支流武利江、北仑河防城港市区段，西江黄金水道区域郁江水系右江南宁市区段、桂江梧州市区段，重要水生态功能区红柳江水系红水河龙岩滩水库段、左江崇左市佛耳丽蚌自治区级自然保护区等开展入河排污口排查，从工业、生活、农业找出污染源头，提出精准对策。

(1)调整优化产业结构布局，提升城镇空间工业污染防治能力。重点提升崇左市、来宾市、贵港市、南宁市等地糖业精深加工和综合利用水平；促进柳州市化肥，南宁市、百色市氯碱精细化工，梧州市林产化工等产业结构调整；推动柳州市、河池市有色金属新材料，以及贺州市、崇左市稀土新材料产业转型发展。持续推进工业污染防治，重点加强广西工业集聚区集

中污水处理设施建设与运维管理。重点加强柳江流域柳州市、河池市，郁江流域百色市、钦州市工业污染防治，完善桂贺江流域桂林市、梧州市，南流江玉林市、钦州市等重点工业集聚区、行业重点工业园区污水集中处理设施及污水收集管网建设，新建、升级工业集聚应同步规划建设污水、垃圾集中处理等污染治理设施。

(2)加强城镇内河污水治理，完善污水收集管网，提升城镇污染治理能力。安排重点城市进行污水治理，加强源头治理减排，推进内河流域黑臭水体治理，逐步提高水环境质量。重点强化城中村、老旧城区和城乡接合部污水截流、收集，尤其是城镇聚集度较高的南北钦防都市圈、柳来都市圈等区域，进一步加强污水收集管网建设，逐步实现污水管网全覆盖；有序推进管网隐患修复和错混接整改，加快现有合流制排水系统雨污分流改造。

(3)发展生态健康养殖模式，提升农业养殖污染防治能力。科学划定养殖分区，优化养殖生产布局，对钦江流域水产养殖进行生态化改造，推进网箱粪污残饵收集等环保设备升级改造，依法拆除非法网箱围网养殖，完善循环水和进排水处理设施，支持生态沟渠、生态塘、人工湿地等尾水处理设施升级改造，推动养殖尾水资源化利用或达标排放。将畜禽规模养殖场纳入重点污染源管理，新建、改建、扩建规模化畜禽养殖场(小区)要实施雨污分流、粪便污水资源化利用。推行农业清洁生产，鼓励发展高效生态农业和有机农业，有效削减农业面源污染。

(4)增强港口码头污染防治能力，落实郁江南宁市、贵港市，柳江柳州市、漓江桂林市、西江梧州市等主要通航水域的港口、码头、装卸站污染防治工作，客运船舶污染防治，港口码头配备污水处理设施和新增油污水存储罐，完善港口码头垃圾接收、转运及处理设施建设，建立和完善船舶污染应急基地、码头应急配备，提高含油污水、化学品洗舱水等接收处置能力及污染事故应急能力；从油污染控制、生活污水处置、运送物质的防散漏措施等方面进行船舶污染的控制。

(5)加强尾矿库监管，有效防范溃坝风险。重点解决红柳江水系红水河流域河池市、百色市、柳州市、桂林市等地的矿区环境风险点，建立应急预案，完善监测预警。

2)禁止占用自然河湖水系，恢复河岸生态功能

在城镇空间内，对侵占自然河湖等水源涵养空间的乱占滥用河滨缓冲带、非法采砂、农业用地占用现象予以清理，重点在南宁市、梧州市、柳州市等开展河道清淤及河岸生态修复工程。构建和恢复南流江、钦江、九洲江、漓江、茅岭江、武思江、明江、南康江、融江等重点流域干支流河湖缓冲带，维护生态系统健康和生物多样性，打造河岸的生态化、景观化，形成绿色水岸生态网络，构建林水相依的生态格局。在城镇重要片区，对硬质河岸实施生态化、绿色化恢复，重建城镇水陆系统的生态过渡空间，通过生态化改造、岸坡修复等措施，在水岸、水体中植绿，栽种绿色水生植物，强化岸边带生态修复，提升水网自净能力，提高城镇空间品质。

3)实施水系连通工程，恢复河湖生态系统及功能

坚持人工连通与恢复自然连通相结合，构建布局合理、生态良好，引排得当、循环通畅，蓄泄兼筹、丰枯调剂，多源互补、调控自如的江河湖库水系连通体系。在水资源短缺的南流江合浦段、北流河玉林市段、防城河防城市段、钦江灵山县段，优先推进以水资源配置、防洪减灾为主要功能的河湖水系连通；在桂贺江梧州市蒙山段等生态修复与环境保护重点地区，因地制宜实施河道治理、清淤疏浚，打通阻隔、生态修复，打造河湖绿色生态廊道，保护恢复河湖生态

系统及功能；在漓江桂林市、灵川县、荔浦市、阳朔县段，红水河环江县段，左江崇左市扶绥县段、百色市靖西市段等水资源条件优越的地区，努力打造安全型、生态型河流水系。

4)恢复湿地生态功能，建立湿地生态平衡机制

按照“自然恢复为主、人工修复为辅”的原则，恢复城镇及城镇周边的原有湿地生态功能。重点对大王滩国家湿地公园、会仙湿地公园、福禄河国家湿地公园、浩坤湖国家湿地公园、龙潭湿地公园、三利湖国家湿地公园、黑水河国家湿地公园、青狮潭水库等重要湿地保护和富营养化风险湖泊开展生态修复，通过退耕还湿、水生态修复、湖滨缓冲带建设等措施恢复原有湿地及其生态功能。通过污染清理、土地整治、地形地貌修复、自然湿地岸线维护、河湖水系连通、野生动物栖息地恢复、围网拆除和湿地有害生物防治等手段，逐步恢复湿地生态功能，增强湿地碳汇功能，维护湿地生态系统健康；统筹协调区域或流域内的水资源平衡，建立湿地生态补水机制，确保湿地生态用水需求。

6.2.3.2 绿空间的修复指引

在城镇空间内的绿空间生态修复，采用“面、线、点”的分级分类绿地修复原则，串联破碎生境，构建完整连贯的绿地生态网络。一是面状绿地，指较大面积的农田、湿地公园、涵养林地等，是城镇绿地系统的基础，重点以生态保育为主。二是线状生态绿廊，是线性或带状的绿地系统，多为道路、河流绿化带、绿道、环城林带等绿色廊道，是绿地网络系统的基本骨架，连接各孤立的生境斑块，打通生物迁徙路径，减少甚至消除景观破碎化造成的生态威胁。生态绿廊修复时，重点以保障其建设宽度与连通性，达到绿不断线的目的。三是点状生态绿斑，主要指城镇内各类公园绿地。规划中应提高公园覆盖率，均衡绿地布局，建设及修复各类绿地节点，提升节点生态功能和生物多样性。以存量空间为主的老城区，见缝插绿拓展绿色空间，推广老旧公园提质改造，推行生态绿化方式，完善公园基础设施。以增量为主的新城区，合理规划布局各级绿地，与新城同步建设。

蓝绿空间网络交织，城镇空间应与农业空间和生态空间的蓝绿网络做好衔接，做好城镇内部蓝绿网络与外围山体、水系等的连接。一是在城镇外围加快推进森林公园和郊野公园的建设，保护原有优质自然环境，适当改善休闲游憩设施。二是设置生态廊道，构建生物迁移的绿色廊道，按照宜林则林、宜湿则湿的原则进行近自然绿地群落营造。例如设立跨越绕城高速的生物通道、内外河河口恢复湿地水生植物，营造鸟类栖息地等。

6.2.4 基础设施廊道生态化指引

广西将打造功能复合的综合立体运输通道，串联广西主要功能区组团，连通广西所有设区市主要陆路、沿海和航空口岸。按照主要功能在广西布局“一核三廊”综合运输通道，即以首府南宁为核心，构建面向全球、辐射全国、通达广西 3 个功能层次的综合运输走廊，支撑广西全方位开放发展，主要包括湘桂通道、西部陆海通道、银百通道；构筑辐射全国的国家运输走廊，主要包括广渝(蓉)通道、广昆通道、二湛通道、沿边沿海通道；构筑通达广西的区域运输走廊，实现广西主要城市间高效互联互通，主要包括汕(柳)昆通道、贺北通道。广西形成“四横五纵”的综合运输通道布局，以南宁为核心形成“一核七向”放射状通道，辐射广西。

规划将推进基础设施廊道生态化，重点针对湘桂通道、西部陆海通道、银百通道、广渝（蓉）通道、广昆通道、汕（柳）昆通道、贺北通道、二湛通道、沿边沿海通道等重要的铁路、公路等廊道周边进行生态修复，形成广西的基础设施生态廊道横纵网络。在重要的通道交会节点处进行点状生态修复，维护提升生态功能与生态价值。

北部湾分区基础设施廊道生态修复重点：严格控制围填海规模，沿海公路、铁路尽量避免占用海岸线，保护环北部湾滨海生态保护带，维护蓝色海湾生态安全格局。途经左江、邕江等主要水脉，明江、八尺江、钦江、南流江等支水脉的基础设施廊道应严格保护流域生态安全，重点保护水源涵养生态功能区，维护城镇山体生态屏障。避免破坏、污染红树林生存环境，保护生物多样性。

西江（东融）分区基础设施廊道生态修复重点：云开大山水源涵养生态功能区、大瑶山水源涵养生态功能区，西江-黔江-柳江-红水河流域生态保护带要进行重点生态修复，维护西江流域山水生态安全格局。

桂北分区基础设施廊道生态修复重点：设施廊道沿线经过漓江、湘江、贺江等重要水系要重点进行生态修复，重点保护桂林漓江山水生态格局，加强对喀斯特地貌的生态修复，避免不必要的开山砍林。

桂西分区基础设施廊道生态修复重点：设施廊道沿线经过右江、红水河重要水系，木论、三匹虎、龙滩等重要山体要重点进行生态修复，减少对自然山水、生态环境的破坏。加强对喀斯特地貌的生态修复，避免不必要的开山砍林。

第7章　广西矿山生态修复策略研究

7.1　广西矿山生态现状及主要问题

7.1.1　矿山现状分析

7.1.1.1　广西历史遗留废弃矿山现状分析

根据《广西壮族自治区自然资源厅办公室关于开展全区历史遗留废弃矿山核查工作的通知》文件的工作成果，截至2022年3月，广西登记在册历史遗留废弃矿山图斑（包含地下开采及露天开采）共计13 287个，图斑总面积19 357.20hm²（表7.1）。

表7.1　广西历史遗留废弃矿山统计表

名称	矿山图斑数量/个	损毁图斑面积/hm²
露天开采	11 517	17 781.26
地下开采	1770	1 575.94
合计	13 287	19 357.20

说明：露天开采矿山包括开采方式为露天开采以及露天、地下联合开采的矿山。

已废弃的13 287个历史遗留图斑中，有1735个图斑已得到恢复治理，共治理修复各类图斑面积2 274.21hm²；尚有11 552个图斑需实施生态修复，需修复各类图斑面积17 082.99hm²。

7.1.1.2　广西历史遗留废弃矿山特征分析

1）按数量划分分布特征

广西需实施生态修复历史遗留废弃矿山图斑共计11 552个，分布于广西14个地级市行政区范围内，共计损毁各类图斑面积17 082.99hm²（表7.2）。

广西需实施生态修复历史遗留废弃矿山图斑分布较多的地级市是来宾市、桂林市、百色市、南宁市、柳州市5个地级市，需实施生态修复历史遗留废弃矿山图斑共计6599个，占比57.12%；其余9个地级市需实施生态修复历史遗留废弃矿山数量占比仅为42.88%。由此可知，广西需实施生态修复历史遗留废弃矿山图斑主要集中分布在桂中、桂北、桂西北地区。

表 7.2　广西需实施生态修复历史遗留废弃矿山地级市分布统计表

设区市	图斑数/个	损毁各类图斑面积/hm^2	每个图斑平均损毁面积/hm^2
南宁市	1094	1 728.67	1.58
柳州市	1033	1 371.52	1.33
桂林市	1441	2 546.26	1.77
梧州市	495	701.95	1.42
北海市	722	1 883.88	2.61
崇左市	594	739.89	1.25
来宾市	1907	1 990.83	1.04
贺州市	669	1 433.44	2.14
玉林市	712	924.16	1.30
百色市	1124	1 558.28	1.39
河池市	622	857.06	1.38
钦州市	565	781.99	1.38
防城港市	72	99.17	1.38
贵港市	502	465.89	0.93
合计	11 552	17 082.99	1.48

从图斑面积分析，矿山损毁各类图斑面积由多至少的地级市是：桂林市、来宾市、北海市、南宁市、百色市、贺州市、柳州市、玉林市、河池市、钦州市、崇左市、梧州市、贵港市、防城港市。桂林市、来宾市、北海市、南宁市、百色市、贺州市、柳州市矿山损毁各类图斑面积均超过 1 000.00hm^2，总面积达到 12 512.88hm^2，占比为 73.25%；梧州市、崇左市、玉林市、河池市、钦州市、贵港市矿山损毁各类图斑面积为 4 470.94hm^2，占比为 26.17%；防城港市矿山损毁各类图斑面积为 99.17hm^2，占比为 0.58%。由此可知，广西需实施生态修复历史遗留废弃矿山损毁各类图斑面积主要集中分布在桂中地区的南宁市、来宾市、柳州市，桂北地区的桂林市，桂西北地区的百色市，桂东地区的贺州市，桂南沿海地区的北海市。

从每个图斑平均损毁面积方面分析，每个图斑平均损毁面积由多到少的地级市依次是：北海市、贺州市、桂林市、南宁市、梧州市、百色市、河池市、钦州市、防城港市、柳州市、玉林市、崇左市、来宾市、贵港市。平均单个图斑损毁面积较大的是北海市、贺州市、桂林市、南宁市、梧州市；百色市、河池市、钦州市、防城港市、柳州市、玉林市平均单个图斑损毁面积中等；崇左市、来宾市、贵港市平均单个图斑损毁面积较小。

综合分析可知，广西需实施生态修复历史遗留废弃矿山空间上主要分布在桂中、桂西北、桂南沿海地区。

2)按矿类划分分布特征

将广西需实施生态修复历史遗留废弃矿山按能源矿产、非能源矿产、金属矿产、非金属矿产四大矿类条件划分,以非金属矿产为主,其次是非能源矿产、能源矿产,最后是金属矿产矿山。

能源矿产矿山开采方式主要是地下开采,对地表土地破坏面积最小,但往往造成采空区塌陷。需实施生态修复历史遗留能源矿产矿山集中分布在来宾市、百色市、南宁市、桂林市、河池市、柳州市、崇左市等9个地级市,分布的县区有马山县、上林县、合浦县、全州县、环江毛南族自治县、罗城仫佬族自治县、平桂区、兴宾区、合山市、平果市、田东县、田阳区、右江区、宁明县、扶绥县。

非能源矿产破坏面积较大,主要表现在地形地貌景观、植被损毁、水土流失、矿山地质灾害方面,是广西矿山生态环境问题的典型,对区域生态系统影响较大。广西14个地级市均有历史遗留非能源矿产矿山分布,主要集中分布在桂林市、柳州市、南宁市、百色市、来宾市5个地级市,分布较为密集的县区有合浦县、全州县、柳城县、德保县、靖西市、合山市等。

金属矿产矿山对地表面积破坏较小,其主要破坏途径是水土污染,需注意防治修复,从源头隔绝污染(张涛等,2020)。除北海市之外,13个地级市均有分布需实施生态修复历史遗留金属矿产矿山,主要集中分布在桂林市、南宁市、柳州市、贺州市、河池市、钦州市、百色市,分布较密集的县区主要有合山市、平桂区、平乐县、柳州市城区、柳城县等。

非金属矿山破坏以物理破坏为主,主要表现为地面塌陷、山体破碎和土地损毁等,是广西历史遗留废弃矿山中图斑数量最多的类型(黄科源,2017)。广西各地级市均有分布,主要集中在来宾市、北海市、桂林市、百色市、南宁市等5个地级市,分布较为密集的县区有合山市、浦北县、全州县、靖西市、德保县、马山县等。

7.1.2 矿山问题识别

矿山开采带来的主要生态环境问题有土地资源破坏、地形地貌景观破坏及水土流失、固体废弃物排放、矿山地质灾害隐患、含水层破坏及污染、土壤破坏及污染等,其中以土地资源和地形地貌景观破坏最为突出,对区域生态环境造成较大的影响(李立,2021)。

1)土地资源及地形地貌景观破坏

(1)土地资源破坏。主要体现在矿山道路、生活办公区、工业场地、弃渣、尾矿等压占破坏土地,露天采场挖损土地,矿山地面塌沉陷损毁土地资源等。累计破坏土地资源面积53 051hm^2,其中破坏耕地面积5418hm^2、林地面积41 342hm^2、其他土地类型面积6291hm^2。

(2)地形地貌景观破坏。露天采场开挖破坏当地地形地貌严重,造成山体破损、岩石裸露;弃渣、尾矿等废弃物堆放,地表设施建设以及地面塌陷等造成地表植被破坏。

(3)水土流失。矿山开采造成植被破坏,使土壤或岩石裸露,造成喀斯特区石漠化,降雨冲刷容易形成水土流失,达不到涵养水源的目的,导致区域生态环境局部恶化,对广西生物多样性有一定的影响(王琼杰,2023)。

广西石灰岩类矿山对土地资源和地形地貌景观破坏较为严重,主要分布在桂西北、桂北和桂西地区。

2)固体废弃物排放

矿山固体废弃物主要有废石(土)和尾矿废渣等。废石(土)、尾矿废渣等固体废弃物的堆放会破坏土地资源和地表植被，降雨淋滤产生的废液可能会造成矿区及其周边水土污染，一些堆放不合理的废渣还可能引发滑坡、泥石流等地质灾害。目前，广西矿山因废石(土)、尾矿废渣等固体废弃物排放共造成 5647hm^2 土地资源破坏，其中黑色金属矿山、建材及其他非金属矿山和有色金属矿山固体废弃物排放破坏土地资源最严重，破坏面积分别达到 2045hm^2、1572hm^2 和 1184hm^2。

3)矿山地质灾害隐患

广西矿山开采引发的地质灾害类型主要有滑坡、崩塌、泥石流、采空地面塌(沉)陷、岩溶塌陷、地裂缝等，已发生的地质灾害共 1154 处，造成经济损失 20 600.65 万元，目前还存在地质灾害隐患 2680 处，威胁人数 2861 人，威胁财产 11 972.5 万元。

4)含水层破坏及污染

露天开采矿山对含水层的破坏，主要表现在破坏了浅层含水层的结构，使地下水含水层连续性受阻，改变了当地地下水的入渗排泄条件，深凹开采矿坑排水造成局部地区形成降落漏斗，造成地表水下渗枯竭或河流断流，对生态环境影响较大。矿体、废弃矿渣及尾矿露天堆放，雨水淋滤后释放重金属、有害元素等，入渗污染地下水；水土流失也造成地下水浑浊，影响地下水水质。

5)土壤破坏及污染

矿山开采损毁土地，对地表土壤破坏严重，致使土体裸露，加之水土流失造成有机土壤流失，降低土壤肥力。矿产资源开发产生的废石(土)、尾矿废渣产生的淋滤废液以及含重金属或有毒有害元素的矿坑水外排污染地下水、地表水和土壤。广西金属矿山、非金属矿山均存在不同程度的土壤破坏及污染情况。广西金属矿山主要分布在桂林市、柳州市、河池市、崇左市、钦州市。以金属矿山集中分布区域作为识别矿山生产活动产生土壤破坏及污染、含水层破坏及污染问题的重点区域。

7.2 广西矿山生态修复方式

7.2.1 修复方式分类原则

根据实际，将需实施生态修复的历史遗留废弃矿山根据矿山修复难易程度，分为生态重塑矿山、辅助修复矿山、自然恢复矿山、转型利用矿山(图 7.1)。划分原则是：对破坏图斑面积大、存在重大地质灾害隐患、水土流失严重、生态环境突出，或位于城镇周边需开发利用的历史遗留废弃矿山，生态功能受损、生态系统自我恢复能力丧失或其变化不可逆的(李树志等，2022)，实施工程措施修复为主的矿山生态修复方式，即生态重塑矿山；对现状已基本自然恢复，植被生长良好，但还存在地质灾害隐患或存在生态环境问题、局部地段无法恢复植被的废弃矿山，实施自然恢复为主工程措施为辅的矿山生态修复方式，即辅助修复矿山；对矿山所处位置偏远，或现状已基本自然恢复，植被生长良好，不存在地质灾害隐患或生态环境问题的废弃矿山，实施自然恢复的矿山生态修复方式，即自然恢复矿山；对交通条件较好，距离城镇较近，已有一定利用潜力的矿山，根据矿山的地下空间与采矿迹地（卞正富等，2022），可转型利用为工矿仓储用地等，即转型利用矿山。

7.2.2 分类结果

根据分类原则，结合实地勘查成果，确定广西需实施生态重塑矿山图斑 797 个，图斑面积 1 731.90hm²。需实施辅助修复矿山图斑 3069 个，图斑面积 3 916.17hm²。需实施自然恢复矿山图斑 5156 个，修复图斑面积 5 953.50hm²。需实施转型利用矿山图斑 2530 个，图斑面积 5 481.42hm²（图 7.2，表 7.3、表 7.4）。其中，需实施自然恢复矿山中单个矿区图斑面积范围内现状为耕地的图斑，现状已为旱地，无须再修复；工矿仓储用地现状为采矿用地的图斑，已基本生长植被复绿，无须再修复；林草地图斑现状地类为林地、草地，已基本生长植被，无须再修复；其他地类矿区范围内除耕地、工矿仓储用地、林草地之外的地类，也已基本生长植被，无须再修复。

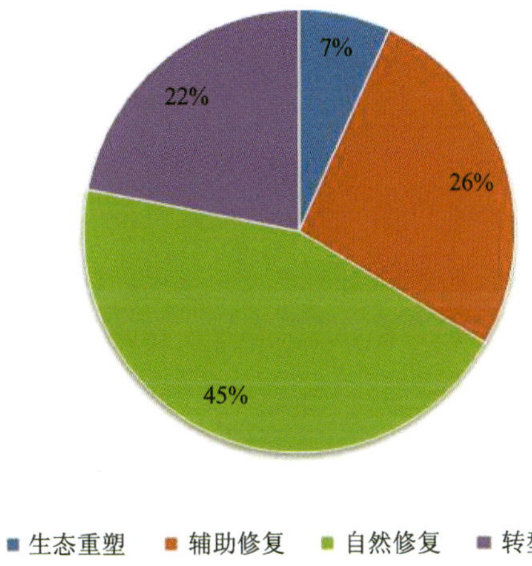

图 7.1 修复方式矿山数量占比图

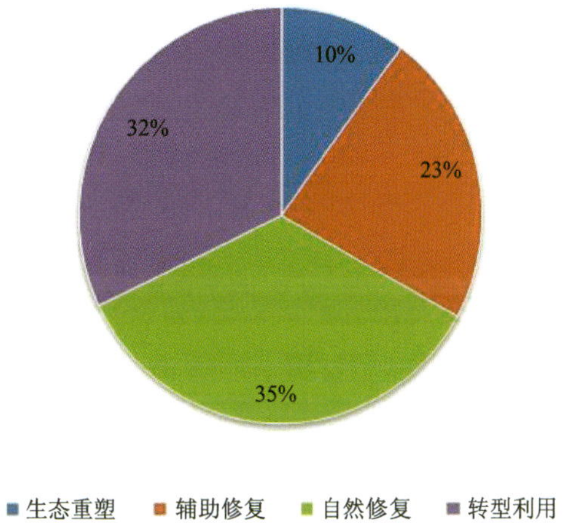

图 7.2 修复方式面积占比图

表 7.3 广西需实施生态修复的历史遗留废弃矿山分析表

矿山生态修复方式	修复矿山图斑数量/个	修复图斑面积/hm²	主要修复方向			
			修复耕地/hm²	修复工矿仓储用地/hm²	修复林草地/hm²	修复其他地类/hm²
生态重塑	797	1 731.90	512.42	26.86	934.28	258.34
辅助修复	3069	3 916.17	1 355.91	12.03	1 737.79	810.44
自然恢复	5156	5 953.50	932.28	30.00	3 466.58	1 524.64
转型利用	2530	5 481.42	958.34	1 090.55	993.30	2 439.23
合计	11 552	17 082.99	3 758.95	1 159.44	7 131.95	5 032.65

表 7.4 广西需实施生态修复历史遗留废弃矿山按修复方式地级市分布分析表

地级市	生态重塑		辅助修复		自然恢复		转型利用	
	图斑数/个	损毁图斑面积/hm²	图斑数/个	损毁图斑面积/hm²	图斑数/个	损毁图斑面积/hm²	图斑数/个	损毁图斑面积/hm²
合计	797	1 731.90	3069	3 916.17	5156	5 953.50	2530	5 481.42
南宁市	87	98.58	41	48.13	515	676.61	451	905.35
柳州市	86	284.87	297	422.27	550	475.03	100	189.35
桂林市	45	121.92	272	619.91	834	1 186.83	290	617.61
梧州市	72	284.45	21	24.24	310	270.93	92	122.37
北海市	10	5.25	129	170.45	372	458.76	211	1 249.42
崇左市	53	57.54	208	242.86	263	283.40	70	156.09
来宾市	30	55.92	1247	1 174.14	335	247.20	295	513.57
贺州市	36	106.78	30	105.32	431	804.79	172	416.55
玉林市	110	201.25	282	308.06	126	103.21	194	311.61
百色市	61	231.63	237	290.67	527	549.09	299	486.89
河池市	151	216.96	108	149.78	255	319.40	108	170.9
钦州市	3	7.52	118	274.51	323	310.00	121	189.95
防城港市	2	1.36	22	24.03	18	29.09	30	44.69
贵港市	51	57.87	57	61.8	297	239.16	97	107.07

对于需实施生态重塑历史遗留废弃矿山，图斑数量较多的地级市是河池市、玉林市、南宁市、柳州市；其次是梧州市、百色市、崇左市、贵港市；较少的是桂林市、贺州市、来宾市、北海市、钦州市、防城港市。损毁面积较大的地级市是百色市、柳州市、梧州市、河池市；其次是南宁市、贺州市、桂林市、贵港市、玉林市；较少的是钦州市、北海市、崇左市、防城港市、来宾市。从需实施生态重塑历史遗留废弃矿山角度分析矿山生态环境重点修复区域，首先考虑百色市、柳州市、梧州市、河池市；其次考虑南宁市、贺州市、桂林市、贵港市、玉林市；最后考虑钦州市、北海市、崇左市、防城港市、来宾市。矿山生态环境重点修复区域重点识别生态重塑矿山集中分布区或影响较大区。

对于需实施辅助修复历史遗留废弃矿山，图斑数量较多的地级市是来宾市、柳州市、玉林市、桂林市；其次是百色市、崇左市、北海市、钦州市、河池市；而贵港市、贺州市、防城港市、梧州市、南宁市较少。损毁面积较大的是来宾市、桂林市、柳州市、玉林市；其次是百色市、钦州市、崇左市、北海市；其他地级市则较少。从需实施辅助修复历史遗留废弃矿山角度分析矿山生态环境重点修复区域，首先考虑来宾市、桂林市、柳州市、玉林市；其次考虑百色市、钦州市、崇左市、北海市；最后考虑其他地级市。矿山生态环境重点修复区域次要考虑辅助修复矿山集中分布区域或影响较大区。

对现状已基本自然恢复，植被生长良好，不存在地质灾害隐患或生态环境问题的历史遗留废弃矿山，实施自然恢复的矿山生态修复方式，矿山生态环境重点修复区域可不考虑自然恢复矿山分布区域。

对于需实施转型利用修复历史遗留废弃矿山，图斑数量较多的地级市是南宁市、百色市、桂林市、来宾市、北海市；其次是柳州市、贺州市、玉林市、河池市、钦州市；较少的是梧州市、崇左市、防城港市、贵港市。损毁面积较大的有南宁市、桂林市、北海市、来宾市；其次是贺州市、玉林市、百色市；其他地级市损毁面积相对较小。从需实施转型利用修复历史遗留废弃矿山角度分析矿山生态环境重点修复区域，首先考虑南宁市、来宾市、桂林市、北海市；其次考虑贺州市、玉林市、百色市；最后考虑其他地级市。矿山生态环境重点修复区域次要考虑转型利用修复矿山集中分布区域或影响较大区。

7.3　广西矿山生态修复重点区域与修复策略

7.3.1　重点区域确定思路

首先根据历史遗留废弃矿山对土地资源破坏、地形地貌景观破坏及水土流失，固体废弃物排放，矿山地质灾害隐患，含水层破坏及污染、土壤破坏及污染等问题的严重程度及其恢复能力，将矿山生态问题严重、恢复能力低的矿山作为修复重点区域。其次，提取生态重塑矿山、辅助修复矿山、转型利用矿山集中分布区或影响较大区。利用GIS技术叠加“国家双重规划”“南方丘陵山地带规划”“长江重点生态区规划”“海岸带生态保护修复规划”涉及的县（市、区）范围，选取重叠区域作为历史遗留废弃矿山生态修复重点区域。

7.3.2　重点区域识别结果

根据上述矿山生态修复重点区域确定思路，共识别历史遗留废弃矿山重点修复区域17处（表7.5），分布于14个市40个县（市、区）。

表7.5　历史遗留废弃矿山生态修复重点区域一览表

编号	重点区域名称	重点区域情况
1	桂林东北三县锰矿、石灰岩矿历史遗留废弃矿山生态修复重点区	位于桂东北地区的桂林市，包含3个地区：全州县、资源县、灌阳县。属“国家双重规划”重大工程“南岭山地森林及生物多样性保护”重合的重要区域，涉及县域内需实施生态修复历史遗留废弃矿山581个，总破损图斑面积627hm^2，其中生态重塑矿山43个，需修复图斑面积51hm^2；自然恢复矿山272个，需修复图斑面积237hm^2；辅助修复矿山133个，需修复图斑面积121hm^2；转型利用矿山133个，需修复图斑面积218hm^2。区域内单个图斑面积小于5hm^2的数量为572个，面积505hm^2；单个图斑面积在5～10hm^2的数量为8个，面积53hm^2；单个图斑面积大于10hm^2的数量为2个，面积32hm^2

续表 7.5

编号	重点区域名称	重点区域情况
2	漓江下游（平乐-荔浦片区）锰矿、石灰岩历史遗留废弃矿山生态修复重点区	位于桂东北地区的桂林市，包含 2 个地区：平乐县、荔浦市。属“国家双重规划”重大工程“南方丘陵山地带矿山生态修复工程区”“湘桂岩溶地区石漠化综合治理”重合的重要区域，涉及县域内需实施生态修复历史遗留废弃矿山 607 个，总破损图斑面积 750hm^2，其中生态重塑矿山 41 个，需修复图斑面积 69hm^2；辅助修复矿山 120 个，需修复图斑面积 143hm^2；自然恢复矿山 303 个，需修复图斑面积 324hm^2；转型利用矿山 143 个，需修复图斑面积 214hm^2。区域内单个图斑面积小于 5hm^2 的数量为 576 个，面积 520hm^2；单个图斑面积在 5～10hm^2 的数量为 22 个，面积 162hm^2；单个图斑面积大于 10hm^2 的数量为 9 个，面积 174hm^2
3	贺州片区铅铁矿石灰岩矿历史遗留废弃矿山生态修复重点区	位于桂东地区的贺州市，包含 2 个地区：平桂区、八步区。平桂区属“国家双重规划”重大工程“南岭山地森林及生物多样性保护”重合的重要区域，涉及县域内需实施生态修复历史遗留废弃矿山 491 个，总破损图斑面积 736hm^2，其中生态重塑矿山 34 个，需修复图斑面积 124hm^2；自然恢复矿山 265 个，需修复图斑面积 298hm^2；辅助修复矿山 102 个，需修复图斑面积 145hm^2；转型利用矿山 90 个，需修复图斑面积 169hm^2。区域内单个图斑面积小于 5hm^2 的数量为 469 个，面积 512hm^2；单个图斑面积在 5～10hm^2 的数量为 15 个，面积 102hm^2；单个图斑面积大于 10hm^2 的数量为 12 个，面积 557hm^2
4	贵港郁江两岸石灰岩矿、黏土矿历史遗留废弃矿山生态修复重点区	位于桂东南地区的贵港市，包含 2 个地区：覃塘区、桂平县。涉及县域内需实施生态修复历史遗留废弃矿山 210 个，总破损图斑面积 282hm^2，其中生态重塑矿山 29 个，需修复图斑面积 55hm^2；自然恢复矿山 86 个，需修复图斑面积 97hm^2；辅助修复矿山 51 个，需修复图斑面积 53hm^2；转型利用矿山 44 个，需修复图斑面积 77hm^2。区域内单个图斑面积小于 5hm^2 的数量为 199 个，面积 223hm^2；单个图斑面积在 5～10hm^2 的数量为 10 个，面积 68hm^2
5	梧州片区花岗岩、高岭土钛矿历史遗留废弃矿山生态修复重点区	位于桂东南地区的梧州市，包含 3 个地区：岑溪县、藤县、龙圩区。涉及县域内需实施生态修复历史遗留废弃矿山 374 个，总破损图斑面积 603hm^2，其中生态重塑矿山 34 个，需修复图斑面积 49hm^2；自然恢复矿山 197 个，需修复图斑面积 222hm^2；辅助修复矿山 49 个，需修复图斑面积 97hm^2；转型利用矿山 94 个，需修复图斑面积 235hm^2。区域内单个图斑面积小于 5hm^2 的数量为 353 个，面积 370hm^2；单个图斑面积在 5～10hm^2 的数量为 14 个，面积 98hm^2；单个图斑面积大于 10hm^2 的数量为 7 个，面积 147hm^2
6	玉林片区页岩矿、石灰岩矿历史遗留废弃矿山生态修复重点区	位于桂东南地区的玉林市，包含 3 个地区：兴业县、北流市、福绵区。涉及县域内需实施生态修复历史遗留废弃矿山 447 个，总破损图斑面积 652hm^2，其中生态重塑矿山 34 个，需修复图斑面积 49hm^2；自然恢复矿山 200 个，需修复图斑面积 210hm^2；辅助修复矿山 112 个，需修复图斑面积 126hm^2；转型利用矿山 101 个，需修复图斑面积 267hm^2。区域内单个图斑面积小于 5hm^2 的数量为 431 个，面积 450hm^2；单个图斑面积在 5～10hm^2 的数量为 6 个，面积 37hm^2；单个图斑面积大于 10hm2 的数量为 5 个，面积 119hm^2

续表 7.5

编号	重点区域名称	重点区域情况
7	柳江中下游两岸黏土矿、石灰岩矿历史遗留废弃矿山生态修复重点区	位于桂北地区的柳州市，包含 8 个地区：融水苗族自治县、融安县、柳北区、城中区、柳南区、柳江区、鱼峰区、柳城县。融水侗族自治县、柳城县、柳江区、融安县属“国家双重规划”重大工程“湘桂岩溶地区石漠化综合治理”重合的重要区域，涉及县域内需实施生态修复历史遗留废弃矿山 839 个，总破损图斑面积 $1060hm^2$，其中生态重塑矿山 61 个，需修复图斑面积 $62hm^2$；辅助修复矿山 210 个，需修复图斑面积 $215hm^2$；自然恢复矿山 341 个，需修复图斑面积 $357hm^2$；转型利用矿山 227 个，需修复图斑面积 $426hm^2$。区域内单个图斑面积小于 $5hm^2$ 的数量为 804 个，面积 $716hm^2$；单个图斑面积在 $5\sim10hm^2$ 的数量为 29 个，面积 $199hm^2$；单个图斑面积大于 $10hm^2$ 的数量为 6 个，面积 $93hm^2$
8	来宾合山-兴宾片区煤矿、石灰岩矿历史遗留废弃矿山生态修复重点区	位于桂中地区的来宾市，包含 2 个地区：兴宾区、合山市。属“国家双重规划”重大工程“南方丘陵山地带矿山生态修复工程区”“湘桂岩溶地区石漠化综合治理”重合的重要区域，涉及县域内需实施生态修复历史遗留废弃矿山 1887 个，总破损图斑面积 $2213hm^2$，其中生态重塑矿山 68 个，需修复图斑面积 $120hm^2$；自然恢复矿山 617 个，需修复图斑面积 $585hm^2$；辅助修复矿山 862 个，需修复图斑面积 $861hm^2$；转型利用矿山 330 个，需修复图斑面积 $647hm^2$。区域内单个图斑面积小于 $5hm^2$ 的数量为 1821 个，面积 $161hm^2$；单个图斑面积在 $5\sim10hm^2$ 的数量为 43 个，面积 $277hm^2$；单个图斑面积大于 $10hm^2$ 的数量为 13 个，面积 $279hm^2$
9	环江片区铁矿、煤矿历史遗留废弃矿山生态修复重点区	位于桂西北地区的河池市，包含 1 个地区：环江毛南族自治县。属“国家双重规划”重大工程“南方丘陵山地带矿山生态修复工程区”“湘桂岩溶地区石漠化综合治理”重合的重要区域，涉及县域内需实施生态修复历史遗留废弃矿山 89 个，总破损图斑面积 $81hm^2$，其中生态重塑矿山 3 个，需修复图斑面积 $4hm^2$；自然恢复矿山 42 个，需修复图斑面积 $35hm^2$；辅助修复矿山 37 个，需修复图斑面积 $30hm^2$；转型利用矿山 7 个，需修复图斑面积 $12hm^2$。区域内单个图斑面积小于 $5hm^2$ 的数量为 89 个，面积 $78hm^2$
10	马山县锰矿、石灰岩矿历史遗留废弃矿山生态修复重点区	位于桂中地区的南宁市，包含 1 个地区：马山县。属“国家双重规划”重大工程“南方丘陵山地带矿山生态修复工程区”“湘桂岩溶地区石漠化综合治理”重合的重要区域，涉及县域内需实施生态修复历史遗留废弃矿山 389 个，总破损图斑面积 $694hm^2$，其中生态重塑矿山 57 个，需修复图斑面积 $190hm^2$；自然恢复矿山 159 个，需修复图斑面积 $203hm^2$；辅助修复矿山 93 个，需修复图斑面积 $132hm^2$；转型利用矿山 80 个，需修复图斑面积 $169hm^2$。区域内单个图斑面积小于 $5hm^2$ 的数量为 360 个，面积 $379hm^2$；单个图斑面积在 $5\sim10hm^2$ 的数量为 20 个，面积 $134hm^2$；单个图斑面积大于 $10hm^2$ 的数量为 9 个，面积 $163hm^2$

续表 7.5

编号	重点区域名称	重点区域情况
11	南宁城区锰矿、黏土矿历史遗留废弃矿山生态修复重点区	位于桂中地区的南宁市，包含 2 个地区：武鸣区、邕宁区。属“国家双重规划”重大工程“南方丘陵山地带矿山生态修复工程区”“湘桂岩溶地区石漠化综合治理”重合的重要区域，涉及县域内需实施生态修复历史遗留废弃矿山 168 个，总破损图斑面积 270hm^2，其中生态重塑矿山 10 个，需修复图斑面积 15hm^2；自然恢复矿山 91 个，需修复图斑面积 105hm^2；辅助修复矿山 23 个，需修复图斑面积 48hm^2；转型利用矿山 44 个，需修复图斑面积 102hm^2。区域内单个图斑面积小于 5hm^2 的数量为 157 个，面积 166hm^2；单个图斑面积在 5～10hm^2 的数量为 9 个，面积 53hm^2；单个图斑面积大于 10hm^2 的数量为 2 个，面积 33hm^2
12	钦北-钦南-防城片区锰矿、煤矿历史遗留废弃矿山生态修复重点区	位于桂南沿海地区的钦州市及防城港市，包含 3 个地区：钦南区、钦北区、防城区。属“国家双重规划”重大工程“北部湾典型滨海湿地生态系统保护和修复重点工程”重合的重要区域，涉及县域内需实施生态修复历史遗留废弃矿山 411 个，总破损图斑面积 611hm^2，其中生态重塑矿山 51 个，需修复图斑面积 88hm^2；自然恢复矿山 124 个，需修复图斑面积 121hm^2；辅助修复矿山 90 个，需修复图斑面积 183hm^2；转型利用矿山 146 个，需修复图斑面积 219hm^2。区域内单个图斑面积小于 5hm^2 的数量为 386 个，面积 385hm^2；单个图斑面积在 5～10hm^2 的数量为 14 个，面积 102hm^2；单个图斑面积大于 10hm^2 的数量为 11 个，面积 142hm^2
13	北海沿海片区黏土矿、砂岩矿历史遗留废弃矿山生态修复重点区	位于桂南沿海地区的北海市，包含 1 个地区：合浦县。属“国家双重规划”重大工程“北部湾典型滨海湿地生态系统保护和修复重点工程”重合的重要区域，涉及县域内需实施生态修复历史遗留废弃矿山 436 个，总破损图斑面积 921hm^2，其中生态重塑矿山 24 个，需修复图斑面积 56hm^2，自然恢复矿山 200 个，需修复图斑面积 238hm^2；辅助修复矿山 93 个，需修复图斑面积 182hm^2；转型利用矿山 119 个，需修复图斑面积 445hm^2。区域内单个图斑面积小于 5hm^2 的数量 408 个，面积 448hm^2；单个图斑面积在 5～10hm^2 的数量为 15 个，面积 97hm^2；单个图斑面积大于 10hm^2 的数量为 13 个，面积 225hm^2
14	崇左片区煤矿、石灰岩矿历史遗留废弃矿山生态修复重点区	位于桂西南地区的崇左市，包含 3 个地区：扶绥县、龙州县、宁明县。属“国家双重规划”重大工程“湘桂岩溶地区石漠化综合治理”重合的重要区域，涉及县域内需实施生态修复历史遗留废弃矿山 282 个，总破损图斑面积 553hm^2，其中生态重塑矿山 12 个，需修复图斑面积 23hm^2；自然恢复矿山 141 个，需修复图斑面积 214hm^2；辅助修复矿山 78 个，需修复图斑面积 137hm^2；转型利用矿山 51 个，需修复图斑面积 179hm^2。区域内单个图斑面积小于 5hm^2 的数量为 262 个，面积 277hm^2；单个图斑面积在 5～10hm^2 的数量为 14 个，面积 98hm^2；单个图斑面积大于 10hm^2 的数量为 7 个，面积 93hm^2

续表 7.5

编号	重点区域名称	重点区域情况
15	右江河谷平果、田东铝土矿、煤矿历史遗留废弃矿山生态修复重点区	位于桂西地区的百色市，包含 3 个地区：田东县、平果县、田阳县。属“国家双重规划”重大工程“湘桂岩溶地区石漠化综合治理”重合的重要区域，涉及县域内需实施生态修复历史遗留废弃矿山 288 个，总破损图斑面积 $590hm^2$，其中生态重塑矿山 38 个，需修复图斑面积 $211hm^2$；自然恢复矿山 176 个，需修复图斑面积 $230hm^2$；辅助修复矿山 31 个，需修复图斑面积 $78hm^2$；转型利用矿山 43 个，需修复图斑面积 $71hm^2$。区域内单个图斑面积小于 $5hm^2$ 的数量为 262 个，面积 $271hm^2$；单个图斑面积在 5～$10hm^2$ 的数量为 17 个，面积 $117hm^2$；单个图斑面积大于 $10hm^2$ 的数量为 8 个，面积 $227hm^2$
16	中越边境（百色片区）石灰岩矿、铝土矿历史遗留废弃矿山生态修复重点区	位于桂西地区的百色市，包含 2 个地区：靖西市、德保县。属“国家双重规划”重大工程“湘桂岩溶地区石漠化综合治理”重合的重要区域，涉及县域内需实施生态修复历史遗留废弃矿山 450 个，总破损图斑面积 $596hm^2$，其中生态重塑矿山 30 个，需修复图斑面积 $71hm^2$；自然恢复矿山 274 个，需修复图斑面积 $279hm^2$；辅助修复矿山 48 个，需修复图斑面积 $91hm^2$；转型利用矿山 98 个，需修复图斑面积 $155hm^2$。区域内单个图斑面积小于 $5hm^2$ 的数量为 433 个，面积 $440hm^2$；单个图斑面积在 5～$10hm^2$ 的数量为 12 个，面积 $84hm^2$；单个图斑面积大于 $10hm^2$ 的数量为 6 个，面积 $243hm^2$
17	隆林－西林片区金矿、石灰岩矿历史遗留废弃矿山生态修复重点区	位于桂西地区的百色市，包含 2 个地区：隆林各族自治县、西林县。属“国家双重规划”重大工程“长江上中游岩溶地区石漠化综合治理”重合的重要区域，涉及县域内需实施生态修复历史遗留废弃矿山 91 个，总破损图斑面积 $143hm^2$，其中生态重塑矿山 7 个，需修复图斑面积 $17hm^2$；自然恢复矿山 57 个，需修复图斑面积 $87hm^2$；辅助修复矿山 2 个，需修复图斑面积 $4hm^2$；转型利用矿山 25 个，需修复图斑面积 $35hm^2$。区域内单个图斑面积小于 $5hm^2$ 的数量为 82 个，面积 $93hm^2$；单个图斑面积在 5～$10hm^2$ 的数量为 6 个，面积 $43hm^2$；单个图斑面积大于 $10hm^2$ 的数量为 3 个，面积 $101hm^2$

7.3.3　修复策略

生态重塑矿山主要治理措施有采石场边坡危岩地质灾害隐患清除，边坡筑槽覆土种植攀爬植物绿化，不稳定斜坡削坡，损毁土地废渣清理、采空区场地平整、覆客土、修排水沟、挖穴植树、撒播草种等，损毁土地复垦为林地、草地等，林地、草地、边坡绿化后期管护和监测等。辅助修复矿山是根据实际情况，让其自然恢复或以一定程度的工程措施为辅助修复手段引导其自然恢复，对矿山损毁的土地复垦为林地、草地等，林地、草地、边坡绿化后期管护和监测等，保障生态安全。对自然恢复矿山，在保证安全的前提下，采取自然恢复措施修复；也可根据实际情况，辅以一定程度的工程措施，引导其自然恢复，对矿山损毁的土地复垦为林地、草地等，林地、草地、边坡绿化后期管护和监测等。对转型利用矿山，对采空区场地平整、修排水沟等，损毁土地综合整治为建设用地、工业用地等。

第8章 广西水资源平衡和优化配置研究

8.1 广西水土资源匹配分析

8.1.1 水土资源匹配程度评价方法

1)单位面积水资源量法

单位耕地面积所拥有的水资源量，在一定程度上可以反映区域水资源量与耕地面积的空间协调程度，用于评价广西水土资源本底匹配关系空间格局。单位面积水资源量法(孙侦等，2018)计算公式如下：

$$R_i=\frac{W_i}{S_i}(i=1,2,\cdots,n) \tag{8.1}$$

$$\mathrm{RE}_i=\frac{100\times R_i}{\frac{1}{N}\sum_{i=1}^{N}R_i} \tag{8.2}$$

式中：R_i为单位耕地面积所拥有的水资源量($\times10^4\ \mathrm{m^3/hm^2}$)；$W_i$为某区域水资源量($\times10^8\ \mathrm{m^3}$)；$S_i$为某区域耕地面积($\times10^2\ \mathrm{hm^2}$)；$\mathrm{RE}_i$为单位耕地面积所拥有的水资源量相对值(%)；$i$为评价区编码，共有14个，$n=14$，$N\leqslant4$。

2)基尼系数法

基尼系数法由意大利社会学家、统计学家和经济学家科拉多·基尼教授在1921年提出，用于衡量收入分配的不平均程度。基尼系数GN，又称为洛伦兹系数，需要首先拟合洛伦兹曲线，假设该曲线与45°线所围成的面积为A，该曲线与坐标轴围成的面积为B，基尼系数计算公式如下(徐宽，2003)：

$$\mathrm{GN}=\frac{A}{A+B} \tag{8.3}$$

与收入分配相似，水土资源的空间分布具有不均衡性，因此，本书选取基尼系数，用于衡量水土资源匹配总体水平。广西水土资源匹配基尼系数计算方法如下：以广西14个评价区为单元，计算各区域单位体积水资源量所服务的耕地面积，按照由低到高的顺序对各单元进行排序；计算各单元水资源量和耕地面积分别占广西资源总量的比例，按照排序，计算各单元水土资源占广西资源总量的累积比例；绘制XY散点图，X坐标为各单元水资源占广西水资源总量的累积比例，Y 坐标为各单元耕地面积占广西耕地面积的累积比例；拟合广西水土资源匹配洛伦兹曲线；利用积分计算得到洛伦兹曲线和坐标轴所围成的面积 B，以及 45°线和坐标轴所围成的面积 $A+B$；计算基尼系数 GN。

当 GN=0 时，$A=0$，洛伦兹曲线与 45°重合，水土资源完全匹配；GN 越接近 0，水土资源匹配程度越高；GN 越接近于 1，水土资源匹配程度越差，即区域耕地资源比较丰富，而水资源量却很缺乏。

8.1.2 水土资源匹配状况分析

1)广西水土资源匹配空间格局分析

广西水资源市级分区水土资源匹配状况表现为极不均衡，水资源量比较丰富的区域主要分布在桂林市、防城港市和梧州市，这些区域单位耕地面积水资源量最大值达到 $12.38\times10^4\ m^3/hm^2$，单位耕地面积水资源量相对值最大值达到 1.95。水资源量比较缺乏的区域主要分布在中部和南部：南宁市、崇左市、来宾市、贵港市、北海市，耕地面积水资源量最小值仅有 $2.47\times10^4\ m^3/hm^2$，单位耕地面积水资源量相对值最小值的仅有 0.39(表 8.1)。

表 8.1 广西水资源二级区单位耕地水资源量和相对值

序号	行政分区	水资源总量/($\times10^8\ m^3$)	耕地面积/($\times10^4\ hm^2$)	单位耕地水资源量/($\times10^4\ m^3\cdot hm^{-2}$)	相对值
1	南宁市	144	52.27	2.75	0.43
2	柳州市	140	28.11	4.98	0.78
3	桂林市	257	20.76	12.38	1.95
4	梧州市	92.3	9.62	9.59	1.51
5	北海市	26.6	10.66	2.50	0.39
6	防城港市	89	7.99	11.14	1.76
7	钦州市	83.8	17.75	4.72	0.74
8	贵港市	81.9	27.69	2.96	0.47
9	玉林市	101	20.26	4.99	0.79
10	百色市	251	35.5	7.07	1.11
11	贺州市	85.3	12.69	6.72	1.06
12	河池市	262	32.54	8.05	1.27
13	来宾市	100	30.09	3.32	0.52
14	崇左市	117	47.41	2.47	0.39

广西各地级市行政区单位耕地面积所占水资源量相对值的最大值(1.95)和最小值(0.39)差值较大，表明广西水土资源空间分布存在较严重的错位现象，广西北部喀斯特石山地区水资源量比较丰富，而耕地面积较小，中南部区域水资源量比较缺乏，而耕地面积较大。

广西水资源与耕地空间分布不匹配，且差异性较大。根据水土资源匹配格局特征，可以有针对性地进行水土资源优化配置。对于单位耕地面积水资源量较小的区域，如南宁市、崇左市、北海市、来宾市等地级市，建议可采取跨区调水措施，同时进行节水宣传，提倡采用节水设备，实现水资源的高效利用；对于单位耕地面积水资源量较大的区域，如桂林市、防城港市、梧州市等区域，水资源丰富，而耕地缺乏，建议相关部门重视这些区域的用水问题，如将丰富的水资源用于其他方面（如工业、第三产业、生活等）或其他缺水区域，实现水土资源的合理分配。本研究可以良性引导粮食生产区域的扩展方向，合理分配水资源，为水土资源优化配置提供科学依据。

2）广西水土资源匹配程度总体状况评价

按照单位体积水资源量所服务的耕地面积，从小到大进行排序，然后按照该次序分别计算各单元水资源量占广西水资源总量的累积比例和各单元耕地面积占广西耕地面积的累积比例。可见，广西水土资源分布较不平衡，70％的水资源服务着不到47％的耕地，而剩下的30％水资源服务超过53％的耕地。

根据广西水资源和耕地数据，绘制广西水土资源本底匹配洛伦兹曲线（图8.1），通过积分得到洛伦兹曲线和坐标轴所围成的面积，以及45°线和坐标轴所围成的面积，测算广西水土资源匹配基尼系数GN＝0.704。我国省际水土资源匹配基尼系数GN＝0.566，世界国际GN＝0.586，与已有成果对比可知：以广西地级市为评价单元，广西水土资源匹配程度低于全国水资源与耕地资源的匹配程度。单位耕地面积水资源量较小的区域，拥有大面积的耕地，但是水资源较缺乏，因此，受水资源条件的制约，在崇左市和来宾市，耕地以旱地为主，水田数量远小于旱地数量，仅占耕地总面积的23％和30％，不同的耕作制度需水差别很大。在单位耕地面积水资源量较大的区域，如桂林市、梧州市，水资源丰富，耕地以水田为主，占耕地总面积的82％和78％。这些区域水资源量丰富，可以通过人为调控，配置给水资源量匮乏的地区。

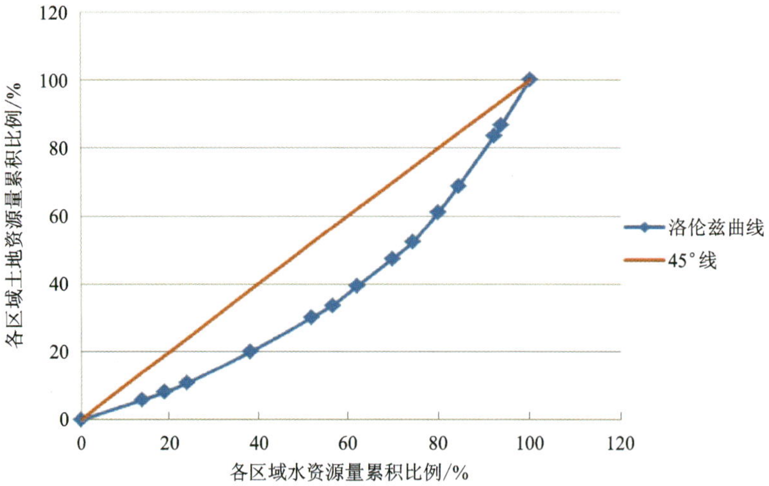

图8.1　广西水土资源匹配洛伦兹曲线

8.1.3　水土资源匹配问题

以广西14个地级市为水土资源匹配评价单元，采用单位面积水资源量法和基尼系数法，以各分区耕地面积和水资源总量为数据基础，评价广西水土资源匹配空间格局和总体水平，从而为广西水土资源优化配置提供科学依据。研究得到以下结论：

(1)广西水资源和耕地资源空间分布存在错位现象。广西北部喀斯特石山地区水资源量比较丰富，而耕地面积较小；南部崇左市、南宁市、北海市、来宾市水资源量较少，而耕地面积较大。

(2)广西水土资源存在一定程度不匹配现象。广西水资源和耕地为基础数据计算的水土资源匹配基尼系数0.704，较全国0.566大很多，表征广西水土资源不匹配程度要比全国严重得多，广西70%的水资源服务着约47%的耕地。

水土资源不匹配导致石漠化等生态环境问题。在喀斯特石漠化地区，由于植被破坏导致地表土壤流失严重、岩石裸露，加剧了降水的渗漏流失，致使当地可开发利用水资源量低于同等降水条件的非喀斯特地区，并引发生态环境退化，导致严重的石漠化问题，制约了区域可持续发展。

针对水土资源匹配程度的难题，需要人类为适应和改善生存环境做出努力。改善水土资源匹配状况的途径主要有不同的土地利用方式、多种耕作制度和水资源配置与调配工程等人为行为。

8.2　广西生态系统耗水均衡分析

广西是典型的喀斯特山区，属亚热带季风气候，气温高、降水多，地区湖泊湿地众多，河流水系纵横交错，山水林田湖草各生态系统水分转化与运动过程极其复杂，地区水平衡机制是一个复杂的动态过程，水资源配置面临巨大挑战，因此十分有必要厘清广西山水林田湖草各系统的水分均衡与生态耗水量，在此基础上开展广西水资源合理配置研究。

8.2.1　区域水均衡分析方法

区域水均衡(张文鸽等，2020)是指在一定时间和区域范围内，假定地表水储量和地下水储量处于安全状态、时段初与时段末储量变化为零的条件下，时段来水量、时段流出水量与消耗水量之和的均衡，可用下式表示：

$$\mathrm{WB} = \sum_{1}^{n} P_i + \sum_{1}^{n} T_i - \sum_{1}^{n} \mathrm{ET}_{0i} - \sum_{1}^{n} O_i - Q_g - Q_s - Q_c \quad (i = 1,2,\cdots,n) \tag{8.4}$$

式中：P_i为第i种土地利用类型下的降雨量($i=1$为耕地、$i=2$为园地、$i=3$为林地、$i=4$为草地、$i=5$为商服用地、$i=6$为工矿仓储用地、$i=7$为住宅用地、$i=8$为公共管理与公共服务用地、$i=9$为特殊用地、$i=10$为交通运输用地、$i=11$为水域及水利设施用地、$i=12$为其他土地，共计12类)；T_i为第i种土地利用类型下的来水量；ET_{0i}为第i种土地利用类型下的蒸腾蒸发量；O_i为第i种土地利用类型下的流出水量；Q_g为区域工业耗水量；Q_s为区域生活耗水量；Q_c为区域城镇公共耗水量。

WB为区域水资源蓄变量，当WB为零时，可认为区域达到水均衡。T与O为外生变量，P和ET_0在气候没有剧变的情况下有规律可循，Q与社会经济发展存在相关关系，是影响区域水均衡的主要因素，所以水资源配置的目标是在区域水资源蓄变量WB为零的前提下，实现区域水资源利用效率最大化。

（1）工业耗水量计算。工业耗水量可由工业用水总量乘以其耗水率计算得到：

$$Q_g = \sum \lambda Q_y \tag{8.5}$$

式中：Q_g为工业耗水量；λ为耗水率；Q_y为工业用水量。根据广西水资源公报，工业耗水率一般为60%～80%。

（2）生活耗水量计算。生活耗水量等于生活取水量减去生活排出的污水量，城镇生活耗水主要通过居民日常生活冲洗、饮用等形式消耗。对于有给排水设施的农村，应采用典型调查确定耗水率的办法估算耗水量：

$$Q_g = \sum_{i=1}^{2} q_i P_{ni} \tag{8.6}$$

式中：Q_g为生活耗水量；q_i为人均每天用水量；P_{ni}为人口总数。$i=1$为城镇居民，$i=2$为农村居民。根据广西水资源公报，城镇生活耗水率一般为60%～80%，农村人畜耗水率一般为90%～100%。

（3）城镇公共耗水量计算。根据广西水资源公报，城镇公共耗水率一般为60%～70%。计算过程同工业耗水量。

（4）农业耗水量计算。包括耕地蒸散发量与灌溉期的引水渠道、排水渠道水面蒸发量。

（5）生态耗水量计算。包括林地、草地、园地、交通运输用地、水域及水利设施用地和其他土地的蒸散发量及引水渠道、排水渠道非灌溉期的水面蒸发量。

8.2.2 山水林田湖草各系统耗水量均衡分析

2019年广西水均衡计算结果显示（表8.2），水分来源主要为大气降水和流入水资源量；水分消耗包括蒸发、排水和生产生活耗水。降水量1603mm，折合降水总量$3793\times10^8m^3$；流入水量$570\times10^8m^3$，主要从南盘江、北盘江、红水河、右江、水口河、平而河流入。

表8.2 研究区水均衡计算成果 单位：$\times10^8m^3$

来源项	水分补给量	消耗项	水分消耗量
降水总量	3793	蒸发量	1 513.7
流入水量	570	总耗水量	131.3
		流出水量	2718
总计	4363	总计	4363

2019年，广西平均年蒸发量810mm，折合蒸发量$1\ 513.7\times10^8m^3$；净总水量$2718\times10^8m^3$，总耗水量$131.3\times10^8m^3$，其中农田灌溉和林牧渔畜耗水量$84.2\times10^8m^3$，占总耗水量的64%。广西综合耗水率46%，由于各类用户的需水特性和用水方式不同，其耗水率差别较大，

其中农田灌溉为49%，林牧渔畜为64%，工业(含火电)为30%，建筑业和服务行业为33%，居民生活为55%(图8.2、表8.3)。

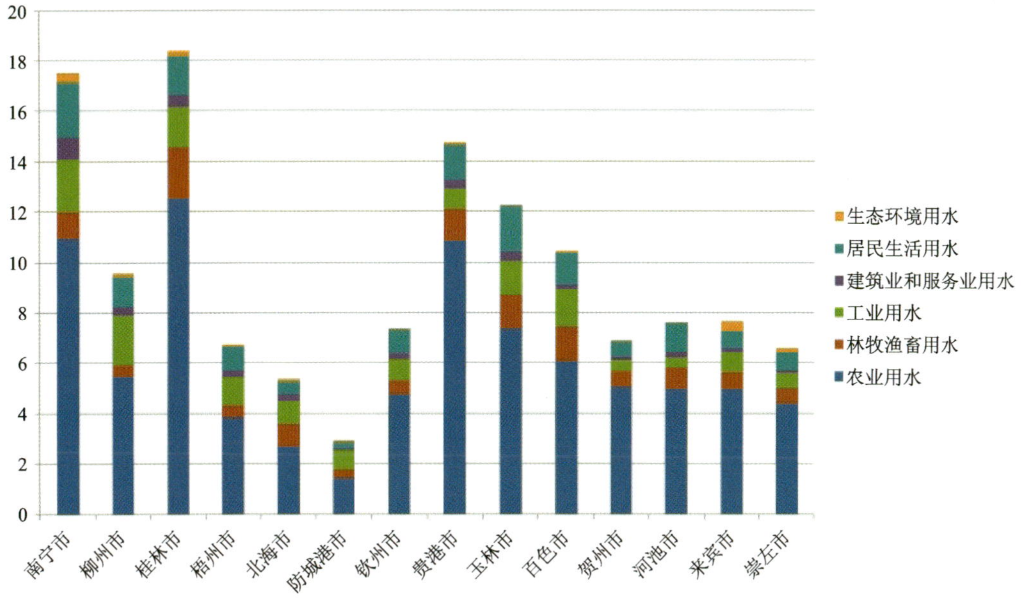

图8.2 研究区各市不同类型耗水量分布图

表8.3 研究区各市不同类型耗水量表

行政分区	耗水量/($\times 10^8 m^3$)						
	农田灌溉	林牧渔畜	工业	建筑业和服务业	居民生活	生态环境	合计
南宁市	11.17	1.03	1.99	0.88	2.27	0.37	17.71
柳州市	5.19	0.39	1.80	0.41	1.17	0.13	9.09
桂林市	12.12	2.00	1.57	0.51	1.61	0.22	18.03
梧州市	3.70	0.45	1.03	0.28	0.98	0.06	6.50
北海市	2.67	0.70	0.82	0.24	0.51	0.07	5.01
防城港市	1.38	0.34	0.73	0.08	0.27	0.07	2.87
钦州市	4.80	0.29	0.87	0.17	0.92	0.03	7.08
贵港市	10.71	1.05	0.84	0.30	1.34	0.12	14.36
玉林市	7.36	1.02	1.37	0.36	1.84	0.02	11.97
百色市	6.21	1.27	1.52	0.20	1.29	0.07	10.56
贺州市	4.83	0.50	0.39	0.15	0.58	0.08	6.53
河池市	4.95	0.81	0.40	0.21	1.18	0.02	7.57
来宾市	4.96	0.59	0.81	0.19	0.66	0.41	7.62
崇左市	4.17	0.61	0.60	0.09	0.71	0.16	6.34

经计算可知，广西地区 2019 年一个水文年内，来水量和耗水量基本均衡，广西耕地耗水量最多，占比 64%，其次为居民生活用水，占比 11.7%，工业用水占比 11.2%，林牧渔畜用水占比 8.3%，建筑业和服务业用水占比 3.1%，生态环境用水占比 1.4%。

农田灌溉用水中，南宁市、桂林市和贵港市耗水量占比较高，均达到 12%以上；工业用水中，柳州市、北海市耗水量占比较高，达到 20%和 17%；居民生活用水中，南宁市和柳州市耗水量占比较高，均为 13%；林牧渔畜用水中，北海市和桂林市耗水量占比较高，分别为 16%和 11%；各市生态环境耗水量占比均较低，为 1%～2%。

8.3 广西水生态问题

8.3.1 江河湖库水质问题

1)地表水污染

从 2016 年开始，为切实保障自治区水环境质量，解决部分河流断面污染问题，各级政府及相关部门对南流江、九洲江、钦江、漓江等重点流域开展综合整治，全面落实水污染防治工作任务，圆满完成“十三五”终期考核目标。2020 年，广西 51 条主要河流的 97 个国家级及自治区级地表水水质监测断面水质优良比例（Ⅰ～Ⅲ类水质）为 99.0%，水质总体优，比 2019 年上升 6.2%；52 个国家级考核地表水水质监测断面水质优良比例为 100%，丧失使用功能（劣于Ⅴ类）水体断面比例为 0；辖广西珠江水系、长江水系与独流入海水系水质状况总体均为优，51 条河流年均水质均为优良；广西珠江水系与长江水系水质状况总体均为优，水质达到Ⅲ类标准，水污染防治工作取得明显成效。但根据水环境状况公报，钦江、九洲江、南流江、柳江、贺江、左江、漓江、黔江等水系部分区段存在污染风险和超标现象，如 2020 年 1—6 月钦州市钦江东断面平均水质为Ⅲ类，每个月均存在不同天数的超标现象，主要超标因子为总磷；2020 年九洲江水量明显少于往年，山角断面一带形成静水区，温度升高时暴发蓝藻，造成 pH 值偏高、溶解氧超标；南流江合水河、九洲江圭地河等支流水质为劣Ⅴ类，直接影响南流江、九洲江国家级考核断面水质。

(1)柳江流域。地表水污染隐患主要包括金属矿山、冶炼厂矿渣乱堆或无防渗堆放、废水偷排及养殖废水随意排放等，分布于柳江（金城江）上游打狗河、大环江水系，多为峰丛洼、谷地区，包括主要干支流、溪沟、天然塘、水库等，污染程度主要受季节影响，污染形态呈短线状或点状，短线状污染长度为 1～2km，随工矿厂址分布较为分散。

(2)左江流域。流域总体水质符合《地表水环境质量标准》（GB 3838—2002）的Ⅲ类标准，流域内大部分地区没有工矿企业排污，适合生活饮用及工农业用水，但局部地区由于生活排污等的影响，存在大肠杆菌超标。

(3)桂江流域。流域地表水污染现状以河流、溪沟为主，水库水质相对较好。污染地表河流集中分布在流域中游桂林段，如桃花江、小东江、宁远河和南溪河一带，以上河段工矿企业废水多直接排入地表江、河，造成污染。

(4)贺江流域。流域主要污染河段集中分布于白沙河、马尾河一带。白沙河一带为宽缓的河流阶地地貌，受历史工矿企业废水排放及少数工矿企业偷排影响，污染发展趋势由线状向带状变化，污染范围较大，污染程度较严重；马尾河上游一带存在非法矿业开采，选矿废水不经处理偷排，致使马尾河污染严重。

(5)黔江流域。黔江下游武宣一带，有部分工厂直接在主要干、支流河道上布设排污口，将黑臭污水直接排入江中。

(6)独流入海水系。主要为钦江、九洲江和南流江流域。钦江流域镇级污水处理厂管网不完善、配套支管网建设进度滞后、农村生活污水处理设施覆盖率低，大量镇村生活污水尚未得到有效治理，再加上青年水闸拦水导致下游水量减少，河流自净能力减弱，导致水生态问题日益凸显。九洲江、南流江污染源主要为农业养殖，据2018年统计，仅玉林市内的南流江流域就有生猪养殖场(户)3.7万多家，生猪存栏量约246万头，中小散养殖场占98%，量大面广，多为传统冲水式养殖方式，大量养殖污水直接排入河，加上江水源头河道窄、水量小，水的自净能力有限等加剧了水质污染问题。

综上所述，广西受污染地表水和存在污染风险的区域，分散在矿区和工业区附近、镇村生活集中区、农业养殖区等，多呈短线状和零星点状分布。

2)湖库水质富营养化

2020年，对15座水库进行营养状态监测评价(评价项目为叶绿素a、总磷、总氮、高锰酸盐指数、透明度)，除龙岩滩水库为贫营养状态外，其余14座水库均为中营养状态。

广西共有8个重点湖库，分别为大王滩水库、青狮潭水库、洪潮江水库、合浦水库、澄碧河水库、万峰湖、龙岩滩水库、龟石水库。南宁市重点湖库为大王滩水库，位于良庆区，2015—2019年，营养化指数为42.3～47.9；北海市重点湖库为洪潮江水库、合浦水库，2016—2020年，洪潮江水库综合营养状态指数为41.44～46.25，合浦水库综合营养状态指数为38.04～42.92，3个水库总体呈中营养化状况。桂林市重点湖库为青狮潭水库，位于桂林市灵川县，2015—2019年，青狮潭水库富营养化状态保持良好，均为贫营养和中营养状态，未出现富营养化状况。河池市重点湖库为龙岩滩水库，2015—2019年，龙岩滩水库富营养化指数分别为39.12、37.69、37.39、34.6，均属于中营养化状况，且富营养化指数呈现一定降低趋势，从叶绿素a来看，2016—2019年，浓度年均值在2～16.6mg/L之间，总体呈下升趋势。贺州市重点湖库为龟石水库，位于贺州市富川瑶族自治县，2015—2019年，龟石水库富营养指数、湖库叶绿素a含量均呈先增大后减小的趋势，在2017年富营养化指数和叶绿素a出现最高峰，分别为41.68、13.06，经过国家湿地公园和国家良好湖泊专项资金的投入，养殖业污染源得到控制，河湖水生态环境质量得到提高。

广西湖库基本处于中营养化状态，总体水生态状况较好，但青狮潭水库等部分湖库富营养化指数存在一定上升现象，仍需进一步加强管控。

8.3.2 河道岸线及连通性问题

1)河流岸线生态问题

广西河流两岸基本为土质岸坡,局部稳定性较差,受洪水冲刷影响极易崩塌。广西各河流城市建成区、农业主要产区等人类活动密集区域普遍存在侵占敏感生态空间现象,部分区域存在乱占滥用河滨缓冲带、非法采砂、农业发展占用现象,导致河流岸线生态系统遭到一定程度的破坏,产生水生态环境破碎、干支流沿岸植被覆盖率降低及水土流失等问题。

据调查统计数据,广西河流岸线生态损害点一共有529处,生态损害点较多的地级市有桂林市、柳州市、贺州市、钦州市等,类型主要包括河流污染拦截带裸露、山体滑坡、岸线塌方等。岸线塌方与山体滑坡严重影响岸线河(湖)岸稳定性和岸线植被覆盖率,河流污染拦截带裸露影响水质以及鱼类保有指数,急需对问题河道进行整治修复,需整治修复的河段长度见表8.4。

表8.4 河湖岸线生态修复长度

流域	支流区段	河湖岸线生态修复长度/km
南盘江	南盘江上游(隆林各族自治县、田林县)	16.28
右江	右江中游(澄碧河段)	43.31
	驮娘江(西林县)	5.73
	龙须河(德保县)	15.36
	武鸣河(武鸣区)	4.46
	罗兴江(天等县)	8.41
红水河	红水河上游(天峨县)	10.90
	布柳河(凌云县)	9.14
	习江(河池市金城江区)	7.78
	清水河(来宾市区段)	10.49
盘龙江	百南河(那坡县)	7.44
左江及郁江干流	平而河(龙州县)	7.15
	明江(宁明县、上思县)	1.96
	邕江(南宁市市区)	9.83
	武思江(贵港市港南区)	2.12

续表 8.4

流域	支流区段	河湖岸线生态修复长度/km
柳江	柳江中游(柳州市鱼峰区)	16.09
	融江(融安县、柳城县)	17.66
	贝江(融水县)	3.48
	寻江(龙胜县)	6.67
	牛鼻河(罗城仫佬自治县)	10.83
	龙江(河池市宜州区)	5.40
	小环江(环江毛南族自治县)	9.89
	洛清江(永福县)	18.73
桂贺江	桂江上游(阳朔县)	4.63
	六洞河(兴安县)	12.23
	思勤江(钟山县、昭平县)	23.14
	贺江干流(钟山县)	3.25
	大宁河(贺州市八步区)	5.25
	大平河(苍梧县)	3.79
	东安江(苍梧县)	5.42
湘江	灌江(灌阳县)	6.01
黔浔江及西江	黔江下游(桂平市)	4.17
	浔江上流(桂平市)	5.11
	蒙江(藤县)	21.49
	北流河(岑溪市)	5.11
	黄华河(岑溪市)	6.27
粤西诸河	白马河(北流市)	5.21
桂南诸河	钦江(钦州市钦北区、灵山县)	14.53
	南流江(合浦县、浦北县)	10.37
	九洲江(玉林市市区、博白县)	35.04

2)水系连通性问题

河湖水系是水资源的载体,是生态系统的重要组成部分,也是经济社会发展的重要支撑。河湖水系格局及其连通状况不但影响水土资源配置格局、水资源承载能力以及生态环境演变,也会对水旱灾害的风险状况和抵御能力产生重要影响(徐宗学和庞博,2011)。广西正面临着水短缺、水污染、水生态、水灾害、水管理等五大水问题,形成影响未来经济社会发展和安全的多重水危机。过去数十年,随着水利工程的建设,河湖水系的连通格局发生了变化。各种调水工程使原本隔绝的河流和流域实现了连通,不同防洪工程、水资源的统一调配使原来只在突发洪水时连为一体的河流、湖泊和湿地成为互为连通的水系和河网，这些河湖水系的连通为当地的经济社会发展作出了巨大贡献。但是，由于认识水平的局限性与水资源不合理地开发和利用，使原本连通的河湖水系出现了连通不畅乃至隔绝的状况，造成了水资源调配能力不足、干旱频发，洪水宣泄不畅、河流自净能力减弱、污染加重等问题。

（1）河流水系不连通，水资源自然调度能力差。随着经济社会快速发展，部分河流原河道被挤占、修改，甚至填埋；城市周边一些湖泊湿地与沼泽湿地受填湖造地、围湖建房、围垦养殖等开发活动影响，导致退化严重，面积萎缩，河湖之间水体不连通，致使天然水系流动性差，汛期洪水宣泄不畅，而枯水期水资源量却又极度缺乏。

（2）河湖采砂问题不断，河湖形态被破坏。部分河段的采砂活动导致河道下切，河势失稳，河岸坍塌，河道水位下降，河床渗漏，下游水体浊度上升，破坏了鱼类、底栖动物等水生生物栖息生存环境，损坏了河湖水生态系统结构和功能的完整性和稳定性。

（3）河道洪水调蓄能力降低，防洪抗旱能力不足。广西洪涝灾害频发，经过数十年来大规模的水利建设，主要江河的防洪体系已初步建成。但在多年来的自然演化以及人类活动的双重影响下，主要江河下游河道淤积，与河流连通的众多湖泊洼地，调蓄能力大幅度降低，洪涝灾害加剧，严重威胁人民生命财产安全。

8.3.3 河湖湿地生物多样性问题

湿地是极为重要的生态系统，具有物质生产、蓄水防洪、净化水体、调节气候、生物多样性保护以及教育休闲旅游等生态服务功能，与人类生产生活以及社会发展紧密相关（裴理鑫等，2023）。广西湿地资源丰富，类型多样，孕育了丰富的生物资源，是我国南部湿地的重要组成部分。根据全国第二次湿地资源调查结果，广西湿地类型有近海与海岸湿地、河流湿地、湖泊湿地、沼泽湿地等自然湿地和人工湿地五大类 24 型，连片面积 $8hm^2$ 以上的各类湿地总面积 $75.43\times10^4 hm^2$，占广西国土面积的 3.18%，其中自然湿地 $53.66\times10^4 hm^2$，占湿地总面积的 71.1%，人工湿地 $21.77\times10^4 hm^2$，占湿地总面积的 28.9%。湿地总面积前三的地级市分别是北海市、钦州市、防城港市，其中北海市的近海与海岸湿地面积最大。截至 2019 年，广西已建立湿地自然保护区 12 个（其中国家重要湿地 3 个），试点国家湿地公园 24 个（其中已通过验收的国家湿地公园 3 个）。初步形成了湿地类型自然保护区、湿地公园、湿地保护小区为框架的湿地保护体系。建立湿地公园较多的地级市有桂林市、百色市、来宾市、贺州市。

（1）滨海湿地方面。广西滨海湿地位于海岸带范围内海洋与陆地相互作用的交错地带，是复杂、特殊的生态系统，具有最丰富的生物多样性、最高的生产力、最具生态价值等特点。滨海湿地生态系统退化主要表现为湿地面积下降、湿地物种多样性下降、湿地生态系统结构发生变化，水质下降，呈逆向演替的趋势。据统计，广西有 230km 以上的海岸线受到较严重的侵蚀，占广西海岸线总长度的 15.5%。滨海湿地退化的原因包括自然和人为因素，自然因素包括外来生物入侵、台风暴潮、病虫害；人为因素包括海堤建设、盲目围垦湿地、开挖航道等工程建设，海水养殖、旅游等生物资源被过度利用。

（2）内陆湿地方面。会仙湿地经过多年无规划的开发，其生态退化特征明显：地表水质量较差，只有上分水塘和睦洞河水尚属清洁，龙山湖和分水塘属轻污染，狮子岩属中污染，而运河新桥处河水属重污染，灌塘南处水质属严重污染，湿地土壤退化也较为严重(程亚平等，2015)。原会仙湿地动物种类较多，但现在野生动物已寥寥无几，特别是一些大型的动物如野狗、步狗、刺猪、豹子等已在会仙湿地绝迹，主要原因是大幅提升的湿地旅游功能，人为入侵湿地，使动物遭到了灾难性灭绝，而物种灭绝使会仙湿地整个生态系统的生物链断裂，给湿地的修复也带来了极大的困难。梧州苍海国家湿地公园位于梧州市苍海新区，通过现场调研发现，湿地公园所在的下小河上游分布有农村生活、农业、水产养殖等，河道岸线受到侵占。左江流域大新黑水河国家湿地公园保护区总体处于较为隔离和破碎的状态。柳江流域融水县部分区域频繁挖山采石，天然湿地生境破碎。

(3)生物多样性方面。建造水库、大坝以及在沿海建造防堤等，改变湿地的水文结构，减弱水循环，减少溶氧量；对鱼类和植物等生物资源产生很大的干扰，容易引起外来物种入侵。广西近年来兴修水利枢纽、水库等，一些大江大河上游水源涵养区的森林又遭到过度砍伐，导致水土流失加剧，河流中的泥沙含量增多，造成河床抬高、水库淤积，湿地面积不断缩小，生态功能被迫削减。由于过度捕捞，许多地区鱼类年捕获量逐渐下降，且种类日趋单一，许多鱼类已濒临绝迹，严重影响湿地的生态平衡，威胁着其他水生生物的安全。近年来入侵物种种类和危害程度正逐步加重，在局部区域由于过度生长而直接影响到本土动植物的生长或扩展。

8.3.4 水量问题

8.3.4.1 岩溶干旱和生态缺水问题

1)岩溶干旱现象多发

广西喀斯特石山地区地层主要以泥盆系、石炭系、二叠系灰岩为主，岩溶发育程度较高，降水通过落水洞、溶隙等快速渗入地下，造成石山地区地表水资源缺乏，干旱缺水，生态环境脆弱。2019 年，广西 8 个设区市 38 个县(市、区)出现旱情，累计 35.19 万人、10.75 万头牲畜因旱临时饮水困难；作物受旱面积 164.93 千 hm^2，其中受灾面积 66.79 千 hm^2，成灾面积 14.86千 hm^2，绝收面积 193 千 hm^2；因旱粮食损失 8.23 万 t，经济作物损失 3.03 亿元，直接经济损失 6.26 亿元。

广西地区岩溶干旱危险性在贺州、贵港以及百色等地较高，在桂南钦州、北海、防城港等地较低，其余地区相差不大；暴露性在桂中地区较高，尤其是崇左、来宾等地，在桂西的百色以及桂东的贺州、梧州等地偏低；脆弱性则呈现出由桂东向桂西逐渐增加；抗旱能力则是桂北的桂林以及桂东等区域较低，桂中次之，桂西等地则较高，但最高的是桂中的来宾。综合各项指标计算得到广西各市干旱风险值，桂西北的旱灾风险要明显高于桂东南，其中干旱风险最高的是桂西南的崇左和桂中的来宾。总的来说，广西岩溶干旱区主要集中在崇左市、南宁市、来宾市、贵港市、北海市、百色市、柳州市、河池市、贺州市等 9 个地级市。

2)枯水期生态流量不足

广西水资源总量丰富，据《广西水资源利用上线报告》中生态用水保障状况评价结果，重点流域生态基流满足程度原则上应大于 90%，基本生态环境需水量满足程度原则上大于 75%，目标生态环境需水量满足程度原则上不低于 55%。广西 16 个站点生态基流控制断面中，贵港、昭平、灵渠、马江、信都(3)、资源 6 个代表断面现状生态基流满足程度在 60%～80%之间，满足程度为中等，其余断面满足程度在 80%以上，主要江河生态需水总体满足程度较高，但部分河段枯水期生态流量不足。

一些支流特别是城市内河由于水资源开发利用程度过高和水利工程建设运行，改变了河流水文过程，导致部分河段及支流生态需水不足，存在水资源紧缺的情况。右江流域百色市娘江电站拦河坝下游河道枯水期生态流量不足；左江流域崇左市上游河道裸露，生态流量不足；桂江流域漓江段枯水期生态流量不足，目前经过实施了生态补水工程后生态流量满足程度较高，但仍有局部区域特别是小支流存在枯水期生态流量不足甚至断流的现象，枯水期生态流量不足依然是流域现状存在的主要问题之一。

根据广西各地市的中小型水电站和大中型水库生态流量监测方案，虽然中小型水电站众多，但大多建设年份较早，建设时未考虑生态基流，未修建专门的生态流量下泄设施，导致支流生态流量不足。以柳州市、桂林市为例，柳州市有中小型电站 101 座，大型水库 6 座，中型水库 20 座，目前建有生态流量下泄设施的大型水库及电站共计 17 座，仍有 9 座大中型水库及电站未修建生态流量下泄设施；桂林市，共有中型电站 3 座，小型电站 777 座(其中 5 座电站已废弃)，目前仅 5 座电站设有生态流量监测设施。

3)水利设施下游河段减脱水

红水河流域的龙滩水库出口断面汇水范围内更新河的更新电站、八打河介里电站等涉及的 5 条支流存在减脱水现象，双苏村断面汇水范围内板老河隘洞电站大坝的下游出现有减水河段，都安断面汇水范围内澄江上游龙颈电站大坝下游存在减脱水情况。柳江流域的贝江水系存在较多减脱水情况，贝江口断面汇水范围内杆洞河的乌昔电站、党翁电站、花孖电站、小河电站、五源电站、小花孖电站、百秀电站、洪河电站八个电站下游均出现河道减脱水现象；香粉河的卜令电站、毛坪电站，民洞河的民洞口电站，尧贝河的双江电站也出现减脱水情况。郁江干流的火电厂断面汇水范围内鲤鱼江河道出现减脱水现象，目前鲤鱼江下游城区河道已萎缩，流量仅靠上游区间来水、闸门渗漏及渠道排洪；郁江口断面汇水范围大洋河的大洋河水库-电站大坝下游存在 2.4km 减脱水河道。黔江支流达开水库电站未设置生态放水设施，导致下游马来河出现 1.6km 减脱水河段；黔江支流社坡河水库电站坝下河道存在 2.6km 减脱水河道；西江支流白沙河上游的六陈水库电站下游河道已萎缩，存在减脱水现象；西江二级支流大同江燕滩电站坝下存在 1.8km 断流情况。

4)区域性水资源短缺

根据实地调研及资料收集发现，广西漓江桂林市、灵川县、荔浦市、阳朔县段，红水河环江县段，左江崇左市扶绥县段、百色市靖西市段，桂贺江梧州市蒙山段，钦江灵山县段等上游及小支流上游下泄水资源不足，河道连通性较差，无法保障河道水量补给，枯水期水量不足，部分支流河段存在生态用水不足的情况。

8.3.4.2 洪涝灾害方面

全球气候变暖使极端降水发生频率增加，近 50 年来，华南区域暴雨降水强度及暴雨百分率上升趋势显著，又因复杂的山丘区地形和地质条件，以及山区社会经济的发展现状，导致洪涝灾害频发(马建华和胡维忠，2005)。随着广西降水的重现期越长，洪涝灾害也逐渐严重，尤其在喀斯特石山地区，极端气候下，地下河局部容易发生堵塞，导致谷地和洼地排水不畅，形成内涝，淹没农田和村道，造成严重的社会经济损失。

总体来看，广西洪涝灾害造成的损失严重，受灾面积、人口、死亡人数及倒塌房屋等灾害呈上升的趋势，尤其是20世纪90年代和21世纪初灾害偏多明显，其中20世纪90年代受灾面积、受灾人数、死亡人数及倒塌房屋损失最严重，各项灾害指数比60—80年代30年的总和还要高(表8.5)。

表8.5 广西各年代因洪涝灾害所导致的损失统计结果表

区分	20世纪				21世纪初	合计
	60年代	70年代	80年代	90年代		
受灾面积/万 hm^2	99.7	175.3	174.2	659.6	589.1	1 697.9
受灾人口/万人	1178	1294	2898	11 942.4	9 451.3	26 763.7
死亡人数/人	323	303	409	1336	397	2786
倒塌房屋/间	22 749	28 264	99 871	1 563 137	532 681	2 246 702

根据《2019年广西壮族自治区生态环境状况公报》，2019年，共发生11次洪涝灾害，桂江、湘江、洛清江、贺江、柳江、西江等145条河流407个站次出现超警戒线洪水，其中，湘江支流万乡河出现超100年一遇的特大洪水；资江、六漫河、郎溪河、刁江、南丹河等江河出现超过或接近50年一遇的特大洪水。桂江桂林城区河段连续出现3次超警戒线洪水，西江干流先后出现2次编号洪水。据防汛统计，广西14个设区市共81个县(市、区)612个乡镇(街道)遭受洪涝灾害，受灾人口187.21万人，因灾死亡17人；损坏堤防686处、堤长1 323.73km，损坏护岸883处，损坏水闸104座，损坏机电井3眼，损坏机电泵站41座，损坏水文设施40个。2019年广西地区因洪涝灾害造成的直接经济损失49.81亿元，约为2018年洪灾损失19.99亿元的2.5倍，其中水利工程直接水毁经济损失11.75亿元，约为2018年水毁损失6.49亿元的1.8倍。

广西气象服务中心根据约100例灾情记录完整的暴雨洪涝过程样本，统计了当洪涝灾害出现时各个县(市、区)相应发生洪涝的频率(图8.3)。桂东地区发生洪涝灾害的频率最高，达到20%以上，即在5次洪涝灾害过程里，这些地区就有1次左右，其中柳州北部、梧州东部、钦州最高，频率达到30%以上；发生频率最少的为崇左市、百色市南部和北部山区，在10%以下。从整体看，洪涝灾害发生概率桂东大于桂西。红水河、柳江、桂江、浔江、郁江、西江流域洪涝灾害与大雨以上量级降水量相关最高，其次为北海、钦州、防城港的独流入海流域。河池和柳州是强降水最容易造成人员死亡的地区，其次为贺州和梧州(黎琮炜等，2015)。

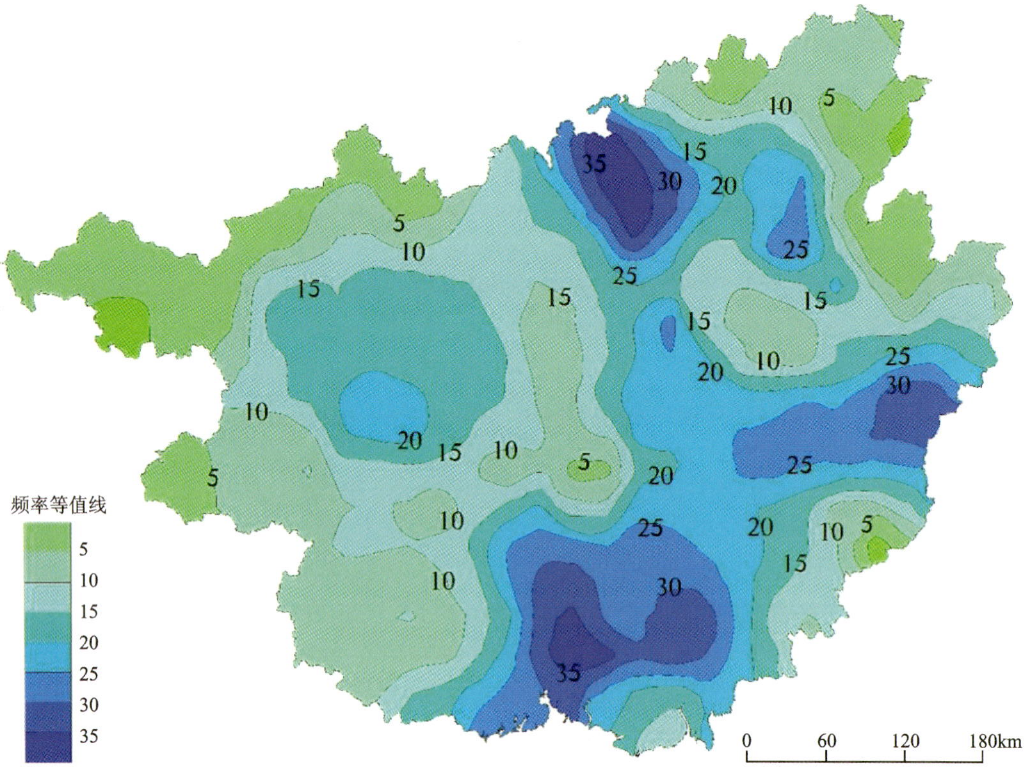

图 8.3　广西各地洪涝灾害过程频率图

8.3.5　水资源全域系统性问题

1)上游森林植被结构变化,水源涵养能力降低

流域上游森林的砍伐造成植被结构变化,导致水源涵养与水土保持能力下降。如漓江流域,上游建有青狮潭、猫儿山和海洋山 3 个水源林保护区,根据桂林水文站的观测数据,面积仅占约 30%的上游水源林涵养整个漓江流域 60%以上的地表径流。20 世纪 80 年代以来,受人类经济活动影响,本区森林植被结构发生了较大的变化,人工林和次生林的比例增加,其中海拔 250～600m 以次生林为主,250m 以下以人工林为主,这些斑块的平均面积小,且多为单层结构,不利于水源涵养、水土保持以及物种多样性的维持,漓江上游植被结构退化使大气降水迅速转变为地表径流,并汇集于以桂林市城区为中心的、地势低洼的峰林平原区。

2)上游区农林耕种采伐与坡面改造,造成水土流失

广西水土流失的主要原因包括农林耕种采伐与坡面改造、工程建设等。六洞河、川江、甘棠江、金宝河等漓江支流上游区域坡耕地分布较多,在坡度大的地区,采伐后二次耕种活动强烈,植被条件遭受严重破坏,在这一系列因素影响下而产生土壤侵蚀,水土流失现象加重。

3)中上游水域面积减少,地表与地下水调蓄及水质自净能力减弱

由于城市、乡镇建设规模的迅速扩大,农田粗放式开垦,围湖造田、占用湿地等,导致原有的水域面积迅速减少,1973—1998 年桂林城区水域面积减少了一半,目前市区水域面积已不

足 6 km^2。在桂林市城郊、临桂区四塘和会仙，过去面积达数十平方千米、连片的喀斯特沼泽湿地，但目前仅存 5～6 km^2，导致地表与地下水调蓄及水质自净能力减弱，水生态系统退化和水质恶化。

4)上游河流两侧矿山开采，加剧水土流失，导致河流重金属污染

广西河流两侧矿山开采后，重金属矿山堆土场和弃土堆常常在采矿停止很多年之后，仍然因自然降雨而继续侵蚀。矿产的大规模开采，造成表层土松动，土壤结构变松散，地表形态遭受严重破坏，岩石破碎，在风雨作用下，极易风化，并伴以滑坡、崩塌等重力侵蚀，加剧水土流失。刁江位于广西西北部，流域内有色金属储量大，干流流经的车河镇和支流流经的大厂镇是南丹县有色金属的开发重镇，调查研究表明受上游矿山开发的影响刁江流域重金属污染严重，刁江河水、沉积物及沿岸土壤 As、Zn、Pb 污染严重，上游矿区尾砂的随水迁移是造成刁江水系重金属污染的主要原因；底泥中尾砂大量沉积，形成了新的次生污染源，暴露于地表的尾砂中硫化态矿物的酸化可导致沉积物中重金属的活化，对环境危害性增大。

8.4　广西水生态修复措施与策略

8.4.1　湿地修复

1)生态修复重点区域

湿地水生态修复重点区域主要分布于桂林市临桂区、河池市南丹县、都安县、百色市市区、凌云县、靖西市、崇左市大新县、贺州市昭平县、梧州市市区，总计 9 个县(市、区)。工程实施区域主要包括柳江上游、打狗河上游的湿地保护区、右江上游和红水河中游湿地保护区、红水河下游区域、漓江中下游和贺江流域的湿地保护区、左江上游、西江中下游的湿地保护区。重点治理区域包括会仙喀斯特国家湿地公园、梧州苍海国家湿地公园、大新黑水河国家湿地公园、澄江湿地公园。

2)生态修复举措

(1)查清湿地水系统结构，建立水资源调蓄工程。对湿地的水文地质条件展开详细调查，掌握湿地的水资源补径排特征和水质现状、水污染来源，确定湿地生态需水量。湿地水生态修复的工程措施包括建设地表、地下水蓄水工程，增加湿地持水与水资源调蓄能力，并实施必要的补水工程。根据湿地内岩溶储水构造体的类型、规模、分布、性质和边界稳定条件，分阶梯规划和设计蓄水保水工程，工程包括地下岩溶水库、局部地表蓄水工程和地表地下综合蓄水工程。

(2)采取工程措施，恢复湿地生态功能。按照“自然恢复为主、人工修复为辅”的原则，对会仙喀斯特国家湿地公园、黑水河国家湿地公园、梧州苍海国家湿地公园等重要湿地保护开展生态修复，通过退耕还湿、水生态修复、湖滨缓冲带建设等措施恢复原有湿地及生态功能；通过污染清理、土地整治、地形地貌修复、自然湿地岸线维护、河湖水系连通、野生动物栖息地恢复、围网拆除和湿地有害生物防治等手段，逐步恢复湿地生态功能，增强湿地碳汇功能，维护湿地生态系统健康；统筹协调区域或流域内的水资源平衡，建立湿地生态补水机制，确保湿

地生态用水需求。加强湿地修复方案可行性、合理性评估，健全湿地监测评价体系，强化湿地修复成效监测，保障湿地修复与保护的可持续性。

(3)实施近自然浅滩湿地系统恢复与重建工程。加强湖滨岸带生态修复，消减入库河流总氮、总磷。在城镇生活污染治理方面，依托城镇污水处理及配套管网建设等具体工程，从源头上有效控制各类污染物进入水体，彻底实现控源减排。

(4)湿地生物多样性维持。进行湿地生物多样性调查和评估，按照自然规律改善栖息地条件，扩大物种资源，恢复种群数量，维护种群的生态化平衡。

8.4.2 河道水环境治理和水生态修复

1)河道建设和边坡防护

拓展河道和建设生态护岸，尽量保留河道的蜿蜒形态和断面多样性，提高生境的空间异质性，使用自然化材料和结构建设生态护岸，保护和重建岸边植物带，保证景观连续性，增加陆生生物与水生生物的沟通循环，充分发挥生态系统自身修复能力。在现有河流水系基础上，开展河道清淤及河岸生态修复工程，对侵占自然河湖等水源涵养空间的“四乱”予以清理。

2)修复滨水植被缓冲带

在水岸、水体中植绿，栽种绿色水生植物，强化岸边带生态修复，在河道水流缓慢的地方利用设置木桩和种植耐湿植物等方式来构造护岸，在河道流速中等和河道水域一般的地方利用插穗等方式构造护岸，在河道水流湍急和河道水域宽阔的地方使用本地耐湿植被和立方钢丝网箱来构造护岸，建立滨水植被缓冲带，增强河湖水生态自我修复能力。构建和恢复南流江、钦江、九洲江、漓江、茅岭江、武思江、明江、南康江、融江等重点流域干支流河湖缓冲带，维护生态系统健康和生物多样性，实现河岸生态化、景观化，形成绿色水岸生态网络，构建林水相依生态格局，保护与修复水鸟和其他野生生物的生境。

3)加强人工湿地技术的运用

在河湖周边和支流入河口等区域，因地制宜建设规模合理的人工湿地，削减汇入干流污染，人工湿地技术可以实现对河道水环境的有效修复。人工湿地技术主要包括：在河道中利用人工湿地技术构造淹没流湿地和垂直流湿地等多种形式的人工湿地，在河道中利用从高到低的导流设计理念，设计多层处理方式对河水逐层进行净化处理；在河道的上、中、下游均设计建设一定规模的人工湿地，既可以净化河道水质，也能增强河道的自净能力；营造水塘、低洼地和栖息地，营造适合多种动植物生长的河道水系空间，充分体现人水和谐的特点。

4)加强管理监督

加强河道污染主体的管理，对河道沿岸已经存在的工业企业，需要环保单位加大监管力度，严厉打击违规排放现象。对河道沿岸的生活污染要加大检查力度，将相关工作落实到人，定期进行检查，一旦发现违规现象则严肃处罚并由污染主体负责清理，保证河道水环境得到治理。

8.4.3 集中式饮用水水源地保护

1)生态修复重点区域

水源地保护重点区域主要涉及河池市都安县，柳州市市区、融安县，桂林市阳朔县，贵港市市区，北海市合浦县，玉林市博白县，总计7个县（市、区）。实施区域主要包括河池市都安县水源地、柳州市水源地、融安县泗顶镇水源地、桂林市阳朔县水源地、贵港市主要集中供水水源地，北海市洪潮江水库和玉林市博白县旺盛江水库建立水源地保护工程。

2）生态修复举措

（1）水源地规范化建设。在重要河流型饮用水水源地周边风险区域建立应急物资储备库、事故应急池等应急防护工程，如桂林市阳朔县水源地、河池市都安县水源地、柳州市水源地等，上游连接水体设置节制闸、拦污坝、导流渠、调水沟渠等防护工程。在相关路段加强道路安全防护设施建设，在进入保护区域前的路段设置预警标识、限速标志和实时监控系统。

（2）水源地保护区生态环境修复。对湖库型饮用水水源保护区的湖库周边湿地、环库岸生态和植被进行修复和保护，如北海市洪潮江水库、玉林市博白县旺盛江水库等，营造水源地良性生态系统。在采取隔离防护及综合整治工程方案的基础上，有针对性地在主要入湖库支流、湖库周边及湖库内建设生态保护与修复工程，通过生物净化作用改善入湖库支流和湖库水质。

（3）水源地水质监管工程建设。设置水质监测及水质信息管理设备、水质在线监测及视频监控，定期监测、检测和评估饮用水源的水质状况。加强水源地保护区以及周边城乡环境综合整治，防止生活污水、生活垃圾污染水源，确保饮用水安全。

8.4.4 地下水保护区建设

1）生态修复重点区域

地下水保护重点区域主要分布于桂林市资源县、灵川县、荔浦市，河池市南丹县、宜州区，百色市凌云县、靖西市、天等县、德保县，南宁市马山县、武鸣区，崇左市大新县，柳州市融安县、柳城县，来宾市合山市、金秀县，梧州市蒙山县，贺州市昭平县，总计18个县（市、区）。实施的区域主要包括资水流域、桂江上游漓江流域、柳江上游洛清江流域、打狗河上游南丹县区域、红水河上游凌云县等地下水防污性能较差区域；红水河中游马山县、百色市靖西市、天等县、德保县等地下水防污性能较差区域；龙江流域合山市、宜州区等地；柳江中游区域；漓江下游荔浦市、蒙河上游蒙山县、昭平县、金秀县等地；右江下游武鸣区、大新县等地。

2）生态修复举措

（1）查明地下水敏感区含水系统条件，确定保护对象和污染源。查明区域地层岩性、地质构造、地形地貌、岩溶发育条件和地下水径流排泄特征。通过对水文地质条件的认识，利用岩层的抗污染性质，分级设立地下水保护区。确定污染源情况，掌握污染水体与带保护地下水的水力联系，严格控制地下水重要补给、污染物的排放和排污项目的建设，保障地下水水质安全。

（2）地下水保护区规范化建设。设立保护区警示、保护标志和隔离设施，确定各保护区的允许污废水排放量，如在阻隔系数小、地下水污染指数较大的地区或区域，应该坚决避免建设化工类企业，已经建设的应搬迁；在排污纳污河道的阻隔系数小、待保护地下水污染指数较大的区域，应进行防渗处理，严防污染水体对地下水的污染侵害；而在待保护地下水污染指数相对较小的区域，可允许建设居民生活区。

(3)完善地下水监测网络,强化地下水资源管理。建立流域地下水监测网络,实现对地下水功能区水位、水量及水质监控;严格地下水资源的取水许可审批和水资源论证制度,强化地下水资源管理;对无证取水、非法取水的取水户要坚决予以查处。

8.4.5 喀斯特石山区地下水综合调蓄工程建设

1)生态修复重点区域

地下水综合调蓄重点区域主要分布于桂林市兴安县、都安县高岭镇、靖西市、那坡县,南宁市上林县,来宾市来宾县,柳州市柳城县六塘镇、凤山镇,总计8个县(市、区)。

2)生态修复举措

(1)查明喀斯特干旱区域水文地质和工程地质条件。开展喀斯特区地下水资源调查评价,掌握区域地层岩性、地质构造、地形地貌、岩溶发育条件和地下水径流排泄特征。确定区域内的地下水资源量和动态变化情况,查明生态需水量。

(2)因地制宜建立地下水调蓄工程。因地制宜地建立地下水调蓄工程,科学地控制地下水资源蓄存量和开采量。建立地下水-地表水联合水库,建立拦水坝和输水工程,拦蓄丰水期地下水,雨季拦蓄地下水,降低下游河流洪峰流量,减轻洪涝灾害;提高枯季可利用水资源量,解决干旱缺水问题,修复水生态环境。

8.4.6 实施水系连通

1)生态修复重点区域

水系连通工程重点实施区域涉及南流江合浦县段,北流河玉林市段,防城河防城市段,钦江灵山县段,漓江桂林市、灵川县、荔浦市、阳朔县段,红水河环江县段,左江崇左市扶绥县段、百色市靖西市段等流域。

2)生态修复举措

(1)因地制宜实施水系连通工程。坚持人工连通与恢复自然连通相结合,在水资源短缺的南流江合浦县段、北流河玉林市段、防城河防城市段、钦江灵山县段,优先推进以水资源配置、防洪减灾为主要功能的河湖水系连通;在桂贺江梧州市蒙山段等生态修复与环境保护重点地区,因地制宜实施河道治理、清淤疏浚,打通阻隔、生态修复,打造河湖绿色生态廊道,保护恢复河湖生态系统及功能;在漓江桂林市、灵川县、荔浦市、阳朔县段,红水河环江县段,左江崇左市扶绥县段、百色市靖西市段等水资源条件优越的地区,努力打造安全型、生态型河流水系。

(2)开展水系连通、推进水资源合理配置。开展水系连通、推进水资源合理配置,保障流域生态流量,要顺应城市规模扩张,扭转城市用水单一利用的不利局面,丰富用水选择。重点谋划漓江上游四库(青狮潭、斧子口、小溶江、川江水库)连通项目、世界旅游城大环城水系项目、三江(桃花江、良丰河、相思江)防洪排涝综合整治工程、黄塘水库工程以及漓江流域水系连通等漓江流域系列重大工程,保障漓江生态修复目标按期按质实现。

(3)提升水体连通性,提高水体自净能力。重点加强漓江水生态修复保护工程,开展桃花江、小东江、芳莲池等漓江主要支流小流域、河道、水塘、河岸带等水体水系连通和生态补水工程,使主要断面水质稳定达标。开展桂林市主要内河的生态补水,解决枯水期生态流量不足或断流现象,提升水体自净能力。针对大藤峡风情小镇片区及江北新区城区水系退化、水域生态环境恶化等问题,开展桂平市江北新区河湖水系连通工程,构建桂平市域“三江七河十湖两渠两湿地”的连通水系,改善和修复城区水生态环境,兼顾城区防洪排涝安全。

(4)恢复左江控制单元河流水系连通性。逐步恢复左江控制单元河流水系连通性。左江控制单元范围实施清淤疏浚、打通阻隔、开源节流并举等措施,提高凭祥河连通性,保障生态环境用水。并通过土地整治、植被恢复、岸线环境整治等手段,逐步修复生态系统功能。

8.4.7　流域水污染防治

1)生态修复重点区域

水污染综合防治重点区域主要涉及百色市市区、德保县、靖西市,崇左市大新县,南宁市马山县,河池市南丹县、环江县、都安县,来宾市武宣县,桂林市灵川县,贺州市市区,钦州市市区、灵山县,北海市市区、合浦县,玉林市陆川县、博白县,总计16个县(市、区)。水系流域主要包括百色市澄碧河流域、靖西市-德保县龙须河流域、左江上游黑水河流域、红水河中游马山县西部大化—都安一带流域、龙江上游大环江流域和打狗河流域、武宣县黔江河段、漓江支流桃花江流域、贺江支流大宁河流域和马尾河流域、独流入海河流钦江、南流江、九洲江流域。

2)生态修复举措

(1)全面摸清广西入河排污口底数,进行入河排污口溯源。在整合各地提供的排污口名录以及历史排污口资料的基础上,开展广西入河排污口排查工作,优先对水质不能稳定达标的河段和重要水生态功能区开展入河排污口排查,掌握广西入河排污口的数量及其分布,建立入河污口名录。结合重点流域入河排污口排查结果,开展排污口水质监测分析,根据监测结果开展入河排污口溯源分析,查清污水来源,厘清排污责任,建立规范化的入河排污口档案。

(2)整治入河(海)排污口问题。在入河排污口排查统计信息和原因分析的基础上,按照“一口一策”原则,结合水生态环境状况,确定禁止设置排污区域和限制设置排污区域,优化排污口设置布局;按照工业、生活、农业等不同类型排污口特征,分别提出清理整治、达标排放等任务。依法整顿各类违法设置的入河排口,有效规范和管理入河排污口。实施主要入河排污口在线监测,包括统一规范设置监测断面(点位)、监测指标、监测频次等。建立入河排污口监测监控管理平台,实时掌握重点流域入河排污口废水排放情况。

(3)调整优化产业结构布局,防治工业污染。实施清洁生产技术改造,降低工业新增水用量,提高水重复利用率,从源头减少工业废水、污染物的产生和排放,严格控制并削减行业水污染物排放总量,推动全面达标排放,促进水环境质量持续提高。加强广西工业集聚区集中污水处理设施建设与运维管理,并安装和正常运行自动在线监控装置。增加污染物深度处理设施,强化重金属、危险化学品、持久性有机物污染等特征污染物处理能力。

(4)提升城镇污染治理能力。完善污水管网收集系统,加快推进城镇污水收集处理设施建设与改造,系统提升污水收集处理效能。补齐污水处理设施短板,针对长期超负荷运行的污水处理设施,合理确定污水处理能力建设规模,开展污水处理厂扩容改造。分流域、分区域、分阶段，系统推进治理摸查工作中发现的各类存量排水管网隐患和错混接问题。

(5)农业污染防治。将畜禽规模养殖场纳入重点污染源管理，实施雨污分流、粪便污水资源化利用，在南流江、九洲江流域玉林市博白县等散养密集区域，鼓励引导大中型企业建设区域性有机肥厂和病死畜禽无害化处理厂，建立畜禽粪污收集运输体系和区域性处理中心，加强集中规范化处理。大力发展生态健康养殖模式，推进网箱粪污残饵收集等环保设备升级改造，依法拆除非法网箱围网养殖。持续推广测土配方施肥，引导科学种植，根据流域化肥、农药施用强度及需求量分析，采取测土配方施肥、调整化肥使用结构、改进施肥方式、推广土壤与绿化肥分流失控制技术、有机肥替代化肥等途径，实现化肥减量。推进大中型农业灌区以及河流沿岸区域的农田退水治理，探索推广农田氮磷流失生态拦截工程，利用现有沟、塘、窖等，通过建设生态沟渠、植物隔离条带、净化塘、地表径流蓄池等设施减缓农田氮磷流失，减少对水体环境的直接污染。

(6)提升农村生活污染治理水平。结合广西县域农村生活污水治理专项规划，推动农村环境综合整治工作提档升级。重点针对沿海诸河水系南流江、九洲江、钦江等水质不能稳定达标流域地区，漓江、左江、黑水河等生态敏感区，以及沿岸农村生活污水直排现象严重的区域，按照分散与集中相结合的原则，因地制宜采用污染治理与资源利用相结合、工程措施与生态措施相结合的处理工艺，逐步加强农村基层环卫设施建设。开展南流江水生态修复项目、九洲江流域城镇污染综合治理工程项目和钦江流域农村环境综合整治项目等项目。

(7)移动源污染防治。依法强制报废超过使用年限的船舶(包括经营的邮轮、拖轮等船舶)，从油污染控制、生活污水处置、运送物质的防散漏措施等方面进行船舶污染的控制，从源头降低移动源污染排放。增强港口码头污染防治能力，落实郁江南宁市、贵港市，柳江柳州市，漓江桂林市，西江梧州市等主要通航水域的港口、码头、装卸站污染防治工作，港口码头配备污水处理设施和新增油污水存储罐，完善港口码头垃圾接收、转运及处置。建立和完善船舶污染应急基地、码头应急配备，提高含油污水、化学品洗舱水等接收处置能力及污染事故应急能力。加强对旅游、航运的管理，强化宣传，提高游客和运输船主的环境意识，建立全面严格的管理、监督机制。

第9章 广西海洋生态系统修复策略研究

9.1 广西海洋生态系统现状

9.1.1 广西典型海洋生态系统

红树林、海草床和珊瑚礁是广西典型海洋生态系统，是北部湾的特色海洋资源，是海洋生态环境是否优良的重要标志。

1)红树林

广西红树林分布于东经 108°0′3.35″—109°46′12.61″，北纬 21°24′9.03″—21°55′5.29″之间，涉及 3 个市 8 个县，集中连片面积较大的红树林主要分布在英罗港湾、铁山港湾、丹兜海、廉州湾、大风江口、钦州湾、茅尾海、防城港湾、珍珠港湾等一带，尤以茅尾海、丹兜海和铁山港湾的红树林发育最好。广西沿海共有真红树植物 12 种(含外来种 2 种)，半红树植物 8 种，分别占全国种类的 44%和 67%。主要红树植物种类为秋茄(*Kandelia obovata*)、白骨壤(*Avicennia marina*)、桐花树(*Aegiceras corniculatum*)、木榄(*Bruguiera gymnorrhiza*)、红海榄(*Rhizophora stylosa*)、卤蕨(*Acrostichum aureum*)、海漆(*Excoecaria agallocha*)等。广西红树林群落可分为 11 个群系，其中白骨壤群系是广西红树林群落类型中占比最高的群落类型，桐花树次之，此两种群系的面积占广西红树林面积的一半以上。广西红树林群落类型面积居前三位的是白骨壤群落(占 39.66%)、桐花树群落(占 29.92%)、白骨壤＋桐花树群落(占 5.10%)。

2)海草床

根据广西海洋局专项调查结果，广西海草总面积约为 777hm^2，海草分布点共 20 处。在广西沿海 3 个市中，北海市海草面积占绝对优势，占广西海草总面积的 86.82%；防城港市的海草面积占 13.17%，钦州市的海草面积最小，仅占0.01%。广西沿海生长的海草种类主要为喜盐草、矮大叶藻、贝克喜盐草等，其中贝克喜盐草是当前全球面临灭绝风险的 10 种海草之一。喜盐草群落为广西分布面积最广的海草群落，占 76.8%，主要分布在北海市铁山港区东海岸。矮大叶藻群落次于喜盐草群落，占 13.45%，主要集中分布在防城港市珍珠港湾。矮大叶藻＋贝克喜盐草群落只有 1 处，占 6.4%，位于北海市竹林的虾塘公用水域内。贝克喜盐草群落仅占 1.4%，常出现于红树林林缘或潮沟边缘。

3)珊瑚礁

广西的珊瑚礁主要分布于北海市涠洲岛、斜阳岛沿岸。此外，在防城港市江山半岛的白龙尾沿岸浅海有活珊瑚零星分布，但没有形成珊瑚暗礁。根据广西海洋局专项调查结果，涠洲岛、斜阳岛调查海域内腔肠动物门珊瑚虫纲共出现5目18科66种，9个未定种，其中造礁石珊瑚为1目10科22属46种，9个未定种。白龙尾海域造礁石珊瑚共发现1目3科8属10种。涠洲岛、斜阳岛、白龙尾等3个珊瑚礁生态区的珊瑚资源分布总面积约为3126hm^2，其中，涠洲岛(包括涠洲岛猪仔岭)面积最大，占广西珊瑚总面积的93.16%，斜阳岛、白龙尾的珊瑚面积较小，分别占4.54%和2.30%。

9.1.2 广西海岸带生态系统

广西海岸带陆域自海岸线向陆域延伸5km范围内的海拔均小于200m，西北高、东南低，大致以大风江为界，东、西部地区具有不同的地形地貌特征。第一是由第四系湛江组及北海组构成的古洪积-冲积平原，地势平坦，微向南面海岸倾斜，在古洪积-冲积平原上有零星侵蚀剥蚀残留台地点缀其间，铁山港湾北部沿岸分布有基岩侵蚀剥蚀台地；第二是南流江河口三角洲平原；第三为海积平原，地势平缓；西部主要是由下古生界志留系、泥盆系及中生界侏罗系砂岩、粉砂岩、泥岩构成的多级基岩侵蚀剥蚀台地；第四是钦江-茅岭江复合河口三角洲平原；第五是江平一带的海积平原，地势起伏不平。广西沿海地区的人工地貌突出，河口三角平原及海积平原已大面积开辟为海水养殖场(黄大力，2018)。

9.1.3 广西河口与海湾生态系统

注入北部湾近岸浅海的中小型河流约120多条，多为间歇性季节性小河流，自广西海岸入海的主要河流有南流江、钦江、大风江、茅岭江、防城河、北仑河等。

9.1.4 广西海岛生态系统

广西沿海地区岛屿众多，自高潮线以上有大小岛屿共643个，有居民岛少、无居民岛多，近岸岛多、远岸岛少，其中，有居民海岛包括陆连岛有14个，无居民海岛629个。广西海岛分为七大区，包括北海涠洲岛—斜阳岛海岛区、钦州湾海岛区、防城港湾海岛区、大风江口河口湾海岛区、廉州湾南流江口海岛区、铁山港湾海岛区和珍珠港湾海岛区。其中，最南面的海岛为北部湾东北部海面上的斜阳岛；最北面的海岛为茅尾海东部的沙井岛；最东面的海岛为铁山港湾的茅墩岛；最西面的海岛为东兴市北仑河口的独墩岛。广西最大的海岛为涠洲岛，面积2478hm^2；第二大海岛为合浦县更楼围岛，面积2187hm^2；其余大多数的海岛面积均较小。以设区市为单元统计，钦州市拥有岛屿最多，达294个，其中有居民海岛6个、无居民海岛288个；防城港市次之，有284个，含有居民海岛2个、无居民海岛282个；北海市最少，有65个，包括有居民海岛6个、无居民海岛59个。

9.2　广西海洋环境状况与存在问题

9.2.1　广西海洋生态环境总体状况

1)近岸海域海水环境质量

2014—2020年,广西近岸海域海水环境状况总体良好,大部分近岸海域符合一、二类海水水质标准,近岸海域沉积物质量状况总体保持良好。未达到清洁海域总面积在2015年达到最高值,之后呈逐年减少的趋势;劣四类及四类水质海域面积波动减少,三类水质海域面积大幅下降,二类水质海域面积的比例大幅提高(宁秋云和陈圆,2021)。2020年近岸海域"十三五"22个国家考核点位水质级别为"优",优良点位比例为95.5%,首次消除劣四类水质。从时空分布来看,近5年来,茅尾海、北海港、埠口江、龙门港、钦州湾、鹿环江、铁山港等海域均出现过四类及劣四类水质。目前茅尾海、钦州湾、大风江口、廉州湾等局部海域污染仍较重,主要污染因子为无机氮、活性磷酸盐和石油类。

2)入海污染物排放

(1)主要江河污染物入海量。根据2014—2018年大风江、南流江、钦江、防城江和茅岭江5条广西主要河流入海的污染物量监测结果,污染物入海量逐年增加,2017年最高(表9.1)。

表9.1　2014—2018年广西主要河流排放入海的污染物量　　单位:t

年份	化学需氧量(COD_{Cr})	氨氮(以氮计)	硝酸盐氮(以氮计)	亚硝酸盐氮(以氮计)	总磷(以磷计)	石油类	重金属	砷	总量
2014	312 173	5275	6537	706	3593	1343	303	9.4	329 939.4
2015	368 048	6000	7864	808	6245	856	238	11.1	390 070.1
2016	333 267	4991	10 911	1146	3658	972	242	18.8	355 206.8
2017	516 872	7377	25 530	1245	3560	1133	222	12.1	555 951.1
2018	355 643	6290	21 419	1077	2350	1435	266	12.3	388 492.3

(2)入海排污口达标情况。2014—2018年,广西经河流入海污染物总量持续较高,呈波动变化(表9.2),2017年广西经河流入海污染物总量最大,2018年虽有所改善,但总量仍然较大。陆源入海的污染物仍需加强控制。防城港湾、珍珠港湾、钦州湾、廉州湾和铁山港湾等海域入海污染物仍是导致广西近岸海域环境质量受影响的主要因素。

入海排污口排放的主要污染物是总磷、COD_{Cr}、悬浮物和氨氮,2014—2018年广西入海排污口总磷、COD_{Cr}、悬浮物和氨氮等指标的排放达标率均比上一个五年有较大改善。

表 9.2　2014—2018 年广西入海排污口达标率　　单位:%

年份	3 月	5 月	7 月	8 月	10 月	11 月	总达标率
2014	20	60	—	65	50	—	47
2015	33	33	38	54	29	46	39
2016	27	27	57	57	43	19	38
2017	30	20	76	67	57	45	50
2018	60	41	47	76	44	50	53

3)海洋生物多样性与典型海洋生态系统健康状况

根据 2014—2018 年广西近岸海域典型海洋生态系统海洋生物多样性状况监测结果(表 9.3),对监测的浮游生物、底栖生物、珊瑚礁、红树植物、海草等生物的种类组成和数量分布数据进行分析,开展生态系统健康评估(表 9.4,刘天科,2016)。

表 9.3　2014—2018 年广西海洋生态系统海洋生物多样性状况

年份	物种数/种						多样性指数 H' 均值		
	浮游植物	浮游动物	底栖生物	海草	红树林	造礁珊瑚	浮游植物	浮游动物	底栖生物
2014	89	81	132	2	8	17	2.60	2.73	1.59
2015	220	190	290	3	8	22	1.88	2.42	2.04
2016	190	114	157	3	10	32	2.17	2.13	1.79
2017	166	168	276	2	10	30	2.38	2.54	2.13
2018	157	145	162	3	10	35	2.05	2.66	1.83

表 9.4　2014—2020 年广西重点监测区海洋生态系统健康状况

生态系统类型	监测海域	健康状况						
		2014 年	2015 年	2016 年	2017 年	2018 年	2019 年	2020 年
红树林	山口保护区	健康	健康	健康	健康	健康	健康	健康
	北仑河口保护区	健康	健康	健康	健康	健康	健康	健康
海草床	北海市铁山港湾	亚健康	亚健康	亚健康	亚健康	亚健康	健康	健康
	防城港市珍珠湾	—	—	健康	健康	健康	健康	健康
珊瑚礁	北海市涠洲岛	亚健康	亚健康	健康	健康	健康	健康	健康

监测结果显示,2014—2018 年,浮游动物、浮游植物、大型底栖生物鉴定出种类数均有较大增加,多样性指数稳步增加;红树林、海草种类数及群落基本稳定,造礁珊瑚鉴定出种类数有较大幅度上升,总体上广西海洋生物多样性丰富度逐年提升,海洋珍稀濒危物种及其生境得到有效保护。山口、北仑河口红树林生态系统持续保持健康状态;北海海草床于 2019 年开

始恢复并维持健康状态，防城港海草床均维持健康状态；涠洲岛珊瑚礁于2016年开始恢复并保持健康状态，总体上广西典型海洋生态系统呈逐年向好趋势。

4)海洋灾害

我国是世界上遭受海洋灾害影响最严重的国家之一，其严重危害海上或海岸的社会、经济和生命财产(杨林等，2015)。

广西沿海主要海洋灾害包括风暴潮、海浪、海岸侵蚀、海雾、海水入侵等(表9.5)。2010—2020年，广西沿海因风暴潮和海岸侵蚀，导致水产养殖和海岸防护工程均有不同程度的损失(表9.6)，其中2014年1409号超强台风"威马逊"的来袭，给海上大蚝养殖业造成严重影响。2014年外的其余年份，海洋灾害损失总体偏轻，主要原因是2014—2018年影响广西沿海的热带气旋数量总体偏少(年均2.4个)，强度偏弱(中心以台风及以上级别进入北部湾或广西沿海100km范围内的年均0.6个)，风暴增水未与天文高潮位相叠加。2014—2018年造成直接经济损失1亿元以上的灾害共有3次，分别为1409号"威马逊"台风风暴潮、1415号"海鸥"台风风暴潮、1621号"莎莉嘉"台风风暴潮。

表9.5　2014—2018年广西海洋灾害损失统计

年份	死亡(含失踪)人数	直接经济损失/亿元	致灾原因
2014	0	28.30	风暴潮
2015	0	0.47	风暴潮
2016	0	2.69	风暴潮
2017	0	0.12	风暴潮、海岸侵蚀
2018	0	0.85	风暴潮、海岸侵蚀

表9.6　广西海洋主要灾害过程直接经济损失

灾害过程	直接经济损失/亿元
1409号"威马逊"台风风暴潮	24.66
1415号"海鸥"台风风暴潮	3.64
1621号"莎莉嘉"台风风暴潮	2.37
合 计	30.67

北部湾北部出现波高大于3.0m大浪的天数总体逐年递增；多次由球形棕囊藻引发的大范围的水质异常现象对海洋环境产生了不良影响。

5)海岸有害入侵物种

广西海岸有害生物入侵主要有互花米草外来物种、鱼藤及柚木肖弄蝶夜蛾害虫等。

互花米草原产于美国东南部沿海，于1979年传入中国，属于禾本科米草属的多年生草本植物。其具有较高的盐分泌效率，可以通过盐腺清除过度吸收的盐分，这一特性使得米草属物种对海岸带生态系统的潮汐和盐胁迫具有较高的适应性。研究表明，互花米草入侵能力与适应性极强，导致其在全国迅速扩张，已成为中国东海分布最广泛的入侵物种（胡爱莲等，2024）。互花米草对本地物种产生竞争性排斥，通过迅速抢占生态位造成本土物种生物量和生物多样性下降，生态平衡遭到破坏，显著降低生态系统服务价值。互花米草泛滥会阻碍潮水的正常流动，降低江河入海口的泄洪能力，航道被淤、滩涂被占，严重影响沿海航运及海滩旅游发展，威胁沿海地区的生态安全。此外，互花米草泛滥还导致贝类、蟹类、藻类、鱼类等多种生物窒息死亡，并与海带、紫菜等水生植物争夺营养，使滩涂养殖受到毁灭性打击。

20 世纪 70 年代末，山口镇山角海滩和党江镇沙埇船厂海滩分别引种了 0.67hm^2、0.27hm^2互花米草。1994 年广西红树林研究中心将北海市丹兜海和福建罗源湾的互花米草种植到北海市英罗港海塘村滩涂种植，面积为 0.34hm^2。到 2003 年，广西的互花米草面积快速扩张至 167hm^2，2016 年增至 686.48hm^2，比 1994 年增加了 685.54hm^2，面积增长了 729 倍（潘良浩等，2016）。目前广西互花米草形成了铁山港湾和廉州湾两大中心，并零星出现至钦州湾西岸甚至防城港市白龙半岛（图 9.1）。根据广西林业部门 2022 年调查监测结果，广西现存互花米草约 1186hm^2，相较 2016 年增加了约 500hm^2，主要分布于合浦县、海城区、银海区、铁山港区、港口区、钦南区。

图 9.1　广西沿海互花米草

鱼藤原产于热带及亚热带，在我国分布于福建、台湾、广东、广西等地，其根部含杀虫活性物质——鱼藤酮及类似物，毒效发作时，导致区域水质溶解氧明显偏低，鱼类缺氧死亡。鱼藤能够在沿海滩涂迅速繁殖生长，是红树林常见的攀援伴生物种，其通过攀援覆盖红树林，渐渐蔓延成灾，抑制植物的光合作用，容易造成红树林的枯死，致使红树林湿地生态系统遭受破坏。广西鱼藤在北海市、钦州市、防城港市沿海均有分布。

柚木肖弄蝶夜蛾于 2010 年首次在广西被发现，2015 年其虫害大暴发。该虫在广西沿海发生 11 代，不同世代的害虫在陆地植被和红树林之间以及红树林不同斑块间转移危害；虫害暴发时会快速吃光树叶并啃食嫩枝表皮和幼果，对白骨壤生长造成较大影响，且取食危害期间的排泄物会造成滩涂土壤酸化；成虫具有较强的趋光性，柚木肖弄蝶夜蛾对红树林造成的危害极大（刘文爱和李丽凤，2017）。每年广西沿海红树林，特别是防城港，山口红树林保护区，北海滨海国家湿地公园，合浦县白沙镇、党江镇等红树林连片分布区域受柚木肖弄蝶夜蛾病虫害的影响较大。

9.2.2 广西海洋生态环境问题识别

1)近岸局部海域环境污染仍较严重

广西近岸海域海水质量居全国前列,但局部海域污染问题仍较突出。由于广西向海经济迅速发展,临海工业、城市和人口规模急剧扩大,同时近岸海域水产养殖、海洋交通运输、旅游活动频繁,海洋垃圾量、生活污水排污量也随之增加,加上沿线污水处理基础设施建设滞后,部分沿海工业与市政污水入海排污不达标,入海陆源污染物持续增加,进一步导致入海河流出现水流不稳定和水体超标现象,劣于第四类海水水质标准海域面积增大。钦江、南流江等入海河流水质状况呈现轻度污染,存在富营养化,主要分布在茅尾海、钦州湾、大风江口、廉州湾(图9.2)等局部海域,海洋生物多样性受影响。

图9.2 大风江口(左)、廉州湾(右)局部区域水质

2)局部滨海湿地逐步退化,物种栖息地受损

近年来广西沿海养殖业不断发展,海湾两岸大量围塘养殖及耗桩、耗排养耗等,导致淤积不断加重,浅海面积减少,滩涂侵蚀明显,海岸植被衰退,加之外来入侵物种互花米草、柚木驼蛾等影响,滨海湿地逐渐退化,湿地生态系统受到威胁。钦州市金鼓江、南流江、冯家江、防城港西湾和淡水湾等入海河口海湾受损、沿岸滩涂侵蚀严重,滨海湿地资源总体呈现退化趋势(图9.3),物种原生生态空间被挤占,迁徙水鸟等生存空间变小,候鸟栖息地受到较严重破坏,进一步威胁了滨海湿地生态系统。

3)局部海岸带受侵蚀且逐年退缩

海岸侵蚀是海岸带地区最典型常见的灾害类型之一,具有缓发隐蔽性、侵蚀类型与形式多样、时空变化大、空间分异显著、致灾因素多及其成灾机制复杂等特点(李平等,2021)。首先,广西海岸侵蚀类型复杂多样,以砂质海岸侵蚀为主,侵蚀强度较大,海岸后退明显;其次,广西海岸多为未固结的软弱的土体崖海岸;最后基岩海岸(主要是半岛或岬角海岸)、生物海岸等也存在海岸侵蚀后退趋势,但侵蚀强度较弱,后退速率较小。

根据广西多年海洋环境公报及海洋部门相关资料,近几年广西沿海地区海洋经济发展迅速,大量养殖围填、工业、旅游活动等过度占用自然岸线,围填海历史遗留问题严重,2019年广西大陆自然岸线长602.58km,自然岸线保有率37%,大陆自然岸线较三年前缩减34.11km,自然岸线保有率下降2.09%。根据多年连续监测,2019年后背塘至横岭岸段年最大侵蚀距

图 9.3　铁山港湾滨海湿地现状

离 2.9m，年平均侵蚀距离 0.04m，与 2018 年持平；涠洲岛石螺口至滴水村岸段年平均侵蚀距离 0.31m，侵蚀距离较 2018 年增加。海岸侵蚀导致海岸生物减少及物理防护功能逐渐退化，沿海三市均存在不同程度的海岸侵蚀现象，较严重的区域主要分布在防城港西湾针鱼岭大桥至倒水坳大桥段、东湾暗埠江大桥东侧至大山脚岭段海岸带、白龙尾至怪石滩海岸线，北海市涠洲岛石螺口至滴水村岸段和后背塘至横岭岸段、廉州湾和银滩中区部分岸线，钦州市茅尾海瓦泾江海域及钦州市孔雀湾、三娘湾、淡水湾部分岸线。

4）人为活动与有害生物入侵，典型海洋生态系统脆弱程度加剧

红树林

数据显示，20 世纪 60 年代以来，广西红树林面积经历了先减后增的变化过程：在 20 世纪 60 年代为 9 062.5hm²，逐年下降至 2007 年仅剩 6 743.2hm²，以年均 0.50%～0.75%的降速逐年减少；2007 年之后广西红树林面积逐年递增，2019 年恢复到 9406hm²。自 20 世纪 80 年代起到 21 世纪初，大规模的围塘养殖活动造成广西红树林大量丧失，有 1 464.1hm²红树林被转换为虾塘。21 世纪初至今，工业化城镇化、港口码头建设、近岸采砂等行为，直接或间接导致红树林破坏甚至丧失，到 2007 年降到历史最低。在 2007—2019 年间红树林面积逐步增加，主要原因是红树林保护意识得到提升，国家和广西地方政府重视红树林保护修复及红树林保护修复技术提高（张姗，2021）。

近年来，广西红树林面积稳中有增，但总体生境退化、生物多样性降低，局部破坏问题突出，保护形势依然严峻。保护区外天然红树林不断减少（2008—2019 年减少约 170hm²）、人工造林存活率较低、病虫害时有暴发。2017 年以来发生数起红树林受损案件。一是人为施工、养殖污染及局部过度捕捞对红树林生态系统造成不利影响。如钦南区犁头嘴海堤加固、钦州市茅尾海沙井造景修路、北海市合浦县白沙镇养殖造成大规模红树林退化甚至死亡；北海市山口国家级红树林生态自然保护区内 18 567 亩陆域养殖场未清退，部分养殖区废水直排；防

城港市北仑河口国家级自然保护区内有围网捕鱼及大量蚝排筏架；钦州市红树湾公园红树林生长区域地笼捕捞设施长达 5km。此外，丹竹江、大风江流域采砂抽沙作业也对红树林生态系统造成一定破坏。二是互花米草、鱼藤、柚木肖弄蝶夜蛾等有害生物入侵，侵占宝贵的滩涂资源，同时抑制红树林的生长，局部红树林枯死，边缘出现根系裸露甚至植株倒伏现象，红树林平均覆盖度和密度较前几年有所下降，沿海三市红树林均遭受不同程度的危害，红树林生态系统受到威胁（图 9.4）。

图 9.4　铁山港湾红树苗生境受损（左）、山口红树林保护区（白沙片区）互花米草入侵现状（右）

海草床

广西绝大部分海草床分布在离岸较近的潮间带滩涂。海草床易受到外界环境的影响，破坏性的挖捕、围海养殖等活动会直接影响海草的生存，水质污染也会引起海草床的退化，甚至导致整个海草种群的衰落。广西海草在近 30 年来衰退现象十分明显，面积显著减小，主要归因于采捕沙虫、泥丁、贝类及破坏性的挖捕、围海养殖等过度的人为活动。

根据广西红树林研究中心 2016 年调查报告，有 354hm^2 曾经分布有海草的生境已被填埋或正在被填埋中，已永久失去了海草生境的功能。此部分海草面积占 908 专项（2008 年）海草调查总面积（942.2hm^2）的 37.6%，占广西现存海草总面积（617.2hm^2）的 57.4%，是新纪录海草总面积（20.1hm^2）的 17.6 倍。广西 908 专项调查时的海草总面积（942.2hm^2，2008 年）目前仅余 597.0hm^2（去除了新纪录海草分布面积的 20.1hm^2），生境年均丧失率为 5.5%。2019 年铁山港湾海草床面积 93.66hm^2，较 2008 年的 800hm^2 面积大幅减少。根据历年海洋环境状况公报，近 10 年来广西海草床生态系统呈明显退化趋势，海草床生态系统脆弱，群落较不稳定。

珊瑚礁

近年来，涠洲岛珊瑚礁生态系统退化有所好转，但仍未回到历史最高水平，造礁石珊瑚群落趋于单一化，活珊瑚覆盖度整体处于下降趋势。由于全球气候变暖和人类活动的影响，涠洲岛珊瑚礁退化程度日趋严重，作为珊瑚礁向好指标的鹿角珊瑚复苏艰难，珊瑚繁衍的得力助手鹦嘴鱼踪迹难觅。2020 年涠洲岛有大量珊瑚因为海水水温升高（达 31℃）而大量白化死亡。同时，过度的渔业发展和海岛旅游开发、污水排放、渔民捕捞等人为活动的干扰，导致涠洲岛珊瑚礁生态系统逐步脆弱化。

5)海洋物种栖息地萎缩,海洋生物多样性受到威胁

近年来,广西虽采取了伏季休渔、设立禁渔区等制度,但近海捕捞压力仍然过大,尤其沿岸定置网具和违规的拖网捕捞对仔稚鱼、幼鱼造成严重破坏。同时,浅海、滩涂养殖面积持续扩大,茅尾海、红沙等局部海域蚝桩、渔排分布密集;山口红树林保护区及周边等渔排屡禁不止,密度逐年增大,加上养殖污水的直排,造成近岸海域水体环境质量下降,从而造成海洋生物多样性受威胁,如钦州三娘湾近岸海域白海豚栖息地萎缩和破碎化、种群数量减少、种群年龄结构改变等;北海市海草床逐步退化,以海草床为生的儒艮,其栖息地也遭受一定破坏,近年来调查监测,北海市儒艮已难寻踪迹。

6)海岛资源过度利用,局部海岛岛体遭受侵蚀

近年来,由于北海涠洲岛、钦州七十二泾岛群、防城港京族三岛、洲墩岛、山心沙岛等海岛旅游开发强度过大,人类活动过多,海岛垃圾堆积,导致海岛局部区域环境承载力超额。防城港长榄岛、南流江河口岛群等岛上陆域几乎全部开辟为海水养殖池塘,养殖池塘建设无序混乱,海岛岸线杂乱,岸线缺少防护,导致局部海岛岸线受损、岛体岸坡侵蚀严重,海岛沙滩流失严重(图9.5),海岛生态受到破坏,影响迁徙鸟类和珍稀鸟类栖息环境。

图9.5　涠洲岛公背山海滩

7)海洋垃圾持续增加,海洋生态系统受威胁

据联合国数据统计,塑料制品是海洋垃圾中最大、最有害和最持久的部分,至少占海洋垃圾总量的85%。在全世界的海洋中大约有51万亿个塑料微粒,是银河系中恒星数量的500倍。进入海洋生物体内的塑料微粒,又会通过食物链循环进入人体,直接威胁到人类健康安全。海洋垃圾除了容易被动物误食之外,一般而言对海洋动物种群还有三大危害:一是缠绕,被遗弃的鱼线或渔网容易将海洋生物缠住,形成割伤,或阻碍动物活动,影响进食和呼吸功能。二是破坏栖息地环境,在海流和潮汐的带动下,塑料绳索和塑料网可能摩擦、冲刷、破坏和摧毁活珊瑚。海洋垃圾的聚集也可能会造成淤积,浊度增加,阻挡海草床和珊瑚礁生态系统所需要的阳光,或导致其窒息。三是携带外来物种,一些生物承载着垃圾碎片在适合其生

长且没有天敌的新环境内大量繁殖，对当地生态环境、生物多样性等造成损害。

2014—2019 年，广西持续对防城港市白浪滩旅游区、钦州市三娘湾旅游风景区和北海市侨港海水浴场开展海洋垃圾监测。各年度监测结果表明，广西海洋垃圾容量逐年增加，均以塑料类垃圾为主，占比超过 50%。其中，2019 年北海侨港海水浴场海滩垃圾平均个数为 40 945 个/km^2，平均密度为 143kg/km^2，海滩垃圾主要类型为塑料类、木制品、纤维类。钦州市三娘湾旅游风景区海滩垃圾平均个数为 110 280 个/km^2，平均密度为 275kg/km^2，海滩垃圾主要类型为塑料类、玻璃类、纸类。防城港白浪滩旅游区海洋垃圾产量最大，海滩垃圾平均个数为 121 333 个/km^2，平均密度为 802kg/km^2，主要类型为塑料类、木制品、金属（数据来源《2019 年广西壮族自治区生态环境状况公报》）。海洋垃圾的持续增加，对广西沿海生态景观造成一定破坏，同时威胁海洋生态系统（图 9.6）。

图 9.6　铁山港湾海洋垃圾现状

9.3　广西海洋生态重要区评价

9.3.1　海洋生态重要性评价

9.3.1.1　技术路线

根据《资源环境承载能力和国土空间开发适宜性评价指南（试行）》（简称《指南》），开展广西海洋生态保护重要性评价，识别广西海域生态保护极重要区、重要保护区，为海洋空间生态修复分区提供基础依据。重要性评价技术路线见图 9.7。

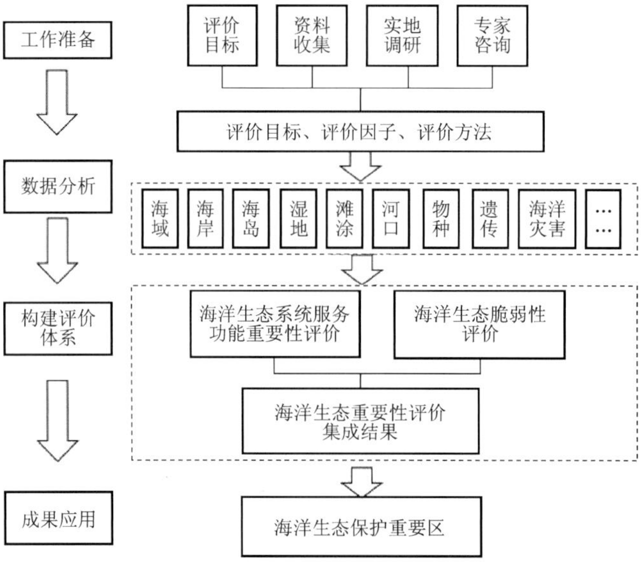

图 9.7　技术路线图

9.3.1.2　评价方法

根据《指南》中生态保护重要性评价的技术方法，以广西管理海域为评价对象，收集相关基础数据资料，结合实地调研及专家咨询，开展广西海洋生态保护重要性评价。通过建立广西海洋生态保护重要性评价体系(表 9.7)，开展生态系统服务功能重要性和生态脆弱性评价，集成海洋生态重要性评价结果，从而进一步识别海洋生态保护重要区。

1)生态系统服务功能重要性评价

生态系统服务功能的重要性从生物多样性维护功能重要性和海岸防护功能重要性等两个方面进行评价。

生物多样性维护功能重要性分析：从生态系统、物种和遗传资源 3 个层次进行评价。在生态系统层次，将原真性和完整性高、需优先保护的生态系统评定为生物多样性维护极重要区，其他需保护的生态系统评定为生物多样性维护重要区。在物种层次，参考国家重点保护野生动植物名录、世界自然保护联盟濒危物种及中国生物多样性红色名录，确定重要保护价值的物种为保护目标，将极危、濒危物种集中分布区域、极小种群野生动植物的主要分布区域，确定为生物多样性维护极重要区；将省级重点保护物种等其他具有重要保护价值物种的集中分布区域，确定为生物多样性维护重要区。在遗传资源层次，将野生的重要水产种质资源的主要天然分布区域，确定为生物多样性维护极重要区。

海岸防护功能重要性分析：通过识别珊瑚礁、红树林、海草床、盐沼等生物防护区域以及基岩海岸、砂质海岸等物理防护区域，评价海岸防护功能的相对重要程度。将原真性和完整性高、需优先保护的区域确定为海岸防护极重要区，包括珊瑚礁、红树林、海草床、盐沼等极重要区及基岩海岸、原生砂质海岸等；将珊瑚礁、红树林、海草床、盐沼等重要区及修复后具有一定生态功能砂质海岸(生态型海岸)确定为海岸防护重要区。区域范围根据自然地理边界自海岸线向近岸海域划定。

表 9.7 广西海洋生态保护重要性评价体系

评价内容				评价要素	判定标准：极重要	判定标准：重要
海洋生态保护重要性评价	生态系统服务功能重要性	生物多样性维护功能重要性	生态系统层次	珊瑚礁	珊瑚礁分布区	
				红树林	所有红树林分布区	
				海草床	海草床稳定分布区	
				重要海藻场	马尾藻等为优势的原真性高、生物多样性丰富、具有特殊保护价值的海藻场	其他需保护的海藻场
				重要滨海盐沼	芦苇、茳芏等为优势的生物多样性丰富、具有特殊保护价值的滨海盐沼	其他需保护的重要滨海盐沼分布区
				重要滩涂及浅水海域	已列入或计划列入省级以上重要湿地名录或发育一定规模、生物多样性高、重要鸟类迁徙栖息的其他滩涂及浅水海域，参照《国家重要湿地确定指标》(GB/T 26535—2011)	其他需保护的滩涂及浅水海域
				重要河口	生物多样性或生产力高、重要保护物种及经济生物产卵、索饵、洄游所在河口	其他需保护的河口区
				特别保护海岛	领海基点所在无居民海岛，以及集中分布有优先保护生态系统、珍稀濒危野生动植物物种等具有特殊保护价值的无居民海岛及周边海域	
				物种层次	极危、濒危物种的集中分布区域、极小种群野生动植物的主要分布区域（参考国家重点保护野生动植物名录、IUCN 濒危物种及中国生物多样性红色名录），确定具有重要保护价值的物种为保护目标	省级重点保护物种等其他具有重要保护价值物种的集中分布区域
				遗传资源层次	重要水产种质资源的主要天然分布区域	其他需保护区域
		海岸防护功能重要性	生物防护区域	珊瑚礁	珊瑚礁分布区	
				红树林	所有红树林分布区	
				滨海盐沼	芦苇、茳芏等为优势的生物多样性丰富、具有特殊保护价值的滨海盐沼	其他需保护的重要滨海盐沼分布区
			物理防护区域	基岩岸线	原真性、完整性较好岸段	其他岸段
				砂质海岸	原真性、完整性较好岸段	修复后具有一定生态功能的岸段（生态型自然岸段）
	生态脆弱性			海岸底质类型	原生砂质岸线、粉砂淤泥质海岸且发生中等或强烈侵蚀的岸段；整治修复后具有一定生态功能的砂质岸段、粉砂淤泥质岸段且发生强烈侵蚀的岸段	原生砂质岸线、粉砂淤泥质海岸且发生弱侵蚀的岸段；整治修复后具有一定生态功能的砂质岸段、粉砂淤泥质岸段且发生中等侵蚀或弱侵蚀的岸段
				海岸侵蚀		
				海洋灾害	生态脆弱区处于重点、重大、重要灾害防御区则升级为极重要区	

2)生态脆弱性评价

从海岸侵蚀、沙源流失两个因子评价海洋生态脆弱性，结合海洋灾害修正评价结果。海岸侵蚀及沙源流失脆弱性评价主要基于海岸底质类型、风暴潮增水、侵蚀速率等因素。将原生砂质海岸、粉砂淤泥质海岸且发生中等或强烈侵蚀的岸段确定为生态极脆弱区，发生弱侵蚀的岸段确定为生态脆弱区；经整治修复后具有一定生态功能的砂质岸段、粉砂淤泥质岸段(生态型砂质泥质岸段)且发生强烈侵蚀的岸段确定为生态极脆弱区，发生中等侵蚀或弱侵蚀的岸段确定为生态脆弱区。若生态脆弱区岸段处于重点、重大、重要灾害防御区，则调整为生态极脆弱区。区域范围根据自然地理边界自海岸线向近岸海域缓冲一定距离。

9.3.1.3 评价结果

将生态系统服务功能重要性分析和生态脆弱性评价结果进行叠加，综合分析得出生态保护重要性评价结果(表 9.8)。

北海市海洋生态保护极重要区占比最高，主要分布在山口红树林保护区、合浦儒艮保护区、冠头岭森林公园、滨海湿地公园、涠洲岛及斜阳岛、大风江口、南流江口近岸海域等区域。北海市海洋生态本底资源较好，近岸海洋生态资源分布相对均匀，每个岸段均拥有特色的海洋生态资源，海洋可持续发展能力较强。广西 9 个已批复建设的涉海自然保护地中北海市占 6 个，保护类型涵盖了红树林、海草、珊瑚礁、火山地质、珍稀海洋生物、珍稀鸟类等。列入广西第一批自治区重要湿地名录的 7 个滨海湿地中北海市占 4 个。北海市红树林、珊瑚礁、海草床面积均居广西首位，分别约占总面积的 43%、97.5%、86.8%。北海涠洲岛-斜阳岛周边海域是广西珊瑚礁集中分布地，同时，北海市也是众多海洋珍稀动物的栖息地，如中华白海豚、布氏鲸、中华鲎等，境内中华白海豚主要分布在北海市大风江-南流江口、南流江海域和冠头岭海域、合浦儒艮保护区，布氏鲸主要分布在北海涠洲岛海域，中华鲎主要分布在北海的儒艮保护区沿岸滩涂。

钦州市海洋生态保护极重要区占比居三市第二，主要分布在茅尾海红树林自治区级自然保护区、茅尾海国家海洋公园、三娘湾中华白海豚栖息地、大风江河口等区域。钦州市近岸海域海洋生态资源集中分布在茅尾海和大风江口至三娘湾，呈“开发中间保两头”布局，红树林面积占广西红树林总面积的 33%；滨海盐沼面积占广西滨海盐沼面积的 80%以上，形成单种群落或与红树林形成滨海盐沼-红树林生态交错带，主要分布在钦江河口、茅尾海等区域。

防城港市海洋生态保护极重要区占比最低，主要分布在北仑河河口，北仑河口国家级自然保护区，金滩、江山半岛沿岸以及东西湾红树林分布区等区域。防城港市东兴市近岸海域生态本底资源最好，全部岸段基本为极重要区，分布有重要河口、红树林国家级自然保护区、优良砂质海岸等，是多种珍稀鸟类活动的重要栖息空间。

9.3.1.4 生态重要性评价区域

根据广西海洋生态保护重要性评价结果，海洋生态重要性评价分布区域包括生物多样性维护功能重要性生态区域、海岸防护功能重要区域、海岸生态脆弱区域。

表 9.8 广西海洋生态保护重要性评价结果汇总

评价内容			评价要素		极重要	面积/km²	重要	面积/km²	备注
生态系统服务功能重要性	生物多样性维护功能重要性	生态系统层次	珊瑚礁		涠洲岛斜阳白须公礁	20.81			地方调查与国家下发
			红树林		所有	94.06			三调红树林海域部分
			海草		珍珠湾、铁山港湾	8.66			鉴于其分布动态性，根据调查成果，取稳定分布区
			盐沼		于保护地或大片原生	4.84	其他区域	1.03	
			马尾藻				江山半岛东岸、涠洲岛沿岸，覆盖度不高	14.72	覆盖度 30%
			特殊保护海岛		国界处独墩、尖山大墩岛、尖山小墩岛及修复山心沙岛	0.24			
			重要河口		北仑河口、大风江口内湾、南流江口生物多样性极丰富	57.09	防城江、茅岭江、钦江、大风江口外湾	63.93	以自然地理地貌为界，沿岸养殖池塘不计入
			重要滩涂及浅水海域	列入或拟列入省级以上重要湿地	其中主要生态区域	341.67			山口、北仑河口两个国际重要湿地及广西林业局已公布第一批自治区重要湿地，其中滨海 7 个
				典型湿地	见表中红树林、海草、珊瑚礁数据，此处不再列出				
				易危濒危极危	IUCN 红色名录、ICBP 世界濒危鸟类红皮书等易危濒危极危生物	33.01		39.90	中华白海豚，儒艮，贝克喜盐草、珍稀鸟类栖息地或分布区
				支持地理区域生物多样性	各类海洋保护地	485.89			6 个自然保护区、7 个自然公园
				鸟类（繁殖、觅食等区域）			北海铁山港、钦州三娘湾—大风江口—南流江口、防城港山心沙岛、防城港白浪滩、防城港满尾金滩等、珍珠湾以及北仑河口	1024	不满足标准中数量要求，暂不评价为极重要
				重要渔业产卵场	二长棘鲷长毛对虾种质资源保护核心区	5725	二长棘鲷长毛对虾种质资源保护缓冲区	3403	根据专家意见优化

续表 9.8

评价内容			评价要素	极重要	面积/km²	重要	面积/km²	备注
生态系统服务功能重要性	生物多样性维护功能重要性	物种层次	IUCN 红色名录	儒艮	481.02		380.39	儒艮保护区
				黑嘴鸥				南流江、大风江、钦江
				白额鹱				涠洲斜阳
				贝克喜盐草				珍珠湾、铁山港湾
			ICBP 世界濒危鸟类红皮书	黑脸琵鹭				山口保护区、北海大冠沙、北仑河口保护区等
			濒危	中华白海豚				三娘湾、儒艮保护区
				遗鸥				北仑河口保护区
		遗传资源层次	牡蛎种质资源		30.35			茅尾海国家海洋公园
			珍珠贝种质资源		13.37			英罗乌坭
			二长棘鲷长毛对虾种质资源	核心区及专家咨询	5725	缓冲区及专家咨询	3403	二长棘鲷长毛对虾国家级种质资源保护区
	海岸防护功能重要性	生物防护	红树林、珊瑚礁、盐沼		见表中红树林、珊瑚礁、盐沼数据，此处不再列出			
		物理防护	基岩岸线		8.24		4.08	岸滩范围自岸线向海 200m
			砂质岸线	江山半岛东岸，银滩沿岸、营盘沿岸、江山半岛南岸、涠洲岛	101.78	西湾东岸、三娘湾、廉州湾、三千海	6.68	
生态脆弱性			原生砂质泥质岸线且发生中等侵蚀或强烈侵蚀；生态型岸线发生强烈侵蚀；防城港金滩、江山半岛东岸、犀牛脚、三娘湾、银滩、福成至营盘、沙田半岛南部、涠洲岛等沿岸		120.83	原生岸线且发生弱侵蚀；生态型发生弱侵蚀或中等侵蚀；白浪滩、银滩三千海岸段、营盘	45.52	重要区岸线处于重点、重大、重要灾害防御区，则升级为极重要区

注：IUCN 为世界自然保护联盟，ICBP 为国际鸟类保护理事会。

生物多样性维护功能重要性极重要区：①红树林、珊瑚礁和海草床广西典型海洋生态系统分布区域，面积共 12 368hm²，其中红树林主要分布在英罗港、铁山港、廉州湾、大风江口、茅尾海、防城港湾、珍珠港等河口港湾；珊瑚礁集中分布在北海市涠洲岛和斜阳岛；珍珠湾和铁山港湾海草床分布较稳定、面积较大、覆盖度高。②南流江、钦江和茅岭江河口、沙潭江区潮间带，面积约 484hm²，是广西大面积的滨海原生盐沼集中分布区域，通常形成单种群落或与红树林形成滨海盐沼-红树林生态交错带(潘良浩等，2017)。③南流江河口、大风江河口、北仑河口等 3 条广西入海主要河流，是重要保护物种及经济生物产卵、索饵、洄游场所，面积为 8456hm²。④无开发利用、无审批的自然保护地核心区内的海岛，以及新修复的重要鸟类栖息地海山心沙岛，共 4 个海岛。⑤重要滩涂及浅水海域，包括典型海洋生态系统、自治区级及以上重要滨海湿地、海洋自然保护地、鸟类栖息繁殖地、鱼类重要产卵场等，重要滨海湿地包括山口和北仑河口两个国际重要湿地，面积 5955hm²；广西合浦儒艮自治区重要湿地、广西北海涠洲岛珊瑚礁自治区重要湿地、广西北海滨海自治区重要湿地、广西防城港东西湾自治区重要湿地等 7 个自治区级重要湿地，面积 28 212hm²；广西山口国家级红树林生态自然保护区、广西合浦儒艮国家级自然保护区、广西涠洲岛珊瑚礁国家级海洋公园、广西中华白海豚自治区级海洋自然公园、广西钦州湾红树湾自治区级湿地自然公园、广西钦州茅尾海国家级海洋自然公园、广西北仑河口国家级自然保护区等 14 个海洋自然保护地，面积 48 637hm²。⑥珍稀濒危物种集中分布区，主要包括中华白海豚栖息的三娘湾海域(400 多头)和儒艮保护区海域(100 多头)、儒艮栖息的广西合浦儒艮国家级自然保护区(18 807.51hm²)、贝克喜盐草主要分布区、珍稀鸟类分布区等。贝克喜盐草在广西滨海湿地分布较零散，常出现于红树林林缘、潮沟、红树林的外缘或与日本鳗草混生，面积 866hm²。珍稀海洋鸟类主要包括遗鸥、黑嘴鸥、白额鹱、黑脸琵鹭等，主要分布在北仑河口保护区、北仑河口、南流江口、大风江口、北海滨海国家湿地公园、山口保护区、儒艮保护区、涠州斜阳，总面积 49 023.17hm²。⑦重要野生水产种质资源的主要天然分布区域，包括牡蛎种质资源、珍珠贝种质资源、二长棘鲷长毛对虾种质资源等。钦州茅尾海是我国和全球近江牡蛎的种质资源保留地，具有国家和国际保护意义。广西钦州茅尾海国家海洋自然公园总面积 3039hm²，分布有牡蛎采苗区 1757hm²；珍珠贝种质资源主要分布在北海合浦，其产出的珍珠为南珠的上乘品，历代皆誉之为“国宝”，乌坭作为古代七大珠池之一的乌坭池的范围，具有生态和文化层面的保护意义，面积 1 336.96 hm²。二长棘鲷长毛对虾种质资源主要分布在防城港海域，位于北部湾二长棘鲷和长毛对虾种质资源保护区的重要邻近水域，面积 33 241hm²。

生物多样性维护功能重要重要区：①钦江、茅岭江、防城江河口区，面积为 7195hm²。②海鸟夏季繁殖生态区和春秋迁徙停歇地(冬季集群觅食生态区)等鸟类生态空间定期栖息数量达不到 2 万只的区域，主要分布在涠洲岛-斜阳岛片区和钦州湾七十二泾群岛片区、北海铁山港、钦州三娘湾-大风江口-南流江口、防城港山心沙岛、防城港白浪滩、防城港万尾金滩等、珍珠湾以及北仑河口等海域，面积 102 424hm²。

(2)海岸防护功能重要区域：包括红树林、珊瑚礁、盐沼等生物防护区域以及基岩海岸砂质海岸等物理防护区域。

海岸防护生物防护区同红树林、珊瑚礁、盐沼等分布区，海岸物理防护区抱愧基岩海岸和砂质海岸，广西沿海基岩岸滩除钦州乌雷及北海冠头岭个别区域宽度超过 100m 外，岸滩均较窄，多数宽度为 30～50m，部分达到 70～80m，基岩岸滩防护区范围以自岸线向海延伸 200m 的区域为准，乌雷和冠头岭区域等基岩岸滩范围超过 200m 的以遥感影像解译为准。基岩海岸物理防护区主要分布在防城港江山半岛两岸、钦州乌雷—三娘湾海域、北海冠头岭、马鞍岭、北海涠洲岛斜阳岛沿岸。砂质海岸防护区范围以砂质滩涂自然分布为准，主要分布在防城港金滩、江山半岛东岸、企沙山新、天堂坡、沙耙墩沿岸，钦州月亮湾、三娘湾沿岸，北海银滩、福成到营盘、儒艮保护区沿岸、涠洲岛等区域。原真性、完整性较基岩和砂质岸滩为极重要区，面积约 11 002hm^2，其他为非极重要区。

(3)海岸生态脆弱区域：包括海岸侵蚀、沙源流失及海洋灾害较严重的海岸区域。

海岸生态极脆弱区为海岸侵蚀较严重和海洋灾害重点区，面积 12 083.00hm^2，主要分布在防城港金滩、江山半岛东岸、山心沙岛、钦州月亮湾、三娘湾、银滩、福成—营盘、沙田半岛南部、涠洲岛等沿岸。

9.3.2 海洋生态系统综合评价

1)评级方法

以生态重要性评价的成果图斑为评价单元，针对不同生态系统类型，综合自然生态现状（郁闭度、自然度、破碎度、健康评价、承载力评价、所处海洋环境状况、海洋灾害影响等）、胁迫因子分布及程度、自我恢复能力、重点保护区域（海洋生态红线区核心区、海洋生态红线其他区域、非海洋生态红线区等）等方面，综合评价生态区域的受损程度和恢复力水平，并划分为生态系统完好、恢复力强（Ⅰ类），轻度退化、恢复力强（Ⅱ类），中度退化、恢复力弱（Ⅲ类），重度退化、恢复力丧失（Ⅳ类），共 4 类。评价参考指标见表 9.9。

表 9.9　各类生态系统综合评价参考指标

<table>
<tr><th>生态系统类型</th><th>主要评价因子</th><th>人为干扰</th><th>自我恢复能力</th><th>所属重点区域</th></tr>
<tr><td>红树林</td><td>郁闭度、自然度、破碎度、健康评价</td><td rowspan="10">胁迫因子分布、胁迫程度</td><td rowspan="10">恢复力强、恢复力弱、丧失恢复力</td><td rowspan="10">海洋生态红线区核心区、海洋生态红线其他区域、非海洋生态红线区</td></tr>
<tr><td>海草</td><td>连续稳定分布</td></tr>
<tr><td>珊瑚礁</td><td>覆盖度、健康状况</td></tr>
<tr><td>重要河口</td><td>陆源污染物入海压力、海洋环境现状、地形地貌生态系统健康情况</td></tr>
<tr><td>重要滩涂与浅水海域</td><td>侵蚀、海洋环境状况、生态系统健康情况</td></tr>
<tr><td>珍稀濒危物种集中分布区</td><td>海洋环境状况、濒危物种生态状况</td></tr>
<tr><td>渔业产卵场</td><td>渔业资源环境承载情况</td></tr>
<tr><td>沙滩</td><td>海岸侵蚀、沙源流失、海洋灾害、污染、海滩垃圾</td></tr>
<tr><td>基岩海岸</td><td>海岸侵蚀、海洋灾害</td></tr>
</table>

2)评级指标因子

以大量本底调查数据积累作为支撑,并结合大量的遥感影像、无人机现场拍摄视频及照片,选择综合多类评价指标因子,根据定性和定量相结合综合评价各类生态系统受损程度和恢复力水平(表9.10)。

表9.10　各类生态系统受损程度评价方法

生态系统	各类生态系统受损程度评级划分			
	生态系统完好、恢复力强(Ⅰ类)	轻度退化、恢复力强(Ⅱ类)	中度退化、恢复力弱(Ⅲ类)	重度退化、恢复力丧失(Ⅳ类)
红树林	自然度Ⅰ、Ⅱ级,郁闭度超70%,生态系统健康,处于划定的保护范围,较少人为活动干扰	郁闭度50%~70%,生态系统基本健康,面临一定的人为干扰和污染胁迫,恢复力尚可,可通过减少外来影响逐步恢复生态系统功能	自然度较高,郁闭度低于50%,生态系统出现亚健康,人为活动较剧烈,恢复力较弱,亟需实施修复	生态系统濒临崩溃,出现较大面积死亡,人为干扰极度剧烈,生物入侵程度较高,生态系统评价不健康
海草	多年连续稳定分布,覆盖度较高,生态系统健康,处于划定的保护范围,较少人为活动干扰	生态系统基本健康,面临一定的人为干扰和污染胁迫,恢复力尚可,可通过减少外来影响逐步恢复生态系统功能	覆盖度较低,生态系统出现亚健康,人为活动较剧烈,恢复力较弱,亟需实施修复	原海草床几乎完全退化,人为干扰极度剧烈,生态系统评价不健康
珊瑚礁	栖息环境良好,生态系统健康状况较好,生物多样性丰富,极少人为干扰	栖息环境一般,珊瑚礁病害时有发生,活珊瑚种类、覆盖度及珊瑚礁鱼类密度明不稳定,有一定人为干扰,生态系统评价基本健康	栖息环境较差,珊瑚礁病害时有发生,死亡率超5%,活珊瑚种类、覆盖度及珊瑚礁鱼类密度降低,人为干扰强度大,生态系统评价健康状况不稳定	栖息环境明显恶化,珊瑚礁病害严重,死亡率超10%,活珊瑚种类、覆盖度及珊瑚礁鱼类密度明显降低,人为干扰极度剧烈,生态系统评价不健康
重要河口	陆源污染较小,生态环境优良、湿地面积稳定,生态系统健康稳定	河口水质时有超标,河口区域分布生态系统基本健康,湿地面积变化不超过10%	陆源污染较严重,淤积,岸滩水动力变化较大,岸滩垃圾分布,人为活动较强,河口区域分布生态系统出现亚健康,湿地面积变化超过10%	陆源污染严重,岸滩水动力变化大,人为活动剧烈,河口区域分布生态系统不健康,湿地面积变化超过20%

续表 9.10

生态系统	各类生态系统受损程度评级划分			
	生态系统完好、恢复力强（Ⅰ类）	轻度退化、恢复力强（Ⅱ类）	中度退化、恢复力弱（Ⅲ类）	重度退化、恢复力丧失（Ⅳ类）
重要滩涂与浅水海域	无污染，岸滩无侵蚀，生态系统健康稳定，人为活动极少	出现轻度污染，淤积，侵蚀，有一定人为活动，生态系统基本健康	污染较重，淤积较重，海岸侵蚀中等，人为活动较强，生态系统亚健康	污染严重，海岸侵蚀严重，人为活动剧烈，生态系统严重受损，难以恢复
珍稀濒危物种集中分布区	区域内栖息环境适宜，人为活动较少，珍稀濒危物种有一定数量稳定分布	区域内栖息环境尚适宜，人为活动较多，珍稀濒危物种数量不稳定	区域内栖息环境逐年变差，人为活动较强，珍稀濒危物种有数量呈减少趋势	区域内栖息环境恶化严重，人为活动剧烈，珍稀濒危物种几乎绝迹
渔业产卵场	海洋环境优良，渔业资源逐步恢复，无养殖及其他开发活动，总体可载	海洋环境优良，渔业资源基本稳定，养殖及其他开发活动适宜，渔业资源承载能力临界超载	海洋环境质量超标，渔业资源仍在衰退，养殖及其他开发活动造成较大生态环境负面影响，渔业资源承载能力超载	海洋环境质量超标严重，渔业资源衰退严重，已不适宜养殖，其他开发活动剧烈。不再合适作为产卵场
沙滩	沙源稳定，无侵蚀，非重要灾害防御区，海滩垃圾及时清理，旅游在容量范围内	沙源基本稳定，轻度侵蚀，处于重要灾害防御区，时有海滩垃圾，旅游在容量范围内	沙源持续流失，中度侵蚀，处于重要灾害防御区，较多海滩垃圾，旅游容量超载	沙源持续流失严重，重度侵蚀，处于重要灾害防御区，海滩垃圾泛滥，旅游容量超载
基岩海岸	海岸稳定，基本无侵蚀，非重要灾害防御区	海岸基本稳定，弱侵蚀或中等侵蚀，有一定人为干扰，重要灾害防御区	海岸中等侵蚀，人为干扰强烈，重要灾害防御区	海岸强烈侵蚀或大规模人为破坏

有关生态系统健康状况数据主要来自历年广西海洋生态监测预警中生态系统健康评价成果，未覆盖区域结合《近岸海洋生态健康评价指南》（HY/T 087—2005）进行判断。有关资源环境承载能力状况数据主要来自历年广西海洋资源环境承载能力评价成果。关于生态环境的优良状况数据主要来自历年海水、沉积物、生物质量的调查成果。关于海岸侵蚀程度数据来自“广西海岸侵蚀现状调查及防治对策”项目研究成果，并结合 2019—2020 年调查更新数据。海洋灾害重要灾害防御区相关数据主要来自广西海洋灾害区划相关成果。重点保护区域数据主要来自海洋生态红线评估调整及自然保护地优化成果。

3）评级划分结果

广西海洋生态区域评级为Ⅰ类和Ⅳ类的区域较少，大部分为Ⅱ类和Ⅲ类。

Ⅰ类区域主要分布在自然保护地核心区、生态系统较稳定、人为活动干扰较少的区域，包括北仑河口国家级自然保护区核心区红树林生态系统分布区、山口红树林保护区英罗港核心区、斜阳岛及周边水域等。

Ⅱ类区域主要分布在受一定的陆源污染影响的河口海域、人类活动较多的滨海旅游区、自然保护地一般控制区、自然度较低的次生林等，包括北仑河河口区、金滩、江山半岛东岸沙滩、西湾、东湾湿地公园、钦江河口、茅尾海红树林自然保护区红树林区、鹿耳环江、大风江至廉州湾外海(中华白海豚栖息地)、大风江河口、银滩、铁山港湾顶红树林、山口红树林保护区非米草分布区、儒艮保护区离岸海域、近海重要渔业产卵区水域、涠洲岛鸟类保护区等。

Ⅲ类区域主要分布在自然度、覆盖度比较低，处于亚健康状态的红树林、海草床、珊瑚礁分布区，陆源污染较严重及人为活动较剧烈的河口区，受自然侵蚀和人为活动破坏较大的海岸区域等，主要包括江山半岛两岸基岩和零散沙滩、西湾长榄岛和洲墩岛周边区域、企沙一龙门岛零散红树林区、茅尾海红树林郁闭度较低区域、茅尾海国家海洋公园、钦州七十二泾区域、金鼓江红树林分布区、乌雷至三娘湾海岸侵蚀严重区域、南流江河口、廉州湾近岸、银滩近岸海沙滩、西村一白龙红树林分布区、铁山港西岸零散红树林分布区、龙港新区红树林分布区、铁山港海草床分布区、涠洲岛周边珊瑚礁和沙滩侵蚀分布区。

Ⅳ类主要分布在受开发建设区影响较大的红树林区域、严重退化或死亡红树林区域、互花米草大面积入侵的滩涂区域、海草床退化严重区域、海岸侵蚀严重区域、珍稀濒危物种种质资源退化区域等，包括铁山港东港区严重退化和死亡红树林区、儒艮保护区海草床分布区、山口红树林保护区互花米草集中分布区、福成镇—营盘镇沿岸互花米草集中分布区、廉州湾互花米草分布区和黄竹江珍稀半红树分布区。

9.4　广西海洋生态修复策略与建议

9.4.1　海洋生态修复体系构建建议

1)系统治理，典型示范

海洋生态系统比陆地生态系统更为复杂，比如海岸带从沿海到陆域一般分为几个独特复杂而相互联系的组分：潮下带水域、潮间带海滩及生物群落、海堤或半红树植物区、耐盐滨海植物区、地带性季风雨林等，其包含的湿地是一种介于水陆之间的独特复杂的生态系统。海洋生态系统的复杂性给海洋生态环境治理带来了一定的困难，因此海洋生态修复应从系统治理出发，构建从山顶到海洋的保护治理大格局，促进陆海统筹和陆海一体化保护与发展。同时，将好的经验做法形成典型示范并向外推广，为海洋生态修复领域提供经验借鉴。

2)开源节流，规模适度

近年来，广西海洋生态修复项目获得中央资金大力支持，广西海洋生态系统的稳定性和恢复力进一步提升，但地方资金投入压力仍较大，宜多方开源节流，争取更多资金投入到海洋生态修复。在开源方面，主管部门应主导落实或着手部署相应的规章制度，及时、足额收缴相关税金。在节流方面，建议广西海洋生态修复规模适度控制，在质量上求优化，在分布地段上突出醒目，在修复类型上多样化，制作出精品，起四两拨千斤的带动作用。

3)技术可行，因地制宜

生态修复技术的评判尤为重要，通过分析、评价和现场调研，考量经济效益、生态效益和技术等 3 个层面，对海洋各项修复类型的推广适宜程度做出定性判断（表 9.11），详述如下。

表 9.11 海洋生态修复在经济效益、生态和技术层面的发展适宜度定性判断

基础工程类型	基础技术类型	经济效益层面	环境生态层面	技术层面
海岸带植被修复	海岸带植被修复技术	推广	推广	推广
海洋典型生态系统修复	红树林修复技术	特定区域推广	推广	特定区域推广
	盐沼修复技术	适当推广	适当推广	适当推广
	海草床修复技术	不推广	推广	有待成熟
	珊瑚礁修复技术	不推广	推广	有待成熟
沙滩资源整治修复	沙滩修复技术	推广	适当推广	适当推广
海洋构筑物整治与海洋灾害预防	海堤拆除技术	适当推广	推广	适当推广
	海堤建设技术	适当推广	不推广	适当推广
海岸带修复	侵蚀海岸防护技术	特定区域推广	特定区域推广	特定区域推广
	海岸景观美化技术	适当推广	适当推广	适当推广
海域清淤整治	海域清淤技术	适当推广	适当推广	适当推广
海洋废弃物清理	海域海岸带废弃物清理技术	适当推广	适当推广	适当推广
渔业资源恢复	动物生态保育设施建设技术	特定区域推广	特定区域推广	特定区域推广
	白海豚生境修复技术	特定区域推广	推广	有待成熟
	牡蛎生境修复技术	特定区域推广	特定区域推广	特定区域推广
	增殖放流技术	推广	推广	推广
	人工鱼礁修复技术	特定区域推广	特定区域推广	特定区域推广
海洋监测监视设施建设	海洋监测设施建设工程技术	适当推广	推广	适当推广
	海洋监视设施建设工程技术	适当推广	推广	适当推广
	海岛污染处理工程技术	推广	推广	推广
海洋生态文明宣教	宣传技术	推广	推广	推广

海岸带植被修复技术最为成熟，其根本在于群落结构和景观的选择。海岸带生态系统与滨海居民生活息息相关，在美化景观、愉悦心情、消除噪声、缓解污染等方面起重要作用。因此，海岸带原生植被保护与修复应作为生态修复的重要一项，植被选择不盲目引进外来植物，避免外来物种入侵和扩散。

红树林修复技术受到广泛而深入的研究，技术已较为成熟，形成了系统的技术体系。红树林与外来物种互花米草生态位重叠，在人工干预下，可有效压制互花米草入侵和扩散，在重点港湾、互花米草重灾区（铁山港湾一带等）宜广为发展。

盐沼修复技术在长江以北较为盛行，多采用盐沼修复河口海湾，比如芦苇、柽柳等草本及灌丛。盐沼与红树林的生长要求大致相近，对滩涂高程、盐度、温度、水动力、沉积物粒度等有类似要求，两者生态功能相似。盐沼可迅速提高滩涂高程，降低污损敌害生物危害，堪称红树林造林的典范。茅尾海河口区的红树林造林区原本大多属盐沼湿地，可通过盐沼修复作为红树林修复的前期工程。

海草床修复技术目前仍不够成熟，此外采种极为困难导致修复种源不足，且容易被台风暴潮、捕捞等破坏。从修复技术角度出发，目前广西海草床修复以海草人工培育为主。

珊瑚礁修复技术。人工鱼礁是一种常见的珊瑚礁修复技术，为珊瑚礁提供空间，使其附着生长。广西珊瑚礁修复技术研究起步较晚，目前已在开展珊瑚礁的人工培育、移植、改善珊瑚礁地质状况的技术方法研究，在涠洲岛开展珊瑚礁生态移植修复实验。

沙滩资源整治修复技术。人工沙滩在我国沿海较发达城市如厦门、青岛等地蓬勃发展；广西也不例外，如防城港西湾整治项目。但不是每个区域都适宜发展人工沙滩，应详尽调研海区水动力、海底地质、地形地貌等条件，谨慎选择修复区域，掌握平衡淤蚀的技术措施，例如人工岬湾养滩法等。同时，发展沙滩也会挤占泥滩、石滩甚至红树林生境，从生态系统多样性考虑，只宜适度推广。

4)技术体系完善建议

(1)多学科技术支持，做足前期研究。海洋生态保护修复前期设计工作必须经过多次调研，以生态学为主导，结合海洋生物学、物理海洋、环境科学、海洋化学、海洋工程学等学科专业，在充分有效的历史和现状数据的基础上，才能找准生态退化原因、有针对性设定修复目标。

(2)优化设计方案。目前，一些海洋生态保护修复设计过于城市化、缺乏自然修复理念、设计方案千篇一律，或与现实情况脱节，从而导致实施项目推进困难，效果不佳，有时破坏了原本的自然环境。因此，在设计方案方面应因地制宜，从以自然修复为主、人工修复为辅的角度出发，针对海洋生态受损程度制订不同的设计方案，并采用多种修复技术方法。

(3)提升动态监测水平。目前，海洋生态保护修复项目的动态监测方面还存在诸多问题，检测机构监测水平不一，缺乏监测技术规程和海洋监测指标收费标准等。建议相关管理部门组织汇编统一的监测技术标准，设定相关技术资质和技术力量要求，指导相应技术服务费用，使动态监测规范化。

9.4.2　海洋生态修复策略建议

1)北仑河口-珍珠湾修复策略

以潮间带至低丘区域作为保护与修复区。在广西北仑河口国家级自然保护区内，修复现有红树林 680hm^2，新建红树林苗圃 2 处，建设半红树及其伴生植物苗圃 1hm^2；开展红树林虫害监测、防治工作；修复保护海草床 20hm^2，设置 1 个海草永久固定样地 15hm^2，开展海草人工移植、移植后保护、动态监测与评估工程；修复海岸带植被 10hm^2。在黄竹江口区域，保护修复中国濒危红树植物 5hm^2，拯救榄李、小花老鼠簕、银叶树等中国濒危红树植物，加强人工育苗，扩大繁育种群，设置 2 个红树林永久固定样地 20hm^2，建立种质资源库，恢复当地沿海土著种。在白龙-珍珠湾海域，推进蓝色牧场，建设人工鱼礁礁体 11.2 万空立方米，推动形成“海洋牧场＋智慧渔场”格局，开展白龙尾珊瑚保护修复、监测、效果评估工作(表 9.12)。

表 9.12　北仑河口-珍珠湾生态修复时序安排

重点任务	2021—2025 年	2026—2030 年	2031—2035 年
修复受损生态系统，增强湿地生态功能	修复红树林 680hm²； 新建红树林苗圃 2 处，建设半红树及其伴生植物苗圃 1hm²，设置 2 个红树林永久固定样地 20hm²； 开展白龙尾珊瑚保护修复、监测工作	修复海草床 20hm²，设 1 个海草永久固定样地 15hm²； 修复海岸带植被 10hm²； 修复海岸带植被 10hm²； 开展白龙尾珊瑚保护修复、监测、效果评估工作	建立红树种质资源库，恢复当地沿海土著种； 开展白龙尾珊瑚保护修复、监测、效果评估工作
修复渔业生态资源，保护珍稀濒危生物	修复保护中国濒危红树植物 5hm²； 持续推进海洋牧场，建设人工鱼礁礁体 11.2 万空立方米	海洋渔业生境得到有效恢复，海洋牧场高质量发展； 进一步布局沿海滩涂养殖	推动形成"海洋牧场＋智慧渔场"格局
完善管理工作机制，保障修复工程成效	强化海洋保护区生态保护综合执法力度，有效保护国家及全球性濒危鸟类，维护鸟类栖息生境生态功能； 建立生态修复工程后期维护长效机制； 构建多元化市场化海洋生态补偿机制		

2)防城港湾修复策略

加强海岸整治修复，构筑生态安全屏障，提升现有工程体系生态减灾功能；构建堤身生态化改造和堤后生态廊道，形成由生态海堤和植被防护带构成的生态减灾空间体系。在长榄岛-洲墩岛，建设生态化海堤 9.18km，构建鸟类浅水栖息地 12.2hm²。在西湾北部海岸带，建设红树林种苗繁育基地 1 处，新建苗圃 1 处，实施堤前岸滩整理。在东湾，建设防城港东湾自治区级红树林湿地公园，开展海洋防灾减灾调查、生态修复监测与评估工作(表 9.13)。

表 9.13　防城港湾生态修复时序安排

重点任务	2021—2025 年	2026—2030 年	2031—2035 年
修复受损生态系统，增强湿地生态功能	修复受损红树林 20hm²； 营造红树林 113.7hm²； 建设红树林种苗繁育基地 1 处，新建苗圃 1 处； 建设防城港东湾自治区级红树林湿地公园	继续加强受损海洋生态系统的保护与修复，逐步构建覆盖全面、结构完整的海岸带生态屏障，有效恢复湿地生态功能	海洋生态系统保持健康活力，海洋生态服务功能显著提高
加强海岸整治修复，构筑生态安全屏障	建设生态化海堤 9.18km	建设优美滨海景观，进一步拓展公众亲水空间	海洋生态安全屏障完善巩固

续表 9.13

重点任务	2021—2025 年	2026—2030 年	2031—2035 年
开展海岛整治修复，维护海岛生态健康	构建鸟类浅水栖息地 $12.2hm^2$	持续维护海岛生态系统健康稳定	
完善管理工作机制，保障修复工程成效	开展海洋防灾减灾调查、生态修复监测与评估工作； 建立生态修复工程后期维护长效机制； 构建多元化市场化海洋生态补偿机制		

3)钦州湾修复策略

修复受损红树林生态系统，将无瓣海桑人工林改造为健康乔灌林；加强海岸整治修复，建设优美滨海景观，打造公众亲水空间；恢复海岛自然植被；修复渔业生态资源，开展礁区在线监控系统建设、渔业资源调查、跟踪监测和海洋牧场效果评估；强化生态保护综合执法力度，合理布局沿海滩涂养殖。在茅尾海海域、三娘湾海域，建立海洋珍稀、濒危和经济品种生物资源数据网络库，建设海洋牧场。在广西茅尾海红树林自然保护区、康熙岭镇、自贸区钦州港片区营造红树林 $286hm^2$，修复现有红树林 $1200hm^2$，退塘还林 $80hm^2$，改造修复无瓣海桑林 $60hm^2$，红树林盐沼湿地修复 $50hm^2$，建设海岸防护林 $50hm^2$，修复岸线 50km。在七十二泾-龙门岛岛群，恢复海岛自然植被 $36.5hm^2$(表 9.14)。

表 9.14　钦州湾生态修复时序安排表

重点任务	2021—2025 年	2026—2030 年	2031—2035 年
修复受损生态系统，增强湿地生态功能	红树林营造林 $286hm^2$； 修复现有红树林 $1200hm^2$； 红树林盐沼湿地修复 $50hm^2$； 退塘还林修复红树林 $40hm^2$； 建设海岸防护林 $50hm^2$	退塘还林修复红树林 $40hm^2$； 继续加强受损生态系统的保护与修复，逐步构建覆盖全面、结构完整的海岸带生态屏障，有效恢复湿地生态功能	改造修复无瓣海桑林 $60hm^2$； 海洋生态系统保持健康活力，海洋生态服务功能显著提高
加强海岸整治修复，构筑生态安全屏障	岸线修复 40km	建设优美滨海景观，进一步拓展公众亲水空间，岸线修复 10km	海洋生态安全屏障完善巩固
开展海岛整治修复，维护海岛生态健康	海岛自然植被恢复 $6.5hm^2$	海岛自然植被恢复 $30hm^2$	持续维护海岛生态系统健康稳定
修复渔业生态资源，保护珍稀濒危生物	建设钦州海洋牧场	海洋渔业生境得到有效恢复，海洋牧场高质量发展； 进一步布局沿海滩涂养殖	推动形成“海洋牧场＋智慧渔场”格局； 建立海洋珍稀、濒危和经济品种生物资源数据网络库

续表 9.14

重点任务	2021—2025 年	2026—2030 年	2031—2035 年
完善管理工作机制，保障修复工程成效	开展海洋防灾减灾调查、生态修复监测与评估工作； 建立生态修复工程后期维护长效机制； 构建多元化市场化海洋生态补偿机制		

4）廉州湾-银滩岸段修复策略

在南流江口岸，重点加强南流江、西门江等入海河流河道整治和水生态修复，推动直排入海排污口截流整治，完善江河沿岸畜禽、水产养殖废水和生活污水处理设施，减少陆源污染物入海量，彻底消除入海河流劣Ⅴ类水体；修复现有红树林 1250hm²，清除互花米草 150hm²。加强银滩岸段海岸整治修复，建设优美滨海景观，拓展公众亲水岸线岸滩。在大冠沙至营盘镇一带，海岸清理整治 20km（表 9.15）。

表 9.15　廉州湾-银滩岸段生态修复时序安排

重点任务	2021—2025 年	2026—2030 年	2031—2035 年
修复受损生态系统，增强湿地生态功能	修复现有红树林 1250hm²； 清除互花米草 150hm²	继续加强受损红树林生态系统的保护与修复，逐步构建覆盖全面、结构完整的海岸带生态屏障，有效恢复互花米草入侵的湿地生态功能	海洋生态系统保持健康活力，海洋生态服务功能显著提高
加强海岸整治修复，构筑生态安全屏障	提升海岸线景观效果	海岸清理整治 20km	海洋生态安全屏障完善巩固
完善管理工作机制，保障修复工程成效	开展海洋防灾减灾调查、生态修复监测与评估工作； 建立生态修复工程后期维护长效机制； 构建多元化市场化海洋生态补偿机制		

5）铁山港湾修复策略

保护修复红树林、海草床生态系统，构建红树林、海草床生态系统永久固定样地体系；加强海岸整治修复，建设优美滨海景观，拓展公众亲水岸线岸滩，推广示范性生态海岸；强化生态保护综合执法力度，合理布局沿海滩涂养殖。在铁山港湾，营造红树林面积 624hm²，修复现有红树林 336hm²，示范虾塘红树林农场（退塘还林）10hm²，设置 1 个红树林永久固定样地 10hm²，加强对铁山港西岸、山口红树林保护区的滩涂造林、退塘还林以及珍稀濒危红树植物调查、监测和评估，以及现有防护林场红树林种苗繁育和人工恢复，逐步扩大种群数量和分布面积。建设红树林病虫害防控体系，重点在北海丹兜海片区、英罗港片区的滩涂开展互花米草治理，清除互花米草 490hm²。开展海草床生境保护，设置 1 个海草永久固定样地 20hm²，修复海岸带植被 10hm²（表 9.16）。

表 9.16 铁山港湾生态修复时序安排

重点任务	2021—2025 年	2026—2030 年	2031—2035 年
修复受损生态系统，增强湿地生态功能	红树林营造林 624hm²； 修复现有红树林 336hm²； 退塘还林 10hm²； 清除互花米草 490hm²； 修复海岸带植被 10hm²	继续加强受损红树林生态系统的保护与修复，逐步构建覆盖全面、结构完整的海岸带生态屏障，有效恢复互花米草入侵的湿地生态功能	海洋生态系统保持健康活力，海洋生态服务功能显著提高
加强海岸整治修复，构筑生态安全屏障	提升海岸线景观效果	建设优美滨海景观，进一步拓展公众亲水空间	海洋生态安全屏障完善巩固
完善管理工作机制，保障修复工程成效	开展海洋防灾减灾调查、生态修复监测与评估工作； 建立生态修复工程后期维护长效机制； 构建多元化市场化海洋生态补偿机制		

6）涠洲岛-斜阳岛修复策略

推进涠洲岛、斜阳岛珊瑚礁海洋生态系统保护修复，设置珊瑚礁示范恢复区 12hm²。加强涠洲岛珊瑚礁和植被保护与修复力度，整治海岛东海岸滩 2.3km，海岸植被修复 3km，海岛植被修复 100hm²，有效恢复湿地生态功能。建立海岛物种标本库与种质资源库，实施海岛珍稀濒危生物物种保育和栖息地修复。保护海岛淡水资源保护利用及可再生资源，推广海岛科技生态旅游。建设涠洲岛南湾东、西侧，及猪仔岭、斜阳岛基岩侵蚀海岸防护设施，有效抵御海洋灾害（表 9.17）。

表 9.17 涠洲岛-斜阳岛生态修复时序安排

重点任务	2021—2025 年	2026—2030 年	2031—2035 年
修复受损生态系统，增强湿地生态功能	设置珊瑚礁恢复区 12hm²	继续加强受损珊瑚礁生态系统的保护与修复，有效恢复湿地生态功能	海洋生态系统保持健康活力，海洋生态服务功能显著提高
加强海岸整治修复，构筑生态安全屏障	整治海岛东海岸滩 2.3km，海岸植被修复 3km； 建设涠洲岛南湾东、西侧，及猪仔岭、斜阳岛基岩侵蚀海岸防护设施	拓展公众亲水空间； 建立海岛物种标本库与种质资源库	海洋生态安全屏障完善巩固
开展海岛整治修复，维护海岛生态健康	海岛植被修复 100hm²	持续维护海岛生态系统健康稳定	

续表 9.17

重点任务	2021—2025 年	2026—2030 年	2031—2035 年
完善管理工作机制，保障修复工程成效	开展海洋防灾减灾调查、生态修复监测与评估工作； 建立生态修复工程后期维护长效机制； 构建多元化市场化海洋生态补偿机制； 保护海岛淡水资源保护利用及可再生资源； 推广海岛科技生态旅游		

第10章　广西国土空间生态修复总体布局

10.1　广西国土空间生态修复空间格局

根据广西“一屏六区一廊一片海”的生态安全格局，以自然地理为基础，以生态系统服务功能为依据，以生态问题为靶向，以筑牢我国南方重要生态安全屏障、建设新时代壮美广西为目标，构建“1216”国土空间生态修复格局，即“一屏两核一带六区”。

“一屏”是指桂北生态屏障，“两核”是指桂西南珍稀动植物生态核心区、大瑶山珍稀动植物生态核心区，“一带”是指北部湾海岸带生态保护修复带，“六区”是指左右江生物多样性保护和石漠化治理区、红水河石漠化治理区、柳江中下游人居环境提升和水土流失防治区、桂贺江-南岭水源涵养和生物多样性保护区、郁江-黔浔江平原人居环境提升与水土流失防治区、桂南沿海丘陵平原人居环境提升和水土流失防治区（图10.1）。

10.1.1　“一屏”

“一屏”即桂北生态屏障，区域面积4.61万km^2，涉及百色市、河池市、柳州市和桂林市等4个市，包含金钟山森林及生物多样性保护重点区、布柳河森林生态修复及石漠化治理重点区、凤凰山森林生态修复及石漠化治理重点区、九万大山石漠化综合治理及生物多样性保护重点区、天平山-猫儿山生物多样性保护重点区等5个重点区域。

（1）生态状况：区域是长江和珠江的分水岭，位于云贵高原东南缘，山岭连绵、岭谷相间，东北部为我国南部最大山脉南岭，西部为金钟山系，是右江、龙江、融江等数条河流的发源地，以森林生态系统为主，是我国中亚热带地区的重要物种贮存库，是广西中亚热带动植物种群分布代表区，珍稀物种数量多生物多样性丰富，有雅长兰科植物国家级自然保护区等22个国家级、17个自治区级自然保护地，自然生态系统保持较好，是我国南方的重要生态屏障，重要的水源涵养区、土壤保持区和生物多样性维护区。

（2）生态问题：部分区域天然林被人工林替代，森林质量不高，部分河道岸线受损出现污染拦截带裸露、岸线塌方等问题，石漠化治理成效显著但隆林各族自治县南部石漠化问题仍然突出。西片区森林单位蓄积量较低，金钟山一带森林受灾退化，森林质量有降低趋势，水源涵养和水土保持功能需加强，部分地区生态功能退化。

图 10.1　广西国土空间生态保护修复空间格局图

(3)主攻方向：全面保护森林、河湖、湿地等生态系统，持续推进防护林建设，野生动植物保护和自然保护地建设，深入开展退耕还林还草、封山育林、荒山造林、水土流失综合治理等工程，提高森林质量，维护山地森林生态系统，大力实施天然林保护和修复，连通重要生态廊道，切实强化野生动物栖息地及自然保护区保护管理，促进自然生态系统恢复。修复水源涵养区森林、草地、湿地等生态系统，提高生态系统的水源涵养能力，加强小流域治理，开展生态清洁小流域建设。全面提升区域生态系统功能稳定性，保障广西桂北森林带生态安全。

10.1.2 “两核”

1)桂西南珍稀动植物生态核心区

桂西南珍稀动植物生态核心区，区域面积 0.91 万 km^2，涉及崇左市西部和百色市西南部，位于桂西中越边境左江中上游。

生态状况：区域以森林生态系统和农田生态系统为主，是世界唯一的白头叶猴分布地，是蜂猴、黑叶猴、熊猴等灵长类国家一级保护动物的重要栖息地，是我国生物多样性热点区。

生态问题：区域主要存在生物多样性受人为活动干扰威胁，自然保护地核心广西耕种，围湖造田、河滩耕种等现象屡禁不止。

主攻方向：区域以保育保护为主要策略，辅以自然修复和辅助修复，加强管控和自然保护地建设，强化野生动植物监测，加强宣传与教育，配套基础设施。

2)大瑶山珍稀动植物生态核心区

大瑶山珍稀动植物生态核心区，区域面积 0.91 万 km^2，涉及来宾市、梧州市和贺州市，位于桂东区域，是桂江流域、柳江流域和浔江流域的分水岭。

生态状况：区域地处亚热带和南亚热带的过渡地带，以森林生态系统为主，分布有大量亚热带季风常绿阔叶林，区域内植被垂直带谱比较完整，动植物种类丰富，是珍稀动植物及其赖以生存的栖息环境，是重要物种的“基因库”，具有重大的科研价值、观赏价值以及历史文化价值，是人类社会、地球和人与生物圈不可多得的自然遗产，分布有 4 种国家一类保护动物、22 种国家二类保护动物、14 种珍稀昆虫。生态状况总体良好。

生态问题：主要存在人为活动威胁野生动植物栖息地的问题，大瑶山国家级自然保护区基础设施不足、管护能力不够、监测监管能力不强，对瑶山鳄蜥、银杉、紫荆木等国家重点野生动植物保护能力有待提升。大瑶山、古修等自然保护地核心广西的商品林经营威胁珍稀动植物，大瑶山中幼林多，大桂山过熟林多，森林质量不高、生态系统稳定性不强。

主攻方向：区域以保育保护为主要策略，辅以自然修复和辅助修复，保障珍稀动植物栖息地安全，维护生物多样性。

10.1.3 “一带”

北部湾海岸带生态保护修复带是我国西部陆海新通道的重要节点，也是我国相对洁净的海域。

生态状况：区域气候为亚热带向热带过渡性质的海洋季风气候特点，孕育了丰富的海洋和滨海动植物，每平方千米有高达 600 种以上高等植物，分布有红树林、珊瑚礁和海草床等典型海洋湿地生态系统，红树林总面积位居全国第二，是国际鸟类重要的栖息地和迁徙通道，有6条主要入海河流，是我国相对洁净的海域。

生态问题：区域受滨海湿地过度开垦改造、生物资源过度利用、生物入侵等威胁，有海湾纳潮量萎缩、岸线侵蚀、典型湿地生态系统退化、海洋灾害频发、海洋生物数量减少、海洋垃圾等问题。

主攻方向：推进“蓝色海湾”综合整治行动和海岸带保护修复工程，开展退围还海还滩、岸线岸滩修复、河口海湾生态修复、红树林、珊瑚礁、海草等典型海洋生态系统保护修复，加强互花米草等外来入侵物种灾害防治。重点提升北仑河口、珍珠湾、防城港湾、钦州湾、廉州湾、铁山港、涠洲岛等重要海湾、河口、海岛生态环境，综合开展岸线岸滩修复、生境保护修复、外来入侵物种防治、生态灾害防治、海堤生态化建设和海洋保护地建设，提高近岸海域生态质量，恢复退化的典型生境，加强候鸟迁徙路径栖息地保护，促进海洋生物资源恢复和生物多样性保护，提升海岸带生态系统结构完整性和功能稳定性，提高抵御海洋灾害的能力。

10.1.4 “六区”

1)左右江生物多样性保护和石漠化治理区

左右江生物多样性保护和石漠化治理区，区域面积3.22万km^2，涉及南宁市、百色市、崇左市、防城港市，位于右江和左江中上游。

生态状况：区域以灌丛和森林生态系统为主，灌丛天然林较多。是滇黔桂喀斯特峰丛洼地和峰林谷地集中区，生态环境较脆弱，是利河及百都河两条跨省河流的发源地，是我国重要的水源涵养区，是广西喀斯特山地生物多样性保护重要区，保存有大片的北热带石灰岩季节性雨林，岩溶生物多样性丰富，珍稀物种多，是我国北热带岩溶地区的重要物种储存库。

生态问题：该区石漠化问题突出，水源涵养功能差，土壤侵蚀严重。坡耕地面积较大，加剧和产生新的石漠化风险高。森林资源不合理开发利用导致珍稀濒危野生动植物生境和栖息地破碎化加剧。地方经济发展相对滞后，土地承载压力大，矿产开发历史久，以煤、铝、建材用石灰岩、页岩、黏土、锰开采为主，露天开采造成地表植被破坏，森林植被退化，加剧了岩溶区水土流失和石漠化，造成土壤肥力下降，生态系统退化。

主攻方向：推动喀斯特山地生态系统恢复，立足都阳山喀斯特山地土壤保持重要区和桂西南岩溶山地生物多样性保护重要区，推进湘桂岩溶地区石漠化综合治理工程建设，对区域内所有天然林实行严格保护，因地制宜采取封山育林育草、人工造林、退耕还林还草、森林抚育、生态搬迁等多种措施，适度开展以坡改梯为重点的土地整治，加强林草植被保护和修复，增强山地生态系统稳定性，推进长江流域和珠江流域防护林体系建设，增强生态系统水源涵养和水土保持功能。治理石漠化和水土流失土地，逐步恢复和重建岩溶地区严重退化的生态系统，建立比较完备的以林草植被为主体的生态体系，提升森林草原质量，增强左、右江源区水源涵养和水土保持功能，推进构筑珠江流域防护林生态屏障。

2)红水河石漠化治理区

红水河石漠化治理区，区域面积2.51万km^2，涉及河池市、来宾市、南宁市，位于红水河中下游。

生态状况:区域是岩溶地貌最发育和类型最齐全、峰丛洼地及峰林平原分布最宽广而又最有代表性的地区之一,是红水河流域绿色生态屏障的主体,有广西土壤保持重要区都阳山。区域以石山灌丛生态系统为主,近年来生态状况有所好转。区域内洼地和平原多被开垦为农田和居民区,主要种植甘蔗、水稻和桑树以及其他经济作物。

生态问题:区域生态极为敏感脆弱,区域基岩多为石灰岩,岩溶裸露石漠化发育,耕地资源短缺,土壤贫瘠浅薄,易发内涝和季节性缺水,部分河段因水电站等水利设施的修建,造成下游生态流量不足威胁水生生物。

主攻方向:以小流域为单元持续推进石漠化治理,结合土地整治实施坡改梯,减少水土流失。引导当地群众实施生态退耕,实施封育治理和林草种植,发展林下经济。

3)柳江中下游人居环境提升和水土流失防治区

柳江中下游人居环境提升和水土流失防治区,区域面积 2.05 万 km^2,涉及柳州市、河池市、桂林市和来宾市,位于柳江中下游,区域矿产资源丰富,区域内的柳州市是广西最大的工业城市。

生态状况:区域东西两侧为丘陵山地以森林为主,中部和南部为河谷平原,以农田居多,城镇主要集中在中部。水土保持、产品供给和人居保障是该区域生态系统主要服务功能。

生态问题:区域以红壤为主,极易发生水土流失,部分区域为岩溶地貌产生石漠化,热岛效应明显,洪涝灾害频发。矿山开采诱发的地质灾害、地形地貌景观破坏、地下水污染等生态问题仍然存在。

主攻方向:推进以小流域治理为重点的水土流失综合治理,增强水土保持功能,实施柳江及其支流的河湖生态修复,增强城市韧性,推进区域土地整治,提高农田生态系统质量及农产品供给能力,整治城乡人居环境,提升人居环境品质,开展废弃矿山修复。

4)桂贺江-南岭水源涵养和生物多样性保护区

桂贺江-南岭水源涵养和生物多样性保护区,区域面积 2.55 万 km^2,涉及桂林市和贺州市,是桂东北西江流域和长江流域分水岭,是南岭山地的重要组成部分。

生态状况:区域为典型的喀斯特地貌,拥有桂林喀斯特世界自然遗产地,以森林生态系统为主,自然资源、人文资源等旅游资源丰富。是广西范围内针叶林的主要分布地,是西江水系桂江和长江水系资江和湘江的重要源区,是国际候鸟迁徙的重要通道,有资源冷杉、林麝等珍稀野生动植物,是我国重要的水源涵养和生物多样性保护区。

生态问题:区域内森林以人工纯林杉木商品林居多,江河源头水源涵养和土壤保持功能不强,洪涝灾害时有发生。喀斯特区域水土流失现象普遍,矿山开采破坏地表植被和地质灾害隐患。生态流量监测匮乏,雨源型河流枯水期水量较少,水库水电站闸坝的建设导致桂江部分支流河流中段在枯水期区域断流,水利水电及航运工程建设影响鱼类栖息环境,威胁鱼类安全。

主攻方向:以水源涵养与生物多样性保护为主。加强水源涵养林的保护和恢复,保护现有天然林,扩大阔叶林面积,提高水源涵养生态服务功能,加强广西自然保护区建设和管理,建立生物廊道,进一步增强区域水源涵养、水土保持等生态功能,推进漓江流域山水林田湖草沙一体化保护修复。实施土地整治和废弃矿山生态修复,补充耕地资源,优化生产、生态、生活空间格局，坚持保护永久基本农田，加强高标准农田建设，助力乡村振兴战略目标实现。

5)郁江-黔浔江平原人居环境提升与水土流失防治区

郁江-黔浔江平原人居环境提升与水土流失防治区，区域面积4.10万km^2，涉及南宁市、贵港市、玉林市、梧州市，位于珠江中上游、广西中南部，有着广西最大的冲积平原——浔江平原，是郁江干流和西江干流流经地。

生态状况：区域水资源总量约占广西水资源总量的85.5%，河网纵横、人口稠密，是广西政治经济文化中心，首府南宁的所在地。以农田和城镇居多，产品供给、人居保障和水土保持是该区域主要的生态系统服务功能，是广西重要的粮、蔗生产基地。

生态问题：区域经济发展较快，土地承载压力较大，生产和生活对生态空间造成的影响较大，桉树等速丰生产林种植广泛，丘陵地区高强度的农业开发易引发水土流失，矿山开采破坏生态，水利设施建设威胁鱼类等水生生物多样性。

主攻方向：以土地整治与生态修复为导向，立足大容山水源涵养重要区，加强森林、河湖、湿地生态系统保护，开展植被恢复和水土流失治理，保护现有天然林，封山育林，恢复阔叶林，提高森林涵养水源的功能，有序实施天然林保护、退耕还林还草、矿山生态修复等，加强那兰鹭鸟等野生动植物及其栖息地保护恢复，打造西江绿色生态廊道；内涵挖潜，盘活城乡低效建设用地再利用潜力，优化土地利用布局，提高土地资源利用程度。

6)桂南沿海丘陵平原人居环境提升和水土流失防治区

桂南沿海丘陵平原人居环境提升和水土流失防治区，区域面积2.81万km^2，涉及防城港市、钦州市、北海市、玉林市、崇左市，南临北部湾，是广西南部的沿海区域。

生态状况：区域广西地形地貌丰富多样，生态系统质量本底较好，有山地、丘陵、台地、平原，生态环境本底好，有十万大山国家级自然保护区、山口国家级红树林生态自然保护区、合浦营盘港一英罗港儒艮国家级自然保护区等，涉及森林、海洋、野生动物、湿地等生态系统保护类型，是广西江河主要入海区、重要水源涵养区、生物多样性保护区、滨海湿地保护区。

生态问题：区域生态面积偏少，生物多样性保护压力随着经济发展增大。南流江合浦段、北流河玉林市段、防城河防城市段、钦江灵山县段、九洲江水资源短缺，部分入海区域水源涵养能力有待加强。钦江流域河岸地带开垦挤占河岸缓冲带破坏沿岸植被，农村面源污染问题突出，南流江、九洲江水质较差，九洲江底栖水生生物物种单一。钦江、九洲江、南流江水源涵养林面积不足，流域水源涵养功能受损，生态系统存在退化现象。

主攻方向：以水源涵养、生物多样性保护和土地整治与水生态修复为主攻方向，立足六万大山水源涵养重要区和十万大山水源涵养与生物多样性保护重要区，建设桂南生态屏障，持续推进防护林体系建设，野生动植物保护和自然保护地建设，深入开展退耕还林还草、封山育林、荒山造林、水生态修复治理、水土流失综合治理等工程，提高水源涵养和水土保持能力。

10.2 广西国土空间生态修复重点任务

以筑牢我国南方重要生态安全屏障、建设新时代壮美广西为目标，协同推进陆域海域、山上山下、地上地下、岸上岸下、流域上下游山水林田湖草海湿地一体化保护和修复，严格生态空间用途管制，实施五大策略八项任务，开展重点区域生态修复，强化生态保护修复支撑，提高生态系统质量，增强生态稳定性，提高生态系统服务功能，加强区域协调，助力广西高质量发展。

10.2.1 严格生态空间用途管制

落实生态保护红线分类管控。生态保护红线主要分布在桂东北、桂西南山地区，桂西和桂中石山区，桂东和十万大山区、红水河流域岩溶山地区以及各类海洋自然保护地、重要滨海湿地、重要河口、海岸防护极重要区、海洋生态极脆弱区等。落实生态保护红线分级分类管控，实施生态空间用途管制，保护区域生态安全格局。生态保护红线内的自然保护地核心保护区管控实行负面清单管理，以生态保育、修复和保护为主，除经批准的保护、巡护、监测、灾害救助、科学研究等保护管理活动和设施建设外，原则上禁止人为活动。自然保护地一般控制区及自然保护地以外的生态保护红线区域管控实行正负面清单管理，在保护的前提下，可以适度开展对生态功能不造成破坏的有限人为活动；除满足国家特殊战略需要的有关活动外，原则上禁止开发性、生产性建设活动。生态保护红线内自然保护区、风景名胜区、饮用水水源保护区等区域，依照有关法律法规执行。

加强关键生态区引导管控。科学引导人工速生商品林种植和布局优化，禁止在重要江河干流源头和两岸、重要湿地和水库周边、沿海防护林基干林带、荒漠化和水土流失严重等区域种植人工速生商品林，逐步调减现有种植面积，强化重点流域和敏感脆弱区生态保护；调整优化树种结构，实行速生树种限种与改种相结合、珍贵树种与乡土树种齐发展，培育树种丰富、结构优化、品质优良、林相美观、质效显著的多功能混交林，科学引导人工速生商品林改善生态。加强红树林空间管控，结合自然保护地整合优化，将集中连片分布的天然红树林就近纳入自然保护地范围，合理划分禁止开发建设区域、限制开发建设区域以及生态修复规划区域，制定准入清单和负面清单，实行分区分类空间准入管理。强化线性廊道与生态空间的协调，线性基础设施选址应尽可能避让生物多样性廊道，无法避让的应根据需要建设生物通道，防止生物多样性廊道生境丧失、片断化和退化；高速公路、铁路、国省道、高压线走廊等尽量并线，避免对生态空间过度分割。

10.2.2 统筹推进八项生态修复任务

以问题为导向，以保护系统完整生态空间、建设生态宜居的城镇空间、营造稳定提质的农业空间、统筹开放活力的海洋空间、彰显秀美壮丽的魅力空间为目标，按“一屏两核一带六区”的国土空间生态修复格局，统筹推进八项修复任务。

任务一：加强石漠化治理和水土流失防治，增加岩溶碳汇。

任务二：保护天然林，加强古树名木保护，加强生态公益林管理，营造防护林、修复退化防护林，调整优化林分结构，提高森林质量，增加森林碳汇，提升森林生态功能。

任务三：实施河湖生态保护修复，开展水利闸坝等设施生态化改造，建设河岸缓冲带修复湿地生态系统，推进水生生物栖息地保护和生态流量保障工作。

任务四：保护重要野生动植物栖息地，保护农业野生植物资源，开展外来入侵物种防控。

任务五：修复治理历史遗留废弃矿山，督促加快推进有责任主体废弃矿山生态修复，加强在产矿山监管。

任务六：实施海岸带生态保护修复、岸线岸滩修复、海岛整治修复，海岸生态化建设和海洋保护地建设等系统性修复工程，防治海洋外来入侵物种，提升海洋固碳能力。

任务七：推进土地整治，优化土地空间布局。低丘缓坡及平地区的林地、园地调整为耕地，实施坡改梯和沃土工程，保护耕地；陡坡耕地区开展退耕种林种果，提高农田生态系统质量；改善农村人居环境，保护修复具有地方特色的农业生态景观和民居村落。

任务八：以边境地区、北部湾城市群、柳州市、桂林市为重点，推进城市内河生态修复，实施美丽幸福河湖建设、绿色廊道建设、生态景观提升及人居环境整治，缓解城市内涝与热岛效应，提升城市韧性。

以上述八项生态修复任务为基础，以保护完好生态系统、修复受损生态系统为核心，在“一屏两核一带六区”生态修复格局上，重点考虑关键生态区和生态问题突出的区域，划定 54 个生态修复重点区域，其中陆域重点区 47 个（含 17 个矿山重点区）、海岸带重点区 7 个。针对每个重点区域特征，因地制宜安排修复任务（图 10.2）。

1)桂北生态屏障重点区域

严格保护桂北山地区天然林，提升森林生态系统质量和稳定性，保护生物多样性，修复金钟山一带的退化林地，提升布柳河、凤凰山、九万大山等地区的水源涵养功能，提升浔江上游、龙江上游和融江上游水土保持功能，防治水土流失。

(1)金钟山森林及生物多样性保护重点区。地处西江水系和长江水系交界处，南盘江和右江上游，涉及百色市西林县、隆林各族自治县。保护天然林，加强古树名木保护和生态公益林管理，营造防护林、修复退化防护林，调整优化林分结构，提高森林质量，增加森林碳汇，提升森林生态功能（任务二）；保护重要野生动植物栖息地开展外来入侵物种防控（任务四）；加强石漠化治理和水土流失防治（任务一）。

(2)布柳河森林生态修复及石漠化治理重点区。地处红水河上游，涉及百色市乐业县、凌云县，河池市天峨县、凤山县。加强石漠化治理和水土流失防治（任务一）；保护天然林，加强生态公益林管理，营造防护林、修复退化防护林，调整优化林分结构，提高森林质量，增加森林碳汇，提升森林生态功能（任务二）；实施河湖生态保护修复，开展水利闸坝等设施生态化改造，建设河岸缓冲带，修复湿地生态系统，推进水生生物栖息地保护和生态流量保障工作（任务三）。

(3)凤凰山森林生态修复及石漠化治理重点区。是南丹河、贯河的源头区，涉及河池南丹县、天峨县、金城江区。加强石漠化治理和水土流失防治（任务一）；保护天然林，加强古树名木保护和生态公益林管理，营造防护林、修复退化防护林，调整优化林分结构，提高森林质量，增加森林碳汇，提升森林生态功能（任务二）；保护重要野生动植物栖息地，开展外来入侵物种防控（任务四）。

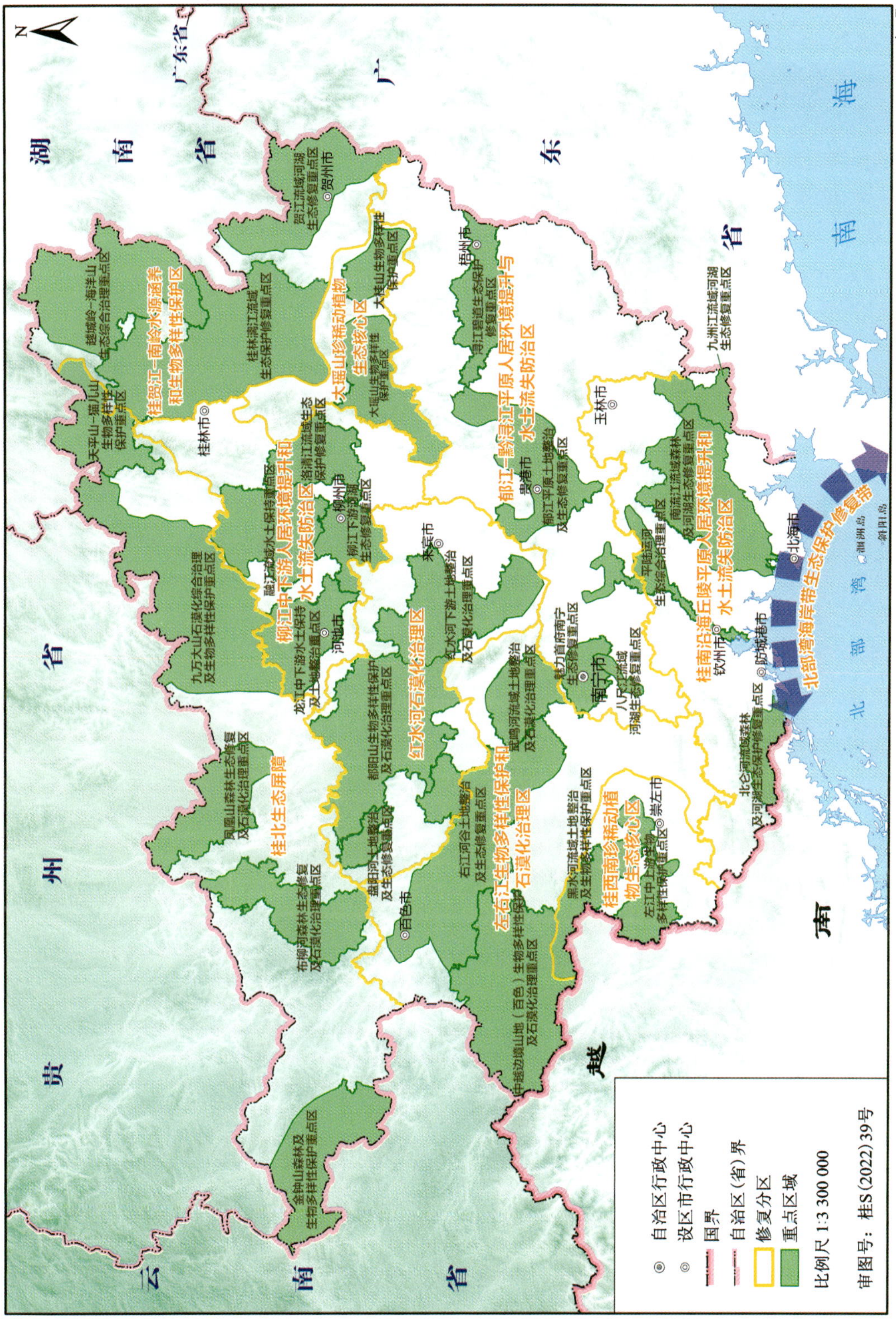

图 10.2　广西国土空间生态修复重点区域分布图

(4)九万大山石漠化综合治理及生物多样性保护重点区。是柳江支流小环江、大环江、贝江的源头区，涉及柳州市三江侗族自治县、融水苗族自治县、融安县，河池市环江毛南族自治县、罗城仫佬族自治县。加强石漠化治理和水土流失防治(任务一)；保护天然林，加强古树名木保护和生态公益林管理，营造防护林、修复退化防护林调整优化林分结构，提高森林质量，增加森林碳汇，提升森林生态功能(任务二)；实施河湖生态保护修复，开展水利闸坝等设施生态化改造，建设河岸缓冲带，修复湿地生态系统，推进水生生物栖息地保护和生态流量保障工作(任务三)；保护重要野生动植物栖息地，开展外来入侵物种防控(任务四)。

(5)天平山-猫儿山生物多样性保护重点区。位于古宜河上游段，涉及桂林市龙胜各族自治县、资源县。保护天然林，加强古树名木保护和生态公益林管理，营造防护林修复退化防护林，调整优化林分结构，提高森林质量，增加森林碳汇，提升森林生态功能(任务二)；保护重要野生动植物栖息地，开展外来入侵物种防控(任务四)。

(6)历史遗留废弃矿山生态修复。加强环江铁矿、南丹有色金属矿、金钟山一带隆林西林金矿、罗城煤矿铁矿和页岩等矿山生态修复，加大土地复垦力度，在矿区及周边建设拦挡排工程、水利水保工程，实施石漠化综合治理，在自然保护地、生态红线等重点区域建设生态过渡带和隔离带。加大矿区崩塌、滑坡、泥石流、采空塌陷、岩溶塌陷等地质安全隐患治理，加强地下水保护。开展植树种草恢复矿区植被，修复受损生态廊道和动植物栖息地，提高矿区水源涵养和水土保持功能，对金钟山、凤凰山及九万大山等深山，及雨热资源丰富、人为活动少的区域，采取自然恢复的模式实施矿山生态修复。对红水河沿岸、重要河流源区、高速公路和高铁沿线、旅游区周边、农田周边、城镇周边等采取辅助再生和生态重塑相结合的模式开展矿山生态修复。

2)大瑶山珍稀动植物生态核心区重点区域

减少大瑶山一带人为活动对珍稀动植物的干扰，继续加强野生动植物栖息地保护，修复被破坏的动植物生境。提升森林质量，增强大瑶山的水源涵养和水土保持功能，增加碳汇。

(1)大瑶山生物多样性保护重点区。大瑶山是柳江支流罗秀河、郁江支流大同河、郁江支流大黎河、桂江支流荔浦河等4条河流的源头，涉及来宾市金秀瑶族自治县、象州县，梧州市蒙山县，贺州市昭平县。保护天然林，加强古树名木保护和生态公益林管理营造防护林、修复退化防护林，调整优化林分结构，提高森林质量，增加森林碳汇，提升森林生态功能(任务二)；保护重要野生动植物栖息地，开展外来入侵物种防控(任务四)。

(2)大桂山生物多样性保护重点区。地处贺江流域，是贺江支流大平河、东安江的源头区，涉及贺州市昭平县、八步区。保护天然林，加强古树名木保护和生态公益林管理，营造防护林、修复退化防护林，调整优化林分结构，提高森林质量，增加森林碳汇，提升森林生态功能(任务二)；保护重要野生动植物栖息地，开展外来入侵物种防控(任务四)。

3)桂西南珍稀动植物生态核心区重点区域

保护左江中上游、黑水河地区花山带的白头叶猴和苏铁等珍稀动植物，修复被破坏的动植物生境，保护左江花山岩画等特色历史文化景观，实施土地整治，提升农产品价值、增加农民收入，打造生物丰富多样、文化多姿多彩、人民安居乐业、人与自然和谐共生的中越边境魅力空间。

(1)左江中上游生物多样性保护重点区。地处左江中上游,涉及崇左市龙州县、江州区和宁明县。保护重要野生动植物栖息地,加强古树名木保护,开展外来入侵物种防控(任务四);实施河湖生态保护修复,开展水利闸坝等设施生态化改造,建设河岸缓冲带,修复湿地生态系统,推进水生生物栖息地保护和生态流量保障工作(任务三)。

(2)黑水河流域土地整治及生物多样性保护重点区。地处左江支流黑水河流域,涉及百色市靖西市,崇左市大新县、天等县和江州区。推进土地整治,实施生态退耕和坡改梯,推进平原地区原地类为耕地的园林业生产用地逐步退出,复耕地属性,提高农田生态系统质量,改善人居环境,保护修复具有地方特色的农业生态景观和民居村落(任务七);保护重要野生动植物栖息地,开展外来入侵物种防控(任务四);加强石漠化治理和水土流失防治(任务一);实施河湖生态保护修复,开展水利闸坝等设施生态化改造,建设河岸缓冲带,修复湿地生态系统,推进水生生物栖息地保护和生态流量保障工作(任务三)。

(3)历史遗留废弃矿山生态修复。加强煤等非金属矿山生态修复,采取宜耕则耕、宜林则林、宜建则建、宜水则水、宜荒则荒的原则实施矿山生态修复。结合土地整治,开展土壤重构和改良,推进地形重塑,实施矿区土地复垦,减少水土流失。对深山远山立地条件好的区域采取自然恢复的模式实施矿山生态修复,对重要河流航道、高速公路和高铁沿线、旅游景点周边、农田周边、城镇周边等区域采取辅助再生和生态重塑相结合的模式开展矿山生态修复。

4)北部湾海岸带生态保护修复带重点区域

实施北仑河口-珍珠湾、防城港湾、钦州湾、廉州湾-银滩、铁山港、涠洲岛等海岸带海岛生态保护修复,修复红树林、海草床、珊瑚礁等受损生态系统,开展海岸带和海岛整治修复,修复渔业生态资源,保护珍稀濒危生物,控制污染,防治自然灾害,建设海岸带防护林,探索蓝碳交易试点,加强海岸线监管。

(1)北仑河口-珍珠湾生态保护修复重点区。位于广西北仑河口国家级自然保护区黄竹江口、白龙-珍珠湾海域。实施海陆一体化修复,增强滨海湿地生态系统服务功能,维护鸟类栖息生境。广西北仑河口国家级自然保护区修复红树林、海草床;黄竹江口保育保护和辅助修复我国濒危红树植物,恢复当地沿海土著种;白龙海域开展珊瑚保育保护、辅助修复、监测、效果评估工作,增殖修复以江蓠、龙须菜等藻类为主的海藻场;持续推进白龙-珍珠湾蓝色牧场建设,合理布局沿海滩涂养殖。

(2)防城港湾生态保护修复重点区。位于防城港市西湾长榄岛、洲墩岛、山新村。修复受损生态系统、增强湿地生态功能。提高滨海湿地生态系统质量,修复海岸带生态功能。修复受损生态系统、加强海岸带植被修复。修复西湾、山新村红树林及受损盐沼植被;建设长榄岛-洲墩岛植被防护带。实施西湾岸滩环境综合整治,恢复水动力环境,构建鸟类浅水栖息地。

(3)钦州湾生态保护修复重点区。位于茅尾海海域、三娘湾海域、七十二泾-龙门岛岛群、广西茅尾海红树林自然保护区、康熙岭镇、自贸试验区钦州港片区。完善沿海防护林体系,加强海岸带整治修复。开展广西茅尾海红树林自然保护区红树林及盐沼地保护修复,修复海岸防护林,构筑生态安全屏障。实施三娘湾海堤生态化改造及沙滩修复,重塑海岸带生态功能。整治修复七十二泾-龙门岛岛群,恢复海岛自然植被。

(4)廉州湾-银滩生态保护修复重点区。位于南流江河口、北海银滩南部海域、大冠沙至营盘镇一带。建设优美海岸景观，在南流江河口-廉州湾区域实施互花米草整治红树林修复，提升滩涂生态功能。开展银滩岸滩环境整治、沙滩养护，拓展公众亲水岸线岸滩。银滩南部及冠岭西侧建设海洋牧场，修复海洋渔业资源。

(5)铁山港生态保护修复重点区。位于广西山口红树林生态自然保护区、广西合浦儒艮国家级自然保护区、铁山港内湾。实施典型海洋生态系统修复，完善自然保护地生态功能。重点开展山口自然保护区保护修复，铁山港湾的互花米草清除及红树林保护修复，建设红树林优质种源基地；实施儒艮自然保护区海草床生境保护及海岸带植被修复。

(6)涠洲岛生态保护修复重点区。位于涠洲岛珊瑚礁国家级海洋公园内、洲岛岸滩、涠洲岛鸟类自然保护区、斜阳岛。实施开展海岛整治修复，维护海岛生态健康修复受损珊瑚礁生态系统，设置珊瑚礁示范恢复区；修复涠洲岛东岸海岸植被，开展东岸岸滩综合整治。

(7)北部湾沿海防护林建设重点区。位于北部湾海岸带，在北部湾沿海地区实施基干林带建设、纵深防护林建设和退化林分改造，提升海岸带生态防护功能。

5)左右江流域生物多样性保护和石漠化治理重点区域

以中越边境山地、大明山、右江中游生物多样性保护为核心，加强中越边境山地、大明山、武鸣河流域石漠化治理，推进武鸣河流域与右江河谷平原土地整治。

(1)中越边境山地(百色)生物多样性保护及石漠化治理重点区。位于红河水系百都河、左江水系黑水河、右江水系龙须河等河流的源头区，是中越边境重要生态区涉及百色市那坡县、靖西市、德保县。加强石漠化治理和水土流失防治(任务一)；保护天然林，加强古树名木保护和生态公益林管理，营造防护林、修复退化防护林，调整优化林分结构，提高森林质量，增加森林碳汇，提升森林生态功能(任务二)；保护重要野生动植物栖息地，开展外来入侵物种防控(任务四)；实施河湖生态保护修复，开展水利闸坝等设施生态化改造，建设河岸缓冲带，修复湿地生态系统，推进水生生物栖息地保护，保障生态流量(任务三)。

(2)右江河谷土地整治及生态修复重点区。地处右江中游河谷地带，涉及百色市右江区、田阳区、田东县、平果市，南宁市隆安县。推进土地整治，实施生态退耕和坡改梯，推进平原地区原地类为耕地的园林业生产用地逐步退出，恢复耕地属性，提高农田生态系统质量，改善人居环境，保护修复具有地方特色的农业生态景观和民居村落(任务七)；实施河湖生态保护修复，开展水利闸坝等设施生态化改造，建设河岸缓冲带，修复湿地生态系统，推进水生生物栖息地保护，保障生态流量(任务三)；加强石漠化治理和水土流失防治(任务一)。

(3)武鸣河流域土地整治及石漠化治理重点区。地处右江支流武鸣河流域，大明山西南面，涉及南宁市武鸣区。推进土地整治，实施生态退耕和坡改梯，推进平原地区原地类为耕地的园林生产用地逐步退出，恢复耕地属性，提高农田生态系统质量，改善人居环境，保护修复具有地方特色的农业生态景观和民居村落(任务七)；加强石漠化治理和水土流失防治(任务一)。

(4)历史遗留废弃矿山生态修复。以靖西建材矿、田东煤矿、大新和天等锰矿、德保靖西-平果铝土矿为重点，采取宜耕则耕、宜林则林、宜建则建、宜水则水、宜荒则荒的原则实施生态修复。加大固体废弃物堆场整治，采取削坡、护坡等措施，消除矿山地质安全隐患，实施土地复垦、土壤重构和重金属污染治理，恢复矿区植被和矿山生态环境。对深山远山、立地条件好的区域采取自然恢复的模式实施矿山生态修复对重要河流航道、高速公路和高铁沿线、旅游景点周边、农田周边、城镇周边等区域采取辅助再生和生态重塑相结合的模式开展矿山生态修复。

6)红水河流域石漠化综合治理重点区域

保护都阳山生物多样性，开展都阳山石漠化治理，推进盘阳河流域生态修复工作，实施红水河流域土地整治。

(1)都阳山生物多样性保护及石漠化治理重点地区。位于红水河中游都阳山地区，涉及河池市东兰县、都安瑶族自治县、大化瑶族自治县、巴马瑶族自治县，南宁市马山县加强石漠化治理和水土流失防治(任务一)；保护重要野生动植物栖息地，开展外来入侵物种防控(任务四)；保护天然林，加强生态公益林管护，营造防护林、修复退化防护林，调整优化林分结构，提高森林质量，增加森林碳汇，提升森林生态功能(任务二)。

(2)盘阳河土地整治及生态修复重点区。位于红水河支流盘阳河流域，涉及河池市巴马瑶族自治县、大化瑶族自治县、凤山县。推进土地整治，实施生态退耕和坡改梯，推进平原地区原地类为耕地的林业生产用地逐步退出，恢复耕地属性，提高农田生态系统质量，改善人居环境，保护修复具有地方特色的农业生态景观和民居村落(任务七)；保护天然林，加强生态公益林管理，营造防护林、修复退化防护林，调整优化林分结构，提高森林质量，增加森林碳汇，提升森林生态功能(任务二)；加强水土流失防治(任务一)。

(3)红水河下游土地整治及石漠化治理重点区。位于红水河下游桂中丘陵平原区涉及来宾市忻城县、合山市、兴宾区，南宁市上林县、宾阳县。加强石漠化治理和水土流失防治(任务一)；推进土地整治，实施生态退耕和坡改梯，推进平原地区原地类为耕地的林业生产用地逐步退出，恢复耕地属性，提高农田生态系统质量，改善人居环境，保护修复具有地方特色的农业生态景观和民居村落(任务七)。

(4)历史遗留废弃矿山生态修复。以兴宾区灰岩矿，上林滑石矿和煤矿，马山建材矿煤矿、锰矿和滑石矿，合山煤矿等为重点，采取宜耕则耕、宜林则林、宜建则建、宜水则水、宜荒则荒的原则实施生态修复。加大固体废弃物堆场整治，加强地面塌陷综合治理，采取削坡、护坡等措施，消除矿山地质安全隐患，结合土地整治实施土地复垦、土壤重构和重金属治理，恢复矿区植被和矿山生态环境。对重要河流航道两岸、高速公路和高铁沿线、旅游景点周边、农田周边、城镇周边等区域的废弃矿山采取辅助再生和生态重塑相结合的模式开展矿山生态修复。对无地质安全隐患的其余矿山主要采取自然恢复的模式开展矿山生态修复。

7)柳江中下游人居环境提升和水土流失防治重点区域

开展柳江流域、洛清江流域的生态环境综合治理，加强龙江、融江流域的水土流失治理，推进龙江流域土地整治工作，巩固柳州市森林城市建设。

(1)融江流域水土保持重点区。位于融江中下游，涉及柳州市融水苗族自治县、融安县、柳城县、柳北区、鹿寨县。加强石漠化治理和水土流失防治(任务一)。

(2)龙江中下游水土保持及土地整治重点区。位于柳江支流龙江的中下游，涉及河池市宜州区、罗城仫佬族自治县。加强石漠化治理和水土流失防治(任务一)；推进土地整治，实施生态退耕和坡改梯，推进平原地区原地类为耕地的林业生产用地逐步退出，恢复耕地属性，提高农田生态系统质量,改善人居环境,保护修复具有地方特色的农业生态景观和民居村落(任务七)。

(3)柳江下游河湖生态修复重点区。位于柳江下游柳州市城区,涉及柳州市柳城县柳北区、鱼峰区、柳南区、城中区、柳江区。推进城市内河生态修复,实施美丽幸福河湖建设,建设绿色廊道,提升河流沿线生态景观。合理规划绿地布局,通过城市景观改造、空间形态调整及城市更新,逐步拓展和提升降温通道的功能,缓解城市热岛效应。推进全流域全要素的系统性城市内涝预防和治理工作,提升改造地下管道系统增加城市瞬时排水的能力,适当提高城市远景发展规划区域的防洪标准,新建城区、工业园的选址应避开高风险区,提升城市韧性(任务八)。

(4)洛清江流域生态保护修复重点区。位于柳江支流洛清江流域,涉及柳州市鹿寨县。保护天然林,加强生态公益林管理,营造防护林、修复退化防护林,调整优化林分结构,将洛清江和石榴河源头的商品林逐步调整为公益林,提高森林质量,增加森林碳汇,提升森林生态功能(任务二);实施河湖生态保护修复,建设河岸缓冲带,修复湿地生态系统,推进水生生物栖息地保护,保障生态流量(任务三);保护重要野生动植物栖息地,保护农业野生植物资源,开展外来入侵物种防控(任务四);推进水环境治理和人居环境整治(任务八)。

(5)历史遗留废弃矿山生态修复。以柳江锰矿和石灰岩、柳城白云岩、鹿寨铁矿和建材矿、融水煤矿、融安铁矿为重点,采取宜耕则耕、宜林则林、宜建则建、宜水则水、宜荒则荒的原则实施矿山生态修复。加大固体废弃物堆场整治,采取削坡、护坡等措施,消除矿山地质安全隐患,结合土地整治实施土地复垦、土壤重构和重金属治理恢复矿区植被和矿山生态环境。对柳江、融江两岸、高速公路和高铁沿线、旅游景点周边、农田周边、城镇周边等区域的矿山采取辅助再生和生态重塑相结合的模式开展矿山生态修复。对深山远山且无地质安全隐患的矿山,采取自然恢复的模式实施矿山生态修复。

8)桂贺江-南岭水源涵养建设和生物多样性保护重点区域

以南岭架桥岭生物多样性保护区为核心,强化漓江源头区的水源涵养建设,推进漓江流域水土流失和石漠化治理,在恭城河流域和荔浦河流域实施水土流失治理和土地整治,加强资江源头区与湘江西源头区水源涵养与水土保持建设,提升桂林市生态品质,建设世界级旅游城市。

(1)桂林漓江流域生态保护修复重点区。位于西江水系桂江上游漓江流域,是南岭的重要组成部分,涉及桂林市兴安县、灵川县、阳朔县、恭城瑶族自治县、叠彩区、象山区、秀峰区、七星区、雁山区、临桂区、荔浦市、平乐县。加强石漠化治理和水土流失防治(任务一);保护天然林,加强生态公益林管理,营造防护林、修复退化防护林,调整优化林分结构,提高森林质量,增加森林碳汇,提升森林生态功能(任务二);实施河湖生态保护修复,开展水利闸坝等设施生态化改造,建设河岸缓冲带,修复湿地生态系统,推进水生生物栖息地保护和生态流量保障工作(任务三);保护重要野生动植物栖息地,保护农业野生植物资源,开展外来入侵物种防控(任务四);推进土地整治,实施生态退耕和坡改梯,推进平原地区原地类为耕地的林业生产用地逐步退出,恢复耕地属性,提高农田生态系统质量,改善人居环境,保护修复具有地方特色的农业生态景观和民居村落(任务七);推进城市内河生态修复、实施美丽幸福河湖建设,建设绿色廊道，提升河流沿线生态景观，恢复和保持水系的自然连通和流动性，增强城市应对风险的韧性，城镇布局要考虑地区常年盛行风向，预留出通风廊道，合理规划城市绿地布局，合理控制容积率和建筑密度，减少地面硬化率，降低城市热岛效应（任务八）。

（2）越城岭-海洋山生态综合治理重点区。位于湘江、夫夷水上游越城岭海洋山一带，涉及桂林市资源县、全州县、灌阳县。加强石漠化治理和水土流失防治（任务一）；保护天然林，加强生态公益林管理，营造防护林、修复退化防护林，调整优化林分结构，提高森林质量，增加森林碳汇，提升森林生态功能（任务二）；保护重要野生动植物栖息地，开展外来入侵物种防控（任务四）。

（3）贺江流域河湖生态修复重点区。位于西江支流贺江流域，涉及贺州市富川县、钟山县、八步区、平桂区。实施河湖生态保护修复，开展水利闸坝等设施生态化改造，建设河岸缓冲带，修复湿地生态系统，推进水生生物栖息地保护和生态流量保障工作（任务三）；加强石漠化治理和水土流失防治（任务一）。

（4）历史遗留废弃矿山生态修复。以平乐-荔浦锰矿、临桂-灵川-阳朔-荔浦建材石矿为重点，实施漓江流域山水林田湖草沙一体化保护修复，加强漓江流域历史遗留废弃矿山生态修复。以钟山-富川-平桂的稀土矿、铁矿和石矿为重点，实施矿山生态修复。加大固体废弃物堆场整治，采取削坡、护坡等措施，消除矿山地质安全隐患，结合土地整治实施土地复垦、土壤重构和重金属治理，恢复矿区植被和矿山生态环境。对贺江两岸、高速公路和高铁沿线、旅游景点周边、农田周边、城镇周边等区域的矿山采取辅助再生和生态重塑相结合的模式开展矿山生态修复，对深山远山且无地质安全隐患的矿山采取自然恢复实施矿山生态修复。

9）郁江-黔浔江平原人居环境提升和水土流失防治重点区域

推进西江流域、八尺江流域与大王滩国家湿地公园生态保护修复，巩固南宁森林城市，助力建设高标准南宁都市圈，开展郁江平原土地整治工作。

（1）魅力首府南宁生态修复重点区。位于南宁市区，涉及南宁市西乡塘区、兴宁区、青秀区、邕宁区、江南区、良庆区。推进城市内河生态修复、实施美丽幸福河湖建设、打造绿色廊道，提升河流沿线生态景观。通过城市景观改造、空间形态调整及城市更新，逐步拓展和提升降温通道的功能，最终构建贯穿城市、畅通有效的热传递网络，实现冷热系统的良性循环，缓解城市热岛效应（任务八）；保护天然林，加强生态公益林管理，营造防护林、修复退化防护林，调整优化林分结构，提高森林质量，增加森林碳汇，提升森林生态功能（任务二）。

（2）八尺江流域河湖生态修复重点区。位于大王滩水库及其下游八尺江流域，涉及南宁市良庆区、邕宁区、江南区。实施河湖生态保护修复，开展水利闸坝等设施生态化改造，建设河岸缓冲带，修复湿地生态系统，推进水生生物栖息地保护和生态流量保障工作（任务三）；保护天然林，加强生态公益林管理，营造防护林、修复退化防护林，调整优化林分结构，提高森林质量，增加森林碳汇，提升森林生态功能（任务二）。

（3）郁江平原土地整治及生态修复重点区。地处郁江沿岸平原区，含覃塘区、桂平市、港北区、港南区。推进土地整治，实施生态退耕和坡改梯，推进平原地区原地类为耕地的林业生产用地逐步退出，恢复耕地，实施沃土工程，提高农田生态系统质量，改善人居环境，保护修复具有地方特色的农业生态景观和民居村落（任务七）；保护天然林，加强生态公益林管理，营造防护林、修复退化防护林，调整优化林分结构，提高森林质量，增加森林碳汇，提升森林生态功能（任务二）；实施河湖生态保护修复，开展水利闸坝等设施生态化改造，建设河岸缓冲带，修复湿地生态系统，推进水生生物栖息地保护和生态流量保障工作（任务三）；实施美丽幸福河湖建设，建设绿色廊道，提升河流沿线生态景观（任务八）。

（4）浔江碧道生态保护修复重点区。地处浔江流域，涉及贵港市平南县，州市县、苍梧县、长洲区、万秀区、龙圩区。实施河湖生态保护修复，开展水利闸坝等设施生态化改造，建设河岸缓冲带，修复湿地生态系统，推进水生生物栖息地保护和生态流量保障工作（任务三）；推进城市内河生态修复、实施美丽幸福河湖建设，建设绿色廊道，提升河流沿线生态景观（任务八）；加强水土流失防治（任务一）。

（5）历史遗留废弃矿山生态修复。以南宁城区的锰矿和黏土矿、贵港锰矿和石灰岩矿、梧州铅锌矿和花岗岩-钛矿等为重点，实施矿山生态修复。加大固体废弃物堆场整治，采取削坡、护坡等措施，消除矿山地质安全隐患，结合土地整治实施土地复垦、土壤重构和重金属治理，恢复矿区植被和矿山生态环境。对西江黄金水道两岸、高速公路和高铁沿线、旅游景点周边、农田周边、城镇周边等区域的矿山采取辅助再生和生态重塑相结合的模式开展矿山生态修复，对深山远山且无地质安全隐患的矿山，主要采取自然恢复的模式实施生态修复。

10）桂南沿海丘陵平原人居环境提升和水土流失防治重点区域

开展防城江北仑河、九洲江、钦江、茅岭江、大风江与南流江流域生态保护修复，推进北部湾森林城市建设。

（1）南流江流域森林及河湖生态修复重点区。位于广西北部湾沿海地区，涉及钦州市浦北县、钦南区、灵山县，玉林市博白县，北海市合浦县。保护天然林，加强生态公益林管理，营造防护林、修复退化防护林，调整优化林分结构，提高森林质量，增加森林碳汇，提升森林生态功能（任务二）；实施河湖生态保护修复，开展水利闸坝等设施生态化改造，建设河岸缓冲带，修复湿地生态系统，推进水生生物栖息地保护和生态流量保障工作（任务三）。

（2）九洲江流域河湖生态修复重点区。位于广西北部湾沿海地区九洲江流域，涉及玉林市陆川县、博白县。实施河湖生态保护修复，保护天然林，加强生态公益林管理营造防护林、修复退化防护林，调整优化林分结构，提高森林质量，增加森林碳汇提升森林生态功能（任务二）；开展水利闸坝等设施生态化改造，建设河岸缓冲带修复湿地生态系统，推进水生生物栖息地保护和生态流量保障工作（任务三）。

（3）平陆运河生态综合治理重点区。地处西部陆海新通道平陆运河沿线，涉及钦州市灵山县、钦北区、钦南区，南宁市横州市。实施河湖生态保护修复，开展水利闸坝等设施生态化改造，建设河岸缓冲带，修复湿地生态系统，推进水生生物栖息地保护和生态流量保障工作（任务三）；推进土地整治，实施生态退耕和坡改梯，推进平原地区原地类为耕地的林业生产用地逐步退出，恢复耕地属性，提高农田生态系统质量，改善人居环境，保护修复具有地方特色的农业生态景观和民居村落（任务七）；加强水土流失防治（任务一）；加强利用河流、湿地等水体的调蓄空间，恢复和保持水系的自然连通和流动性，增强城市应对风险的韧性。合理规划绿地布局，通过城市景观改造、空间形态调整及城市更新，逐步拓展和提升降温通道的功能，实现冷热系统的良性循环，缓解城市热岛效应（任务八）。

(4)北仑河流域森林及河湖生态保护修复重点区。地处中越边境北仑河流域,涉及防城港市防城区、东兴市。保护天然林,加强生态公益林管理,营造防护林、修复退化防护林,调整优化林分结构,提高森林质量,增加森林碳汇,提升森林生态功能(任务二);实施河湖生态保护修复,开展水利闸坝等设施生态化改造,建设河岸缓冲带,修复湿地生态系统,推进水生生物栖息地保护和生态流量保障工作(任务三)。

(5)历史遗留废弃矿山生态修复。以合浦高岭土、钦州陶土锰矿、玉林黏土矿、页岩矿为重点,采取削坡、护坡等措施,消除矿山地质安全隐患,实施地质环境治理、地形重塑、土壤重构、植被重建等综合治理工程,恢复矿山生态环境。对平陆运河及其他重要航道两岸、高速公路和高铁沿线、旅游景点周边、农田周边、城镇周边等区域的矿山采取辅助再生和生态重塑相结合的模式开展矿山生态修复,对深山远山且无地质安全隐患的矿山,主要采取自然恢复的模式实施矿山生态修复。

10.3　广西国土空间生态修复重点工程

10.3.1　重点区域生态修复工程

1)桂北生态屏障保护修复重点工程

工程位于桂北生态屏障区,涉及百色市4个县、河池市6个县(区)、柳州市3个县、桂林市2个县,共15个县(区)。在金钟山森林及生物多样性保护重点区、布柳河森林生态修复及石漠化治理重点区、凤凰山森林生态修复及石漠化治理重点区、九万大山石漠化综合治理及生物多样性保护重点区、天平山-猫儿山生物多样性保护重点区等5个重点区实施生态保护修复,提升桂北地区的水源涵养、水土保持和生物多样性维护功能,筑牢桂北生态屏障。

(1)金钟山森林及生物多样性保护项目。项目位于金钟山森林及生物多样性保护重点区。以森林生态修复及生物多样性保护为重点,实施山水林田湖草海湿地系统治理。保护区域内的中亚热带针阔混交林等天然林,逐步停止采伐国有天然商品林,加强生态公益林管理,恢复金钟山一带受损植被和受火灾、虫灾影响出现退化的林地,加强右江及南盘江集水区的封育保护和水源涵养林建设,强化水土保持。强化松材线虫等外来入侵物种防治,保护恢复黑颈长尾雉、熊猴、黑叶猴、鼋、苏铁等国家级重点保护野生动植物及其栖息地。强化深山、远山和中度以上石漠化区域林草封育,加强轻度、中度石漠化土地的原有天然林草植被恢复。

(2)布柳河森林生态修复及石漠化治理项目。项目位于布柳河森林生态修复及石漠化治理重点区。以森林生态修复及石漠化治理为重点,实施系统治理、综合治理,保护生物多样性。对区域内天然林实行严格保护,逐步停止采伐国有天然商品林,加强生态公益林管理。通过封山育林、森林抚育、退化林修复,提升森林生态系统质量和稳定性,加大自然保护地核心区、布柳河源头区、泗水河源头区商品林改造力度。强化水土保持,实施小流域综合治理,对深山、远山和中度以上石漠化区域,通过封山育林育草促进林草植被恢复,加强轻度、中度石漠化土地的原有天然林草植被恢复。开展布柳河生态保护修复,建设河岸缓冲带,修复湿地生态系统,建设水产种质资源保护区,保护水生生物多样性。

(3)凤凰山森林生态修复及石漠化治理项目。项目位于凤凰山森林生态修复及石漠化治理重点区。以森林生态修复及石漠化治理为重点,实施系统治理、综合治理,保护生物多样性。对区域内天然林实行严格保护,逐步停止采伐国有天然商品林,加强生态公益林管理,逐步将南丹河源头区的商品林调整为公益林。修复退化林地,对凤凰山南端的幼龄林实施森林抚育,对过熟林等低效林实施更新改造。强化水土保持,实施小流域综合治理。强化深山、远山和中度以上石漠化区域林草封育,加强轻度、中度石漠化土地的原有天然林草植被恢复。在石漠化程度较轻、坡度平缓的耕地区实施坡改梯,推广种植土层厚度要求不高、耗水少的中药材。保护麋鹿、黑颈长尾雉、蟒蛇、掌叶木等国家级重点保护野生动植物及其栖息地。

(4)九万大山石漠化综合治理及生物多样性保护项目。项目位于九万大山石漠化综合治理及生物多样性保护重点区。以石漠化综合治理及生物多样性保护为重点,实施系统保护与修复。对区域内天然林实行严格保护,逐步停止采伐国有天然商品林,加强生态公益林管理。采取封山育林育草、人工造林、退化林修复等多种措施,提升防护林质量。强化深山、远山和中度以上石漠化区域林草封育,加强轻度、中度石漠化土地的原有天然草地植被恢复,实施人工种草、草原改良修复、围栏封育等。统筹利用水土资源,针对坡度平缓、石漠化程度较轻、人地矛盾突出的村寨周边,开展以坡改梯为重点的坡耕地土地整治。根据地形合理配套引水渠、排水沟、拦沙坝、谷坊、沉沙池、蓄水池等坡面及沟道等小型水利水保工程。实施狗肚溪、细鱼沟、丹江、白竹江连通工程,开展融江生态缓冲带修复、贝江生物多样性保护、丹江生态岸线整治。重点保护鼋、蟒蛇、熊猴、林麝、金钱豹、马尾树、红豆杉、合柱金莲木、伯乐树、元宝山冷杉等重要物种及其栖息地,保障中亚大陆中部候鸟迁徙的重要通道安全。开展废弃矿山生态修复,恢复矿区植被。

(5)天平山-猫儿山生物多样性保护项目。项目位于天平山-猫儿山生物多样性保护重点区。对区域内天然林实行严格保护,逐步停止采伐国有天然商品林,加强生态公益林管理。采取封山育林育草、人工造林、森林抚育、退化林修复等多种措施,提升防护林质量。保护亚热带针阔混交林生态系统,保护修复龙胜龙脊梯田国家湿地公园,保护猫儿山、天平山地区的林麝、蟒蛇、掌叶木和洞穴生物等重点野生动植物及其栖息地,保障中亚大陆中部候鸟迁徙的重要通道安全。

2)大瑶山生物多样性保护工程

工程位于大瑶山珍稀动植物生态核心区,涉及来宾市2个县、梧州市1个县、贺州市2个县(区),共5个县(区)。在大瑶山生物多样性保护重点区、大桂山生物多样性保护重点区等2个重点区实施生态保护修复,保护大瑶山地区生物多样性。

(1)大瑶山生物多样性保护项目。项目位于大瑶山生物多样性保护重点区。强化大瑶山封山育林力度,保护区域内天然林,将江河源头及大瑶山、古修等自然保护地核心广西的商品林逐步调整为公益林,对大瑶山中幼林进行抚育,对过熟林地进行更新改造,修复退化林地。开展大瑶山国家级自然保护区建设,保护亚热带常绿阔叶林生态系统,保护瑶山鳄蜥、金斑喙凤蝶、金秀肥螈等野生动物及迁徙候鸟及其栖息地,保护银杉、紫荆木、苣苔等野生植物及其生长环境,提升大瑶山魅力值,打造生态良好、物种多样的魅力大瑶山。

(2)大桂山生物多样性保护项目。项目位于大桂山生物多样性保护重点区。保护区域内天然林，逐步停止采伐国有天然商品林，加强公益林管理，采取营造防护林、封山育林、森林抚育、退化林修复等措施，提升森林生态系统综合修复能力。开展大桂山鳄蜥国家级自然保护区建设，保护亚热带常绿阔叶林生态系统，保护大桂山鳄蜥、紫荆木等野生动植物及其栖息地。

3)桂西南生物多样性保护及土地整治工程

工程位于桂西南珍稀动植物生态核心区，涉及崇左市5个县、百色市1个县。在黑水河流域土地整治及生物多样性保护重点区、左江中上游生物多样性保护重点区等2个重点区实施生态保护修复，保护桂西南地区生物多样性。

(1)左江中上游生物多样性保护项目。项目位于左江中上游生物多样性保护重点区。以生物多样性保护为重点，实施系统保护与修复。加强崇左白头叶猴和弄岗国家级自然保护区、青龙山和左江佛耳丽蚌自治区级自然保护区、龙峡山国家森林公园、龙州左江国家湿地公园的生物多样性保护，建设国际和区域生物多样性保护廊道，保护季风雨林、常绿阔叶林、岩溶洞穴等生态系统，保护白头叶猴、黑叶猴、东黑冠黑叶猴、蜂猴、倭蜂猴、紫荆木、苏铁等重点野生动植物及其栖息地。整合优化弄岗保护区、白头叶猴保护区，将保护区周边保护空缺的区域调入自然保护区。实施左江河湖生态保护修复工程，建设龙州左江国家湿地公园，在平而河、明江上开展生态修复，恢复水生生物生境，开展水生生物完整性研究和恢复工程建设。

(2)黑水河流域土地整治及生物多样性保护项目。项目位于黑水河流域土地整治及生物多样性保护重点区。以土地整治和生物多样性保护为重点，实施系统保护与修复。实施土地整治，结合石漠化和水土流失治理，实施坡改梯，修复退化耕地，开展高标准农田建设和农田水利建设。保护岩溶季雨林、常绿阔叶林、岩溶洞穴等生态系统，保护黑叶猴、东黑冠长臂猿、蜂猴等灵长类及蟒蛇、林麝重点动物及其栖息地，保护苏铁和望天树等重点野生植物及其生长环境。在四明河、黑水河开展生态缓冲带建设，实施归春界河流域生态保护修复工程，以及大新黑水河国家湿地公园湿地保护与恢复工程，恢复野生动植物栖息地生境。

4)北部湾海岸带生态保护修复工程

工程位于北部湾海岸带生态保护修复带，涉及防城港市3个县(区)、钦州市1个区、北海市4个县(区)，包括广西北仑河口国家级自然保护区、黄竹江口、白龙-珍珠湾海域、防城港市西湾长榄岛、洲墩岛、山新村、茅尾海海域、三娘湾海域、七十二泾-龙门岛岛群、广西茅尾海红树林自然保护区、康熙岭镇、自贸试验区钦州港片区、南流江口、北海银滩南部海域、大冠沙至营盘镇一带、广西山口红树林生态自然保护区、广西合浦儒艮国家级自然保护区、铁山港湾、涠洲岛珊瑚礁国家级海洋公园、涠洲岛岸滩、涠洲岛鸟类自然保护区。本工程主要修复受损生态系统，增强湿地生态功能；加强海岸整治修复，构筑生态安全屏障；开展海岛整治修复，维护海岛生态健康；修复渔业生态资源，保护珍稀濒危生物；控制污染、防控自然灾害，提升海洋监管能力；实施海岸带防护林建设，增强海岸防护功能。

(1)珍珠湾-白龙生态保护修复项目。项目位于北仑河口-珍珠湾生态保护修复重点区，包括黄竹江口、白龙-珍珠湾海域。在珍珠湾，修复海草床20hm^2，开展海草人工移植、移植后保护、动态监测与评估工程。在白龙尾，开展珊瑚保育保护、辅助修复、监测、效果评估工作，辅助修复海岸带植被10hm^2。在黄竹江口，保护修复我国濒危红树植物5hm^2，拯救榄李、小花老鼠簕、银叶树等中国濒危红树植物，加强人工育苗，扩大繁育种群，建立种质资源库，恢复当地沿海土著种。修复渔业资源，有效恢复渔业生态环境。在珍珠湾-白龙海域，持续推进蓝色牧场，建设人工鱼礁礁体，合理布局沿海滩涂养殖。

(2)防城港湾生态保护修复项目。项目位于防城港湾生态保护修复重点区，包括防城港市西湾长榄岛、洲墩岛、山新村。完善自然保护地，保育保护有限红树林资源，建设防城港东湾自治区级红树林湿地公园。在公车镇、光波镇、茅岭乡、西湾等辅助修复红树林 $20hm^2$，新造红树林 $113.7hm^2$，建设生态化海堤 9.18km，在长榄岛-洲墩岛，加强海岸带植被修复，重塑海岸带生态功能，提升海岸带景观效果，拓展公众亲水空间，构建鸟类浅水栖息地 $12.2hm^2$，在西湾北部海岸带，建设红树林种苗繁育基地 1 处，新建苗圃 1 处，堤前岸滩整理，提升海岸带生态功能，整体改善滨海湿地生态系统质量。

(3)钦州湾生态保护修复项目。项目位于钦州湾生态保护修复重点区，包括茅尾海海域、三娘湾海域、七十二泾-龙门岛岛群、广西茅尾海红树林自然保护区、康熙岭镇、自贸试验区钦州港片区。完善海洋自然保护地建设，开展海洋资源保育保护，建设广西钦州湾红树湾自治区级湿地自然公园、广西中华白海豚自治区级海洋自然公园。在广西茅尾海红树林自然保护区滩涂新造红树林 $286hm^2$，退塘还林营造林红树林 $80hm^2$，修复现有红树林 $1200hm^2$，改造无瓣海桑林 $60hm^2$，盐沼湿地 $50hm^2$。完善沿海防护林体系，辅助修复海岸防护林 $50hm^2$。

(4)廉州湾-银滩生态保护修复项目。项目位于廉州湾-银滩生态保护修复重点区，包括南流江河口、北海银滩南部海域、大冠沙至营盘镇一带。修复受损红树林生态系统，增强湿地生态功能。在南流江河口-廉州湾区域辅助修复红树林 $1250hm^2$，清除互花米草 $150hm^2$，重塑滩涂生态功能。开展岸滩环境整治、沙滩养护。在大冠沙至营盘镇一带，清理整治岸滩 20km，建设优美滨海景观，拓展公众亲水岸线岸滩。修复海洋渔业资源。在冠头岭西南海域、银滩南部海域，建设国家级海洋牧场示范区。

(5)铁山港生态保护修复项目。项目位于铁山港生态保护修复重点区，包括广西山口红树林生态自然保护区、广西合浦儒艮国家级自然保护区、铁山港内湾。修复典型海洋生态系统，增强滨海湿地生态功能。在铁山港湾、山口自然保护区红树林受损区域重点开展红树林保护修复，营造红树林 $624hm^2$，退塘还林修复红树林 $10hm^2$，修复红树林 $336hm^2$，建设红树林优质种源基地，清除互花米草 $490hm^2$。在儒艮自然保护区，重点开展海草床生境保护及海岸带植被修复，设 1 个海草永久固定样地 $20hm^2$，辅助修复海岸带植被 $10hm^2$。

(6)涠洲岛生态保护修复项目。项目位于涠洲岛生态保护修复重点区，包括涠洲岛珊瑚礁国家级海洋公园内、涠洲岛岸滩、涠洲岛鸟类自然保护区、斜阳岛。开展海岛整治修复，维护海岛生态健康。修复受损珊瑚礁生态系统，设置珊瑚礁示范恢复区 $12hm^2$，辅助修复东岸 3km 海岸植被，修复海岛植被 $100hm^2$，开展东岸 2.3km 岸滩综合整治，建设涠洲岛南湾东、西侧及猪仔岭、斜阳岛基岩侵蚀海岸防护设施。

(7)北部湾沿海防护林建设项目。项目位于北部湾沿海防护林建设重点区，在北部湾海岸带实施基干林带建设，保护林带新造、退耕(塘)还林、断带补植、窄带加宽、退化修复、更新改造等，规划建设总面积 2 万 hm^2，其中人工造林 0.5 万 hm^2，林带修复 1.5 万 hm^2。实施纵深防护林建设，包括迹地更新改造、宜林荒山荒地造林、封山育林、乡村绿化及农田林网建设。

规划营造林面积1.2万 hm^2，其中人工造林0.2万 hm^2，封山育林1万 hm^2。实施退化林分改造，对年龄老化、树木生长下降、郁闭度低的稀疏退化林带，实施中幼林抚育，其中中幼林抚育1万 hm^2，退化林改造1万 hm^2，退化基干林带更新造林0.5万 hm^2。

5)左右江流域生物多样性保护及石漠化综合治理工程

工程位于左右江流域生物多样性保护和石漠化治理区，涉及百色市7个县(区)、南宁市2个县(区)。做好左右江流域山水林田湖草沙生态保护与修复试点工程后期管护工作，巩固生态保护修复成果。在中越边境山地(百色)生物多样性保护及石漠化治理重点区、右江河谷土地整治及生态修复重点区、武鸣河流域土地整治及石漠化治理重点区等3个重点区实施生态保护修复，保护左右江流域的生物多样性，治理石漠化。

(1)中越边境山地(百色)生物多样性保护及石漠化治理项目。项目位于中越边境山地(百色)生物多样性保护及石漠化治理重点区，涉及百色市靖西市、那坡县、德保县。以生物多样性保护和石漠化治理为重点，统筹推进山水林田湖草海湿地生态保护修复。强化深山、远山和中度以上石漠化区域林草封育，加强轻度、中度石漠化土地的原有天然林草植被恢复。统筹利用水土资源，针对坡度平缓、石漠化程度较轻、人地矛盾突出的村寨周边，开展坡耕地土地整治，修复退化耕地。对区域内天然林实行严格保护，逐步停止采伐国有天然商品林，加强生态公益林管理，对中幼林实施森林抚育，实施低效林改造、修复退化林地，加强水源涵养林建设，提升森林质量和稳定性，加大自然保护地核心区、百都河等江河源头区商品林改造力度。实施靖西市河湖生态保护修复工程，开展靖西市龙潭湿地公园恢复与建设。保护亚热带常绿阔叶林和灌丛生态系统，保护黑叶猴、印支虎、熊猴、林麝、蟒蛇、苏铁、望天树等国家重点野生动植物及其栖息地。

(2)右江河谷土地整治及生态修复项目。项目位于右江河谷土地整治及生态修复重点区，涉及百色市右江区、田阳区、田东县、平果市，南宁市隆安县。以土地整治为重点，实施整体保护、系统修复，修复退化生态系统，提升农田生态功能，增加生态产品供给。加强农田生态系统的保护，以全域土地综合整治为重点，实施农用地整理、建设用地整理和乡村生态保护修复，优化归并破碎土地，提高土地集约节约利用水平，以右江红色革命老区文化特色为重点实施乡村风貌改造，提升乡村人居环境品质。实施河流生态修复，恢复右江生态缓冲带，修复福禄河国家湿地公园退化湿地，开展百色水利枢纽渔业资源放流。实施右江两岸石漠化和水土流失治理，恢复林草植被，推进坡改梯。

(3)武鸣河流域土地整治及石漠化治理项目。项目位于武鸣河流域土地整治及石漠化治理重点区，涉及南宁市武鸣区。以土地整治及石漠化治理为重点，实施系统修复、综合治理，修复退化生态系统，提升农田生态功能。以全域土地综合整治为手段，推进农用地整理、建设用地整理和以石漠化治理为重点的生态修复。保护现有林草植被，在山地区造林种草、陡坡耕地退耕还林还草，推进石漠化、水土流失等退化耕地修复。

6)红水河流域石漠化综合治理工程

工程位于红水河流域石漠化综合治理区，涉及河池市5个县、来宾市3个县(区)、南宁市3个县。在都阳山生物多样性保护及石漠化治理重点区、盘阳河土地整治及生态修复重点区、红水河下游土地整治及石漠化治理重点区等3个重点区实施生态保护修复，治理红水河流域石漠化。

(1)都阳山生物多样性保护及石漠化治理项目。项目位于都阳山生物多样性保护及石漠化治理重点区。对深山、远山和中度以上石漠化区域，实施封山育林育草，加强轻度、中度石漠化土地的原有天然林草植被恢复。重点保护林麝、蟒蛇、鼋、苏铁、望天树等国家级重点保护野生动植物及其栖息地。对区域内天然林实行严格保护，停止采伐国有天然商品林，加强生态公益林管理。保护南亚热带季风常绿阔叶林生态系统，通过封山育林、森林抚育、低效林改造提升森林质量和稳定性。保护脆弱的喀斯特生态系统，严格保护天然林，加强林草植被保护和修复。

(2)盘阳河土地整治及生态修复项目。项目位于盘阳河土地整治及生态修复重点区。开展全域土地综合整治，优化农业生产、生活、生态空间，提升乡村人居环境与农村耕作条件。实施坡耕地改造，优化耕地布局，对石漠化和水土流失严重区域的25°以上坡耕地实施生态退耕，25°以下坡耕地实施坡改梯。通过营造防护林，实施封山育林、森林抚育、低效林改造，保护南亚热带季风常绿阔叶林生态系统，加强水源涵养林建设。适当开展林相改造，提升河湖沿线景观与巴马长寿旅游品质，提升区域魅力值。对深山、远山和中度以上石漠化区域，实施封山育林育草，加强轻度、中度石漠化土地的原有天然林草植被恢复。对凤山地质公园及三门海景区周边非法挖山采石破坏的区域实施生态修复。

(3)红水河下游土地整治及石漠化治理项目。项目位于红水河下游土地整治及石漠化治理重点区。对深山、远山和中度以上石漠化区域，通过封山育林育草恢复林草植被。在石漠化程度较轻、坡度平缓的耕地区实施坡改梯，推广种植土层厚度要求不高、耗水少的中药材。开展全域土地综合整治，提高耕地集中连片程度，调整优化区域土地利用布局，提升人居环境。重点对贺巴高速、武平高速、三南高速等主要交通干道沿线的村庄开展人居环境整治，提升交通沿线村庄村容村貌。结合石漠化治理，适当开展红水河沿岸生态绿化，提升红水河沿岸魅力值。

7)柳江中下游水土流失综合治理工程

工程位于柳江中下游人居环境提升和水土流失防治区，涉及柳州市9个县(区)、河池市2个县(区)。在融江流域水土保持重点区、龙江中下游水土保持及土地整治重点区、柳江下游河湖生态修复重点区、洛清江流域生态保护修复重点区等4个重点区实施生态保护修复，提升柳江中下游水土保持功能、河湖生态功能，优化生产、生活、生态空间。

(1)融江流域水土保持项目。项目位于融江流域水土保持重点区。对区域内天然林实行严格保护，停止采伐国有天然商品林，加强生态公益林管理。营造水土保持林，实施森林抚育、低效林改造、退化林修复，提高区域水土保持能力。实施小流域水土流失治理，推进坡面治理、水域生态治理、村庄人居环境整治。对融安县南部、鹿寨县北部范围内深山、远山和中度以上石漠化区域，实施封山育林育草，加强轻度、中度石漠化土地的原有天然林草植被恢复。

(2)龙江中下游水土保持及土地整治项目。项目位于龙江中下游水土保持及土地整治重点区。保护江河源头区植被，营造水土保持林，提升水土保持功能，防治水土流失。实施小流域水土流失治理，推进坡面治理、水域生态治理、村庄人居环境整治。治理罗城仫佬族自治县南部的石漠化，对深山、远山和中度以上石漠化区域，通过封山育林育草促进林草植被恢复，引导在石漠化地区开展中草药特色种植。对石漠化和水土流失严重区域的25°以上坡耕地实施生态退耕，25°以下坡耕地实施坡改梯。优化区域土地利用布局，提升人居环境，构建与资源环境承载力相匹配的农业生产新格局。

(3)柳江下游河湖生态修复项目。项目位于柳江下游河湖生态修复重点区。开展新圩江、响水河、莫道江、交雍沟、官塘冲、浪江等小支流的综合治理和生态缓冲带修复，恢复河滨带水生生物生长，治理小流域富营养。开展竹鹅溪、香兰河等河道生态修复工程，提升护坡和河滨带自然植被覆盖程度，恢复水生植物。加强城市绿地系统、水系统与森林、河湖湿地等自然生态系统的有机联系，构筑蓝绿交织的城市生态网络，缓解热岛效应，增强城市韧性。

(4)洛清江流域山水林田湖草海湿地生态保护修复项目。项目位于洛清江流域生态保护修复重点区。对香桥岩国家地质公园、鹿寨县龙岭公园开展植树造林、林分结构优化、防护林修复等，提升森林生态功能。重点对鹿鸣湖及绿廊进行生态提质改造，加强洛清江流域鹿寨县段水环境综合治理，建设生态缓冲带，修建生态沟渠、清理污染底泥等。修复湿地生态系统，加强鹿寨县中华秋沙鸭栖息地生态保护。开展农村人居环境综合整治，提升人居环境质量。

8)桂贺江-南岭生态综合治理工程

工程位于桂贺江-南岭水源涵养和生物多样性保护区，涉及贺州市4个县(区)、桂林市15个县(区)。在桂林漓江流域生态保护修复重点区、越城岭-海洋山生态综合治理重点区、贺江流域河湖生态修复重点区等3个重点区实施生态保护修复，提升森林生态功能、河湖生态功能、生物多样性功能，统筹推进山水林田湖草沙综合治理。

(1)桂林漓江流域山水林田湖草沙一体化保护和修复项目。项目位于桂林漓江流域生态保护修复重点区。重点开展漓江下游石漠化治理，强化深山、远山和中度以上石漠化区域林草封育，加强轻度、中度石漠化土地的原有天然林草植被恢复。重点开展海洋山、猫儿山森林生态保护修复，对区域内天然林实行严格保护，停止采伐国有天然商品林，加强生态公益林管理。开展桃花江、漓江、恭城河、马岭河等江河水生态保护修复，恢复河湖生态缓冲带，建设生态护岸，保护生态湿地。提高农田生态系统质量，改善人居环境，保护修复具有地方特色的农业生态景观和民居村落。推进漓江沿线绿色廊道建设，提升景观魅力。重点治理区域内灵川县、平乐县、荔浦市等地的历史遗留废弃矿山，恢复喀斯特地貌原真性。

(2)越城岭-海洋山生态综合治理项目。项目位于越城岭-海洋山生态综合治理重点区。重点开展灌江流域石漠化治理，加强轻度、中度石漠化土地的原有天然林草植被恢复。对天然林实行严格保护，停止采伐国有天然商品林，加强生态公益林管理。通过封山育林、森林抚育、低效林改造，提升森林生态系统质量和稳定性，加强原生型亚热带常绿阔叶林保护，增强江河源头区森林涵养水源等生态功能，有序引导种植乡土树种、珍贵树种、名优经济林和混交林。重点保护林麝、鼋、白颈长尾雉、红豆杉等国家级重点保护野生动植物及其栖息地。

(3)贺江流域河湖生态修复项目。项目位于贺江流域河湖生态修复重点区。重点开展富川瑶族自治县东部、平桂区北部石漠化治理，提升水土保持功能，加强轻度、中度石漠化土地的原有天然草地植被恢复。开展贺江美丽河湖建设，提升美丽幸福河湖品质。实施龟石水库生态缓冲带修复与大宁河、都江河、马尾河、白花河、林洞河等重要河湖水生态治理，建设河岸缓冲带，修复湿地生态系统，保护水生生物多样性，保障河流生态流量。

9)西江土地整治与生态修复工程

工程位于郁江-黔浔江平原人居环境提升与水土流失防治区，涉及贵港市5个县(区)、梧州市5个县(区)、南宁市6个区。在魅力首府南宁生态修复重点区、八尺江流域河湖生态修复重点区、郁江平原土地整治及生态修复重点区、浔江碧道生态保护修复重点区等4个重点区实施生态保护修复，提升森林、河湖生态功能，推进低碳型土地整治，优化生产、生活、生态空间，打造西江景观带。

(1)魅力首府南宁生态修复项目。项目位于魅力首府南宁生态修复重点区。重点在青秀山风景名胜区、良凤江国家森林公园、高峰自治区森林公园、金鸡山自治区森林公园等森林修复魅力节点采取森林保育、林相改造等措施，推动环绿城南宁魅力空间建设。开展老口水利枢纽、邕宁水利枢纽水生态保护，邕江干支流及河湖等水生态修复，建设河岸景观缓冲带，保护濒危水生土著鱼类，逐步恢复土著鱼类的种群数量，保护蚌等软体动物。助力打造生态绿色魅力首府。

(2)八尺江流域河湖生态修复项目。项目位于八尺江流域河湖生态修复重点区。重点开展大王滩国家湿地公园生态保护修复，治理大王滩坍塌的水库岸带。修复八尺江河岸缓冲带，改造水源涵养林，恢复水禽栖息地，恢复河岸植被部群落的多样性，保护自然混交林，防治蟛蜞菊、水葫芦等外来入侵有害物种。

(3)郁江平原土地整治及生态修复项目。项目位于郁江平原土地整治及生态修复重点区。实施退化耕地修复，优化耕地布局，退出生态极脆弱区域的陡坡耕地，逐步退出河道耕地和湖区耕地，在适宜耕种的区域实施开垦，将符合调整要求的林地、园地逐步恢复为耕地。改善农村生产、生活条件和生态环境，促进城乡融合发展。保护亚热带常绿阔叶林生态系统，开展封山育林与森林生态系统综合修复，加强防护林建设、森林抚育、低效林改造以及退化林修复。重点开展社坡河、武思江、鲤鱼江等江河生态缓冲带建设，平龙水库水源涵养林建设，清退饮用水源地一、二级保护区内桉树林，加强湖滨岸带生态修复和水土保持。

(4)浔江碧道生态保护修复项目。项目位于浔江碧道生态保护修复重点区。实施小流域水土流失治理和崩岗治理，提升水土保持功能。开展森林质量提升工程，增强森林生态系统固碳能力。建设六陈水库、乌江、张家江、六妙河、东江、那拉河、湄江河等江河生态缓冲带，打造生态碧道，提升两岸景观。重点建设湄江河(蒙山县城区段)生态步道，提升城市绿色廊道景观。实施茶山水库生态湿地修复和农田生态种植推广，开展藤县丽新湿地公园生态修复。

(5)鲤鱼江流域山水林田湖草海湿地生态保护修复项目。项目位于郁江平原土地整治及生态修复重点区。实施平龙水库生态修复，对平龙水库饮用水源地一、二级保护区范围内的桉树进行改造，腾退桉树后种植以乡土树种为主的混交林，实施近自然浅滩湿地系统，加强湖滨带生态修复和水土保持，建设人工湿地。开展鲤鱼江水生态保护修复，建设生态浮岛、生态缓冲带和人工湿地。修复苍硕高速、G209国道(苏北线)沿线矿山，在鲤鱼江两岸实施全域土地综合整治。

10)桂南生态综合治理工程

本工程位于桂南沿海丘陵平原人居环境提升和水土流失防治区，涉及玉林市2个县、钦州市3个县(区)、北海市1个县、防城港市2个县(区)。在南流江流域森林及河湖生态修复重点区、九洲江流域河湖生态修复重点区、北仑河流域森林及河湖生态保护修复重点区等3个重点区实施生态保护修复,提升森林、河湖、湿地生态功能,改善人居环境。

(1)南流江流域森林及河湖生态修复项目。项目位于南流江流域森林及河湖生态修复重点区。对天然林实行严格保护,停止采伐国有天然商品林,加强生态公益林管理。通过中幼林抚育、林木更新、低质低效林改造等措施,优化树种组成、林分密度、林龄和空间结构,提升森林蓄积量。通过河道治理、河道清淤、生态补水、河岸带保护与修复、重要水源地保护、水土流失治理等措施,实施南流江河岸带保护修复。重点开展洪潮江水库水源涵养林建设与近自然浅滩湿地系统恢复与重建,调整和更新树种,改造库区桉树,加强湖滨岸带生态修复和水土保持。

(2)九洲江流域河湖生态修复项目。项目位于九洲江流域河湖生态修复重点区。通过林相改造,将桉树纯林改造为以乡土阔叶林、针阔混交林为主的水源涵养林,建设高效生态公益林,科学有序进行桉树纯林改造,提高水源涵养能力。建设生态沟渠,种植以本地树种为主的植物。对九洲江-鹤地水库流域范围内环库及环入库河流实行生态化整治,减少面源污染。加强水量科学调度,完善主要水系补水方案,采取闸坝调度、生态补水等措施保障河湖生态水量。

(3)北仑河流域山水林田湖草海湿地生态保护修复项目。项目位于北仑河流域森林及河湖生态保护修复重点区。保护北热带沟谷雨林、季雨林和常绿阔叶林生态系统,开展封山育林与森林生态系统综合修复,加强防护林建设、森林抚育、低效林改造以及退化林修复,提高森林蓄积量。实施东兴市江平镇榕树头海堤湿地生态修复,打造农村水系生态风景线。重点对红石沟、磨刀河、深沟河等江河进行河道综合治理,通过实施河道清淤疏浚、河湖缓冲带建设等措施,提升河湖生态服务功能。在北仑河口国家级自然保护区修复红树林680hm^2。

11)平陆运河沿线山水林田湖草海湿地生态保护修复工程

工程位于桂南沿海丘陵平原人居环境提升和水土流失防治区,涉及南宁市1个县级市、钦州市3个县(区)。在平陆运河生态综合治理重点区实施山水林田湖草海湿地生态保护修复工程,提升河湖、湿地、农田生态功能,保障平陆运河及其沿线的高质量发展。识别并预判运河修建产生的生态问题及风险,推进西津国家湿地公园的生态保护修复,开展平陆运河沿线生态缓冲带建设,通过人工造林完善运河防护林体系。加强水源保护区封育保护与水源涵养林建设,加强防范运河修建引发的新增水土流失风险。加强运河沿线耕地保护,开展全域土地综合整治,修复退化耕地,减轻耕地破碎化程度,提高农田生态系统质量。保护恢复城市河湖水系,增强城市韧性,减少洪涝灾害。

12)废弃矿山生态修复工程

以南方丘陵山地带、重要河流两岸和自然保护地等关键生态区的历史遗留废弃矿山集中区、高速公路高速铁路沿线及主要城区等重要发展区的历史遗留废弃矿山集中区为对象,针对矿产资源开发造成地质安全隐患、占用和损毁土地、生态破坏等问题,按照“保证生态安全,突出生态功能,兼顾生态景观”的次序,以及宜耕则耕、宜林则林、宜建则建、宜水则水、宜荒则荒的原则,因地制宜推进废弃矿山生态修复,提升废弃矿区整体生态功能,积极探索实施“生态修复＋废弃资源利用＋产业融合”的废弃矿山生态修复新模式(图10.3)。

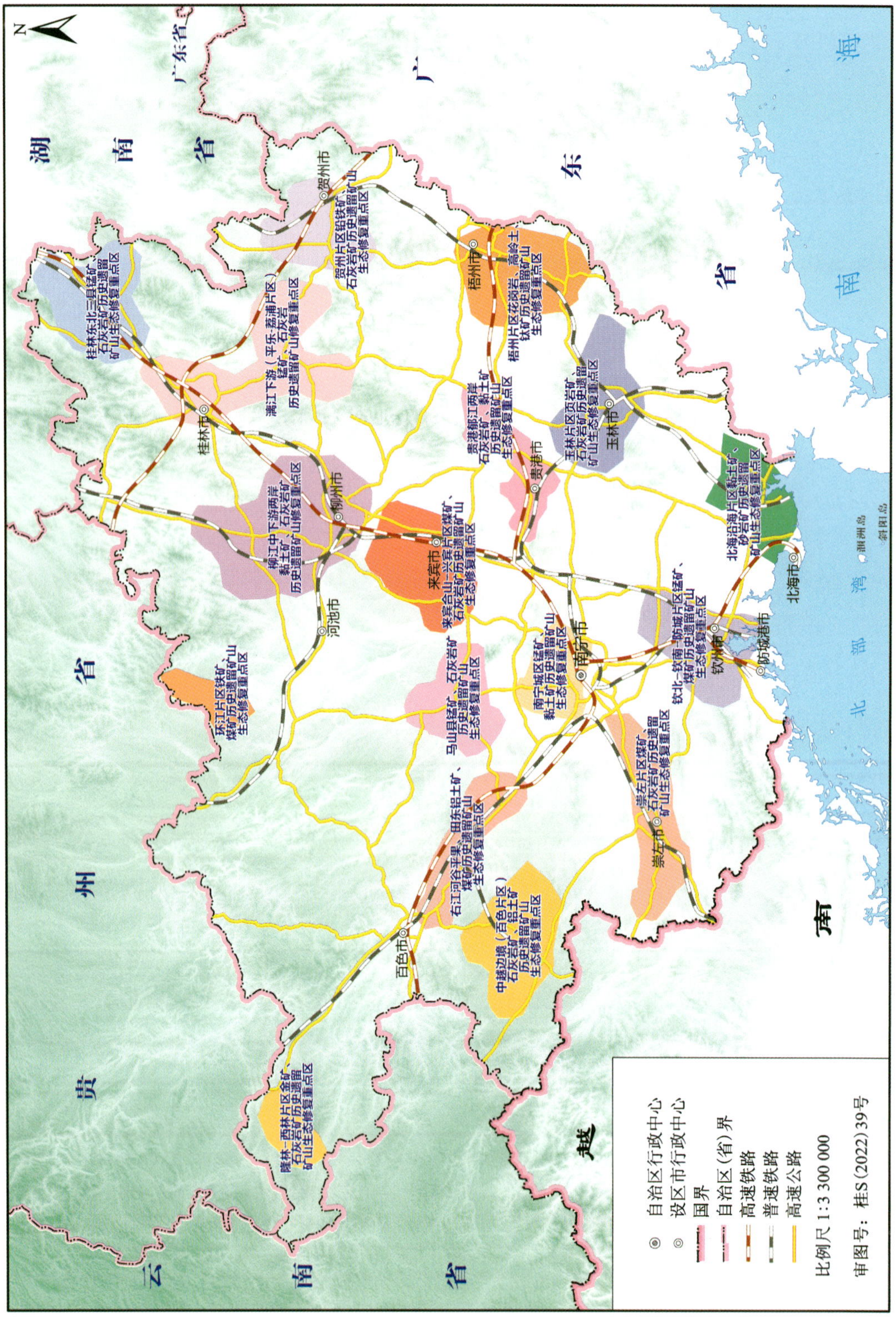

图 10.3 广西历史遗留废弃矿山生态修复重点区域分布图

(1)河池市罗城县煤矿、铁矿历史遗留废弃矿山生态修复项目。项目范围涉及罗城仫佬族自治县,矿种以煤矿和铁矿为主。采取自然恢复、辅助再生、生态重建等方式实施历史遗留废弃矿山生态修复。重点实施煤矿和铁矿的生态修复,加大矿区采空塌陷、崩塌滑坡等地质安全隐患治理,加强地面塌陷综合治理,实施固体废弃物堆场整治和土地复垦,推进地形重塑和土壤重构,在重点区域建设生态隔离带,恢复矿区植被,提升矿山水源涵养和水土保持功能。

(2)来宾市兴宾区灰岩矿、锰矿历史遗留废弃矿山生态修复项目。项目范围涉及兴宾区,矿种以灰岩矿、锰矿为主。采取辅助再生为主的模式实施历史遗留废弃矿山生态修复。采取削坡、护坡的方式,消除崩塌等地质安全隐患。实施土地复垦,恢复矿区植被,实施水土流失综合治理,恢复野生动植物生境。

(3)贺州市平桂区铁矿、铅矿历史遗留废弃矿山生态修复项目。项目位于贺州市平桂区,矿种以铁矿和铅矿为主。采取自然恢复为主,适当加以辅助再生的模式实施历史遗留废弃矿山生态修复。推进地形重塑和土壤重构,恢复矿区植被,恢复野生动植物生境和生态廊道,在河湖岸线区域建设生态隔离带。

(4)北海市合浦县高岭土历史遗留废弃矿山生态修复项目。项目位于北海市合浦县,矿种以高岭土为主。采取自然恢复为主,辅助再生为辅的模式实施历史遗留废弃矿山生态修复。推进地形重塑和土壤重构,恢复矿区植被,恢复野生动植物生境和生态廊道,在海岸线和自然保护区周边建设生态隔离带。

(5)南宁市上林-马山片区滑石矿、石灰岩矿历史遗留废弃矿山生态修复项目。项目位于南宁市上林县与马山县交界处,大明山北面,矿种以滑石矿、石灰岩矿为主。采取自然恢复为主,辅助再生为辅的模式实施历史遗留废弃矿山生态修复。实施土地平整和地形重塑,修复被挖损的地形地貌,在矿区周边修建截流沟,防治水土流失。恢复矿区植被,实施重金属污染治理,在大明山周围设置生态隔离带,恢复野生动植物生境和生态廊道。

(6)右江河谷平果、田东铝土矿、煤矿历史遗留废弃矿山生态修复项目。项目位于百色平果市、田东县,矿种以煤矿、铝土矿、灰岩矿、锰矿为重点。采取辅助再生和生态重建为主的模式实施历史遗留废弃矿山生态修复。推进地形重塑、土壤重构和植被恢复,恢复矿区植被,修复右江河谷矿区生态。

(7)钦州市钦北区锰矿历史遗留废弃矿山生态修复项目。项目位于钦州市钦北区,矿种以锰矿为主,采取辅助再生为主的方式实施历史遗留废弃矿山生态修复。实施土地复垦、覆盖土壤层、植树种草等工程措施,恢复为耕地、林地等。

(8)梧州市岑溪市花岗岩矿、砂岩矿历史遗留废弃矿山生态修复项目。项目位于梧州岑溪市,矿种以花岗岩矿、砂岩矿为主,采取生态重建为主的方式实施历史遗留废弃矿山生态修复。实施土地复垦、覆盖土壤层、植树种草等工程措施,恢复林草植被。

10.3.2 重要生态网络建设工程

自然保护地建设及野生动植物保护工程。推进自然保护地整合优化,培育和创建国家公园,提升自然保护地保护管理水平,开展野生动植物调查监测,加强对珍稀濒危野生动植物的保护(图10.4)。

图 10.4　广西国土空间生态修复重点工程项目分布图

1)自然保护地建设及野生动植物保护工程

(1)极小种群及珍稀濒危野生动植物资源拯救与保护。强化和深入开展就地保护，对分布于现有保护体系之外的极小种群野生植物尽可能实施全覆盖保护，继续开展近地保护、迁地保护、种质资源保存和野外回归试验等实践和探索，充分利用植物园、树木园等迁地保护地，开展极小种群野生植物迁地保护研究，实现至少10种极小种群野生植物的活体和种子等种质资源保存。加强极小种群植物的生物学、遗传学研究，攻克人工繁殖关键技术，为野外种群恢复提供保障，重点开展资源冷杉拯救保护、种苗繁育与野外回归以及德保苏铁种群现状及回归种群监测。实施鳄蜥、穿山甲、灵长类动物等珍稀濒危野生动物放归行动，以广西陆生野生动物救护研究与疫源疫病监测中心、广西壮族自治区林业科学研究院等单位为依托，建立广西野外救护放归物种的监测与管理数据库，加强对放归物种的监测，了解放归种群的存活与适应状态。

(2)自然保护地生态保护修复。开展自然保护地受损生态系统修复，逐步对自然保护地核心区内的耕地实施退耕还林(草、湿)工程；对自然保护地范围内的废弃工矿用地开展生态修复。重点针对白头叶猴、东黑冠长臂猿、黑叶猴、瑶山鳄蜥、兰科植物、金花茶、苏铁等物种，开展物种栖息地和关键生境保护修复，在科学调查评估物种分布及保护需要的基础上，建设必要的生态廊道，提高生态系统完整性和连通性。保护和恢复海洋自然保护地内受损的滨海湿地、红树林、海草床、珊瑚礁、海岛等海洋生态系统，提升海洋自然保护地生态环境质量、功能和景观。对自然保护地内自然恢复困难、林相单一、生态功能低下的人工纯林，经科学论证后开展生态改造，有条件的区域优先支持开展人工林赎买试点。对经科学评估后的受损地质遗迹(点)、石漠区域进行生态修复。

(3)松材线虫病疫情高质量防控工程。在44个疫区，严格按照松材线虫病防控技术规范，实行精细化管理，严格封锁检疫，全面监测，及时清理枯死木，采取化学防治、释放天敌等措施防治松褐天牛，结合林分更新改造等营林措施，拔除疫点，压缩发生面积，控制病害扩散蔓延，逐步恢复重建合理的森林群落结构。

(4)自然保护地基础设施建设及现代生态管护体系建设。推进大桂山鳄蜥、九万山、雅长兰科植物、山口红树林生态、花坪、岑王老山、合浦儒艮等国家级和自治区级自然保护区，以及部分国家级和地方级自然公园的管护站点、检查站点哨卡、宣教中心、科普基地、生态博物馆、生态巡护路网维护维修等基础设施建设，建设大明山、雅长兰科、十万大山、岑王老山、邦亮、大桂山鳄蜥、十万大山等30处现代生态管护保护地，对保护区管理信息化系统、视频监测和防火监控系统、保护区"天空地"一体化森林资源感知网络体系等进行全面整合提升，提升自治区级以上自然保护区现代化管护能力。

2)重要生态廊道建设工程

在鸟类迁徙重要通道节点强化保护监测站点和环志站建设。在未纳入山水林田湖草海湿地系统治理的主要河流水系两岸修建绿色生态廊道林带。

(1)重要鸟类迁徙通道保护项目。开展候鸟迁徙通道节点设施设备改善，强化保护监测站点和环志站功能。

(2)重要江河水系廊道建设项目。加强西江、柳江、郁江、桂江4条干流水生态保护与岸线生态修复，对未被纳入山水林田湖草海湿地系统治理范围的右江部分河段、柳江部分河段、北流河部分河段、郁江部分河段、邕江部分河段、明江、平陆运河等重要江河两岸修建绿色生态廊道林带。

10.3.3 生态保护修复支撑重点工程

开展重点流域水生态安全调查评估，开展野生动植物调查和林草种质资源普查，实施监测预警和网络体系建设，编制规划和五年行动计划，开展技术、政策和标准研究，防治外来入侵物种，强化气象气候对生态保护修复的保障能力。

(1)生态调查监测评价预警体系建设。开展生态系统评价预警理论方法研究，探索生态系统监测评价预警工作基本框架；开展森林、湿地、海洋、生物多样性等生态系统专项调查，摸清自然资源生态本底信息；开展水土流失、石漠化、沙化、海岸侵蚀、矿山生态损毁等动态监测，及时预警重大生态风险；开展生态保护修复工程监测评估与适应性管理、成效评估，掌握生态保护修复区域典型生态系统、重要生态问题、关键参量等变化情况，摸清碳储量本底及其变化、增汇潜力和碳源碳汇格局；建立综合性国土空间生态修复管理平台，依托自然资源"一张图"和国土空间基础信息平台，连接各部门调查监测数据，实现多部门、多领域的生态修复信息共享，绘制生态修复"一张图"。

(2)规划编制，技术、政策和标准研究。编制各级国土空间生态修复规划，开展有色金属矿区废弃地原位生态修复、种植桉树耕地恢复粮食生产能力、南方石山矿山水资源优化配置与高效利用、基于植物-微生物-生物炭耦合技术的矿区联合生态修复与智能动态监测评价、生态修复工程的典型模式、山水林田湖草沙全要素调查监测、生态修复工程的社会-生态效益，以及典型生态修复工程的固碳能力提升、生态系统结构与质量、水源涵养及土壤保持能力、水质净化能力和石漠化地区生态修复与生态农业种植等技术研究。完善细化鼓励与支持社会资本参与生态保护修复、废弃矿山用益物权和复垦责任、生态保护补偿机制、生态修复项目资金奖补等政策研究。开展国土空间生态修复数据库、重要生态系统保护和修复重大工程成效监测评估、国土空间生态修复工程实施成效评估和适应性管理、矿山开采损毁土地评价、生态状况评价、生态系统监测预警技术、生态状况问题评估、生态系统服务功能评估等规范标准研究。

(3)外来入侵物种普查与防控。开展外来入侵物种普查，查明外来入侵物种种类、面积、危害程度、空间分布及特征，开展外来入侵物种危害性评估，提出预防与防治工作策略，构建外来入侵物种数据库，完善外来入侵物种监测防控体系。

(4)气候与生态气象观测网。在广西国家重点生态功能区、重点城市开展生态和环境气象观测。推动农业气象观测向生态气象观测转型。建立面向东盟国家的遥感应用服务体系。加强温室气体及碳观测能力建设，升级原有酸雨观测站功能，增设降水化学在线分析监测设备。建设桂北(桂林、柳州)国家气候观象台。

(5)生态遥感气象服务系统。建设多源卫星、地面观测、无人飞机、数值模式的生态环境综合监测预报预警评估业务系统，为广西生态保护红线管控、生态保护修复、固碳监测评估等广西生态文明建设提供气象保障服务。挖掘气候资源优势，持续打造气候标志品牌。加强生态系统安全影响的气象风险预警，建设森林火险气象预报预警服务系统。开展生态气候资源承载力监测评估，研发气候变化对生态影响预评估技术和系统。

(6)人工影响天气高质量发展工程。在河池市、百色市等建设云降水物理垂直强化综合观测站。新增发射架、无人机、高性能飞机等作业设备，改造升级地面作业系统；升级区、市、县人工影响天气作业指挥平台和业务系统，完善飞机作业空地实时指挥系统。建设人工影响天气作业效果评估系统；建设作业点安全分级管理系统。

10.4 广西国土空间生态修复目标

突出的生态问题得到有效缓解，生态系统基本实现良性循环；生态系统质量明显提高，魅力空间生态品质明显提升；生态系统稳定性显著增强，我国南方重要生态安全屏障更加牢固；生态系统碳汇能力明显增强，宜居宜业宜游的人居环境基本建成。

到 2025 年，强基础补短板，保障广西生态质量基本面。生产生活方式绿色转型成效显著，生态系统治理水平不断提升，城乡人居环境改善，生态环境保持全国一流。重要生态功能区得到有效保护，生态环境脆弱区生态状况逐步好转，生物多样性逐步恢复，生态环境保护与治理体制机制基本形成，生态保护修复支撑体系框架基本建成。森林覆盖率达到 62.6%，森林蓄积量达到 10.5 亿 m^3，草原综合植被盖度提升至 83%，森林植被碳储量达 5.5 亿 t，国家重点保护野生动物种数保护率达 92%，湿地保护率不低于 33%，新增水土流失治理面积达 86 万 hm^2，历史遗留废弃矿山修复面积 1.196 万 hm^2，废弃矿山综合治理率达到 60%，自然海岸线保有率不低于 35%。

到 2030 年，强功能提品质，筑牢我国南方重要生态安全屏障。生态系统质量明显提高，生态系统碳汇水平显著增强，碳达峰目标基本实现，生态安全屏障更加牢固，城乡人居环境明显提高，生态经济加快发展，生态优势更多转变为发展优势。

到 2035 年，扬优势塑特色，基本实现新时代壮美广西目标。生态环境质量保持全国领先水平，生态修复工作示范全国，生态经济发展壮大，高效且规范的生态修复关键技术得到转化应用，自然保护地体系基本完善，生态系统实现良性循环，重要生态系统保护与修复重大工程全面实施，可持续的生态产品价值实现机制基本建立，生态旅游可持续发展，高品质的城乡人居环境全面形成，美丽广西目标基本实现。森林覆盖率稳定保持在 62.6%及以上，森林蓄积量稳定保持在 10.5 亿 m^3 及以上，草原综合植被盖度达 85%，森林植被碳储量稳定保持在 5.5亿 t 及以上，湿地保护率达到 35%，新增水土流失治理面积达到 206 万 hm^2，历史遗留废弃矿山修复面积达到 1.709 万 hm^2，废弃矿山综合治理率达到 100%，自然海岸线保有率不低于 35%。

第11章 广西国土空间生态修复保障措施

11.1 强化组织领导

坚持和完善党领导、政府负责的重大工程建设领导机制，自治区统筹协调、市县具体实施重要生态保护修复重大工程。建立健全跨区域、跨流域、跨部门的生态保护修复工作组织协调机制。探索成立生态保护修复专业委员会等统筹协调机构，协调解决规划实施中出现的问题，统筹、协调、评估、监管自治区生态保护修复工作，协同推进重大生态保护修复项目建设。

自治区和市县按财政事权负责相关生态保护修复工作。县（市、区）人民政府要切实担负起生态保护修复第一责任人职责，编制本地区有关重大工程实施方案，统筹抓好本地区重大工程的组织推进，确保各项重大工程顺利实施。财政部门做好本级财政资金筹措和工程实施中的资金监管。自然资源部门组织编制国土空间生态修复规划，山水林田湖草海湿地生态保护修复、全域土地综合整治、矿山生态修复等工程实施。生态环境部门承担重点流域水生态环境保护工程实施，生物多样性保护，生态环境调查监测等。住房城乡建设主管部门负责指导城镇人居生态环境改善和传统村落保护。交通运输主管部门配合做好平陆运河沿线生态保护修复，监管交通基础设施建设过程中的生态保护修复。水利部门负责水土保持、河湖生态修复、饮用水水源地保护、水生态调查监测等工程实施。农业农村部门负责土壤修复、高标准农田建设、农村环境整治、农业面源污染防治等。林业部门承担野生动植物保护、自然保护地建设、森林保护修复、湿地保护修复等。海洋部门负责海岸带生态保护修复。气象部门负责气象相关工作。

11.2 完善体系建设

积极完善国土空间、自然保护地、森林草原、海洋环境保护、湿地保护、生态保护补偿等方面的法规制度。健全完善生态保护修复工程用地用海等政策，严禁以生态修复的名义开展不符合主体功能定位的各类开发活动。除国家重大项目外，全面禁止围填海，稳步推进自然保护地核心内居民、耕地、矿权有序退出。完善自然资源统一调查、评价、监测体系，推进自然资源统一确权登记。开展自然资源资产分等定级价格评估，构建自然资源市场信用体系，逐步建立完善统一的自然资源市场交易规则。加快完善政府主导、企业和社会各界参与、市场化运作、可持续的生态补偿、生态产品价值、碳排放权交易实现路径，构建绿水青山转化为金山银山的政策制度体系。

11.3 完善资金筹措机制

按照财政事权和支出责任划分要求，落实各级政府支出责任，支持国土空间生态修复重点工程实施，持续优化政府转移支付等相关政策。探索建立“政府主导、社会参与、市场运作”的生态保护补偿机制，对履行自然资源资产保护义务的权利主体给予合理补偿，逐步推进森林、湿地、海洋、水域、耕地等重点领域和重要区域生态保护补偿机制建设，对因保护生态环境造成经济发展受限的区域，采取定向生态补偿和差异生态补偿的方式进行经济补偿。实施碳排放配额分配和清缴管理，鼓励碳排放权市场化交易，设立碳排放交易机构，利用部分交易所得资金实施生态修复，提升生态系统碳汇增量，进入碳汇市场交易，实现良性循环。通过公开竞争引入生态保护修复主体、规范开展生态保护修复产品市场化交易的程序，充分调动社会资本参与生态保护修复的积极性。实施产权激励，允许社会资本依法取得一定份额的自然资源资产使用权，从事旅游、康养、体育、设施农业等产业开发。对以林草地修复为主的项目，可利用不超过3%的修复面积从事生态产业开发，享有国有建设用地公开竞争优先权、农村集体经营性建设用地入市优先使用权、依法依规进行土地和海域使用权流转，释放产权关联权益。建立健全自然、农田、城镇等生态系统保护修复激励机制，研究制定碳汇交易相关机制。集约节约利用资源，允许生态保护修复过程中产生的土石料等资源无偿用于本修复工程。强化财税支持，通过PPP(public-private-partnership)模式引入社会资本开展生态修复，对符合条件的社会资本按规定享受环境保护、节能节水等相应税收优惠政策。社会资本投资建设的公益林享受政府补助政策。强化金融扶持，在不新增政府隐性债务前提下开发金融产品，为项目提供资金支持。支持符合条件的企业发行绿色债券，健全森林保障制度。

11.4 强化科技支撑

联合经验丰富的科研机构、高等院校等技术单位，引入自然资源部南方石山地区矿山地质环境修复工程技术创新中心成员单位，建立广泛全面的专家库。开展重点领域生态修复技术体系、标准体系、新技术推广与成果转化等研究，增强关键修复技术和措施的针对性、系统性和长效性。不断完善全区国土空间生态修复信息系统和全域土地综合整治监管信息系统建设，加强全区土地复垦项目管理系统及矿山生态修复动态监管系统运行维护，利用遥感影像、无人机、人工智能、5G、大数据等技术，提高国土空间生态修复信息化水平。

11.5 加强监管评估

积极应用大数据、数字化、信息化、智慧化等创新的技术手段和智能工具，强化生态保护修复项目的周期监管。重点工程要严格按照绩效目标进行考核，切实加强日常监督指导，定期开展监测评估，适时发布结果，并作为有关资金安排的重要依据。对生态保护修复可能导致偏离目标，或对生态系统造成新的破坏，需对措施、技术、空间布局和时序安排等进行调整的，按规定程序报批后进行相应调整修正。对技术成熟、风险可控、结果有效的工程和措施，要及时实施，避免延误时机、增加修复成本。对评估后难以预测后效的工程和措施，要加强研究和实验，暂不实施。按照“谁审批、谁监管”的原则，落实企业责任和义务推进矿山边开采、边治理、边恢复。加强生产建设活动损毁土地的生态修复监管，坚持“谁破坏、谁修复”的刚性约束。加强对重大工程建设的临时用地等生产建设活动损毁土地的生态修复。有明确责任人的，由生产建设单位或者个人依法履行义务，承担修复或赔偿责任。

11.6 鼓励公众参与

充分发挥政府网站、相关学会协会、传统媒体和新媒体的作用，开展形式多样的生态保护修复主题宣传，提高公众生态文明意识。科学评价市、县实施生态修复项目成效，挖掘生态效益好、生态产品价值高、经验可复制、可推广的典型案例。加大宣传力度，总结推广成功经验，推动广西生态保护修复上新水平。鼓励各类投资主体积极参与生态保护修复。推动生态工程全民共建工程实施全民监督、生态产品全民共享，让公众在生态保护修复参与过程中切实受益，树立生态保护修复成就感和自豪感。

参考文献

卞正富，于昊辰，韩晓彤，2022. 碳中和目标背景下矿山生态修复的路径选择[J]. 煤炭学报，47(1)：449-459.

蔡德所，马祖陆，2008. 漓江流域的主要生态环境问题研究[J]. 广西师范大学学报(自然科学版)(1)：110-112.

曹庆先，林金兰，宁秋云，2020. 广西：海洋生态保护修复的探索与实践[J]. 中国土地(2)：57-58.

曹庆先，覃漉雁，李英花，等，2018. 广西海岸滩涂潜在可开发利用范围选划[J]. 海洋开发与管理，35(11)：37-41.

陈爱莲，孙然好，陈利顶，2012. 基于景观格局的城市热岛研究进展[J]. 生态学报，32(14)：4553-4565.

陈奇伯，寸玉康，刘芝芹，等，2005. 滇西高原不同地类坡面产流产沙规律研究[J]. 水土保持研究(2)：71-73.

陈强，陈云浩，王萌杰，等，2015. 2001—2010 年洞庭湖生态系统质量遥感综合评价与变化分析[J]. 生态学报，35(13)：4347-4356.

程亚平，蒋亚萍，姚高峰，等，2015. 桂林会仙湿地生态退化特征研究[J]. 工业安全与环保，41(4)：73-75.

崔文全，徐明德，李艳春，等，2014. 生态系统服务功能重要性研究[J]. 安全与环境工程，21(2)：5-9.

邓志民，李斐，邓瑞，等，2021. 长江流域生态流量满足程度及其保障措施研究[J]. 人民长江，52(7)：71-75.

杜小品，李凤娟，2021. “天罗地网”锁“恶龙”：广西遥感中心运用立体多源观测体系开展地质灾害监测[J]. 南方国土资源(10)：18-20.

高振何，2021. 漓江流域生态系统服务功能评价研究[J]. 低碳世界，11(6)：214-215.

关则兴，2010. 柳州航运发展研究[D]. 重庆：重庆交通大学.

何倩，何宝林，倚江星，2020. 地下水允许开采量评价方法对比分析[J]. 煤炭技术，39(5)：82-85.

何庆港，蔡海生，张学玲，等，2020. 基于景观格局及元胞自动机-马尔科夫模型的县域生态风险评价：以江西省婺源县为例的实证研究[J]. 林业经济，42(8)：50-63.

贺斐,高振何,刘灿,2021.广西喀斯特地区国土空间生态修复规划分区探究[J].南方国土资源(8):15-19.

胡爱莲,杨娟,刘宝林,等,2024.广西沿海红树林潜在适宜区变化及互花米草入侵威胁的预测[J].应用生态学报,35(3):669-677.

黄春霞,黄立幸,2024.广西废弃矿区土壤中Cd、Pb、As污染特征及环境质量评价研究[J].矿产与地质,38(1):168-173.

黄大力,2018.广西北部湾近岸海域浮游植物粒级结构分布及影响因素[D].南宁:广西大学.

黄铎,易芳蓉,汪思哲,等,2022.国土空间规划中蓝绿空间模式与指标体系研究[J].城市规划,46(1):18-31.

黄科源.2017.广西矿山地质环境问题综述[J].低碳世界(27):269-271.

黄亮华,潘传营,闭显达,等,2021.广西海洋药用生物研究现状及产业发展的思考[J].渔业研究,43(6):651-660.

黄麟,刘纪远,邵全琴,等,2016.1990—2030年中国主要陆地生态系统碳固定服务时空变化[J].生态学报,36(13):3891-3902.

黄萍,卢远,王丹媛,等,2019.广西森林转型与森林扰动遥感监测研究[J].山地学报,37(1):118-128.

黄尚宁,植小敏,2022.广西:多措并举厚植生态环境优势　构建具有壮乡特色的蓝绿空间[J].浙江国土资源(9):17.

季健,沈菊琴,孙付华,2010.突发性水污染事件的社会影响指标体系构建[J].苏州大学学报(哲学社会科学版),31(6):45-49.

姜云鹏,2006.在ArcGIS 9中进行空间统计[J].中国通讯,19:1-9.

开伟萌,2022.辽宁省柳河流域平原区水资源评价及开发利用方案[D].长春:吉林大学.

蓝文陆,2010.北海市海洋经济发展现状及问题[J].吉林农业(10):172-173.

黎琮炜,覃卫坚,高安宁,2015,1961—2013年广西洪涝灾害时空分布特征及成因[J].气象研究与应用,36(1):80-85.

李都安,2014.论岭南地区水文化地域特质及其时代趋向[J].三峡论坛(三峡文学·理论版)(1):28-32.

李立.2021.矿山生态环境恢复动态监测与综合治理[J].中国金属通报(5):144-145.

李梦,2019.广西海草床沉积物碳储量研究[D].南宁:南宁师范大学.

李平,丰爱平,孙惠凤,等,2021.海岸侵蚀灾害调查和评价研究进展与展望[J].自然灾害学报,30(4):55-63.

李萍萍,2020.应对洪涝灾害的城市韧性空间构建研究[D].武汉:华中科技大学.

李树志,李学良,尹大伟,2022.碳中和背景下煤炭矿山生态修复的几个基本问题[J].煤炭科学技术,50(1):286-292.

李双成,谢爱丽,吕春艳,等,2018.土地生态系统服务研究进展及趋势展望[J].中国土地科学,32(12):82-89.

梁汝豪，兰甜，林凯荣，等，2018. 基于 SWMM 的城市雨洪径流模拟研究——以广州市猎德涌流域为例[J]. 人民珠江，39(6)：1-5+15.

梁士楚，2020. 广西湿地植被[M]. 北京：科学出版社.

林子雁，肖燚，史雪威，等，2018. 西南地区生态重要性格局研究[J]. 生态学报，38(24)：8667-8675.

刘常富，李京泽，李小马，等，2009. 基于模拟景观的城市森林景观格局指数选取[J]. 应用生态学报(5)：7.

刘昶，梁聪，黄华州，等，2023. 浅谈省级地质灾害风险普查评价：以广西壮族自治区为例[J]. 大众科技，25(2)：46-50.

刘天科，2016. 区域资源环境承载力评价方法及应用研究[D]. 北京：中国地质大学(北京).

刘文爱，李丽凤，2017. 白骨壤新害虫柚木肖弄蝶夜蛾的生物特性及防治[J]. 广西科学，24(5)：523-528.

刘小明，2012. 岛屿生物地理学理论在物种保育方面的应用误区[J]. 生物学通报，47(6)：5-9.

刘扬，2013. 广西海洋产业结构优化研究[D]. 南宁：广西大学.

刘永贤，熊柳梅，韦彩会，等，2014. 广西典型土壤上不同林分的土壤肥力分析与综合评价[J]. 生态学报，34(18)：5229-5233.

刘芝芹，王克勤，李艳梅，2009. 云南干热河谷不同坡面产流产沙研究[J]. 山西水土保持科技(4)：14-18.

龙四立，2013. 广西地下水开发利用现状及展望[J]. 广西水利水电(5)：32-34+38.

卢进波，李子健，2023. 海绵城市和城市生态修复耦合机理述评[J]. 亚热带水土保持，35(1)：50-54.

罗崴，2022. 广西凌云县地下水资源量评价[J]. 中国地质调查，9(1)：91-103.

马建华，胡维忠，2005. 我国山洪灾害防灾形势及防治对策[J]. 人民长江(6)：3-5.

毛烨峰，伍进，2009. 岩溶发育控制因素及发育规律浅析[J]. 西部探矿工程，21(S1)：80-82.

苗鸿，王效科，欧阳志云，2001. 中国生态环境胁迫过程区划研究[J]. 生态学报(1)：7-13.

宁秋云，陈圆，2021. 广西北部湾海域生态环境特征与保护对策[J]. 海洋开发与管理，38(6)：60-64.

欧阳志云，等，2017. 中国生态系统格局、质量、服务与演变[M]. 北京：科学出版社.

潘磊，唐万鹏，黄志霖，等，2010. 长江三峡花岗岩区典型林地暴雨径流特征研究[J]. 湖北林业科技(1)：1-4.

潘良浩，史小芳，陶艳成，等，2016. 广西海岸互花米草分布现状及扩散研究[J]. 湿地科学，13(4)：464-470.

潘良浩，史小芳，曾聪，等，2017. 广西滨海盐沼生态系统研究现状及展望[J]. 广西科学，24(5)：453-461.

潘良浩,史小芳,曾聪,等,2018.广西红树林的植物类型[J].广西科学,25(4):352-362.

潘越,龚健,杨建新,等,2022.基于生态重要性和MSPA核心区连通性的生态安全格局构建——以桂江流域为例[J].中国土地科学,36(4):86-95.

庞雅月,朱梓铭,叶宗达,等,2022.国土空间生态修复理想模式与区划方法探索[J].广西大学学报(自然科学版),47(4):933-943.

裴理鑫,叶思源,何磊,等,2023,中国湿地资源与开发保护现状及其管理建议[J].中国地质,50(2):459-478.

彭建,李冰,董建权,等.2020.论国土空间生态修复基本逻辑[J].中国土地科学,34(5):18-26.

PRIMACK R B,马克平,蒋志刚,2014.保护生物学[M].北京:科学出版社.

祁生林,张洪江,何凡,等,2006.重庆四面山植被类型对坡面产流的影响[J].中国水土保持科学,4(4):33-38.

钱进,舒文强,2019.基于地表径流系数的山地型海绵城市建设监测[J].北京测绘,33(6):647-651.

秦旭梅,2017.模拟研究喀斯特地区不同地表作物覆盖下水土流失特征[D].重庆:重庆师范大学.

饶恩明,肖燚,2018.四川省生态系统土壤保持功能空间特征及其影响因素[J].生态学报,38(24):8741-8749.

任保平,2018.新时代中国经济从高速增长转向高质量发展:理论阐释与实践取向[J].学术月刊,50(3):66-74+86.

任海,王俊,陆宏芳,2014.恢复生态学的理论与研究进展[J].生态学报,34(15):4117-4124.

申彦科,王玉杰,齐娜,等,2009.重庆市缙云山不同林分对坡面产流的影响[J].水土保持通报,29(5):80-84.

石君宁,2022.提高效能融合　强化精准应对:2021年广西防汛工作取得显著成效[J].中国减灾(1):54-57.

孙立达,朱金兆,1995.水土保持林体系综合效益研究与评价[M].北京:科学出版社.

孙全民,吴慧玲,吴曼菲,2018.广西石漠化环境影响因素及其生态治理研究 [J]. 环境保护与循环经济, 38 (10): 45-48+58.

孙瑞,金晓斌,赵庆利,等,2020.集成"质量—格局—功能"的中国耕地整治潜力综合分区[J].农业工程学报,36(7):264-275.

孙侦,贾绍凤,严家宝,等,2018.中国水土资源本底匹配状况研究[J].自然资源学报,33(12):2057-2066.

唐泽伟,李丽国,2023.重大工程的生态系统保护与修复规划研究:以南宁市为例[J].城市建筑空间,30(S1):50-52.

汪炎林,张磊,周银朋,等,2023.基于GIS技术的赤水市生态环境敏感度评估[J].环境生态学,5(4):10-18.

王大庆,2022.广西水土流失现状与发展趋势分析[J].中国水土保持(10):41-43。

王大庆,2023.珠江—西江经济带一体化发展的资源与环境对策研究[J].广西水利水电(2):30-36.

王福林,2013.基于灰色系统预测模型与定额法预测模型的辽宁省中长期需水预测研究[J].沈阳农业大学学报,44(4):491-494.

王琼杰,2023.“三个当好”彰显国有地勘单位担当[N].中国矿业报,2023-09-19.

王硕,钱建平,裴晓宇,等,2019.广西水资源的时空分布及利用现状和保护建议[J].广西水利水电(1):39-44.

王万忠,焦菊英,1996.中国的土壤侵蚀因子定量评价研究[J].水土保持通报(5):1-20.

王奕淇,孙学莹,2023.黄河流域生态系统服务价值时空演化及影响因素[J].环境科学(5):1-23.

王云飞,叶爱中,乔飞,等,2021.水源涵养内涵及估算方法综述[J].南水北调与水利科技(中英文),19(6):1041-1071.

韦羡侠,刘涛,陈周林,等,2020.基于“三位一体”保护的耕地后备资源与提质改造资源调查评价研究:以广西农垦资源调查为例[J].国土与自然资源研究(4):24-28.

韦跃龙,李成展,陈伟海,等,2018.广西岩溶景观特征及其形成演化分析[J].广西科学,25(5):465-504.

温远光,李治基,李信贤,等,2014.广西植被类型及其分类系统[J].广西科学,21(5):484-513.

邬建国,2000.Metapopulation(复合种群)究竟是什么?[J].植物生态学报,24(1):4.

吴丹,2006.广西城镇空间布局与发展趋势研究[J].广西城镇建设(11):35-37.

吴凯,李博,吴相波,等,2024.贵州黔西南州生态保护重要性评价[J].山地农业生物学报,42(2):66-73.

吴英迪,蒙吉军,2022.中国自然资源生态服务重要性评价与空间格局分析[J].自然资源学报,37(1):17-33.

肖梅,汪磊.2022.乡村振兴背景下土地综合整治效益评价与障碍因子分析:以贵州省盘州市为例[J].国土与自然资源研究(2):7-11.

肖能文,赵志平,李果,等,2022.中国生物多样性保护优先区域生物多样性调查和评估方法[J].生态学报,42(7):2523-2531.

肖荣波,欧阳志云,王效科,等,2005.中国西南地区石漠化敏感性评价及其空间分析[J].生态学杂志(5):551-554.

肖小林,兰安军,熊康宁,等,2015.基于GIS的邢江河流域生态环境敏感性分析[J].人民长江,46(9):68-72+110.

谢彩文,2019.桉树:在争议中发展为林产主力——访广西林科院桉树研究所所长陈健波教授[J].广西林业(10):39-41.

谢余初,巩杰,张素欣,等,2018.基于遥感和InVEST模型的白龙江流域景观生物多样性时空格局研究[J].地理科学,38(6):979-986.

徐宽，2003. 基尼系数的研究文献在过去八十年是如何拓展的[J]. 经济学(季刊)(3)：757-778.

徐宗学，庞博，2011. 坚持人水和谐理念，科学认识河湖水系连通问题[C]//河湖水生态水环境专题论坛.

杨丹亚，王田月，曾志康，等，2023. 广西农村土地禀赋特征与土地流转方式耦合路径选择[J]. 市场论坛(10)：44-49.

杨林，韩科技，陈子扬，2015. 沿海地区经济增长与海洋灾害损失的动态关系研究：1989—2011 年[J]. 地理科学，35(8)：969-975.

杨卫东，徐国琼，陈锐，等，2009. 广西水资源及其变化趋势分析[C]//广西水力发电工程学会. 南方十三省(区、市)水力发电工程学会联络会暨学术交流会论文集. 南宁：广西水文水资源局.

杨絮飞，2004. 生态旅游的理论与实证研究[D]. 长春：东北师范大学.

叶宗达，江凡，廖千，2022. 广西废弃矿山生态修复面临的问题及建议[J]. 南方自然资源(2)：12-15.

张惠婷，萨楚拉，孟凡浩，等，2022. 蒙古高原长时序生态系统质量综合评价及时空变化分析[J]. 内蒙古师范大学学报(自然科学汉文版)，51(3)：266-273.

张健，李丰生，闫新禹，2018. 广西自然保护区生态旅游开发研究[J]. 改革与战略，34(10)：95-99.

张龙辉，2015. 广西水中长期供求态势分析[J]. 广西水利水电(4)：44-47.

张沁，张守平，杨清伟，2024. 重庆市悦来新城土地利用/覆被变化对地表温度的影响[J]. 生态学杂志，43(1)：206-215.

张姗，2021. 广西红树林保护历程回顾与展望[J]. 广西科学院学报，37(3)：161-170.

张绍良，侯湖平，杨永均，等. 2018. 论土地整治的恢复力思维与路径[C]//中国土地学会. 2018 年中国土地学会学术年会论文集. 徐州：中国矿业大学环境与测绘学院.

张涛，廖长君，蒋林伶，等，2020. 广西某有色金属矿山生态修复工程实例[J]. 中国矿业，29(1)：62-67.

张卫东，杨洋，2023. 深入学习贯彻习近平生态文明思想奋力绘就美丽中国新画卷[J]. 新型城镇化(11)：45-48.

张文鸽，毕彦杰，何宏谋，等，2020. 面向山-水-林-田-湖-草各系统均衡的河套地区水资源合理配置研究[J]. 应用基础与工程科学学报，28(3)：703-716.

张协奎，2016. 北部湾城镇群：开放前沿区域门户[J]. 广西城镇建设(3)：12-19.

张照杰，张科，孔杰，等，2020. 基于 DEM 和土地利用类型数据的城市内涝模拟分析研究[J]. 测绘与空间地理信息，43(10)：163-166+170.

郑泽民，2022. 广东、广西、海南三省(自治区)港口的发展演变[M]. 北京：研究出版社.

周祥，赵一鹤，张洪江，等，2011. 纳帕海高原湖泊湿地面山不同地类坡面径流产沙特性研究[J]. 云南农业大学学报(自然科学版)，26(1)：81-85.

朱丽萌,付婉盈,周豪,2023.中西部地区融入粤港澳大湾区谋发展的探索与实践[J].中国井冈山干部学院学报(5):84-91.

COSTANZA R,ARGE R,GROOT R,et al.,1997. The value of the world's ecosystem services and natural capital[J]. Nature,386:253-260.

DAILY G C,1997. Nature's service: Societal dependance on natural ecosystems[M]. Washington:Island Press.

FU Z Y, MA Y D, LUO M, et al., 2019. Research progress on the theory and technology of ecological protection and restoration abroad[J]. Acta Ecologica Sinica, 39(23).

OUVANG Z Y,WANG X K,MIAO H,2000. China's eco-environmental sensitivity and its spatial heterogeneitv[J]. Acta Ecologica Sinica,20(1):9-12.

POLASKY S, NELSON E, PENNINGTON D et al., 2011. The impact of land-use change on ecosystem services, biodiversity and returns to landowners: A case study in the state of minnesota[J]. Environmental and Resource Economics,48(2):219-242.

SHI Y, FAN H, QIU G, et al., 2013. Leaf Nutrient Resorption of Seagrass Zostera Japonica Aschers [C]. International Conference of Health, Structure, Material and Environment, Beihai.